三版 イラスト建築防火

たかぎただゆき 著

小林恭一・井上勝徳 監修

近 代 消 防 社

著者からのことば

建築防火には、建築基準法の防火規定と消防法の消防設備の規定がある。

しかし、それぞれの法令の規定は、読んだだけでは、なかなかその内容が理解しにくいものがある。

そこで本書は、イラストレーションを中心にそれらの法規を解説したもので、これならば初心者の方にも、親しみを感じていただけるものではないかとの思う、イラストレーションを通じて立体的な建築物の防火対策や消防設備の役割について理解を深めていただければ幸いである。

監修のことば

高木さんは、建設省からの人事交流の初代補佐として昭和46年から2年間消防庁に出向されました。その後、両省庁で消防法・建築基準法両法規の解釈・運用に携わった経験と知識を生かし、本書をはじめ、ドッキング講座シリーズなど多数の執筆をされています。

私自身にとっても、昭和55年当時建設省建築指導課から自治省消防庁予防救急課に課長補佐として出向して来たとき、最初にお世話になったのが、氏の著書でした。

その高木さんに、亡くなられる何年か前から「俺もそろそろ歳だから、万一の時は頼むぞ」と、著書の継続に助力するよう、何度も冗談めかしに言われました。平成23年の暮れに真剣な依頼があり、まさか、と思いつつもおひき受けすることにしました。「これで安心した」とお手紙をいただいたのが最後のやり取りになりました。

高木さんとは違って退官まで消防庁に在籍し、消防法の性能規定化など数々の法令改正を手がけた私ですが、今は学究の身になっています。法令や行政の世界から少し離れているため、変化にどうやって対応していくかが問題ですが、近代消防社が全面的にバックアップしてくださるとのことですので、その面では安心しています。

また、今回から長く国土交通省住宅局建築指導課で課長や課長補佐として、数々の建築基準法令の改正にたずさわられた井上勝徳さんに、最新の基準の視点から全面的に見直していただきました。

令和5年3月

東京理科大学総合研究院
火災科学研究所教授
博士（工学）小 林　恭 一

監修のことば

建設省の先輩である東京理科大学の小林教授から、同じく大先輩である高木さんが執筆された本書の監修を手伝ってくれないかと依頼を受けました。建設省、国土交通省で長く建築行政に携わってきた経験を生かせればと思い、お引き受けすることにしました。

建築基準法の防火関係規定は平成 10 年の建築基準法改正以来、性能規定化が進められ、平成 26 年及び平成 30 年の建築基準法改正などを経て、性能規定の導入が大幅に進みした。例えば、建築基準法第 21 条（大規模の建築物の主要構造部等）、第 27 条（耐火建築物等としなければならない特殊建築物）、第 61 条（防火地域及び準防火地域内の建築物）などの規定では、これまでは大規模の建築物は原則として耐火建築物としなければなりませんでしたが、それぞれの規定で満たすべき性能が明確化され、その性能を満たせば耐火建築物以外の建築物も建てられるようになりました。この結果、今後建築物の設計の自由度が一層増すことが期待されます。

今回の改定版はこうした改訂内容を盛り込んだものとなっており、イラストを用いて基準の考え方、内容がわかりやすく解説されています。

本書が実務者、建築及び消防関係の行政職員などの参考書として幅広く活用され、防火関係法規への理解が深まることを期待します。

令和５年３月

（公財）建築技術教育普及センター理事長

井上　勝徳

◆法令の略記

本書では、次のように法令名を省略することがあります。

建基法＝建築基準法
建基令＝建築基準法施行令
建基則＝建築基準法施行規則
法又は消法＝消防法
令又は消令＝消防法施行令
規則又は消則＝消防法施行規則
令別表第１＝消防法施行令別表第１
危政令＝危険物の規制に関する政令

◆本書の内容は、令和５年１月現在の法令に準拠しています。

目　　　次

⦿チェックポイントはこれだ

⦿防火関係告示（建築基準法関係）

(1) 市街地の延焼を防ぐ

建築基準法第 22 条区域

・屋根――準不燃構造（不燃材料等でふく）
・木造建築物等の外壁（延焼のおそれのある部分）
――準防火構造

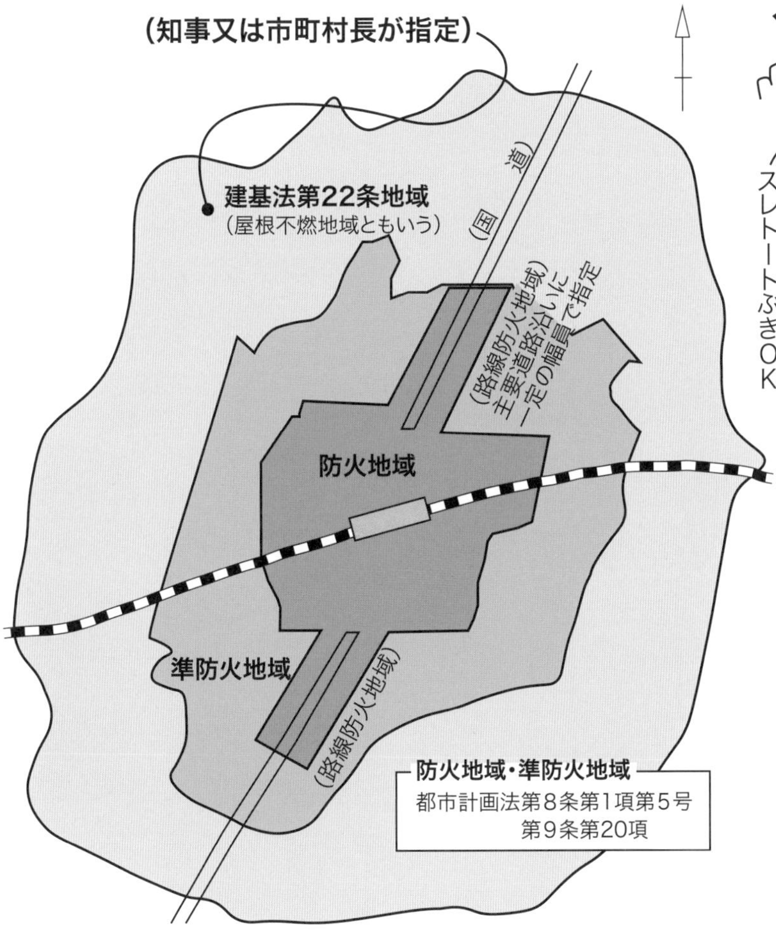

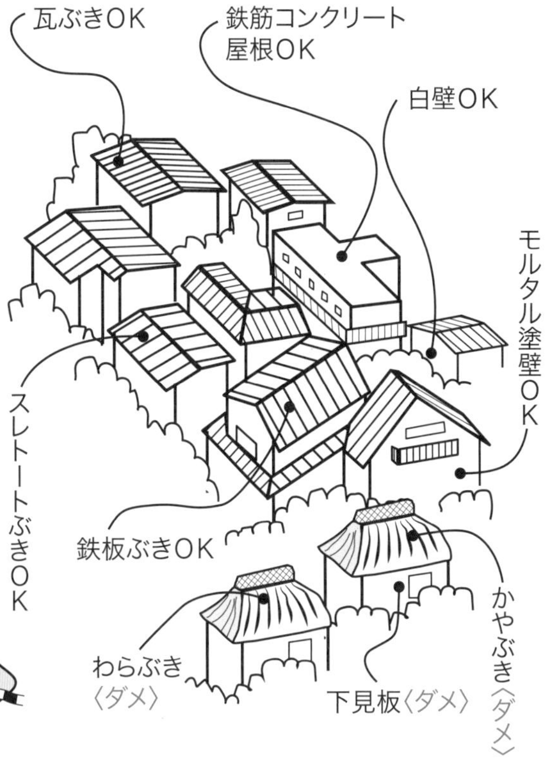

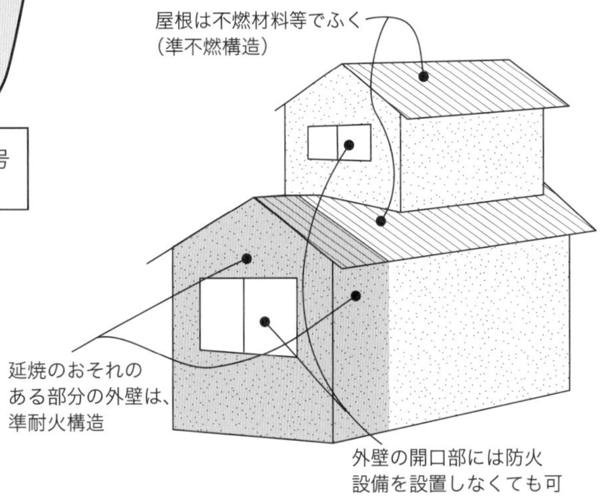

―――22 条区域内の屋根・壁―――

（参照条文：建基法第 22 条、第 23 条、第 24 条）

〔参考条文〕〈建築基準法第 22 条区域〉建基法第 22 条～第 24 条

準防火地域（都市計画で決定）

- **耐火建築物又は耐火同等延焼防止建築物とするもの**
  - 階数（地上）……4 以上のもの
  - 延べ面積………1,500㎡を超えるもの
- **準耐火建築物、耐火建築物又は耐火、準耐火同等延焼防止建築物とするもの**
  - 階数（地上）……3 のもの
  - 延べ面積……500㎡を超え 1,500㎡以下のもの
- **木造建築物で以下の基準に適合するもの又はこれと同等延焼防止建築物（階数が 3 以下で 500㎡未満に限る。）**
  - 屋根……………不燃材料等でふく
  - 外壁・軒裏……延焼のおそれのある部分は防火構造
  - 開口部…………延焼のおそれのある部分には防火設備

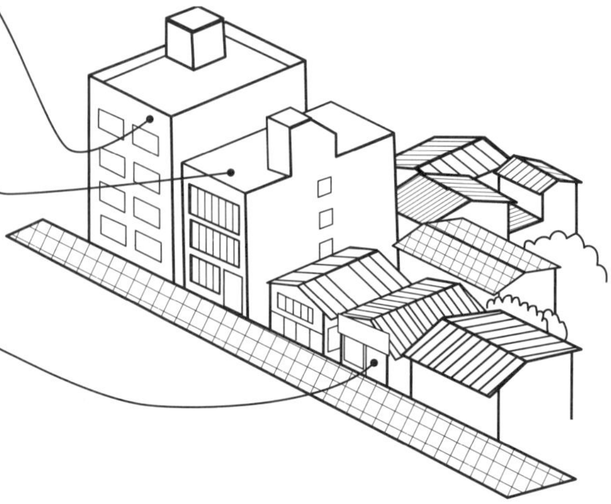

（参考条文：建基法第 61 条、第 62 条、建基令第 136 条の 2、第 136 の 2 の 2）

※本書では便宜上、延焼防止時間が耐火建築物、準耐火建築物等と同等以上の建築物を**耐火同等延焼防止建築物、準耐火同等延焼防止建築物**等と呼ぶことにする。

防火地域（都市計画で決定）

- **耐火建築物又は耐火同等延焼防止建築物とするのが原則ナノダ**
- **延べ面積が 100㎡以下で、かつ、階数が 1 又は 2 であれば準耐火建築物又は準耐火同等延焼防止建築物としてよい。**
- **鉄骨造は、耐火構造とは言えないが、卸売市場とか、機械工場のようにそれ自体が火災発生のおそれが少ないものは認められる。**
- **看板や広告等も不燃材料で造る又は覆うことが必要。（屋上に設けるもの、3 mを超えるもの）**
- **小規模な附属建築物（延べ面積 50㎡以下の平家建）は木造としてもよいが、外壁や軒裏は防火構造とし、屋根は不燃材料等とすること。**

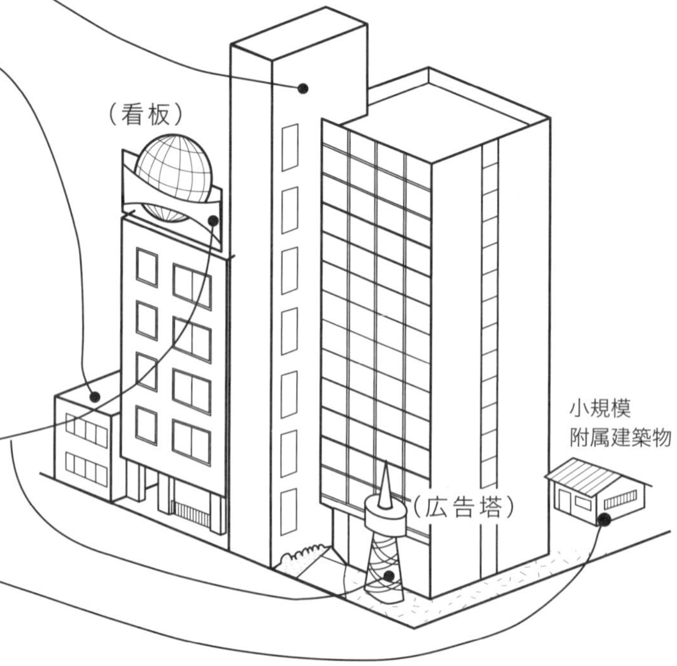

（参照条文：建基法第 61 条、第 62 条、建基令第 136 条の 2、第 136 条の 2 の 2）

〔参考条文〕〈防火地域・準防火地域〉建基法第 61 条～第 66 条、〈防火地域・準防火地域内の建築物の性能〉建基令 136 条の 2、〈防火地域・準防火地域内の建築物の屋根の性能〉建基令第 136 条の 2 の 2、令和元年国土交通省告示第 194 号「防火地域又は準防火地域内の建築物の部分及び防火設備の構造方法」

延焼防止時間とは

建築物が通常の火災による周囲への延焼を防止できる時間。建築物の主要構造部、防火設備及び消火設備の構造に応じて算出する。

耐火同等延焼防止建築物の例

（３階建の共同住宅、ホテル等で 3,000㎡以下）

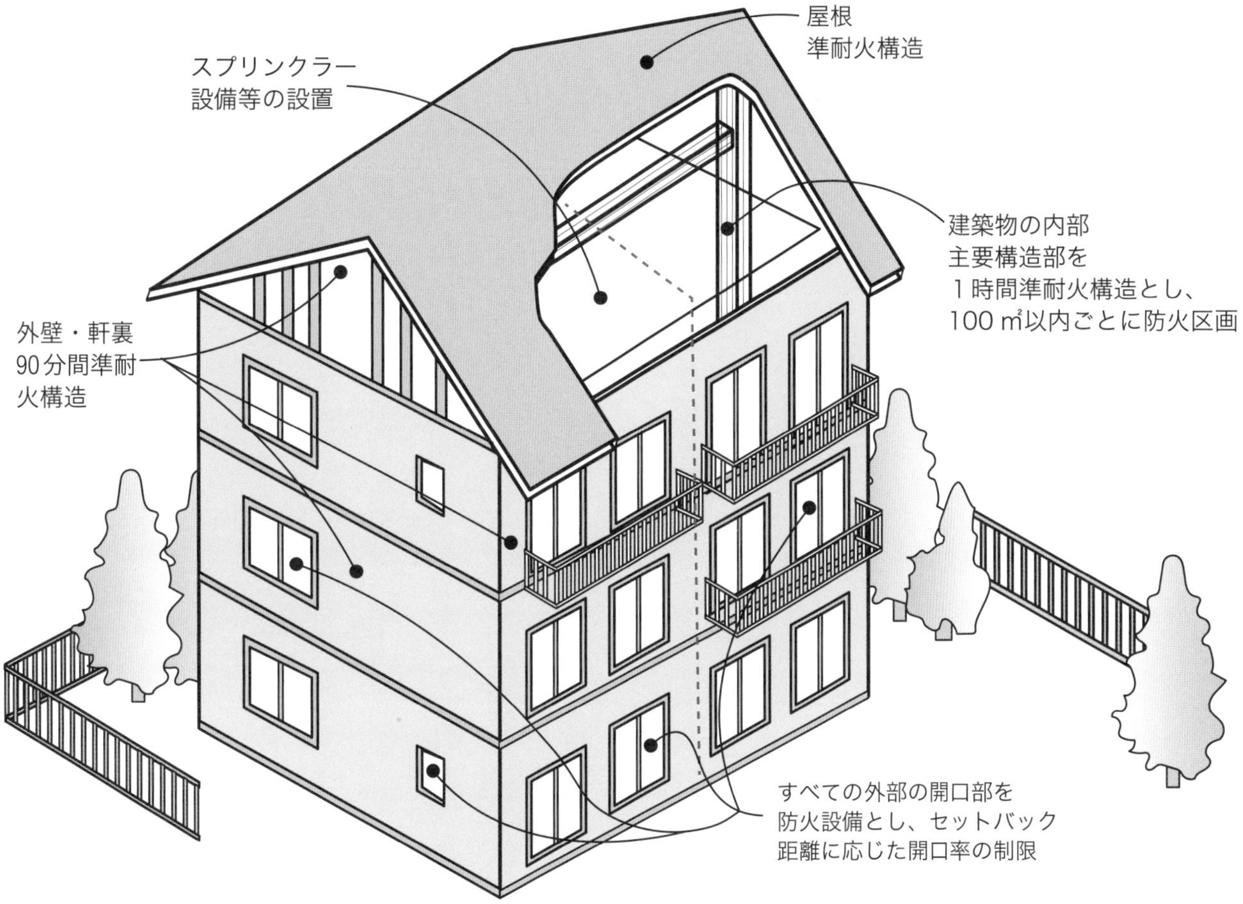

〔参考条文〕〈延焼防止時間〉建基令第 136 号の２第１号ロ、令和元年国土交通省告示第 194 号「防火地域又は準防火地域内の建築物の構造方法」

延焼のおそれのある部分とは

隣地境界線から
道路中心線から
建築物相互の中心線から
｝1階…3m以下の部分
　2階以上…5m以下の部分

〈除外部分〉

① 防火上有効なものに面する部分

……例えば、公園とか広場のような空地、川とか海のような水面、耐火構造の壁のようなものに面する部分

② 外壁面と隣地境界線等との角度に応じて周囲の火災により延焼のおそれがない部分

……例えば、隣地境界線との角度が大きい場合、延焼のおそれのある部分から1階で2.5 m、2階以上で4mを超える部分が除外される

（参照条文：建基法第2条第6号）

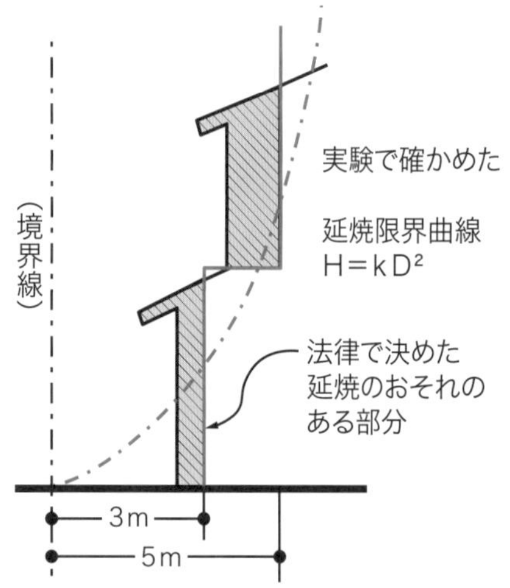

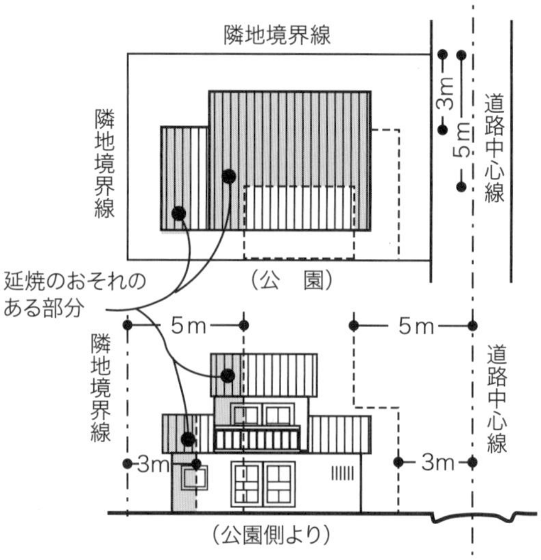

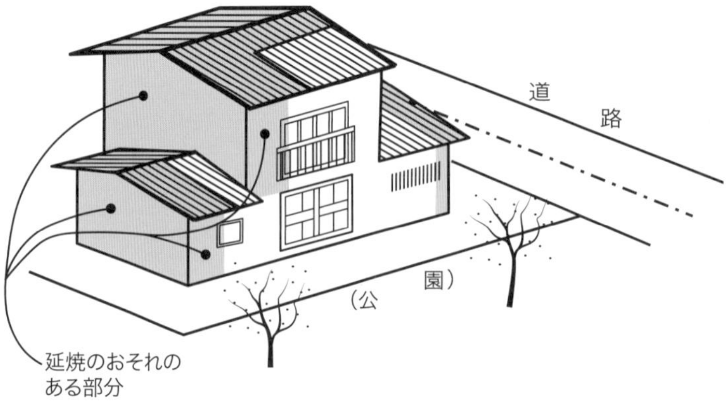

（注）　この図では、公園に面している部分が「延焼のおそれのある部分」から除外されていることを示している。
　しかし、現実の工事では、このようなマダラにせず、延焼のおそれのある部分以外の外壁・軒裏を含めて全面的に防火構造とすることが多い。

〔参考条文〕〈延焼のおそれのある部分〉建基法第2条第6号、令和2年国土交通省告示第197号「周囲の火災時に火熱により燃焼するおそれのない部分」

屋根の不燃化

★屋根を"不燃材料"で造る・ふく → 屋根をふく

（建基法第 22 条、第 63 条、建基令第 109 条の6、第 136 条の2の2）

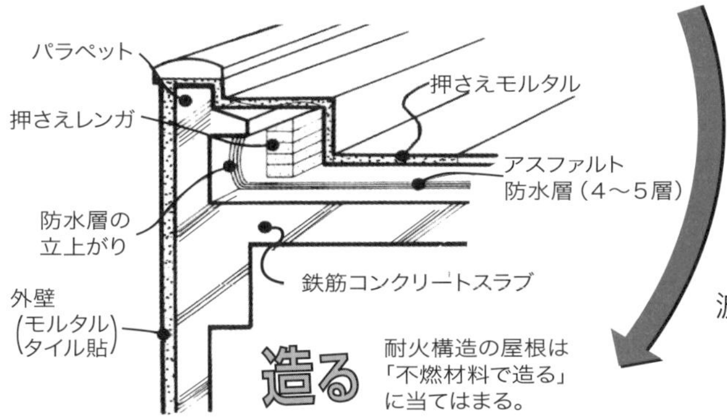

不燃材料の屋根ふき材料は
瓦（日本瓦、西洋瓦）スレート

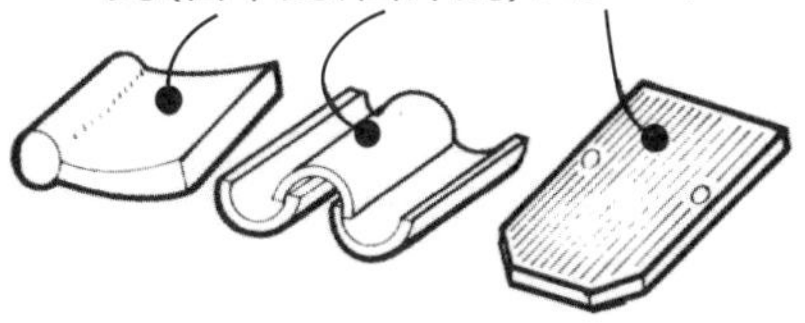

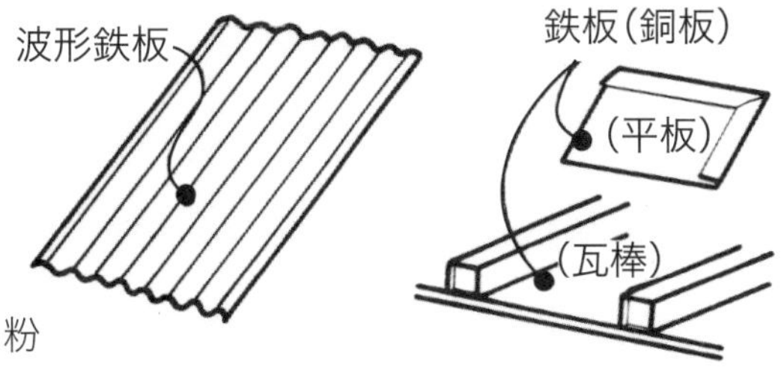

★屋根は火災の媒体となりやすい

そこで、防火・準防火地域では市街地の大火の火の粉でも、建基法 22 条区域内では近隣火災の火の粉でも

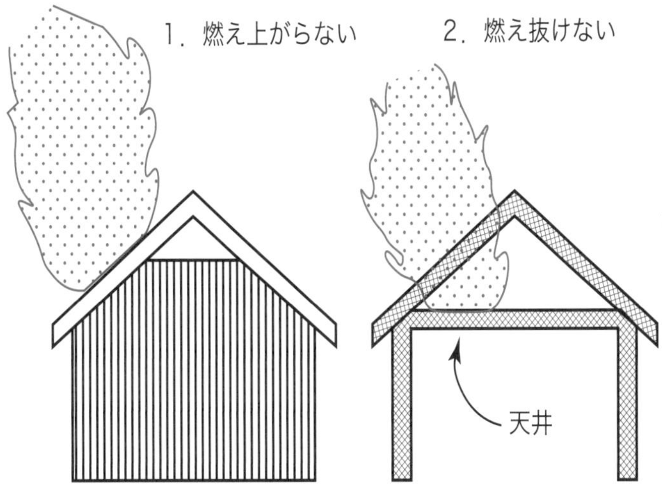

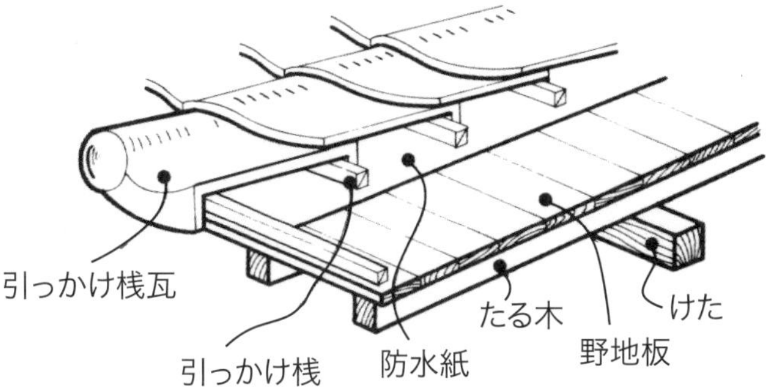

（注）　大正時代までは、瓦は「瓦土」をのせて、その上へ貼り付けていた。しかし、関東大震災での被害が多かった。（瓦がすべり落ちる。屋根が重く倒れやすい。）そこで現在は、瓦は、引っかけ桟に引っかけた上、銅線で屋根に止めてある。

軒裏の防火

★軒裏は着火しやすい！

★防火地域、準防火地域内では、延焼の恐れのある部分の軒裏を防火構造として延焼を防ぐ

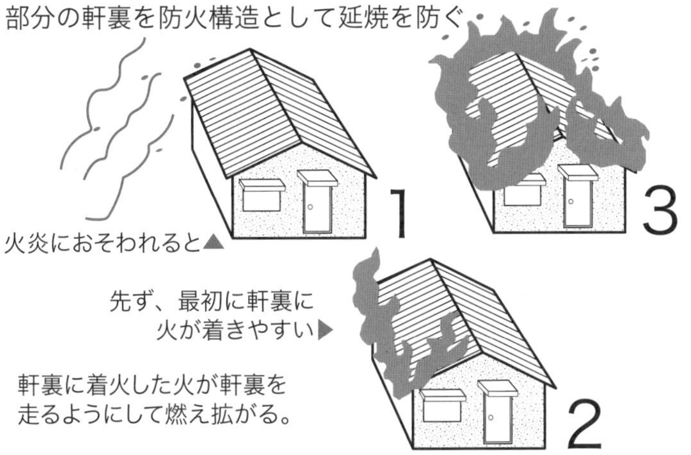

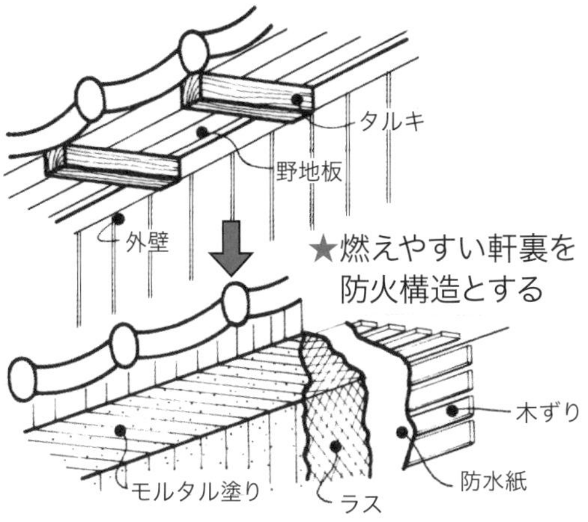

（建基令第 108 条第 2 号）
（平成 12 年建設省告示第 1359 号第 2）

〔参考条文〕〈不燃材料〉建基法第2条第9号、建基令第 108 条の2、平成 12 年建設省告示 1400 号「不燃材料の指定」〈軒裏の防火構造〉建基法第 61 条、建基令第 136 条の2、建基令第 108 条第2号、平成 12 年国土交通省告示第 1359 号第2「防火構造の構造方法」

外壁を延焼から守る

耐火構造

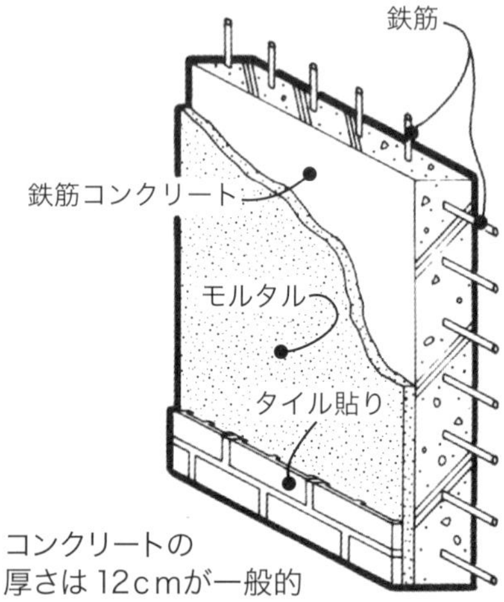

〈鉄筋コンクリート造〉

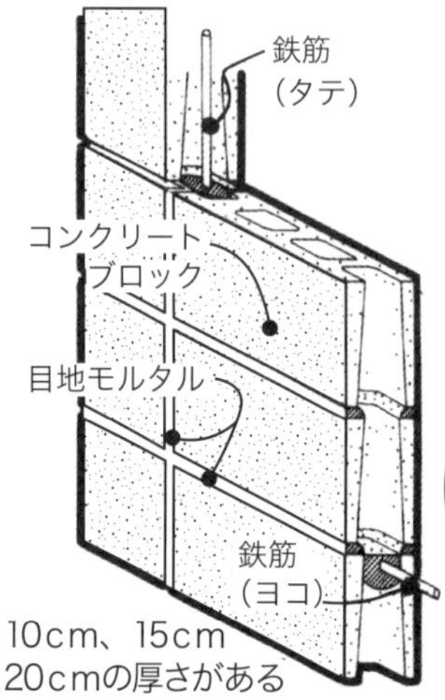

〈コンクリートブロック造〉

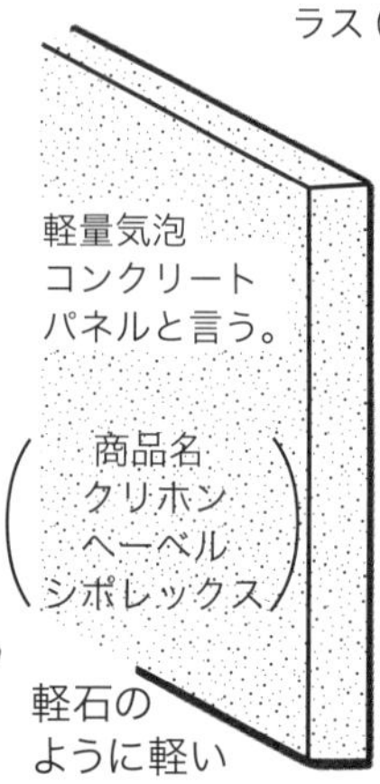

〈ALC版造〉

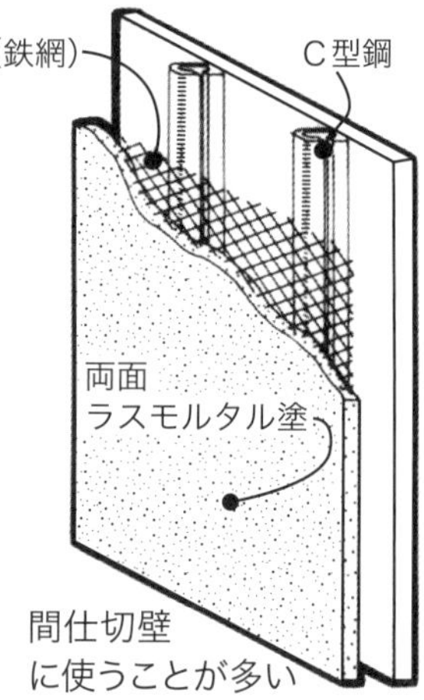

〈鉄骨ラスモルタル造〉

防火構造（屋外側）

室内側は厚さ 9.5 mm以上のせっこうボード等

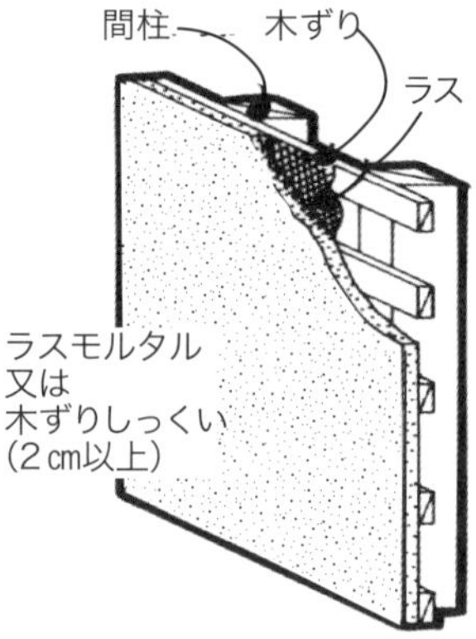

木ずりラスモルタル

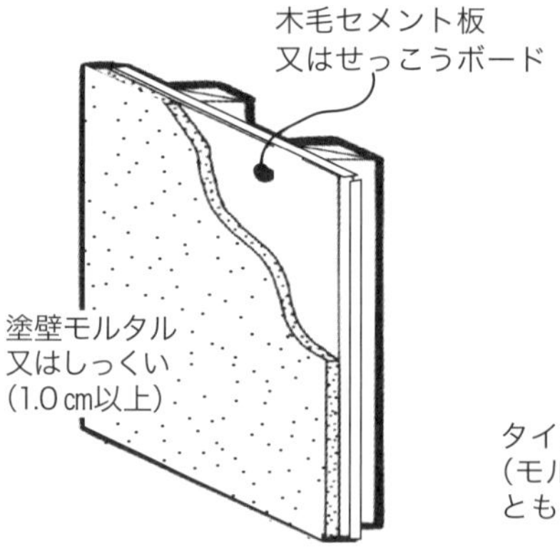

ボード塗壁

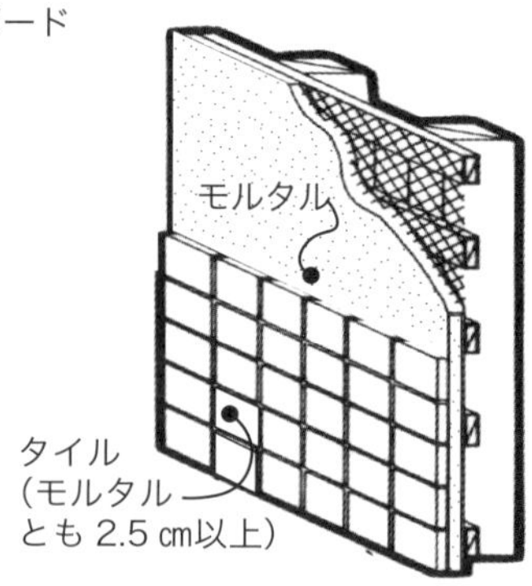

タイル貼り

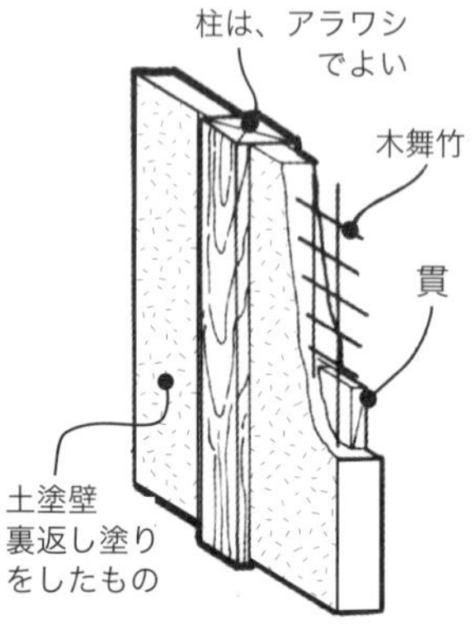

土塗真壁造

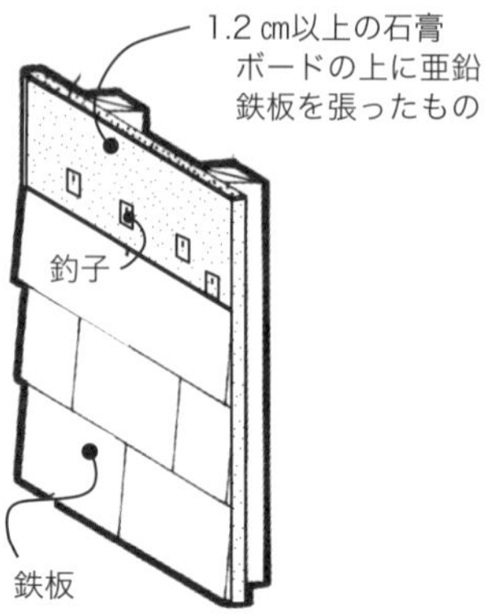

ボード+鉄板貼り

〔参考条文〕〈耐火構造〉建基法第2条第7号、建基令第107条、平成12年建設省告示1399号「耐火構造の構造方法」、昭和44年建設省告示1729号「地下街の各構えの耐火構造」、〈防火構造〉建基法第2条第8号、建基令第108条、平成12年建設省告示1359号「防火構造の構造方法」

準防火構造（屋外側）

室内側は厚さ 9.5 mm以上のせっこうポー度等

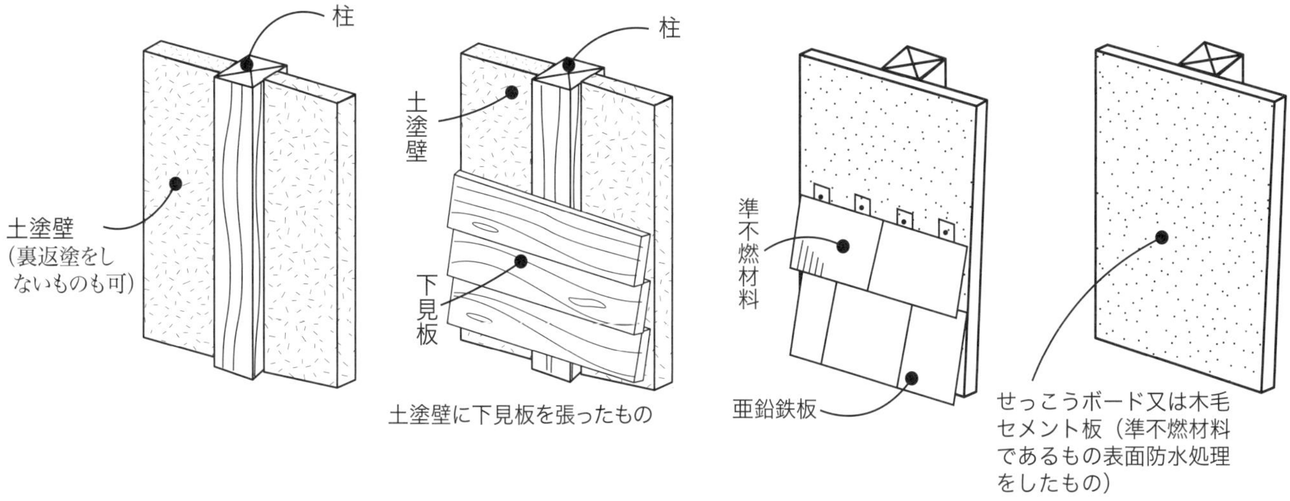

開口部（窓・出入口）には防火設備を

特定防火設備（遮炎性能1時間）

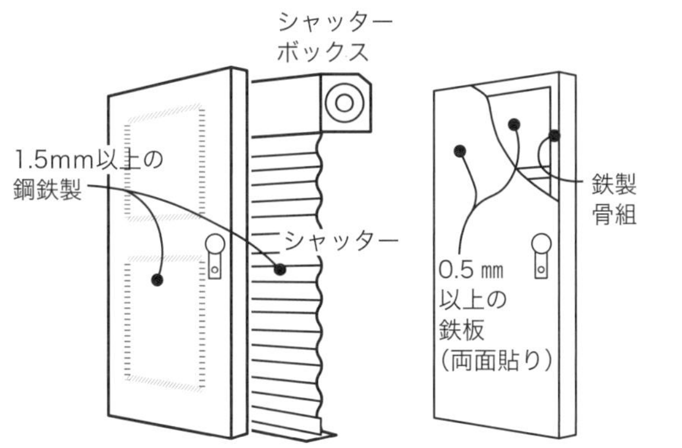

（平成12年建設省告示第1369号、第1360号）

防火設備（遮炎性能20分間）

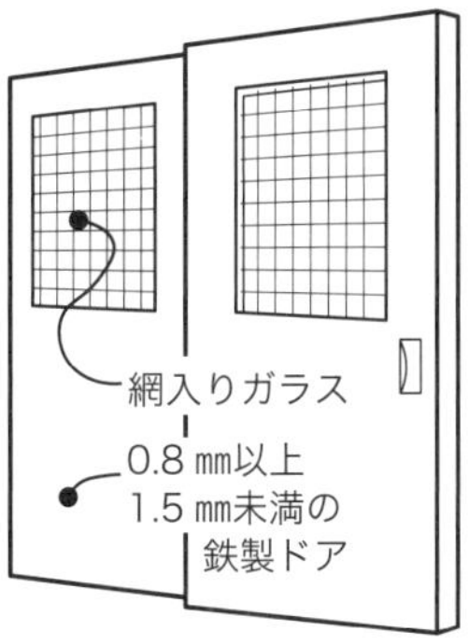

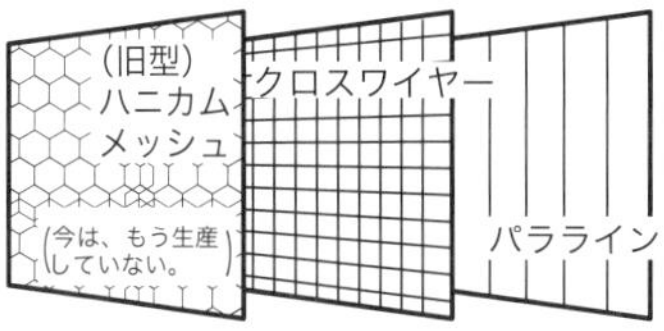

★網入りガラスのいろいろ

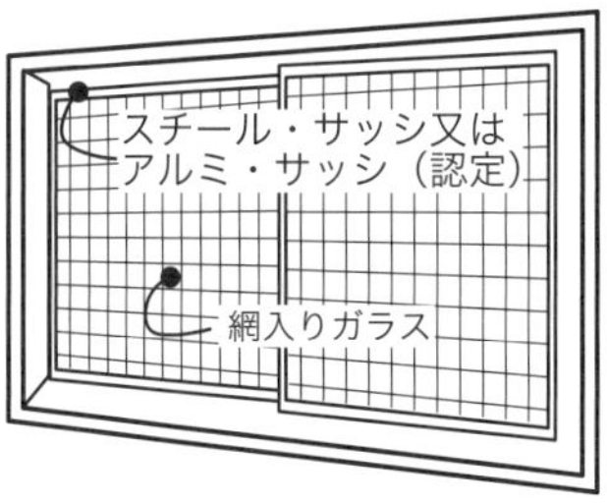

- このほかに、内外両面からの火炎を遮る性能（遮炎性能）を有する防火設備として、10分間防火設備、30分間防火設備、45分間防火設備（防火ダンパー）、75分間防火設備が、外から内への火炎を遮る性能（準遮炎性能）を有する20分間防火設備がある。

〔参考条文〕〈準防火構造〉建基法第23条、建基令第109条の9、平成12年建設省告示第1362号「木造建築物等の外壁の延焼のおそれのある部分の構造方法」
〈防火設備〉建基令第109条、第109条の2、第112条第1項、平成12年建設省告示1369号「特定防火設備の構造方法」、平成12年建設省告示1360号「防火設備の構造方法」、令和2年国土交通省告示第198号「10分間防火設備の構造方法」、令和元年国土交通省告示第194号「防火地域又は準防火地域内の建物部分及び防火設備の構造方法（30分間防火設備の構造方法）」、令和元年国土交通省告示第193号「建築基準法第21条第1項に規定する建築物の主要構造部の構造方法（75分間防火設備の構造方法）」、令和元年国土交通省告示第196号「20分間防火設備の構造方法」

⑵　建築物の耐火・不燃化を推進する

耐火建築物

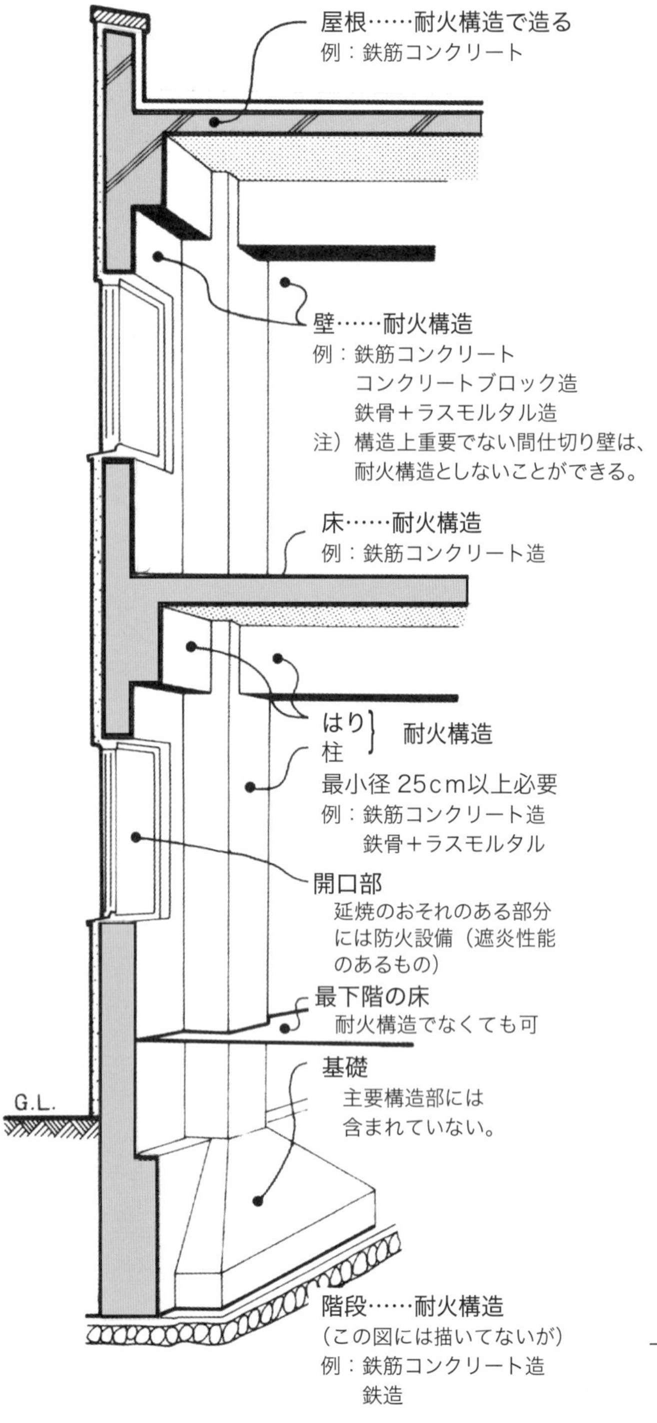

耐火建築物とは

主要構造部（壁、柱、床、はり、屋根、階段）を耐火構造又は耐火性能検証法等で火災が終了するまで耐えることを検証した構造とし、外壁の開口部で延焼のおそれのある部分に防火設備（20 分間遮炎性能のあるもの）を設けた建築物

（建基法第２条第９号の２）

耐火構造に要求される耐火時間

部分＼階		最上階から数えた階数		
		1～4	5～14	15 以上
柱		1時間	2時間	3時間
は　り		1	2	3
床		1	2	2
壁(耐力壁に限る)	間仕切壁	1	2	2
	外壁	1	2	2
屋　根		30 分間		
階　段		30 分間		

（建基令第 107 条第１号）

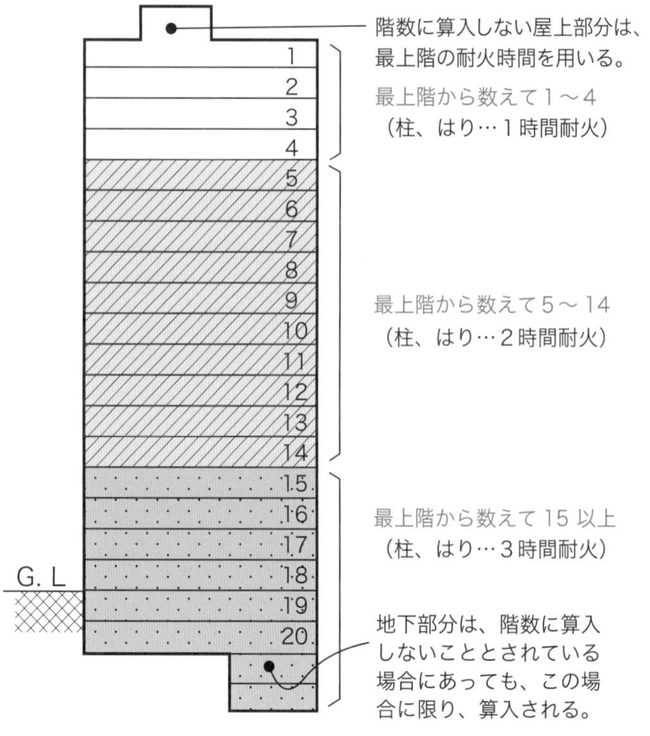

〔参考条文〕〈耐火建築物〉建基法第２条第９号の２、〈主要構造部〉同条第５号

耐火構造の主な仕様と耐火時間

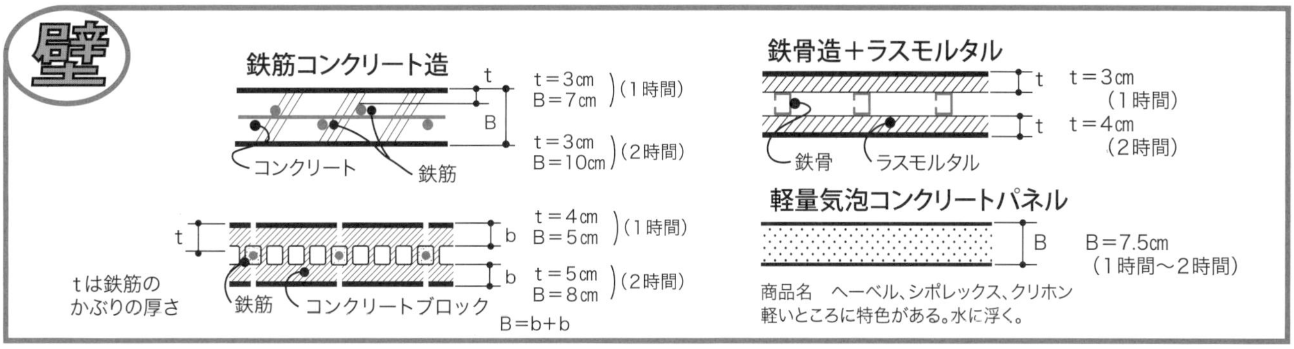

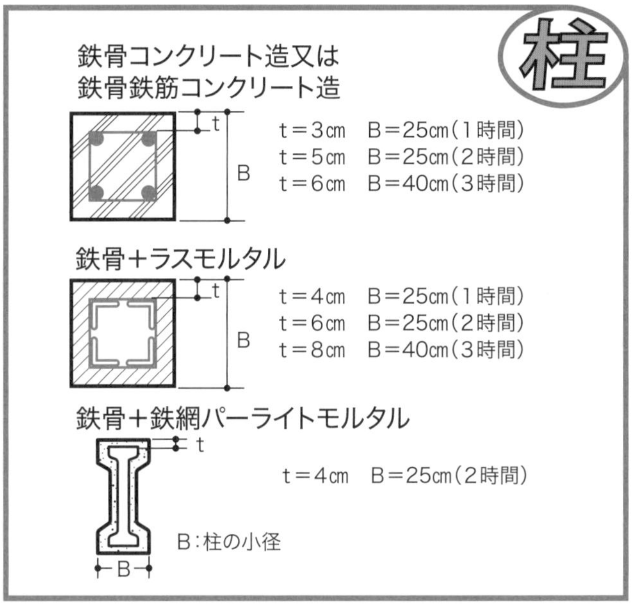

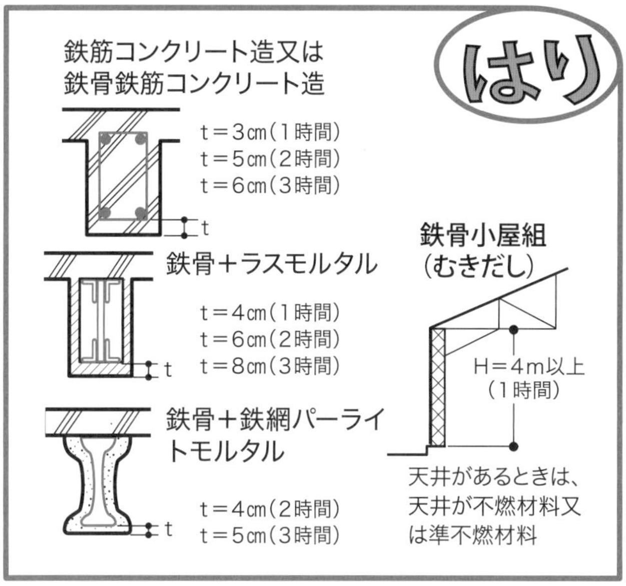

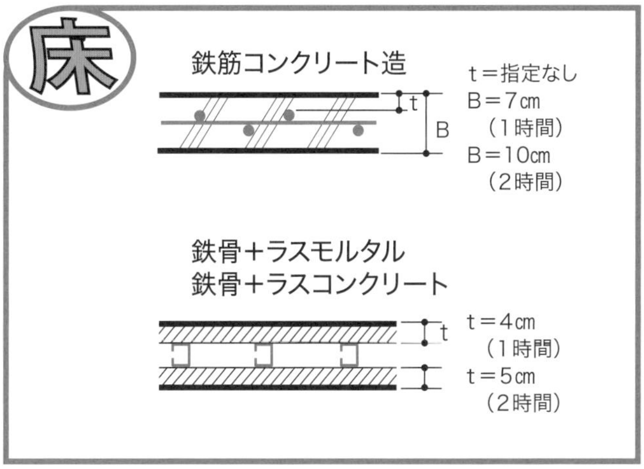

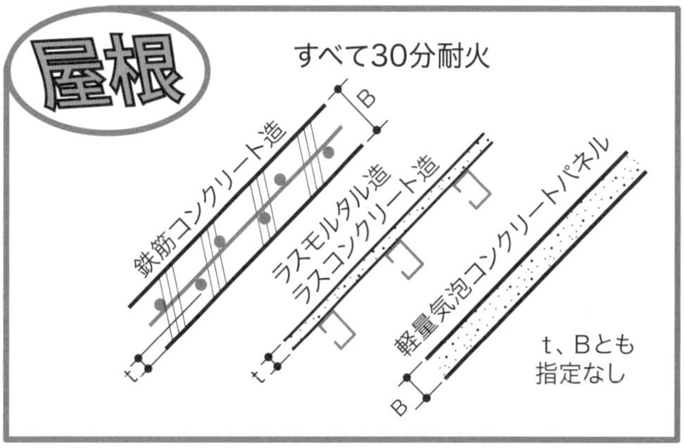

注：図中のt、Bの厚さは、最小値を示したもの。
従ってこの厚さ以上が必要となる。

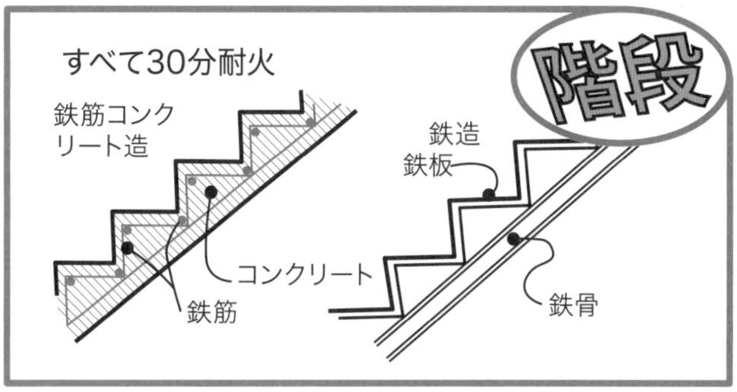

〔参考条文〕〈耐火構造〉建基法第2条第7号、建基令第107条、平成12年建設省告示1399号「耐火構造の構造方法の指定」、昭和44年建設省告示1729号「地下街の各構えの耐火構造」

準耐火建築物には３種類

準耐火建築物

イ準耐火＝主要構造部（壁、柱、床、はり、屋根又は階段）を準耐火構造とした建築物（一部を耐火構造としたものを含む。）で、外壁の開口部のうち延焼のおそれのある部分に防火設備（20分間遮炎性能のあるもの）を設けたもの

ロ準耐火＝旧簡易耐火建築物に該当するもの、次の２種類がある。

・外壁耐火構造＝石造、レンガ造、ブロック造が当てはまる。外壁を耐火構造とし、屋根を不燃材料で造り又はふく（延焼のおそれのある部分は防火構造等）。

・不燃構造＝鉄骨造りが当てはまる。外壁は防火構造とし、屋根は不燃材料で造り又はふく、床の構造にも制限がある（次頁参照）。

（注）いずれも、外壁開口部で延焼のおそれのある部分には防火設備（20分間遮炎性能のあるもの）を設ける。

準耐火構造（耐火構造に準ずる耐火性能）

・木造でも石膏ボード等で防火被覆すると「準耐火構造」となる。

準耐火構造に
要求される耐火時間

壁	間仕切壁（耐力壁に限る。）	45分間
	外壁（耐力壁に限る。）	45
柱		45
床		45
はり		45
屋根（軒裏を除く。）		30
階段		30

（建基令第107条の２第１号）

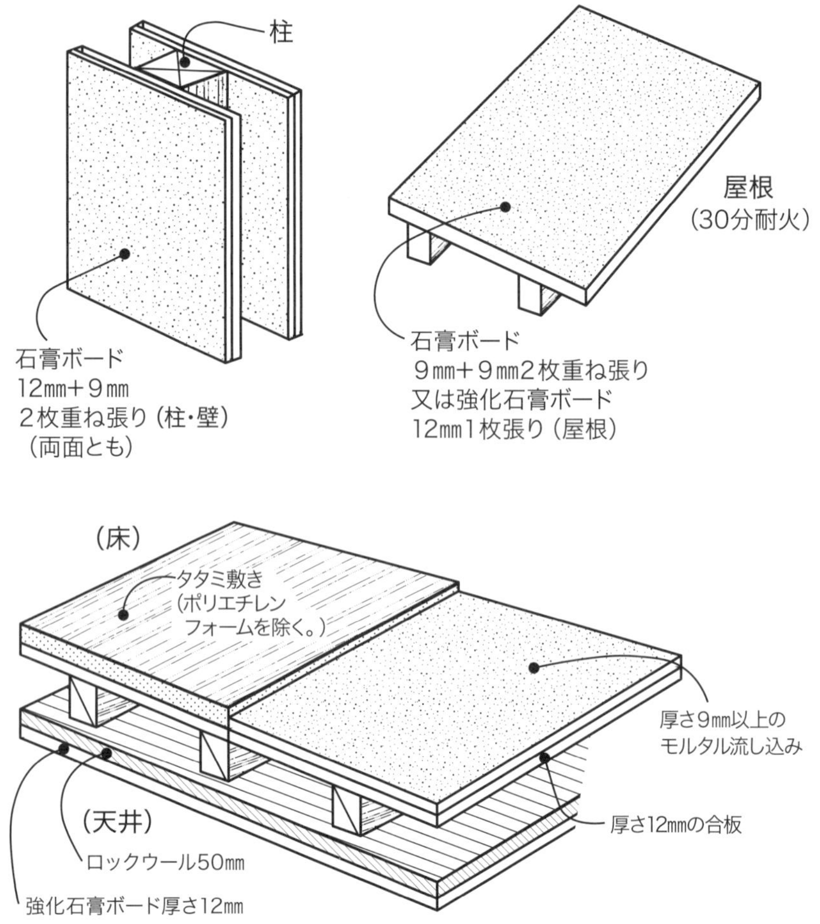

準耐火構造の仕様例（45分耐火）

〈参考条文〉〈準耐火建築物〉建基法第２条第９号の３、建基法第109条の３、平成12年国土交通省告示第1367号「準耐火建築物と同等の性能を有する建築物等の屋根の構造方法」、〈準耐火構造〉建基法第２条第７号の２、建基令第107条の２、平成12年建設省告示第1358号「準耐火構造の指定」

ロ準耐（外壁耐火構造）…石造・レンガ造・ブロック造等

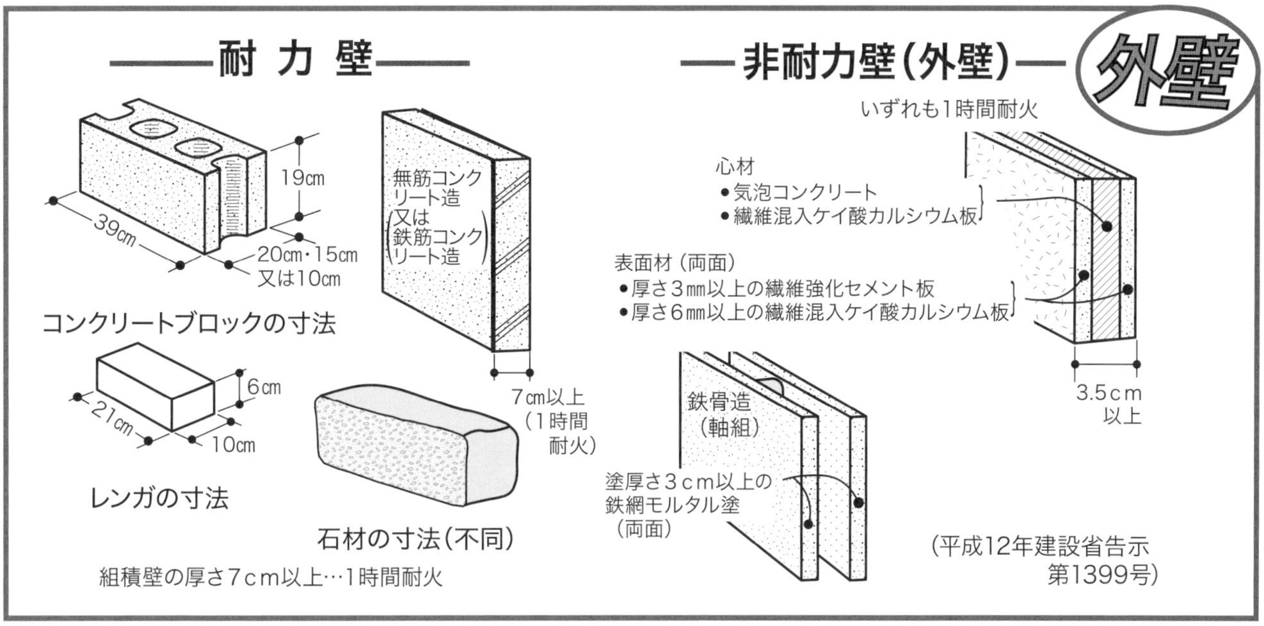

ロ準耐（不燃構造）…主として鉄骨構造

◆延焼のおそれのある部分

◆延焼のおそれのある部分以外

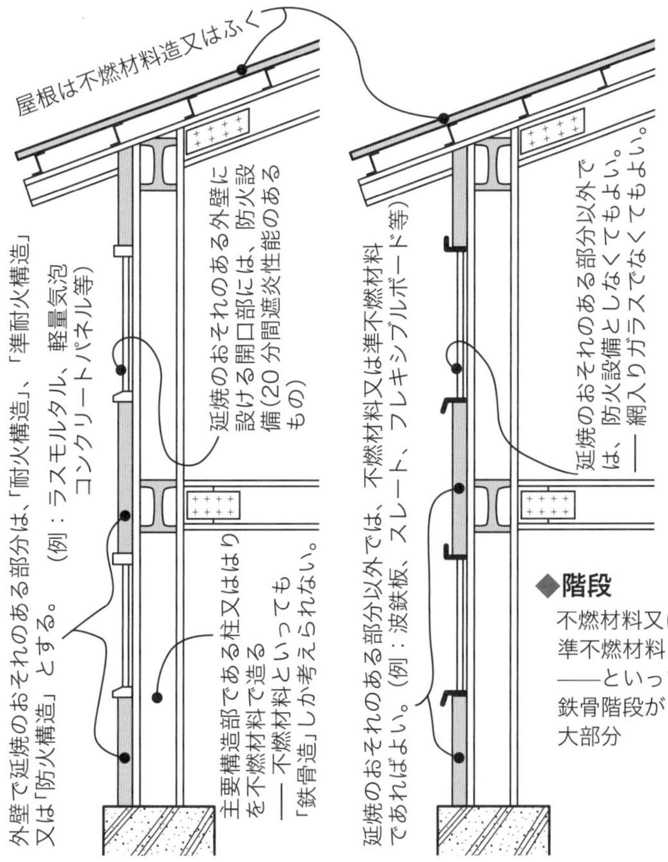

◆階段

不燃材料又は
準不燃材料
——といっても
鉄骨階段が
大部分

◆3階以上の階の床

1. 耐火構造又は準耐火構造とする。
   例：鉄筋コンクリート造

2. 下記の構造とする。
   例：下地 不燃材料＋ラスモルタル

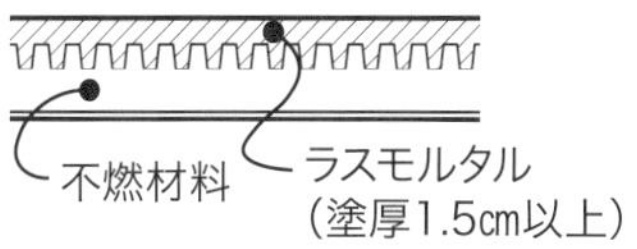

3. 直下の天井を防火構造又は同等の構造とする。

床　不燃材料又は準不燃材料

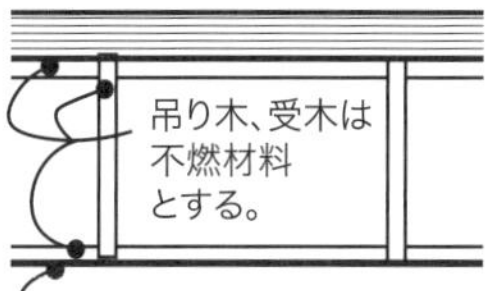

直下の天井は、
次の構造のうちの1つ。

イ　ラスモルタル(塗厚1.5cm以上)
ロ　木毛セメント板又は石膏ボード ＋ 塗厚1cm以上モルタル又はしっくい塗
ハ　木毛セメント板 ＋(モルタル又はしっくい)＋ 金属板

◆2階の床

不燃材料又は準不燃材料

〔参考条文〕〈準耐火建築物〉建基法第2条第9号の3、建基令第109条の3、〈準耐火（又は耐火）の義務付け〉建基法第27条、第61条、別表第1、平成12年建設省告示第1368号「床又はその直下の天井の構造方法」

特定避難時間倒壊等を防止できる建築物

特定避難時間倒壊等を防止できる建築物＝建築物の在館者の全てが地上まで避難を終了するまでの間（特定避難時間）、倒壊及び延焼を防止するために主要構造部（壁、床等）に必要な下図に示す性能を有する構造（避難時倒壊防止構造）とし、かつ、外壁の開口部に延焼を防ぐ20分間防火設備を設けた建築物（建基法第27条第1項）のうち、耐火性能の基準（建基令第107条）及び耐火性能検証法の基準（建基令第108条の3）に適合するものを除いたもの

非損傷性　　遮熱性　　遮炎性

火災による火熱が加えられても、建築物の部分の倒壊によって生ずる応力により倒壊しないこと

火熱が加えられた場合、加熱面以外の面の温度が可燃物燃焼温度以上に上昇しないこと

屋内の火熱を屋外に出す亀裂等の損傷が生じないこと

■特定避難時間倒壊等を防止できる建築物の構造

特定避難時間倒壊等を防止できる建築物の構造（適合仕様）をまとめると次の通りで、主要構造部を避難時倒壊防止構造等とするほか、敷地内通路や自動火災報知設備等を設ける必要がある。

<table>
<tr><th colspan="4">主要構造部等への要求</th><th colspan="3">条件となる仕様</th></tr>
<tr><th colspan="2">主要構造部</th><th colspan="2">防火設備</th><th rowspan="2">敷地内通路の幅員</th><th rowspan="2">スプリンクラー設備等</th><th rowspan="2">自動火災報知設備</th></tr>
<tr><th>壁、柱等</th><th>階段室等の壁</th><th>外壁の開口部</th><th>階段室等への出入口</th></tr>
<tr><td rowspan="2">避難時倒壊防止構造※1</td><td>固有特定避難時間※2の1.6倍の性能の準耐火構造（木造）</td><td rowspan="2">火炎が到達するおそれのある開口部※3には上階延焼抑制防火設備※4それ以外の開口部には20分間防火設備</td><td rowspan="2">付室等への出入口には特定避難時間防火設備※5、階段室への出入口には防火設備</td><td rowspan="2">3m以上</td><td rowspan="2">用途地域以外の地域では必要</td><td rowspan="2">必　要</td></tr>
<tr><td>固有特定避難時間の1.2倍の性能の準耐火構造（木造以外）</td></tr>
</table>

※1　避難時間倒壊防止構造とは、平成27年国土交通省告示第255号第1第2項で定める構造

※2　固有特定避難時間とは、同告示第1第4項に定める式で計算する特定避難時間

※3　火炎が到達するおそれのある部分とは、同告示第1条第1項第1号ロ表1及び表2で計算した水平移動距離等と垂直移動距離等の範囲内にある外壁の開口部（次頁の下図参照）

※4　上階延焼抑制防火設備とは、同告示第1第6項に定める防火設備で必要遮炎時間以上の遮炎性能があるもの

※5　特定避難時間防火設備とは、同告示第1第3項に定める防火設備で固有特定避難時間以上の遮炎性能があるもの

〔参考条文〕〈1時間準耐火基準〉建基令第112条第2項、〈耐火建築物等としなければならない特殊建築物〉建基法第27条第1項、〈特殊建築物の主要構造部の性能に関する技術的基準〉建基令第110条、平成27年国土交通省告示第255号「特殊建築物の主要構造部の構造方法」、〈可燃物燃焼温度〉平成12年国土交通省告示第1432号「可燃物燃焼温度」

また、これまでも建築が認められてきた次の木造３階建共同住宅等も特定避難時間倒壊等を防止できる建築物の一例である。

特定避難時間倒壊等を防止できる建築物の例

（３階建の共同住宅、寄宿舎、下宿の場合）

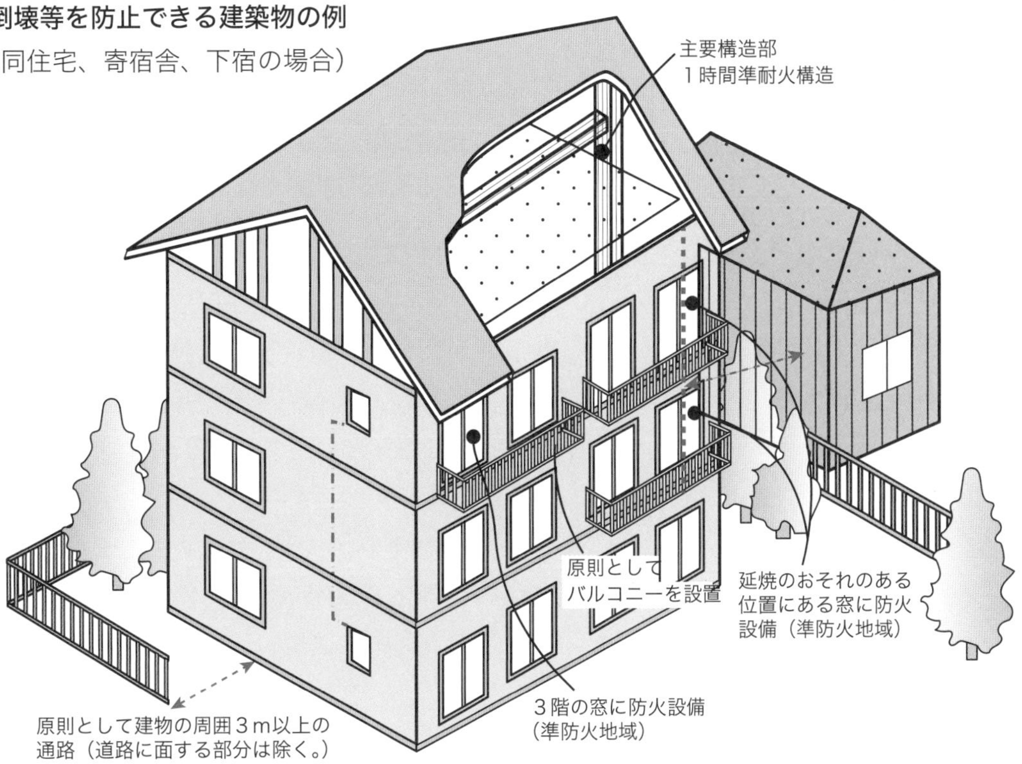

■開口部からの延焼を防止（建基令第 110 条の２、第 110 条の３）

特定避難時間倒壊等を防止できる建築物の外部開口部で延焼のおそれのある部分及び下図に示す他の開口部から火災が到達するおそれのある開口部（平成 27 年国土交通省告示第 255 号第３に定める開口部）には、20 分間防火設備を設置する。

火炎が上階の窓に到達するおそれがある範囲は、開口部の大きさやバルコニー、ひさしの大きさ等によって算定される。バルコニー・ひさしの大きさによって火炎の到達範囲は小さくなる。小さな開口部でも接近して設ける等すれば防火設備が必要になる。

■バルコニー･ひさしを設けない場合
⇒火炎が到達するおそれのある範囲が大きい

■バルコニー･ひさしを設けた場合
⇒火炎が到達するおそれのある部分が小さくなる

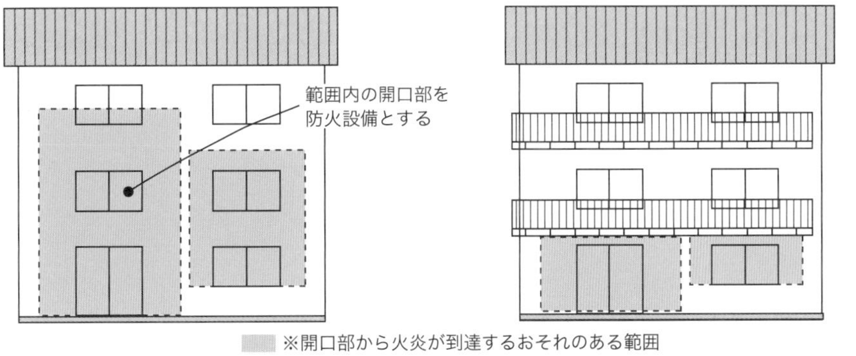

※開口部から火炎が到達するおそれのある範囲

■開口部が小さい
⇒他の開口部へ延焼するおそれが
　少ないとして防火設備等必要なし

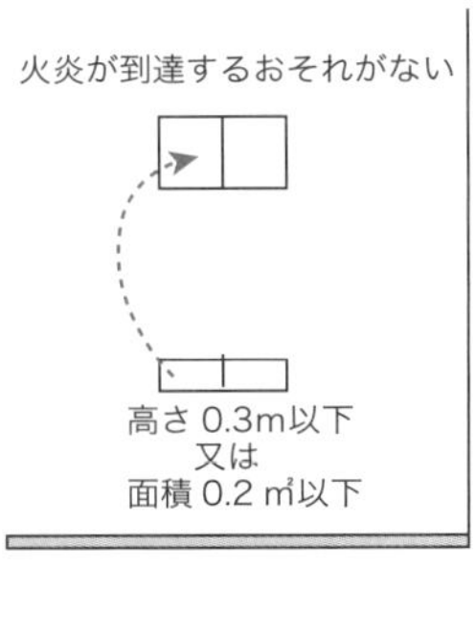

■開口部を近接させた場合
⇒開口部を近接させた場合は、高さ 0.3mや
　面積 0.2 ㎡を超えた開口部として取り扱われる場合がある

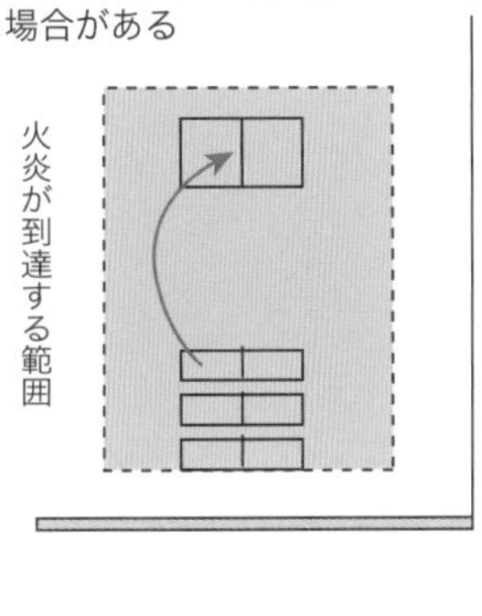

1時間準耐火基準の準耐火構造等

・木造でも石膏ボード等で防火被覆すると「1時間準耐火構造」とすることができる。

1時間準耐火基準に要求される耐火時間

壁	間仕切壁（耐力壁に限る。）	1時間
	外壁（耐力壁に限る。）	1
柱		1
床		1
はり		1

（建基令第112条第2項）

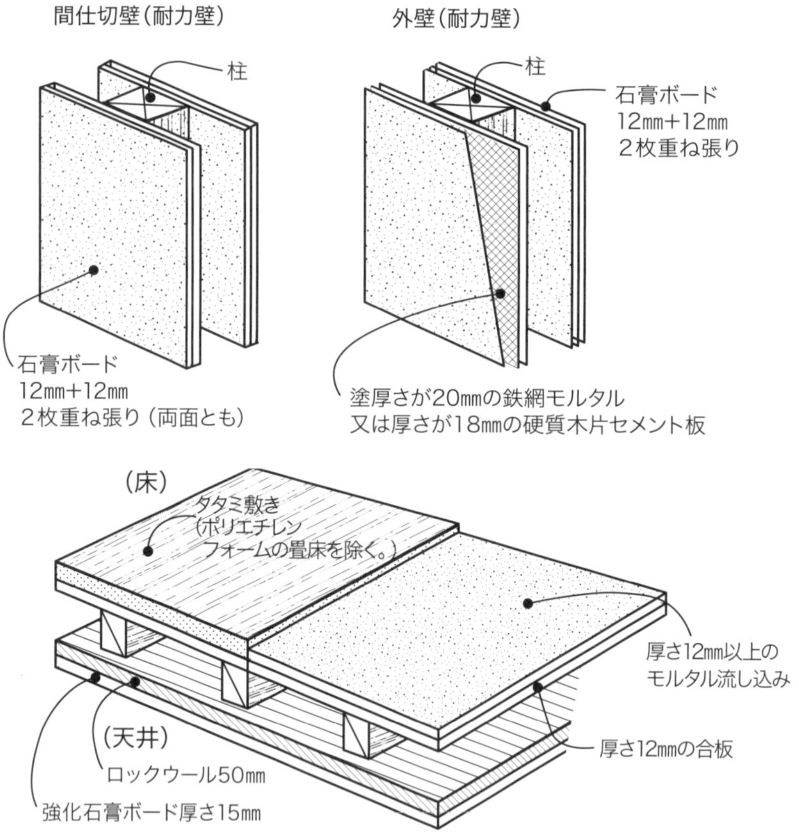

1時間準耐火基準に適合する準耐火構造の仕様例

■ 75分間準耐火構造、90分間準耐火構造

- 準耐火構造　1時間準耐火基準の準耐火構造のほかに、75分間準耐火構造、90分間準耐火構造があり、それぞれ高さ16ｍを超える大規模木造建築物、防火・準防火地域内の耐火同等延焼防止建築物の主要構造部に用いられることがある。

〔参考条文〕〈1時間準耐火基準の準耐火構造〉建基令第112条第2項、令和元年国土交通省告示第195号「1時間準耐火基準に適合する主要構造方法」、〈75分間準耐火構造〉令和元年国土交通省告示第193号第1第8項「建築基準法第21条第1項に規定する建築物の主要構造部の構造方法」、〈90分間準耐火構造〉令和元年国土交通省告示第194号第2第3項「防火地域又は準防火地域の建築物の構造方法」

大規模木造建築物の主要構造部

■高さが高い木造建築物は火災時倒壊防止構造等とする。

高さが 16 mを超えるか地上４階建以上の木造建築物は通常火災終了時間が経過するまで倒壊及び延焼を生じない性能を有する構造（火災時倒壊防止構造等）とする。ただし、周囲に十分な空地がある場合を除く。（建基法第 21 条第１項）

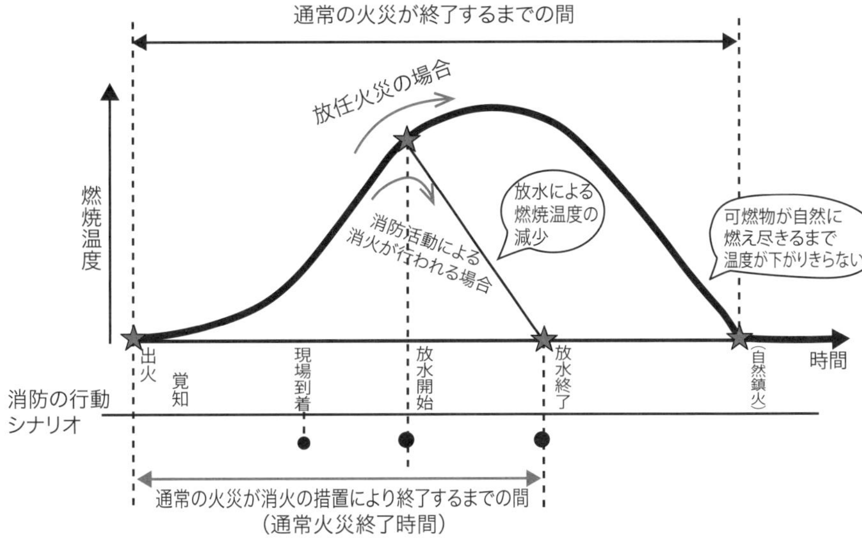

通常火災終了時間

例えば、次の構造とした木造建築物は高さ 16 m超、地上４階建以上とすることができる。

<table>
<tr><th colspan="4">主要構造部等の構造</th><th colspan="4">条件となる仕様</th></tr>
<tr><th colspan="2">主要構造部</th><th colspan="2">防火設備</th><th rowspan="2">防火区画</th><th rowspan="2">敷地内通路の幅員</th><th rowspan="2">スプリンクラー設備等</th><th rowspan="2">自動火災報知設備</th></tr>
<tr><th>壁、柱等</th><th>階段室等の壁</th><th>外壁の開口部※1</th><th>区画開口部</th></tr>
<tr><td rowspan="2">火災時倒壊防止構造※2</td><td>固有通常火災終了時間※3 の 1.6 倍の性能の準耐火構造（木造）</td><td rowspan="2">上階延焼抑制防火設備※4</td><td rowspan="2">通常火災終了時間防火設備※5</td><td rowspan="2">スプリンクラー設備、内装不燃化の状況に応じて 100 ㎡～600㎡以下ごとに区画</td><td rowspan="2">３m以上</td><td rowspan="2">用途地域以外の地域では必要</td><td rowspan="2">必　要</td></tr>
<tr><td>固有通常火災終了時間の 1.2 倍の性能の準耐火構造（木造以外）</td></tr>
</table>

※１　他の外壁の開口部から火炎が到達するおそれのある開口部（平成 27 年国土交通省告示第 255 号第１号ロ表１及び表２で計算した範囲内にある開口部）に限る。（15 頁の下図参照）

※２　火災時倒壊防止構造とは、令和元年国土交通省告示第 193 号第１第２項で定める構造

※３　固有通常火災終了時間とは、同告示第１第４項で定める式で計算する通常火災終了時間

※４　上階延焼抑制防火設備とは、同告示第１第６項に定める防火設備で必要遮炎時間以上の遮炎性能のあるもの

※５　通常火災終了時間防火設備とは、同告示第１第３項に定める防火設備で固有通常火災終了時間以上の遮炎性能があるもの

〔参考条文〕〈大規模の建築物の主要構造部等〉建基法第 21 条、〈大規模の建築物の主要構造部の性能に関する技術的基準〉建基令第 109 条の５、〈大規模建築物の壁等の性能に関する技術的基準〉建基令第 109 条の７、令和元年国土国土交通省告示第 193 号「建築基準法第 21 条第１項に規定する建築物の主要構造部の構造方法」、平成 27 年国土交通省告示第 250 号「壁等の構造方法」

■大規模な木造建築物は耐火建物とするか「壁等」で3,000㎡以内ごとに区画

延べ面責が3,000㎡を超える校舎等は耐火建築物とする必要がある。ただし、耐火性の高い壁等で3,000㎡以内ごとに区画することで、準耐火構造（木造3階建ては1時間準耐火構造）で大規模な木造校舎等を造ることができる（建基法21条第2項）。

■区画方法（建基令第109条の7、平成27年国土交通省告示第250号）

区画方法は、屋外から火炎の回り込みを防ぐため壁等を屋根・外壁から突出させる「壁タイプ」と、外壁に一定の耐火構造等の部分を設ける「コアタイプ」がある。

（壁タイプ）

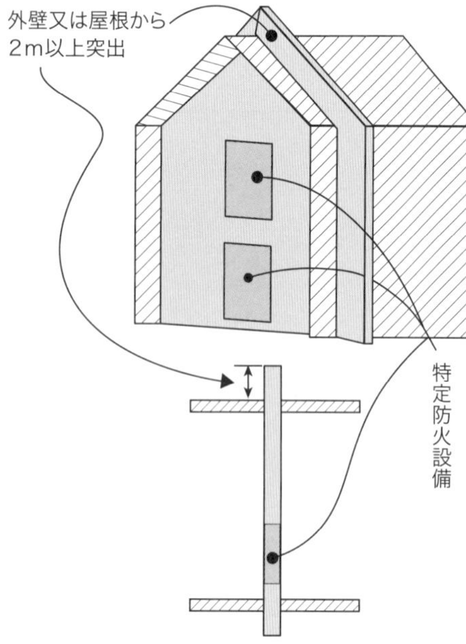

（平成27年国土交通省告示第250号
第5に緩和基準がある）

（コアタイプ）

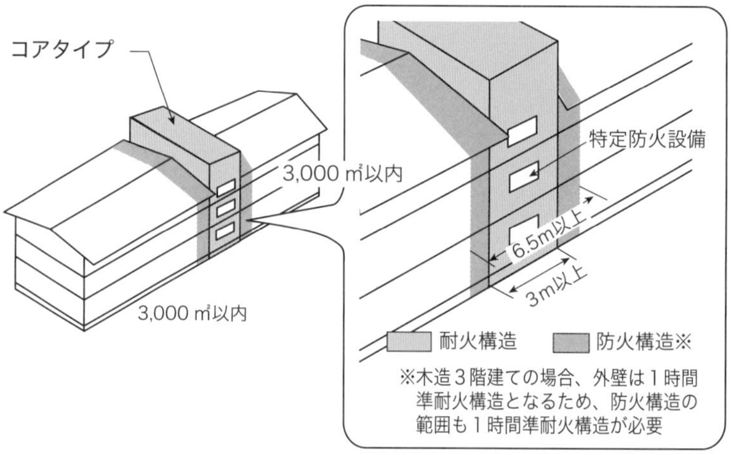

■「壁等」に設ける防火設備のまわりの不燃化

壁等に設ける屋内の開口部（防火設備）のまわりは、火災時は温度が上昇する。
一定の範囲を不燃化することで延焼を防止する。

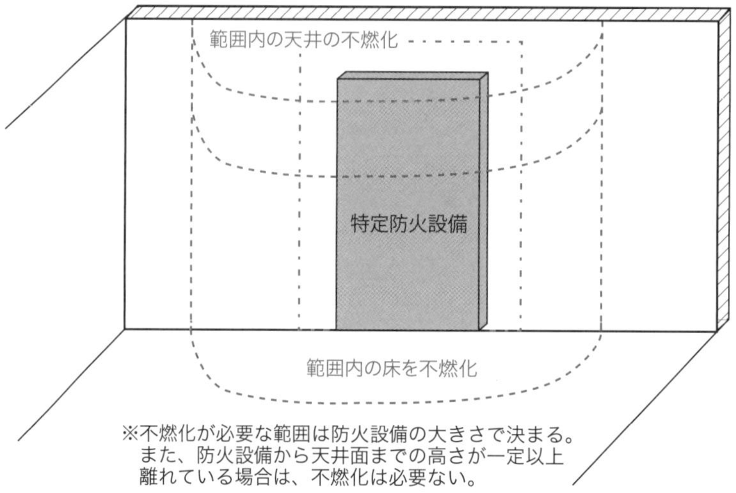

〔参考条文〕〈大規模建築物の壁等の性能に関する基準〉建基令第109条の7、〈区画する壁等の構造〉平成27年国土交通省告示第250号「壁等の構造方法」、〈防火設備まわりの不燃化〉平成27年国土国土交通省告示第249号「壁等の加熱面以外の面で防火上支障がないもの」

⑶　建築物の内装を不燃化する

廊下

（地上に通ずる主たる廊下・階段・通路）

…不燃・準不燃材料（難燃材料はダメ）

居室

- 大規模建築物 { 平屋建…3,000㎡以上 / 2階建…1,000㎡以上 / 3階建……500㎡以上 } の居室
- 特殊建築物（建基法別表第1⑴、⑵、⑷項）の居室

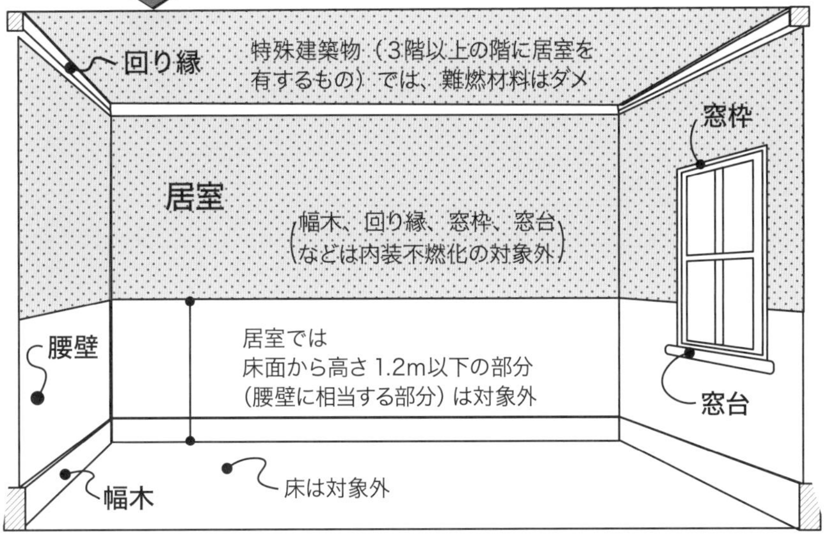

…不燃・準不燃・難燃材料

廊下・階段の内装不燃化

◆天井・壁は、不燃材料又は準不燃材料で
（難燃材料は使えません。）
◆壁の不燃化は 1.2 m以下の部分（腰壁）まで
◆避難階段・特別避難階段の内装は、下地とも、不燃材料で

居室の内装不燃化

◆居室の内装には、難燃材料も使える
（地階・無窓居室・車庫・火気使用室ではダメ、下記参照）
◆腰壁（1.2 mの高さまで）内装不燃化の対象外
◆幅木・回り縁・窓枠・窓台などは、内装制限の対象外
（これは、廊下、階段でも同様に対象外です。）
◆３階以上の階に居室を有する特殊建築物では、居室の天井に難燃材料は使えません。

居室 であっても……

地階、無窓居室、車庫、火気使用室では、制限が厳しい

◆難燃材料は使用できません
◆腰壁（1.2 m以下）も内装不燃化の対象
（以上、廊下、階段の不燃化と同じ制限）

―― **無窓の居室**とは ――

採光上有効な開口部又は排煙上有効な開口部が不足するもの

（注）地下街、11 階以上の高層建築物では、防火区画等の関係でさらに厳しい制限となります。

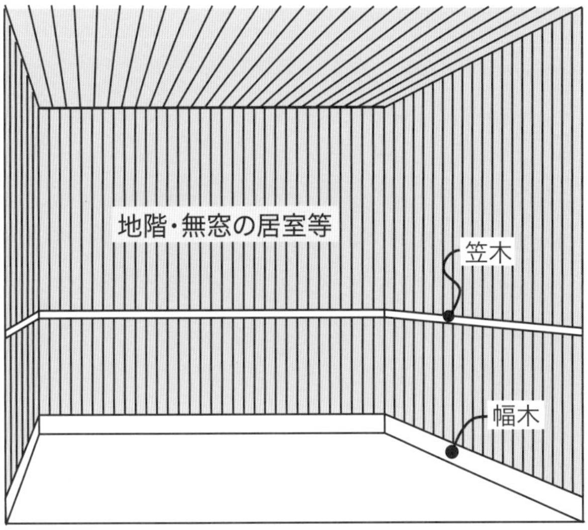

・不燃・準不燃材料（難燃材料はダメ）

〔参考条文〕〈内装不燃化〉建基法第 35 条の２、建基令第 128 条の３の２～第 128 条の５

不燃性能（建基法第２条９号、建基令第 108 条の２）

通常の火災時における火熱に対して次の３要件を満たすもの

1．燃焼しないこと。
2．防火上有害な変形・溶融・き裂・その他の損傷を生じないこと。
3．避難上有害な煙又はガスを発生しないこと。

不燃性能を充たす時間によりランク分け

５分間………難燃材料
10 分間………準不燃材料
20 分間………不燃材料

- 難燃材料には、不燃材料や準不燃材料を含む。
- 準不燃材料には、不燃材料を含む。

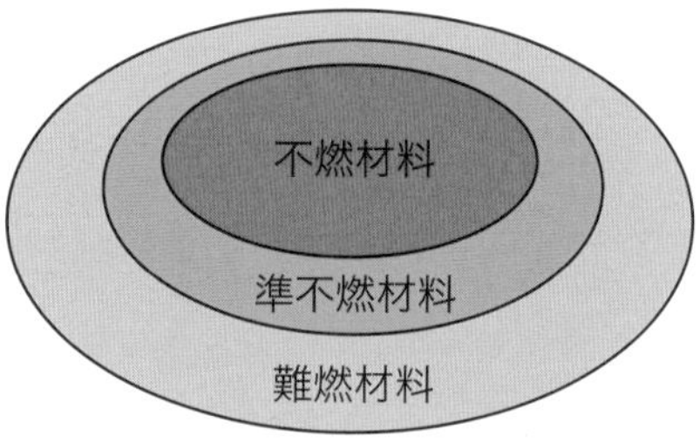

相互の関係

不燃材料

1．コンクリート
2．れんが
3．瓦
4．陶磁器質タイル
5．繊維強化セメント板
6．ガラス繊維混入セメント板（厚さ3mm 以上）
7．繊維混入ケイ酸カルシウム板（厚さ5mm 以上）
8．鉄鋼
9．アルミニウム
10．金属板
11．ガラス
12．モルタル
13．しっくい
14．壁土（厚さ 10mm 以上）
15．石
16．石膏ボード（厚さ 12mm 以上）
17．ロックウール
18．グラスウール板
19．国土交通大臣の認定を受けたもの
（平成 12 年建設省告示第 1400 号）

準不燃材料

1．不燃材料
2．石膏ボード（厚さ9mm 以上）
3．木毛セメント板（厚さ 15mm 以上）
4．硬質木片セメント板
（厚さ9mm 以上）
5．木片セメント板
（厚さ 30mm 以上）
6．パルプセメント板（厚さ6mm 以上）
7．国土交通大臣の認定を受けたもの
（平成 12 年建設省告示第 1401 号）

難燃材料

1．不燃材料・準不燃材料
2．難燃合板（厚さ 5.5mm 以上）
3．石膏ボード（厚さ7mm 以上）
4．国土交通大臣の認定を受けたもの
（平成 12 年建設省告示第 1402 号）

各種の防火上の性能

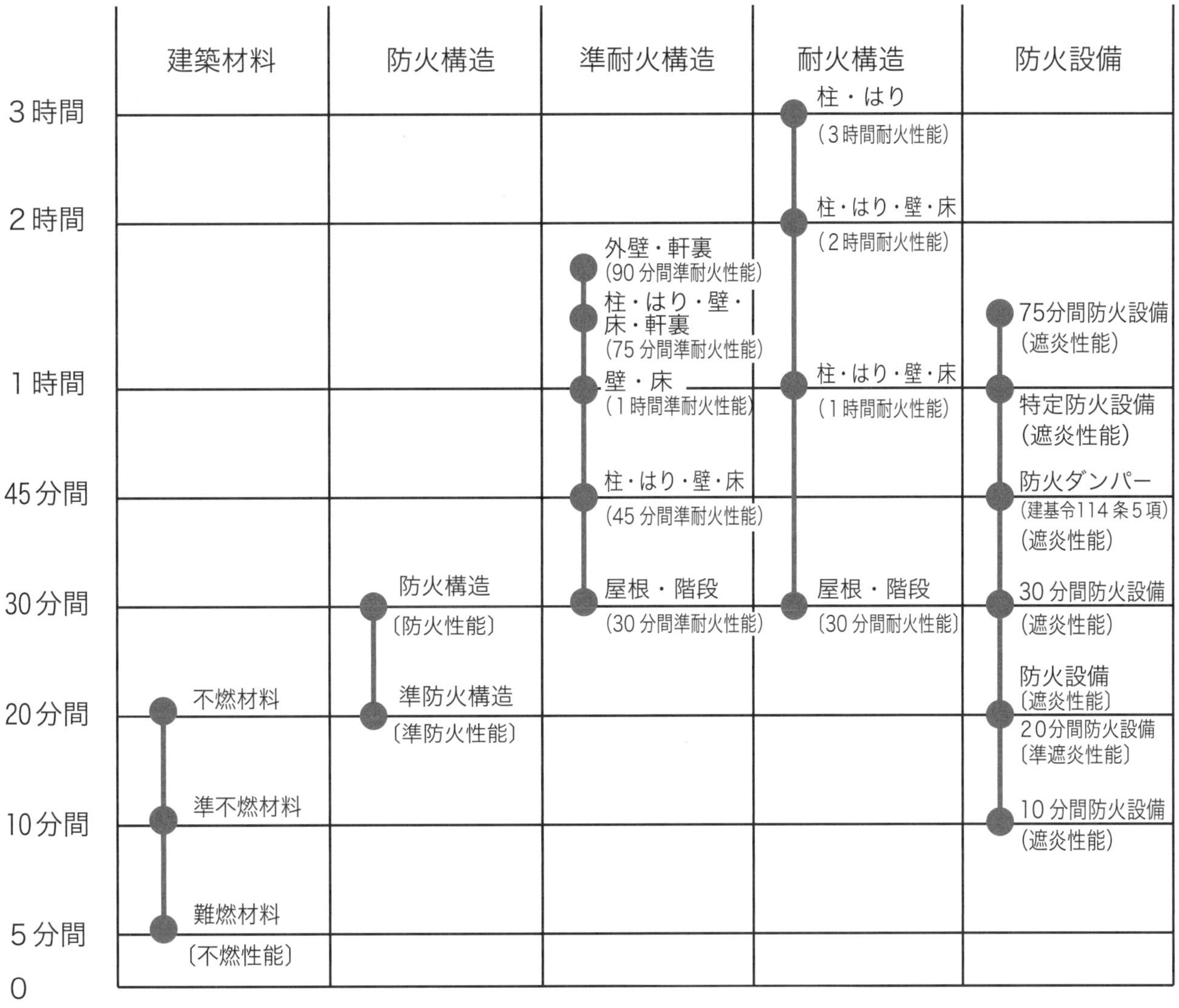

防火上の性能の定義

1．不燃性能…通常の火災時における火熱により燃焼しないことその他（防火上有害な変形・溶融・き裂や避難上有害な煙・ガスを発生させない）の性能（建基法第２条第９号、建基令第108条の２）。

2．防火性能…建築物の周囲において発生する通常の火災による延焼を抑制するために、当該外壁又は軒裏に必要とされる性能（建基法第２条第８号、建基令第108条）。

3．準防火性能…建築物の周囲において発生する通常の火災による延焼を抑制に、一定の効果を発揮するために外壁に必要とされる性能（建基法第23条、建基令第109条の９）。

4．準耐火性能…通常の火災による延焼を抑制するために、当該建築物に必要とされる性能（建基法第２条第７号の２、建基令第107条の２）。

5．耐火性能…通常の火災が終了するまでの間、当該火災による建築物の倒壊及び延焼を防止するため当該建築物の部分に必要とされる性能（建基法第２条第７号、建基令第107条）。

6．遮炎性能…通常の火災時における火災を有効に遮るために、防火設備に必要とされる性能（建基法第２条第９号の２ロ、建基令第109条の２）。なお、法令上の定義はないが、本書では外から内への火炎を遮る性能を準遮炎性能としている（建基令第137条の10第４号）。

カーテンの防炎

防炎カーテン等の使用義務付け

- 高層建築物（31mを超えるもの）　•地下街　•準地下街
- 特定防火対象物　•テレビスタジオ、映画スタジオ

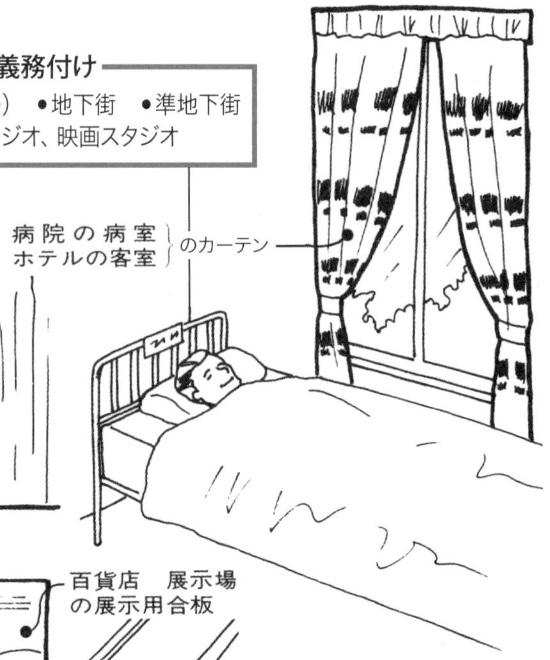

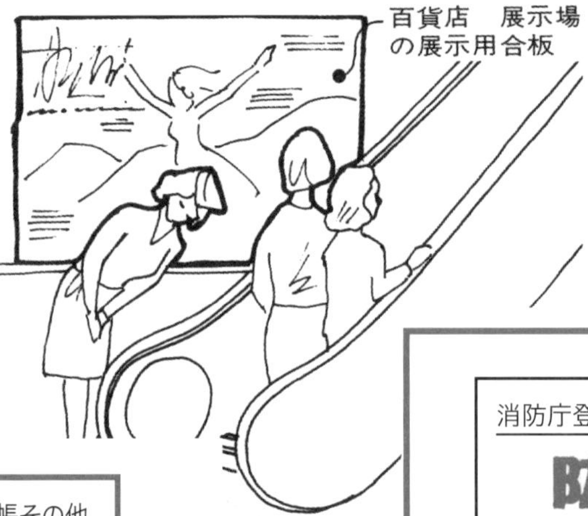

防炎の対象となるのは

•カーテン　•布製ブラインド　•暗 幕　•どん帳その他　•じゅうたん等　•展示用の合板　•舞台で使用する大道具の合板　•工事用シート

表示ラベルは

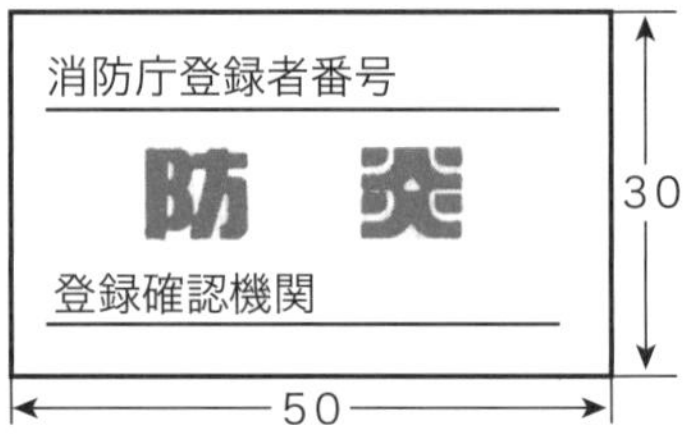

◆白地に黒文字、「防炎」は赤文字

◆下部に次のような注意書きが入ることもある。

- 水洗いした場合は要防炎処理
- ドライクリーニングした場合は要防炎処理

防炎性能があるかどうか

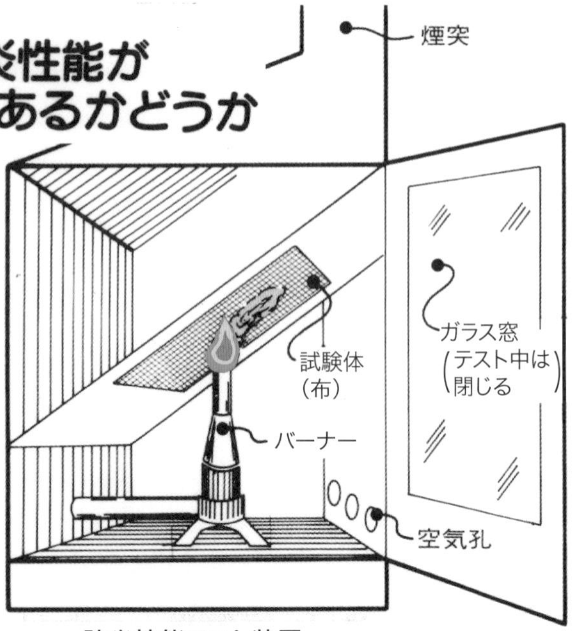

防炎性能テスト装置

防炎テストによるチェック

	◆残炎時間	◆残じん時間
薄手布	3秒以内………	5秒以内
厚手布	5秒以内………	20秒以内
合板等	10秒以内………	30秒以内
じゅうたん等	20秒以内……	

◆炭化面積

薄手布………30㎠以内

厚手布………40㎠以内

合板等………50㎠以内

溶融する物品のチェック

●炭 化 長………20㎝以内（じゅうたん等は10㎝以内）

●接炎回数………3回以内

〔参考条文〕〈防炎性能〉消法第８条の３、消令第４条の３・第４条の４、消則第４条の３・第４条の４、消則別表第１の２の２

⑷　建築物を防火区画する

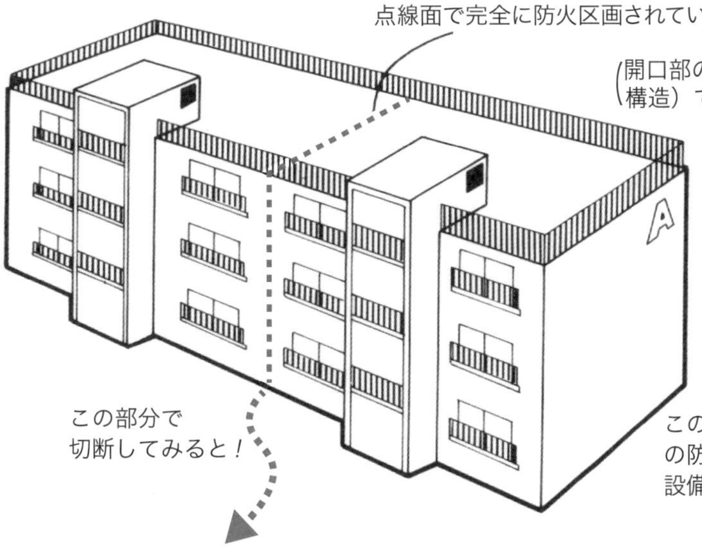

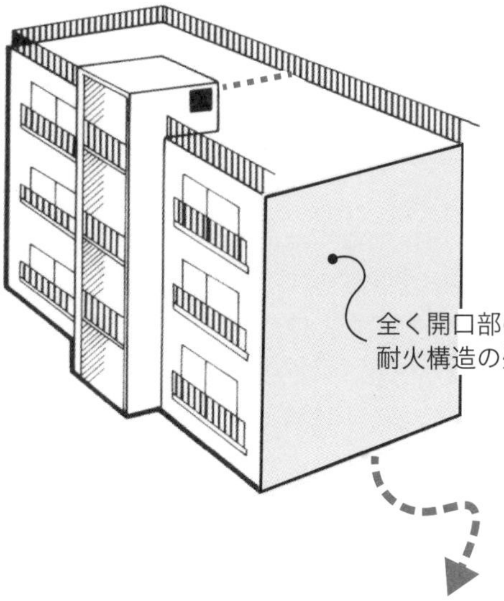

消防法施行令第８条

防火対象物が開口部のない耐火構造の床又は壁で区画されているときは、その区画された部分は、この節の規定〔消防用設備等の設置及び維持の技術基準〕の適用については、それぞれ別の防火対象物とみなす。

これは、さらに細かく（７分割に）防火区画されている
（しかし、開口部（出入口）がある）

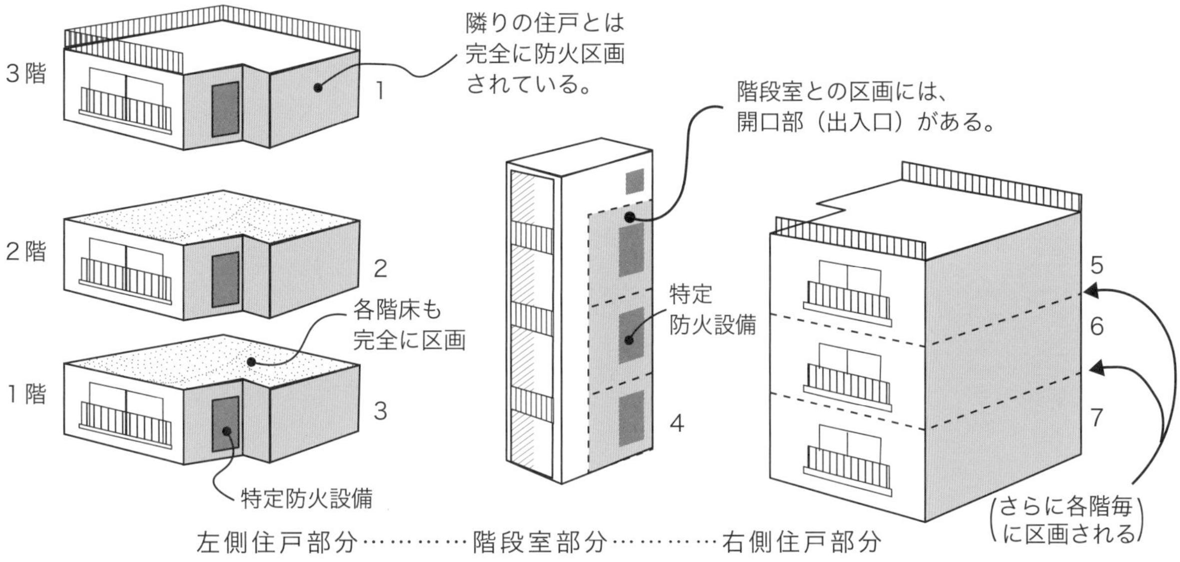

〔参考条文〕〈防火区画〉建基令第 112 条

耐火建築物の防火区画……1,500㎡以内ごと

（建基令第 112 条を読む）

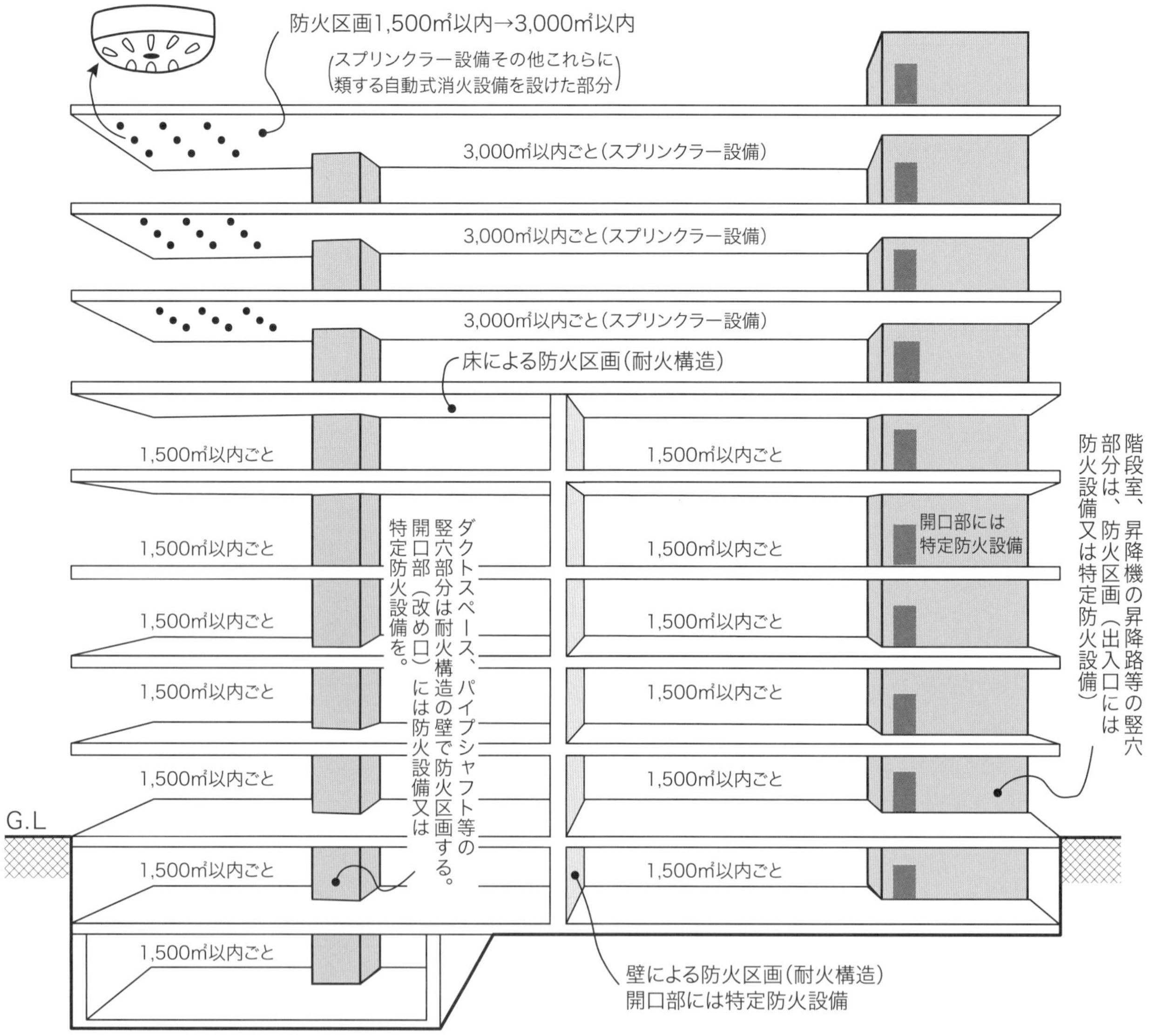

・竪穴部分の開口部には防火設備（20 分間遮炎性能）を設ける必要がある。防火設備で区画した面積が 1,500㎡（3,000㎡）を超える場合には特定防火設備とする。

適用除外（用途上やむを得ない場合）

（建基令第112条第1項1号）

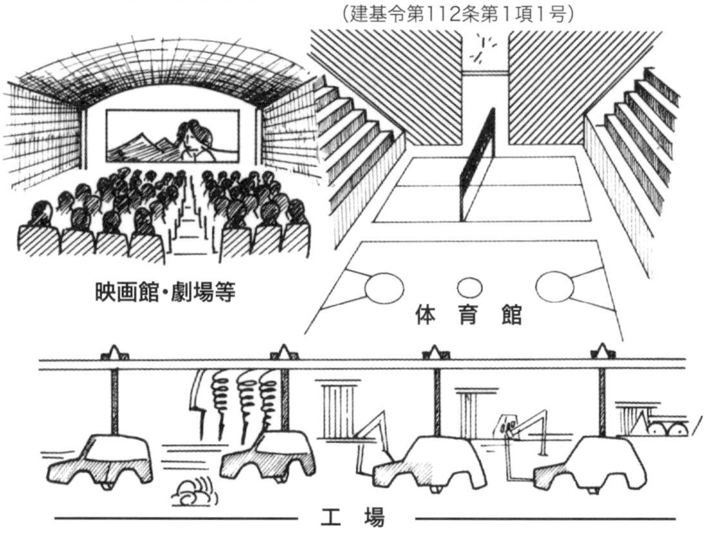

高層ビルでは、階段室を防火区画しても、階段室だけでも1,000㎡を超えてしまうことがあるノダ。
（建基令第112条第１項第２号により適用除外）

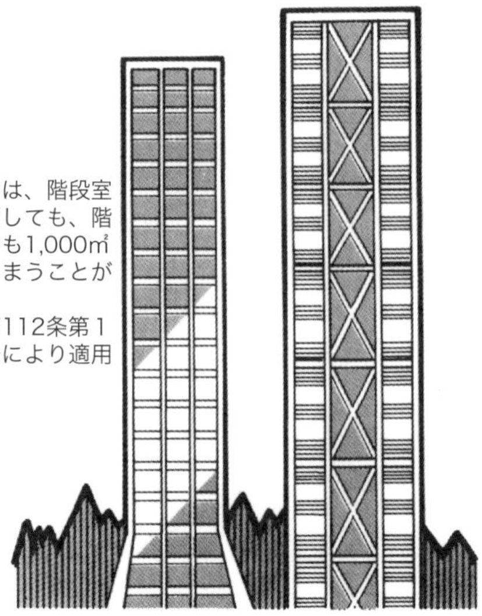

高層ビルの階段室、昇降路

準耐火建築物の防火区画

義務準耐（外壁耐火・45分準耐火等の場合）……500㎡以内ごと

500㎡以内ごとに防火区画のうえ、さらに防火上主要な間仕切壁を耐火構造又は1時間準耐火基準の準耐火構造とする。

防火上主要な間仕切壁は準耐火構造とし、天井を延焼防止性能のある強化天井とした場合を除き、小屋裏又は天井裏に達していること。

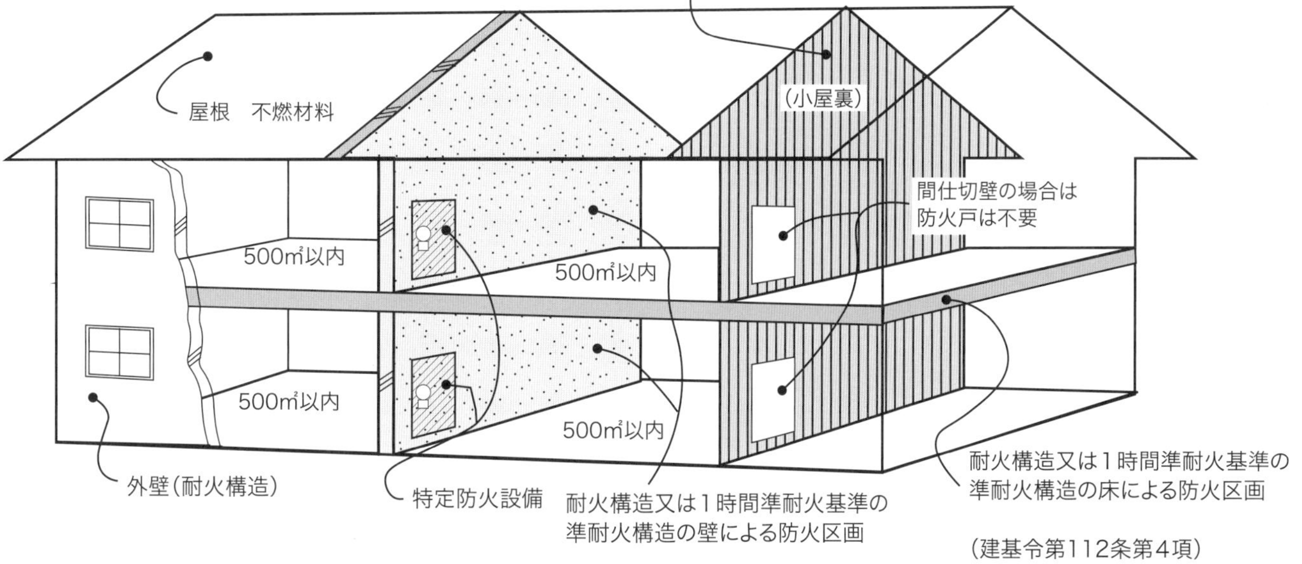

（建基令第112条第4項）

義務準耐（不燃構造・1時間準耐火等の場合）……1,000㎡以内ごと

この図では、床（耐火構造又は1時間準耐火基準の準耐火構造）による防火区画（ヨコ割り）を示しているが、壁（耐火構造又は1時間準耐火の準耐火構造）と特定防火設備によるタテ割りの防火区画も考えられる。

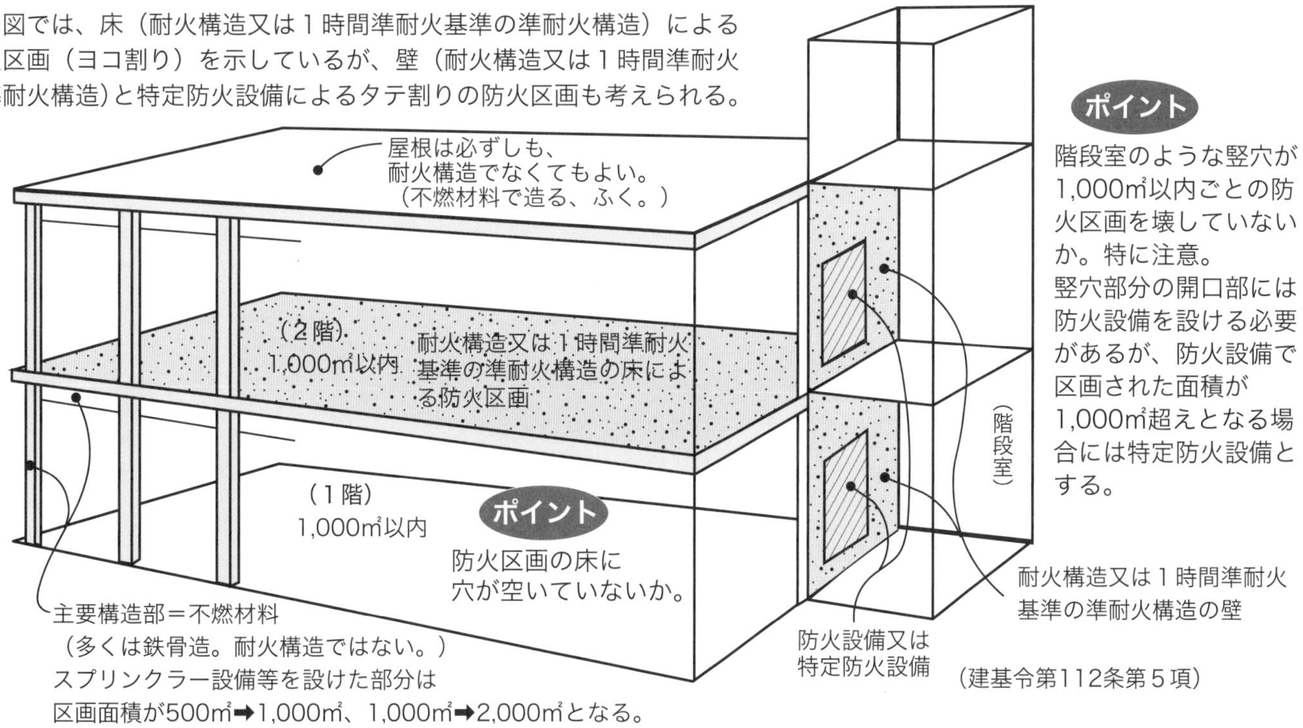

（建基令第112条第5項）

注）「義務準耐」とは、建基法第21条（大規模建築物）、第27条第1項、第3項（特殊建築物）の規定、又は第61条（準防火地域）の規定により、準耐火建築物とすることを義務づけられたもの。これに対して法的に義務付けはないが、任意に準耐火建築物としたものを「任意準耐」ということがある。任意準耐の防火区画は、1,500㎡以内ごととしてもよい。〔防火地域の準耐は、100㎡以下に限られるから防火区画は不要。ナルホド〕

防火区画（そで壁・ひさし）

防火区画を通り越して火が廻らないように

防火区画（壁）があっても

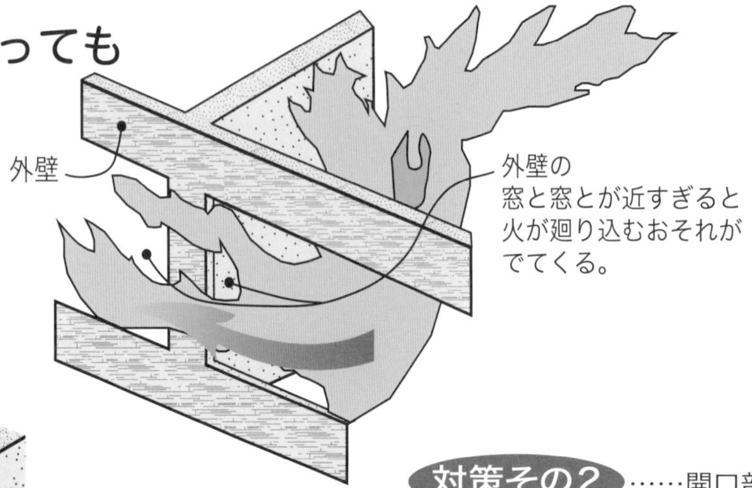

対策その1 ……そで壁
（50cm以上）

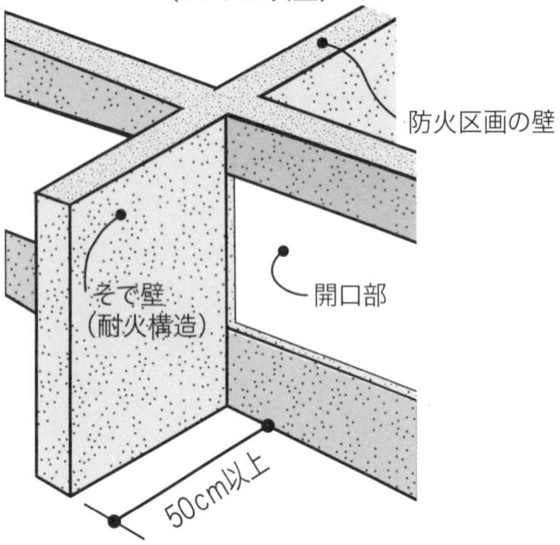

対策その2 ……開口部をはなす
（90cm以上）

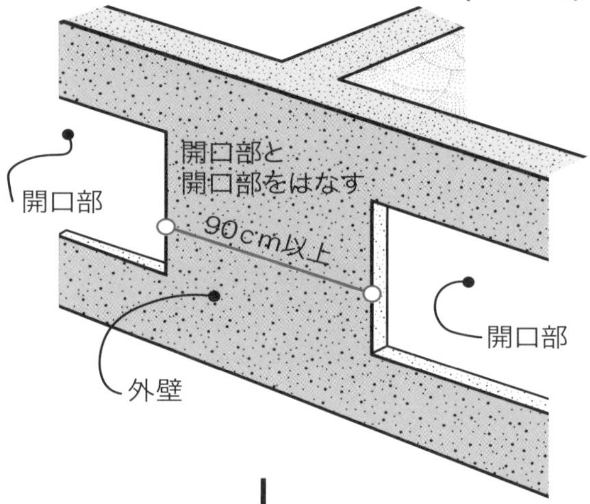

防火区画（床）があっても

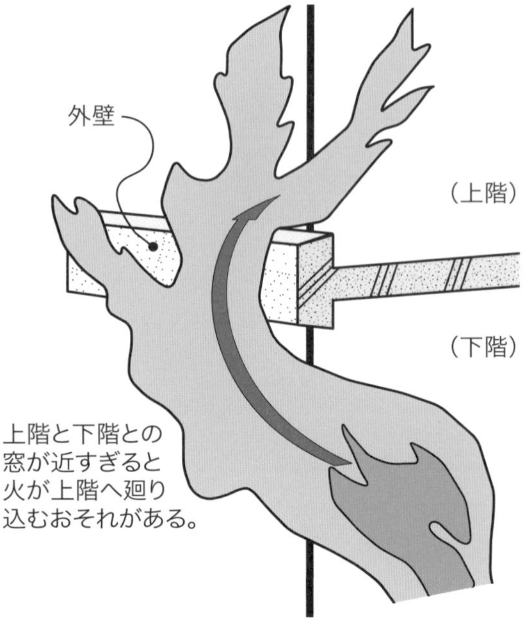

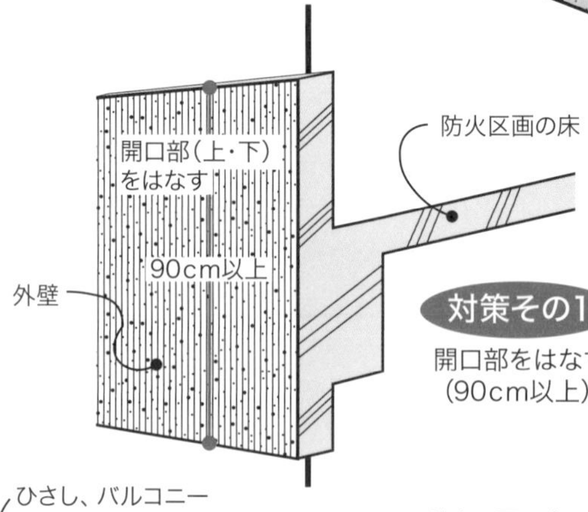

対策その1
開口部をはなす
（90cm以上）

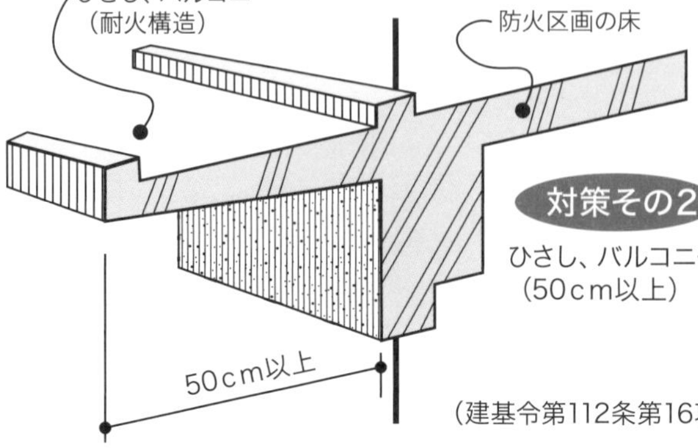

対策その2
ひさし、バルコニー等
（50cm以上）

（建基令第112条第16項）

木造建築物の防火壁・防火床

- 延べ面積 1,000㎡を越える木造建築物は原則として 1,000㎡以内ごとに防火壁又は防火床で区画する。

防火壁

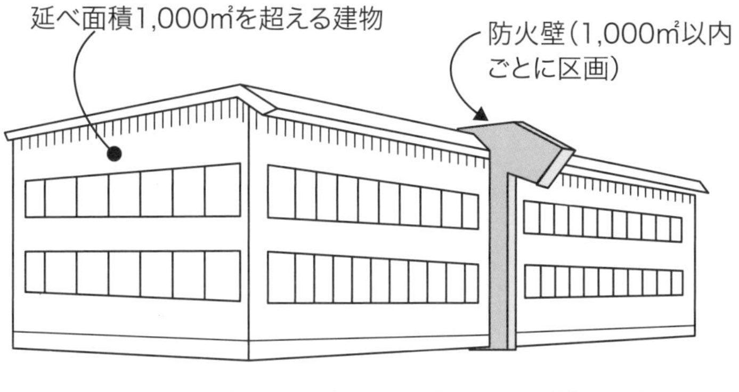

防火壁の設置（延べ面積1,000㎡内ごと）

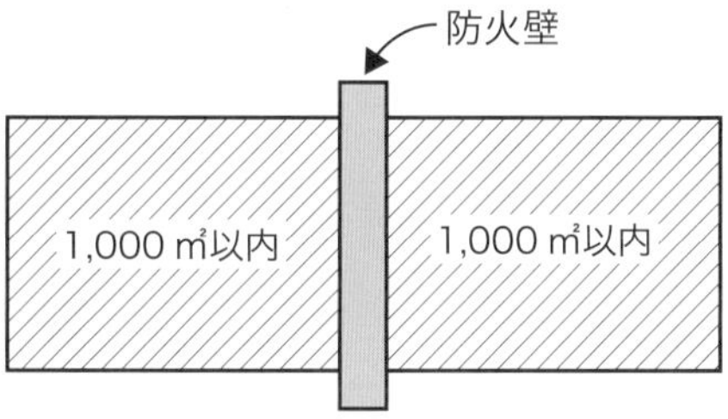

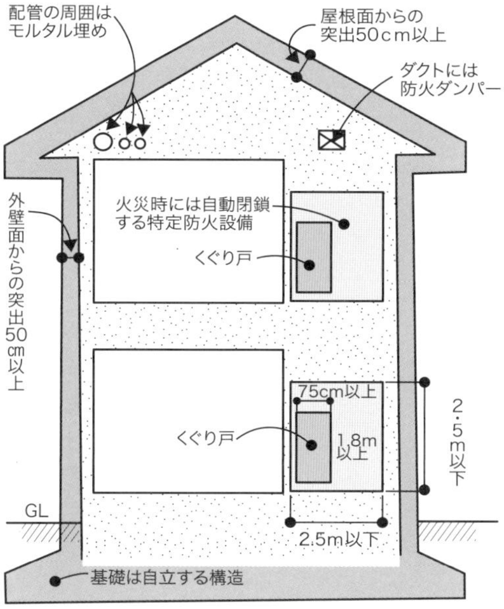

防火壁の構造の例

防火床

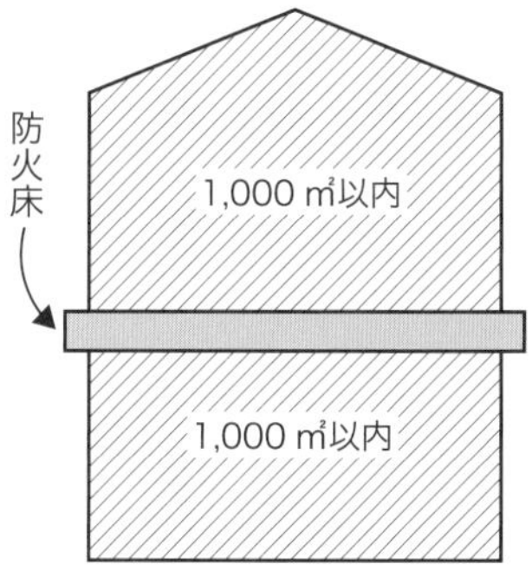

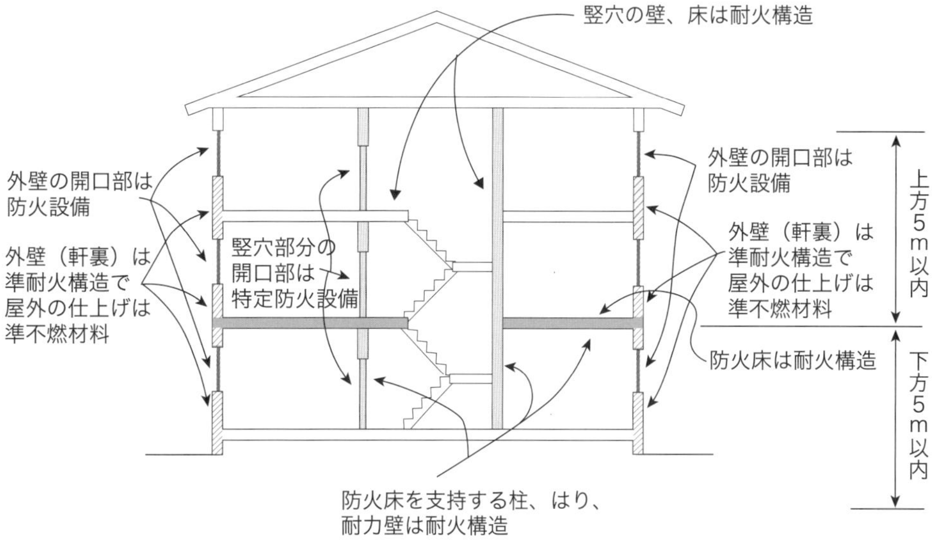

防火床の構造の例

〔参考条文〕〈防火壁・防火床〉建基法第 26 条、建基令第 113 条、令和元年国土国土交通省告示第 197 号「防火壁及び防火床の構造方法」

(5)　防火区画を完全なものとするために

防火区画は、耐火構造の壁と床とで区画された空間を作る
従って開口部は少ないほど良いのだが……。

配管周辺の防火区画

風道（ダクト……換気用、冷房用、暖房用等）
配管（パイプ……給水、排水、通気、
電気、ガス、通信用等）
（建基令第 112 条第 20 項、第 21 項）

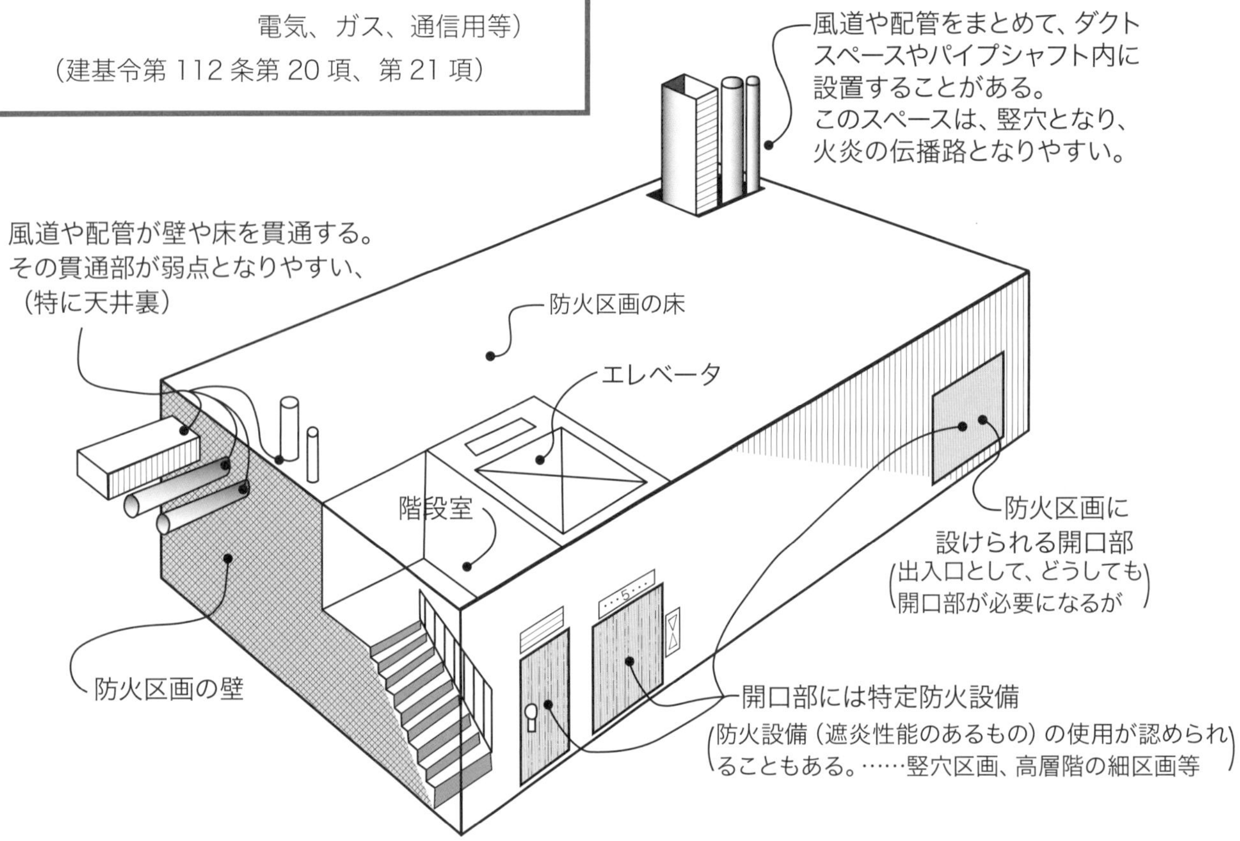

竪穴部分の防火区画

- 階段部分
- エレベータ部分
- エスカレータ部分
- ダクトスペース部分
- 吹抜き部分
- メゾネット型住戸部分

これらの竪穴部分は、他の部分と完全に防火区画する。
（建基令第 112 条第 11 項）

開口部の防火対策

1．いつも閉めておく ──→ 常時閉鎖式防火戸

- いつも閉まっているので、防火区画として信頼できる。
- 通り抜けるときは、扉を手で開くことができる。
- 通り抜けた後は、自動的に戸が閉まる。

2．いつもは、開いているが、煙又は火熱で自動的に閉まる。
──→ 自動閉鎖式防火戸

- いつも開いているので、通行に不自由はない。
- 火災時には、その煙又は熱により、自動的に閉まる。……イザと言うときには、これがウマク閉まるかどうか……それが問題なのだ。

〔参考条文〕〈防火区画の開口部〉建基令第 112 条第 19 項、第 20 項、第 21 項、第 113 条第 1 項第 4 号、昭和 48 年建設省告示第 2563 号「防火設備等の構造方法の指定」、第 2564 号「遮炎性能を有する防火設備の構造方法の指定」

防火区画に設けられる開口部には特定防火設備

防火戸は、いつも閉めておいた方がよい（常時閉鎖式防火戸）

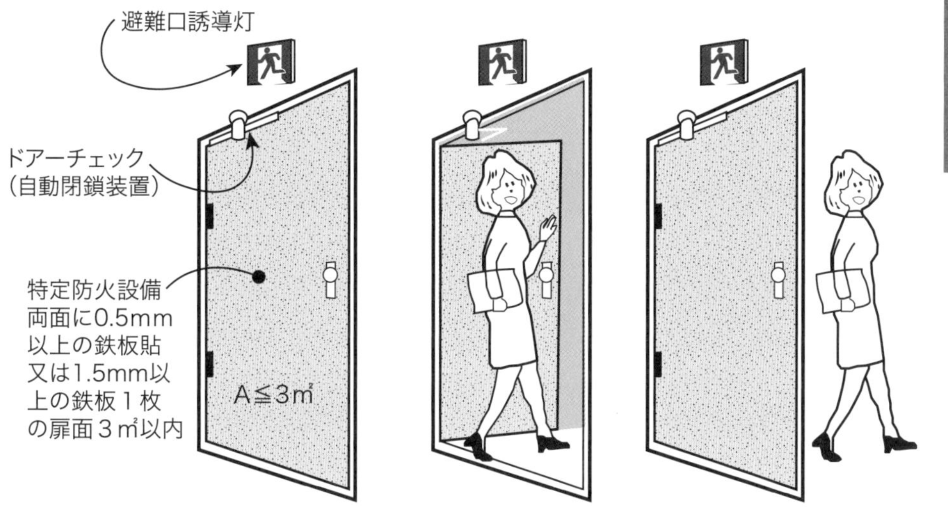

いつも閉まっている▶▶手で開けて通り抜ける▶▶自動的に閉まる

査察の要点

ドアの飼物《カイモノ》をして開けっ放しになっていないか
（特に１階に多い）

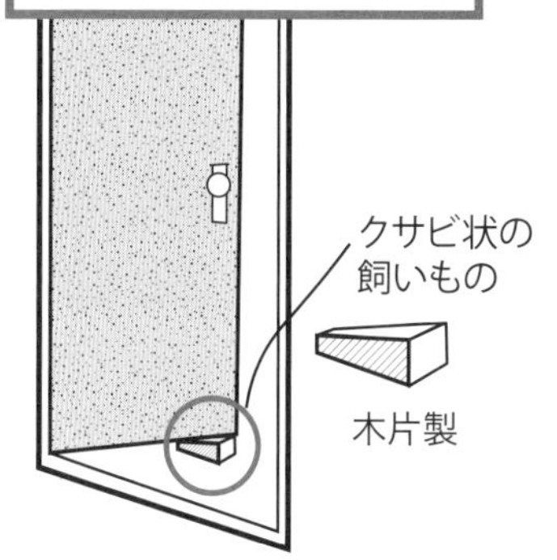

火災の熱又は煙により自動的に閉まるものもある（自動閉鎖式防火戸）

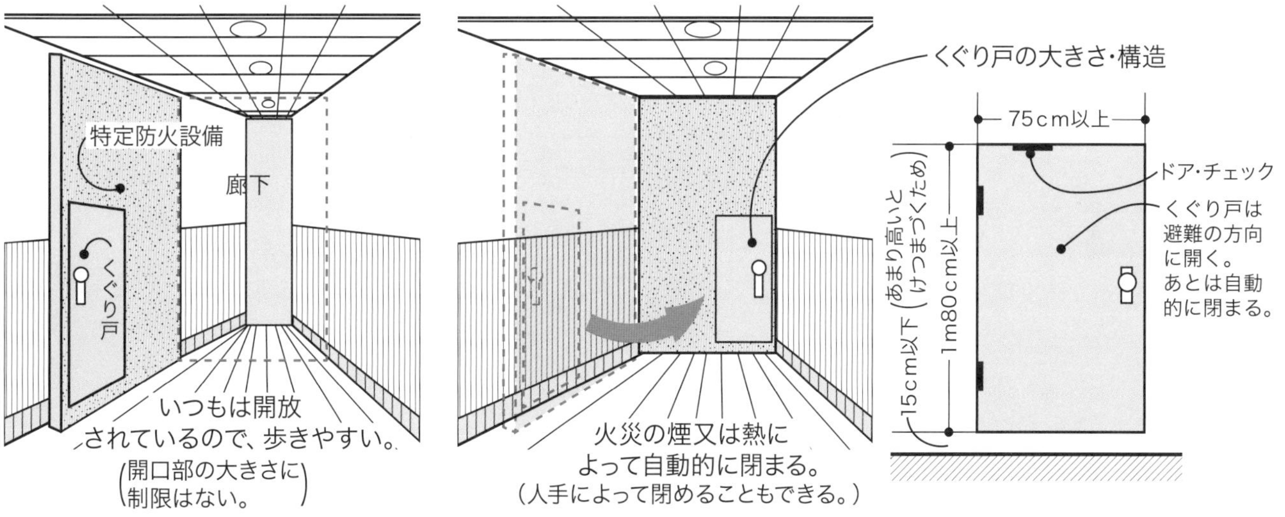

査察の要点

- 熱又は煙で、本当に扉（又はシャッター）が閉まるか
- 自動的に扉が閉まるのを妨害する配線、ジュータン、ショーケースが置かれていないか。
- 防火設備検査員による点検が行われているか。

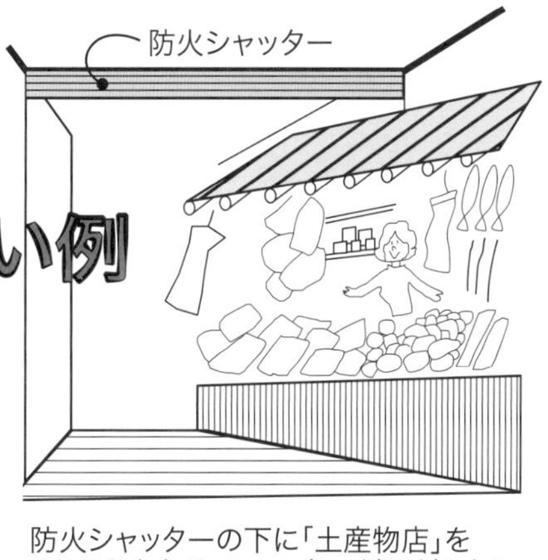

防火シャッターの下に「土産物店」をこしらえたため、シャッターが下がらない。

――某観光地ホテルの例――

エアコン等のダクト類（換気・暖房・冷房）

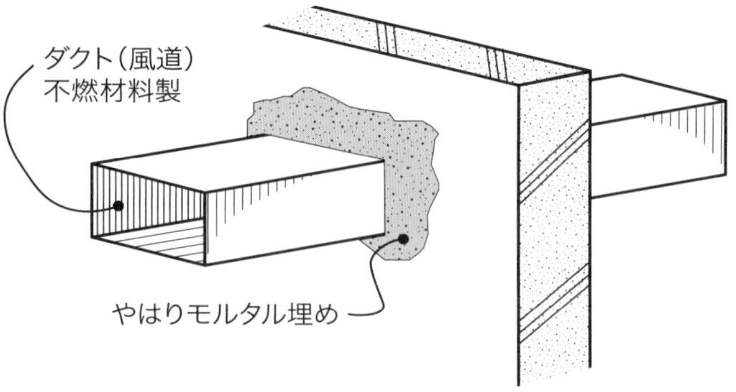

ダクトの場合には「ダンパー」が必要

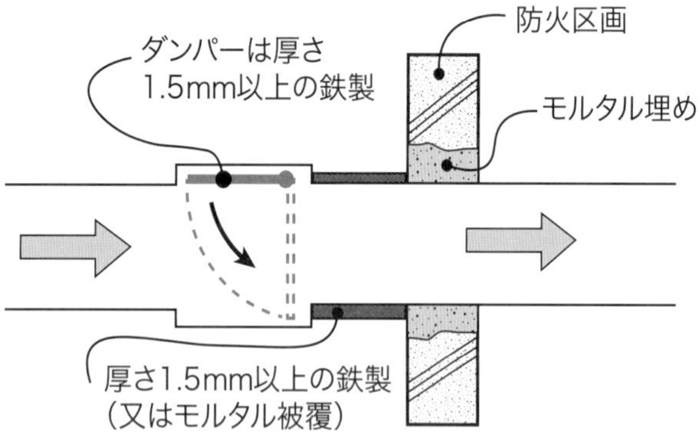

ダンパー〔Damper〕の設置

1．防火区画の貫通部に設置
2．厚さ 1.5 mm以上の鉄板製（特定防火設備）
3．熱又は煙による自動閉鎖式
4．閉鎖後、防火上遮煙性能のあるもの
（以上、建基令第 112 条第 21 項）
5．ダンパーと防火区画の間の風道は、厚さ 1.5 mm以上の鉄板でつくり、又は鉄網モルタル塗りその他の不燃材料で被覆する。
6．天井、壁等に、保守点検が容易に行える点検口（45㎝ ×45㎝以上）等を設けること。
（以上、平成 12 建設省告示第 1376 号）

ダクトスペース又はパイプシャフトの防火区画

ダクトスペースの防火区画

建基令第 112 条第 11 項（抄）
主要構造部を準耐火構造とした建築物又は特定避難時間倒壊等を防止できる建築物は、地階又は３階以上の階の居室を有する建築物のダクトスペースについては、他の部分と準耐火構造の床・壁または遮炎性能のある防火設備で区画しなければならない。

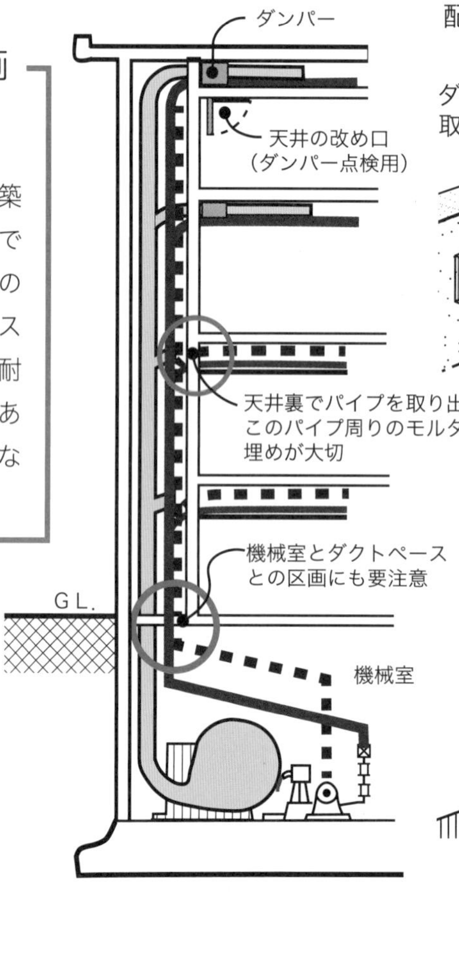

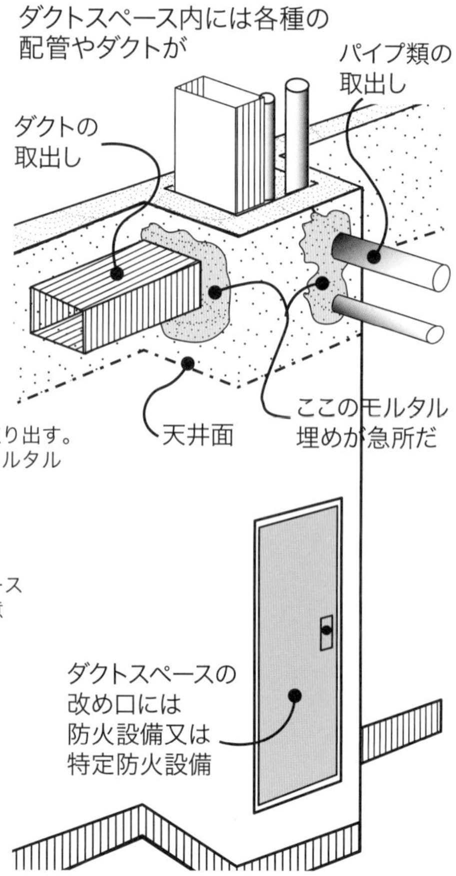

注１）最上階又は最下階での機械室との接続部の防火区画が、おざなりになりがち。機械室からパイプやダクトが出ている部分に要注意
注２）各階でのパイプやダクトの取り出し口についても、パイプ廻りのモルタル埋めについては、十分に注意する。

耐火構造の壁・床（防火区画）を貫通するパイプ類

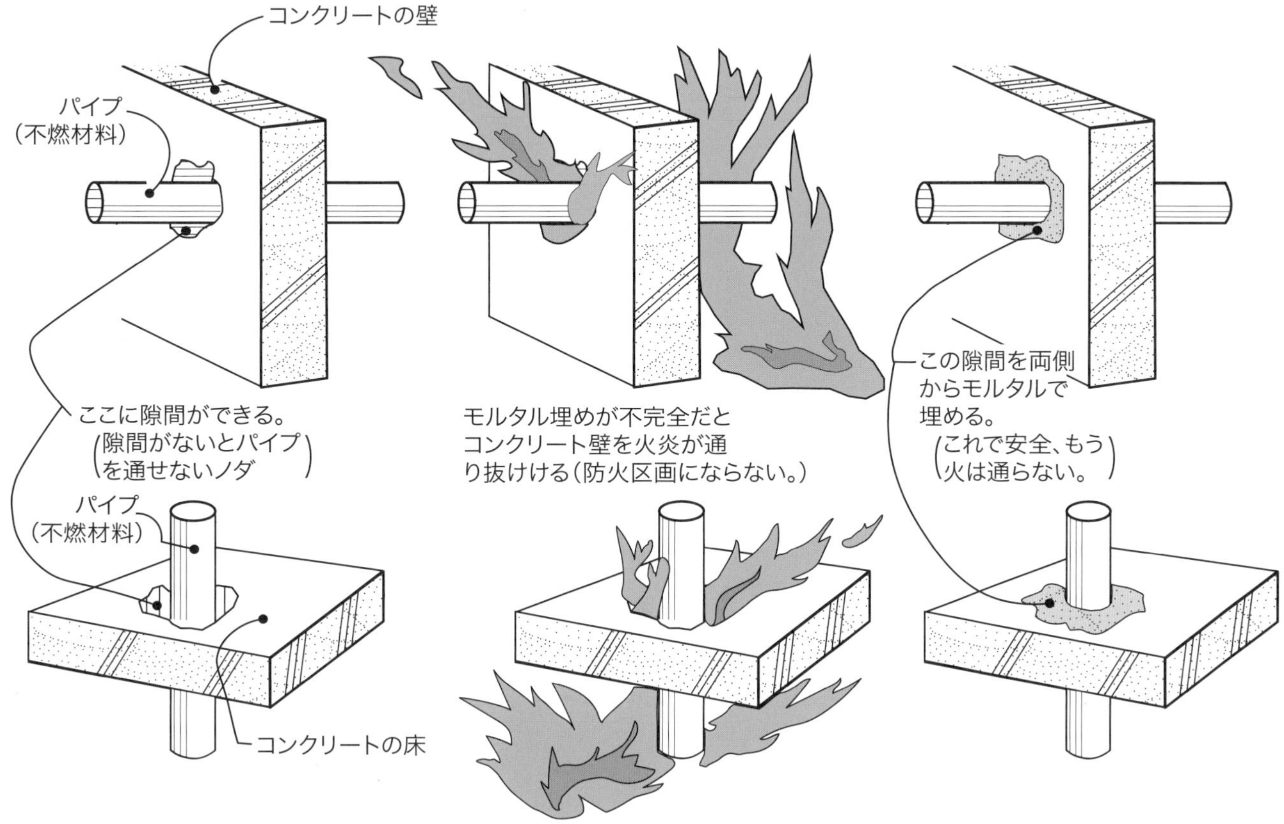

防火区画を貫通するパイプ類は不燃材料製が原則だが『硬質塩化ビニル製』のものも使用が認められる

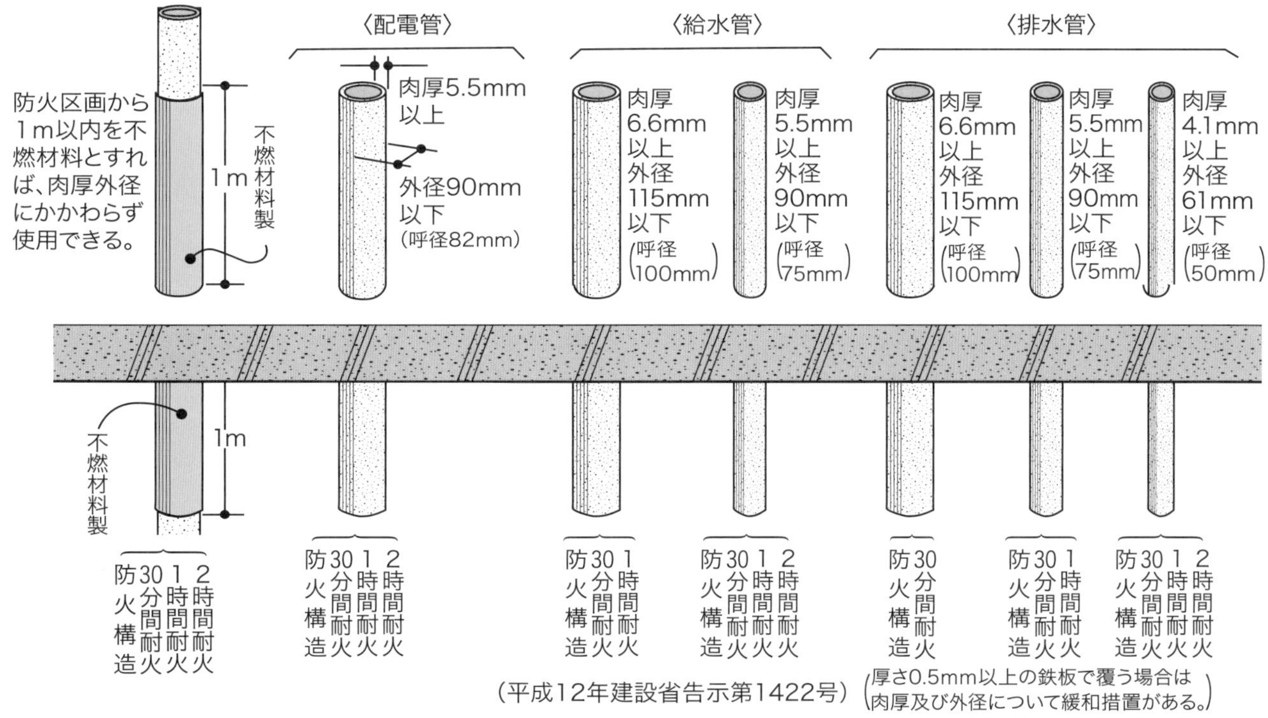

- 1時間準耐火構造の床、壁又は特定防火設備で区画されたダクトスペース、パイプスペース等の中にある部分は上記の措置は不要（建基令第129条の2の4第1項第7号）

〔参照条文〕〈防火区画を貫通するパイプ等〉建基令第 112 条第 20 項・第 21 項、第 113 条第 2 項、第 114 条第 5 項、昭和 62 年建設省告示第 1900 号「防火区画を貫通する配管及び周囲部分の構造方法」、平成 12 年建設省告示第 1422 号「防火区画等を貫通するパイプ等の外径」

(6)　避難のため安全な階段を

直通階段とは

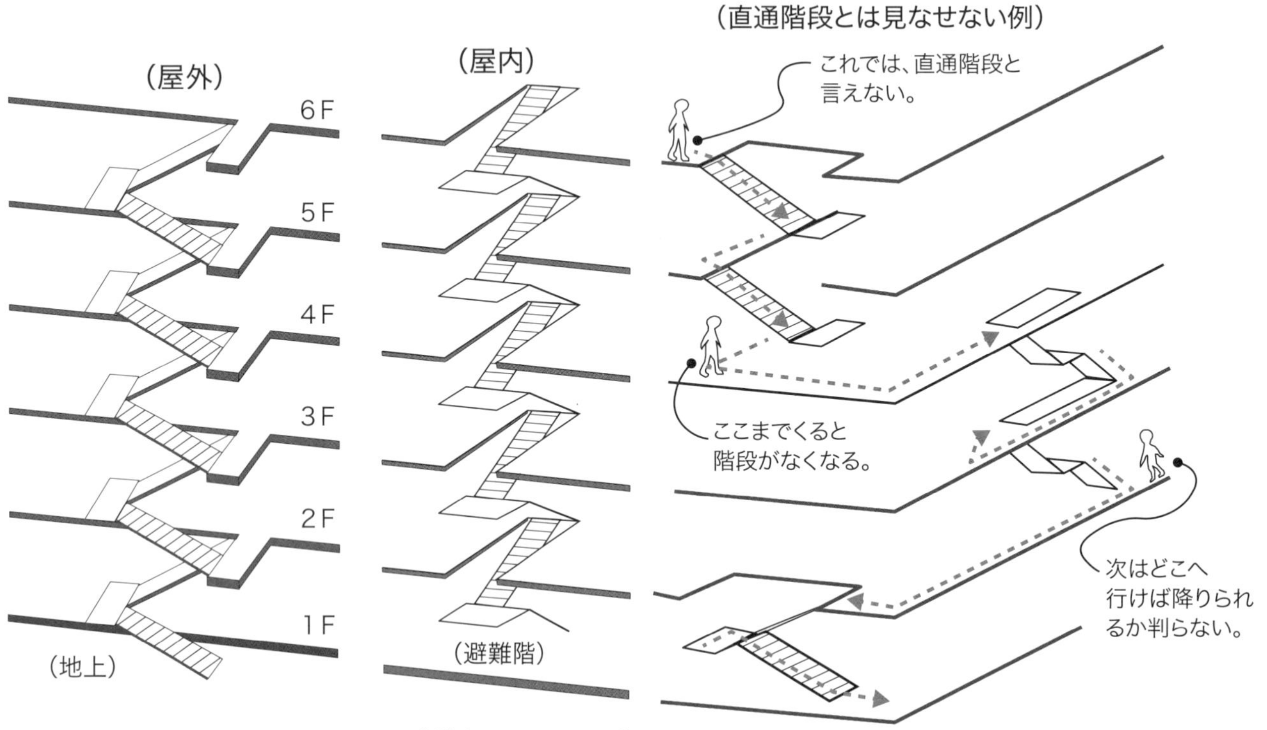

屋外階段では、マッスグ
地上に通じるもの

屋内階段では、マッスグ
避難階へ

(建基令第120条)

階段の幅・勾配

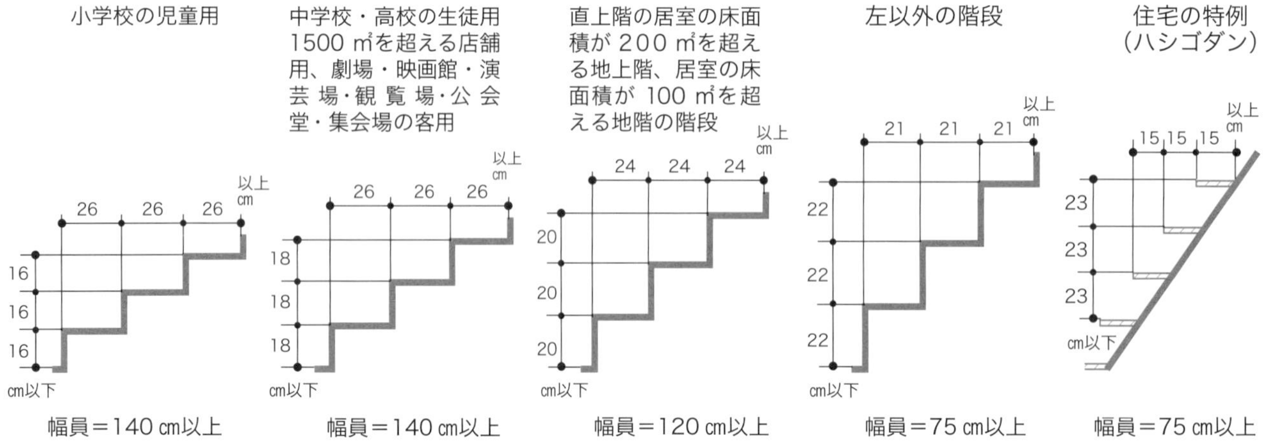

ただし、階段の両側に手すりを設けるなどの基準に適合する場合には、勾配等が緩和される（平成 26 年国土交通省告示第 709 号）

（建基令第 23 条）

〔**参考条文**〕〈階段の一般構造〉建基令第 23 条～第 27 条、平成 26 年国土交通省告示第 709 号「建築基準法施行令第 23 条第 1 項の階段と同等以上に安全な階段の構造方法」、〈直通階段の設置〉建基令第 120 条

近くに階段があるか。階段までの歩行距離

（建基令第 120 条）

★主要構造部が準耐火構造である場合又は不燃構造である場合

- 無窓の居室（採光上有効な開口部が居室の床面積の１／20未満のもの）
- 次の特殊建築物（建基法別表第１⑷項）

百貨店、マーケット、展示場、キャバレー、カフェー、ナイトクラブ、バー、
ダンスホール、遊技場、公衆浴場、待合、料理店、飲食店、物品販売店

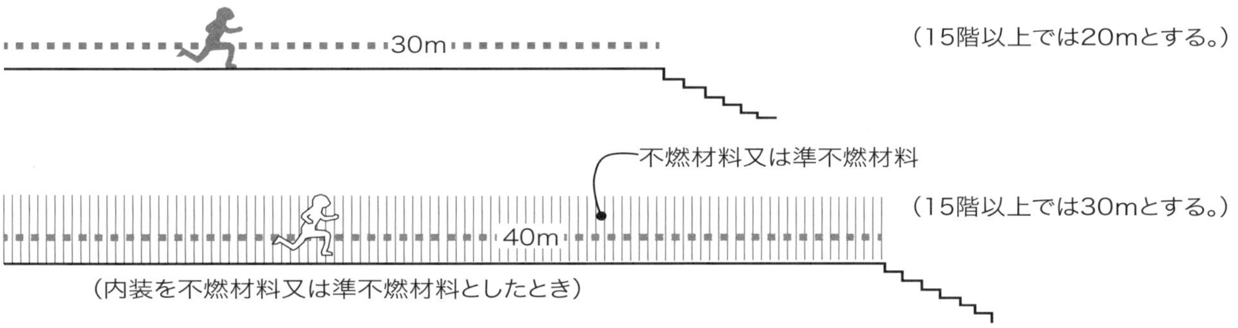

- その他の建築物（病院、ホテル等を含む。）

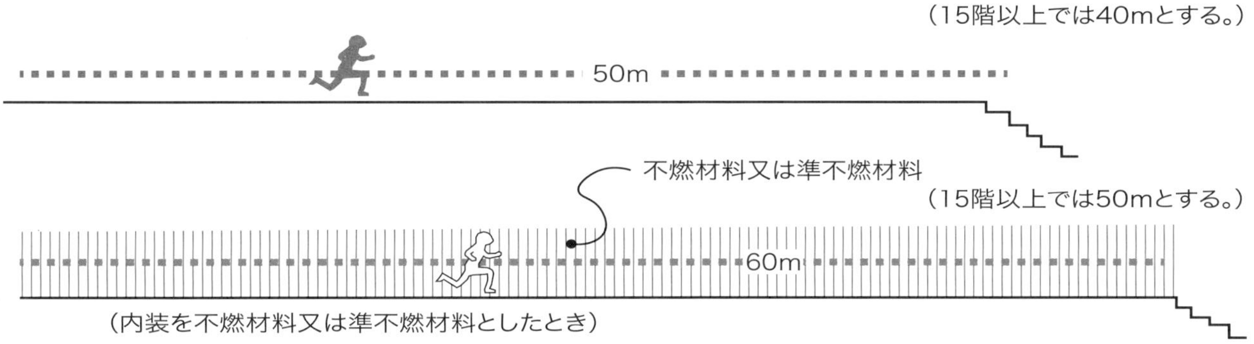

（注）難燃材料を用いたものは、上記の緩和措置は適用されない。

★主要構造部が、準耐火構造や不燃構造でない場合（木造等）

- 無窓の居室（採光上有効な開口部が居室の床面積の１／20未満のもの）
- 次の特殊建築物（建基法別表第１⑵項、⑷項）

病院、診療所、ホテル、旅館、下宿、共同住宅、寄宿舎、児童福祉施設等
百貨店、マーケット、展示場、キャバレー、カフェー、ナイトクラブ、バー、
ダンスホール、遊技場、公衆浴場、待合、料理店、飲食店、物品販売店

（内装不燃化による緩和措置はない。）

- その他の建築物

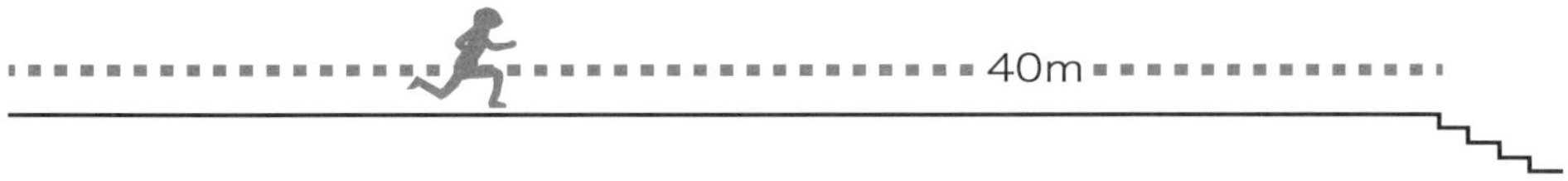

※規定上は、15 階以上の居室では左図の歩行距離は、それぞれ 20 m、30 m となるが、事実上 15 階以上の建築物を木造とすることは困難なので省略する。

〔**参考条文**〕〈階段までの歩行距離〉建基令第 120 条

直通階段は２以上あるか

次のような建築物では、必ず直通階段を２以上設ける

病院又は診療所※
その階の病室の床面積
合計が50㎡を超えるもの

児童福祉施設等※
主たる用途に供する居室
の床面積の合計が50㎡を
超えるもの

ホテル・旅館・下宿・寄宿舎
その階の宿泊室又は寝室の床面積の
合計が100㎡を超えるもの

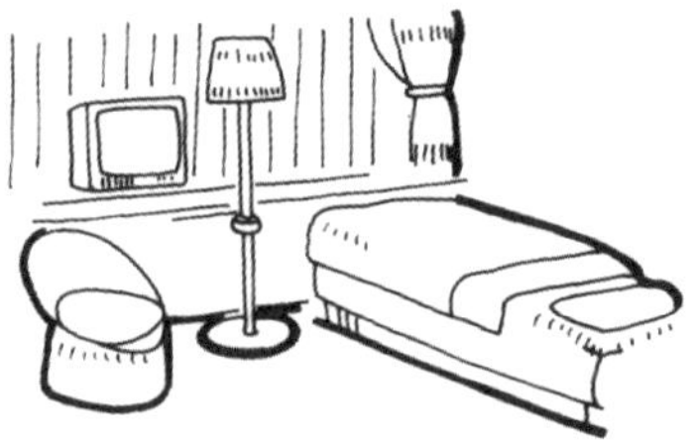

共同住宅
その階の居室の床面積の
合計が100㎡を超えるもの

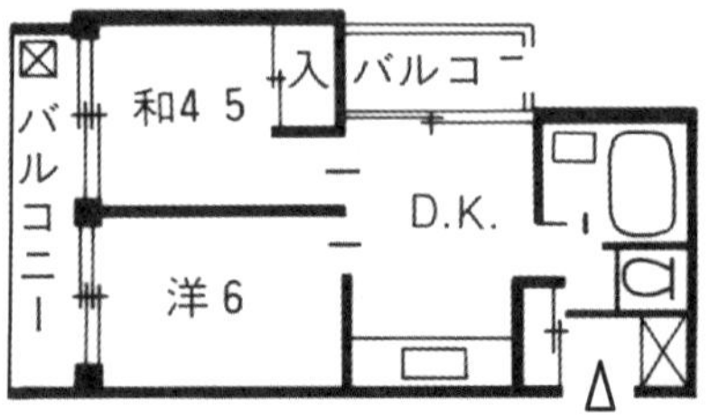

**劇場・映画館、演芸場
観覧場、公会堂、集会場※**
床面積に関係なく客席等を
有する階すべて

**床面積が1,500㎡を超える
百貨店、スーパー等の店舗※**
売場を有する階すべて

キャバレー、ナイトクラブ、バー
客席を有する階すべて

特例　キャバレー等については特例がある。

1. 避難階の直上階又は直下階（５階以下の階に限る。）で居室の床面積が 100㎡以下の階……直通階段は１でよい。
———２階のクラブ、地下のバー等応用多し。
2. ５階以下の階で、その階の居室が 100㎡以下のもの……直通階段が屋外避難階段又は特別避難階段であって、その他に避難上有効なバルコニーが設けられている場合は、それでＯ.Ｋ.

用途に関係なく、直通階段が２以上必要な場合

避難階の直上階————	その階の居室の床面積が 200㎡を超えるもの
５階以下の階（上記を除く。）——	その階の居室の床面積が 100㎡を超えるもの
６階以上の階————	その階に居室を有するものすべて（下の特例あり。）

**耐火構造・準耐火構造
・不燃構造の特例**

次のように面積の倍読み替ができる。
50㎡ ——→ 100㎡
100㎡ ——→ 200㎡
200㎡ ——→ 400㎡
（建基令第 121 条第２項）

特例　※以外の用途でその階の居室の床面積が 100㎡以下で、直通階段が屋外避難階段又は特別避難階段であり、かつ避難上有効なバルコニーが設けられているものは、それでＯ.Ｋ.

直通階段か１つしかない３階以上の階で
収容人員が 10 人以上の防火対象物に避難器具の
設置が必要となる。　（消令第 25 条第１項第５号）

〔**参考条文**〕〈２つ以上の直通階段の設置〉建基法施行令第 121 条

2方向避難は確保されているか

階段は別々の方向に設けられているべきだ——

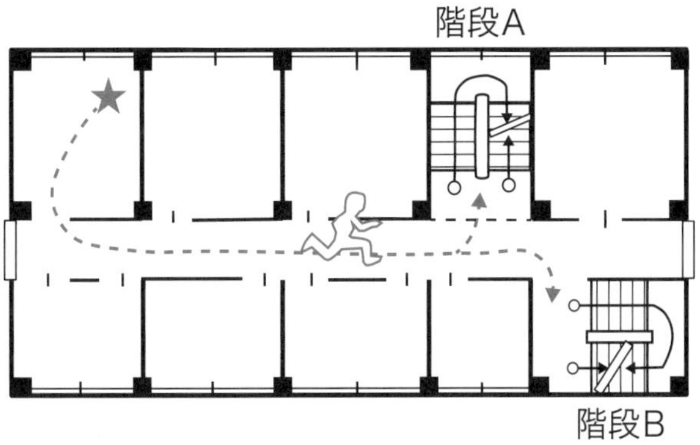

- この階には、階段はAとBの１つがあるが、これで２方向避難と言えるか？
- たとえば★印の位置にいた人は ----印に沿って避難することになるが
  Aの階段に行くにも｝ほとんど同じ径路を通る。
  Bの階段に行くにも｝これでは２方向とは言えない。

（建基令第 121 条第３項）

「……直通階段に至る通常の歩行径路に共通の重複区間があるときは、その重複区間の長さは、歩行距離の限度（33 頁参照）の１／２を超えてはならない。」（大意）

- 似たような間取りでも、階段が右の図のように両端にあるとどうだろう。
- 今度の場合も、やはり部屋の中では、歩行径路は同じで、廊下へ出てからは、右へも左へも行くことができる。
- 右へ行けば階段A、左へ行けば階段B。AがダメならBへ、BがダメならAへ……と選ぶことができる。

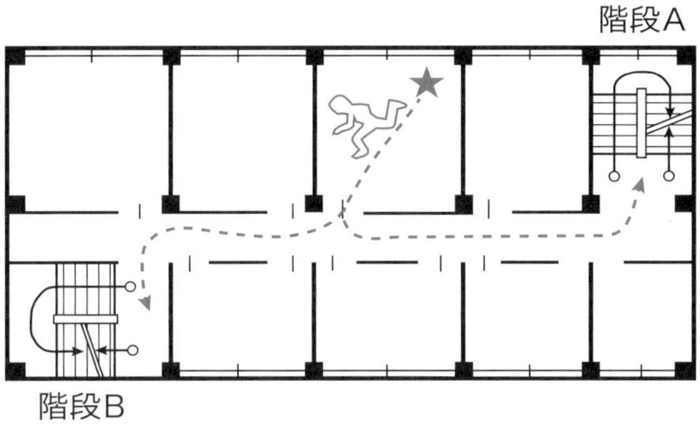

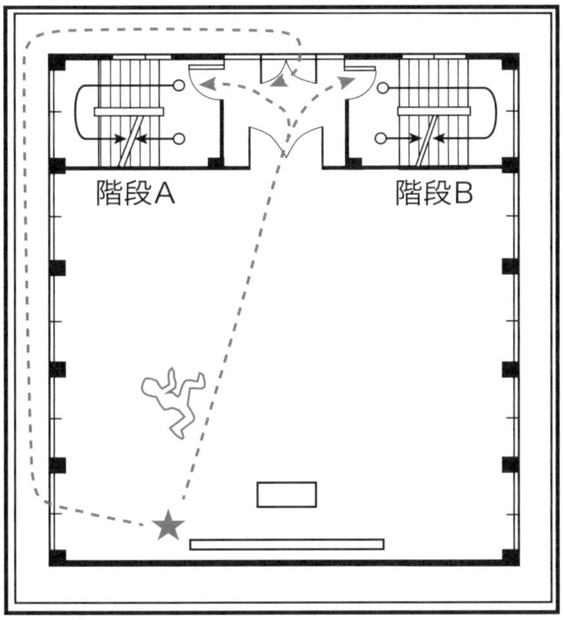

- 左図のような間取りでは、やはり階段は２つあるが、その歩行距離は、大部分が重複している。
- しかし、どうしても間取りの都合上、階段の位置を変更できない。
- そんなときでも、バルコニー等を経て、別の歩行径路で階段に行けるときは、認められる。

建基令第 121 条第３項

ただし、居室の各部分から重複している歩行径路を経由しないで、避難上有効なバルコニー等で避難することができる場合は、この限りでない。（大意）

消法第８条の２の４

……廊下、階段、避難口等には避難の支障となる物件が放置され、又はみだりに存置されないように管理し、かつ、防火戸の開閉に支障のある物件が放置され又はみだりに存置されないよう管理しなければならない。（大意）

〔参考条文〕〈２方向避難〉建基令第 121 条第３項

(7)　避難のため安全な階段の構造

（建基令第 122 条）

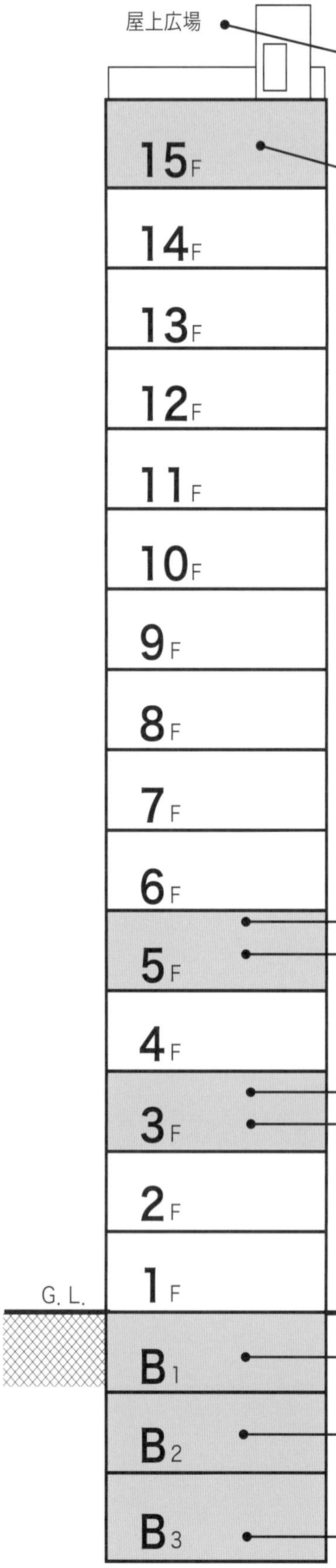

３階以上の階をデパート、スーパー等の店舗とするときは、屋上広場に通ずる「避難階段又は特別避難階段」を２以上設ける。

地上 15 階以上の階に通ずる直通階段は、「特別避難階段」とする。

５階以上の階の構造による緩和措置

次の場合には、直通階段を避難階段としないことができる。

- 主要構造部が準耐火構造又は不燃材料で造られていて５階以上の床面積が 100m²以下の場合
- 主要構造部が耐火構造であって、床面積が 100m²以内（共同住宅の住戸では 200m²以内）ごとに耐火構造の床、壁又は特定防火設備で区画されている建築物の場合

デパート、スーパー等の店舗で、５階以上の売場に通ずる直通階段のうち少なくとも１つは、「特別避難階段」とする。
その他の直通階段は、「避難階段」とする。

地上５階以上の階に通ずる直通階段は、「避難階段」とする。

３階以上の階に居室を有する建築物（主要構造部を準耐火構造としたもの）の階段は、原則として、準耐火構造の床、壁又は防火設備（20 分間遮炎性能を有するもの）で区画する。（建基令第 112 条第 11 項）

デパート、スーパー等の店舗で３階以上の売場に通ずる直通階段は、各階の売り場及び屋上広場に通ずる「避難階段又は特別避難階段」を２以上設ける。

地階に居室を有する耐火建築物の階段は、耐火構造の床、壁又は防火設備（20 分間遮炎性能を有するもの）で区画する。（建基令第 112 条第 11 項）

地下２階に通ずる直通階段は「避難階段」とする。（主要構造部が準耐火構造又は不燃材料で造られていて地下２階以下の階の床面積の合計が 100m²以下の場合を除く。）

地下３階以下の階に通ずる直通階段は「特別避難階段」とする。

注）法的に義務付けがなくても、直通階段を「避難階段又は特別避難階段」とすることは、差し支えない。

〔**参考条文**〕〈避難階段の設置〉建基令第 122 条

避難階段（屋外）の構造

（建基令第 123 条第２項）

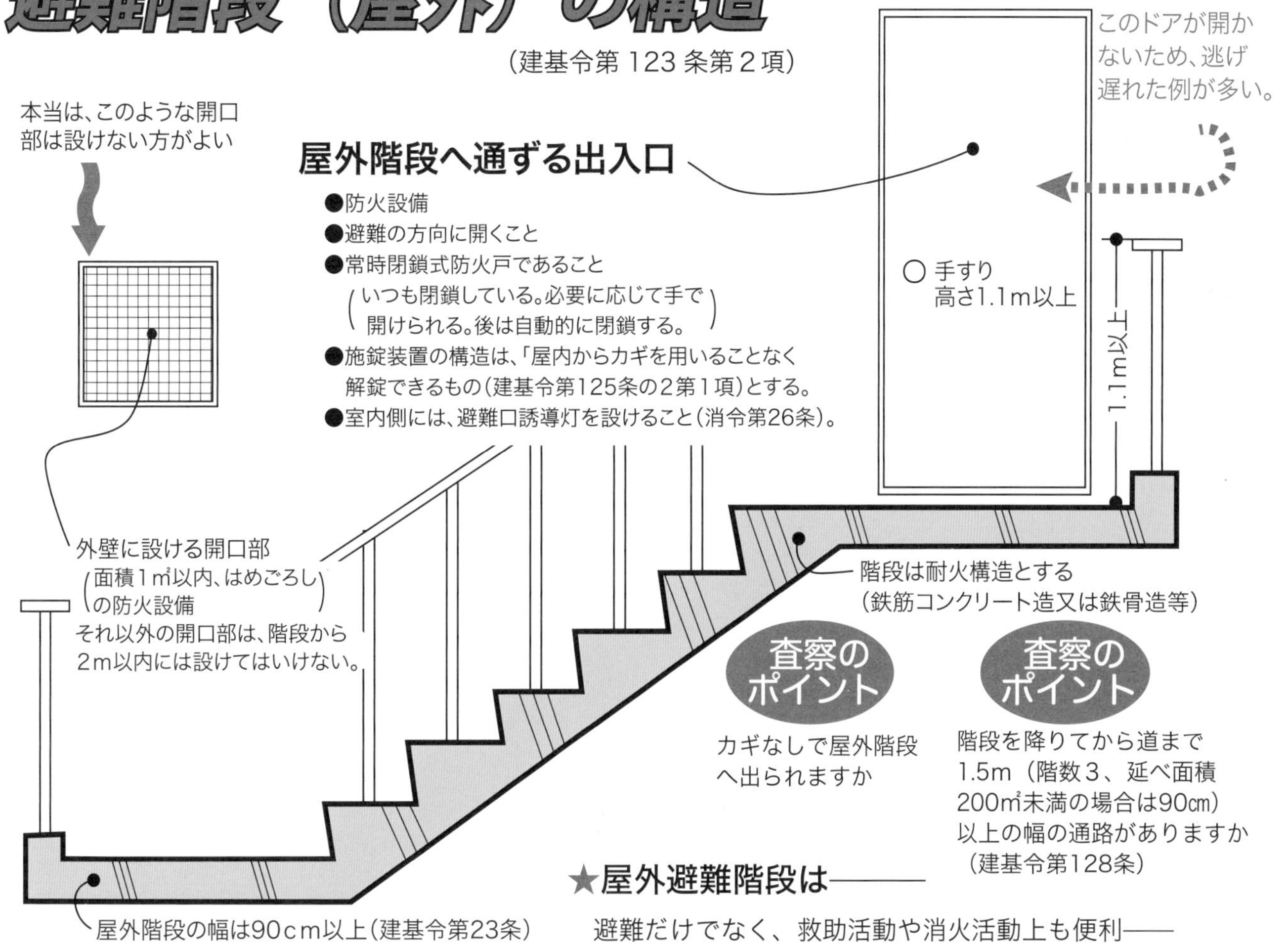

★屋外避難階段は

避難だけでなく、救助活動や消火活動上も便利――

しかし、雪国では積雪時に使えないというデメリットも……

――それにドロボーの用心もしなければならない――

屋外階段の一般構造

（法律上の避難階段には該当しないもの
も含め。単に屋外に設ける階段）

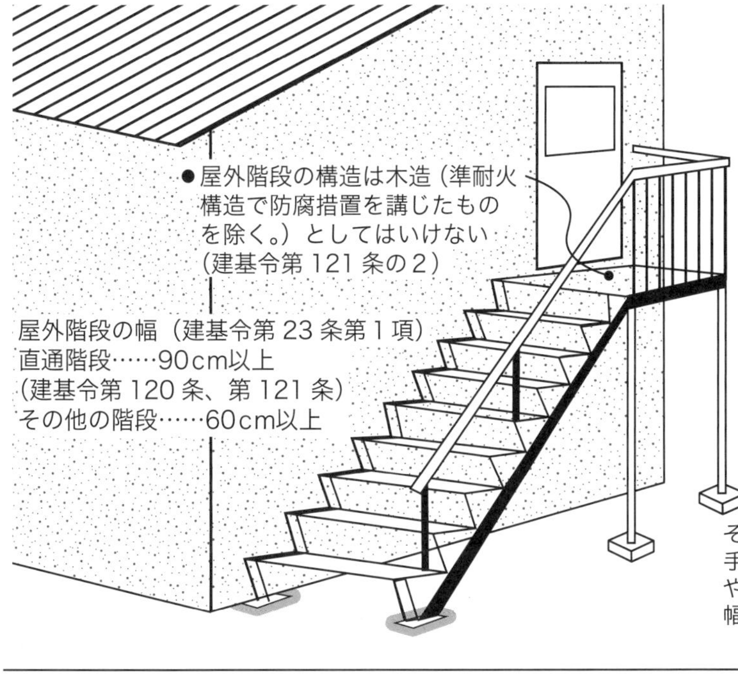

★積雪地帯では

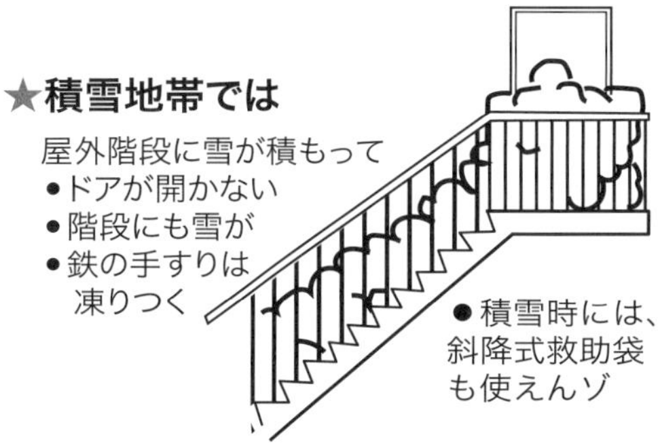

★高所恐怖症の人には

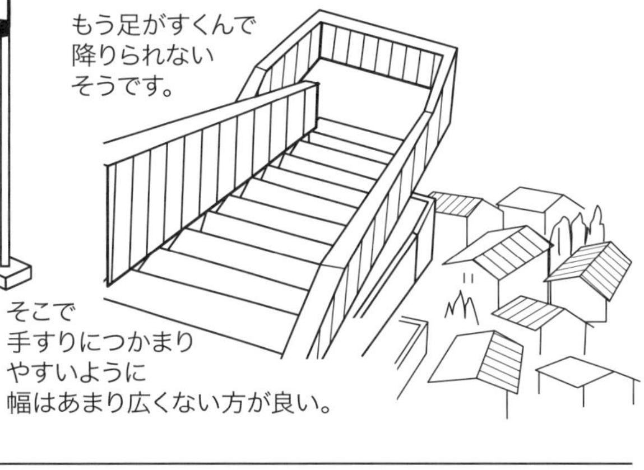

〔**参考条文**〕〈避難階段（屋外）の構造〉建基令第 121 条の２、第 123 条第２項、〈屋外階段の幅〉建基令第 23 条第１項

避難階段（屋内）の構造

（建基令第 123 条第１項）

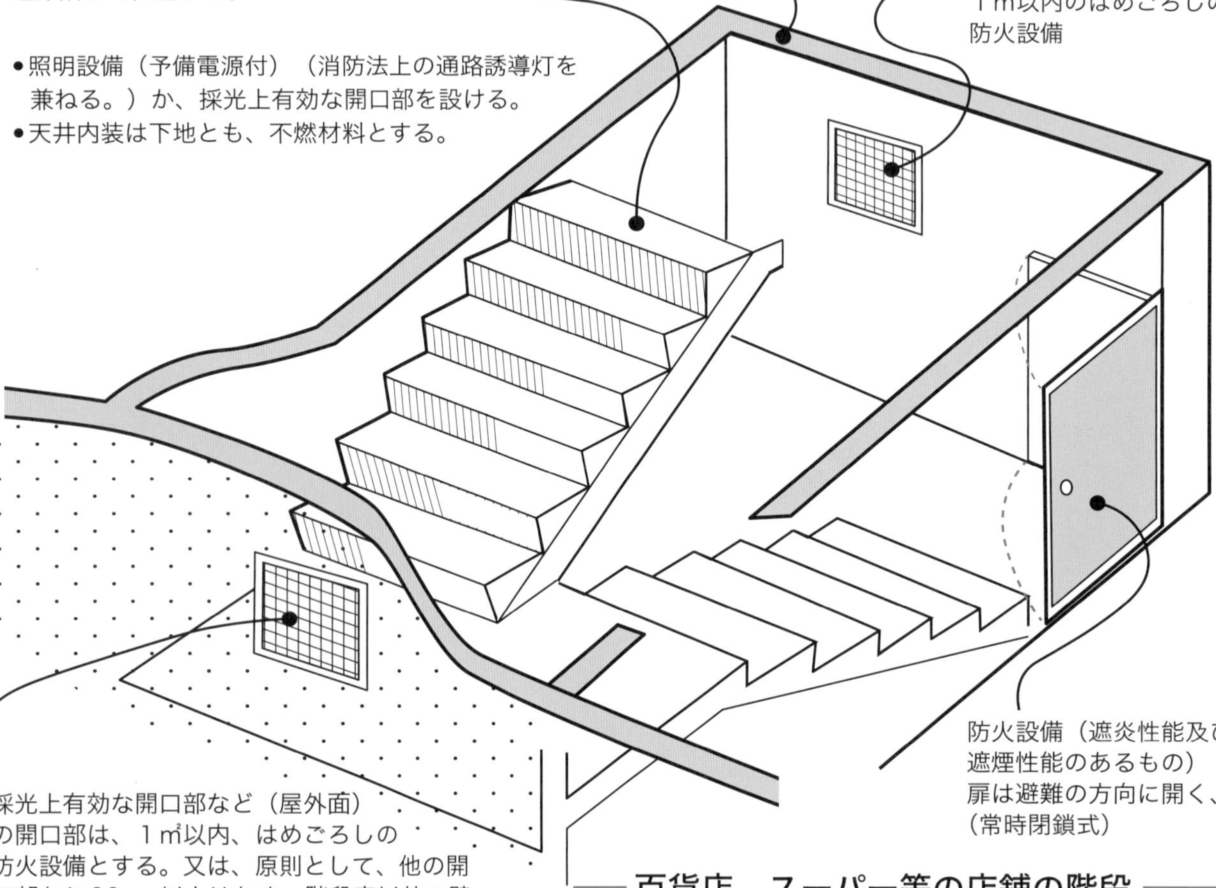

特別避難階段の付室又はバルコニーの面積

地上 15 階以上の階
地下３階以下の階 } に適用

階段室及び付室又はバルコニーの面積の合計

—その階の居室面積×３／ 100 以上

● 劇場、映画館、百貨店、キャバレー等では
—その階の居室面積×８／ 100 以上

（建基令第 123 条第３項）

百貨店、スーパー等の店舗の階段

1．各階ごと、避難階段（特別避難階段を含む。）の幅の合計は、　（床面積／ 100㎡）× 60㎝以上
注）床面積は上階（地階では下階）の床面積のうち、最大のものとする。

2．各階ごと、避難階段（特別避難階段を含む。）への出入口の幅の合計は、
（床面積／ 100㎡）× 27㎝以上
地階にあっては
（床面積／ 100㎡）× 36㎝以上
注）床面積は、各階ごとに、その階の床面積とする。

3．もっぱら１又は２の地上階から避難階等に通じる階段では、上の１．及び２．の計算の際、幅が 1.5 倍あるものとすることができる。

（建基令第 124 条）

〔**参考文献**〕〈避難階段（屋内）の構造〉建基令第 123 条第１項、同条第３項、〈物品販売業を営む店舗の避難階段等の幅〉建基令第 124 条

特別避難階段の構造 （建基令第 123 条第 3 項）

―――バルコニータイプと付室タイプの２通り―――

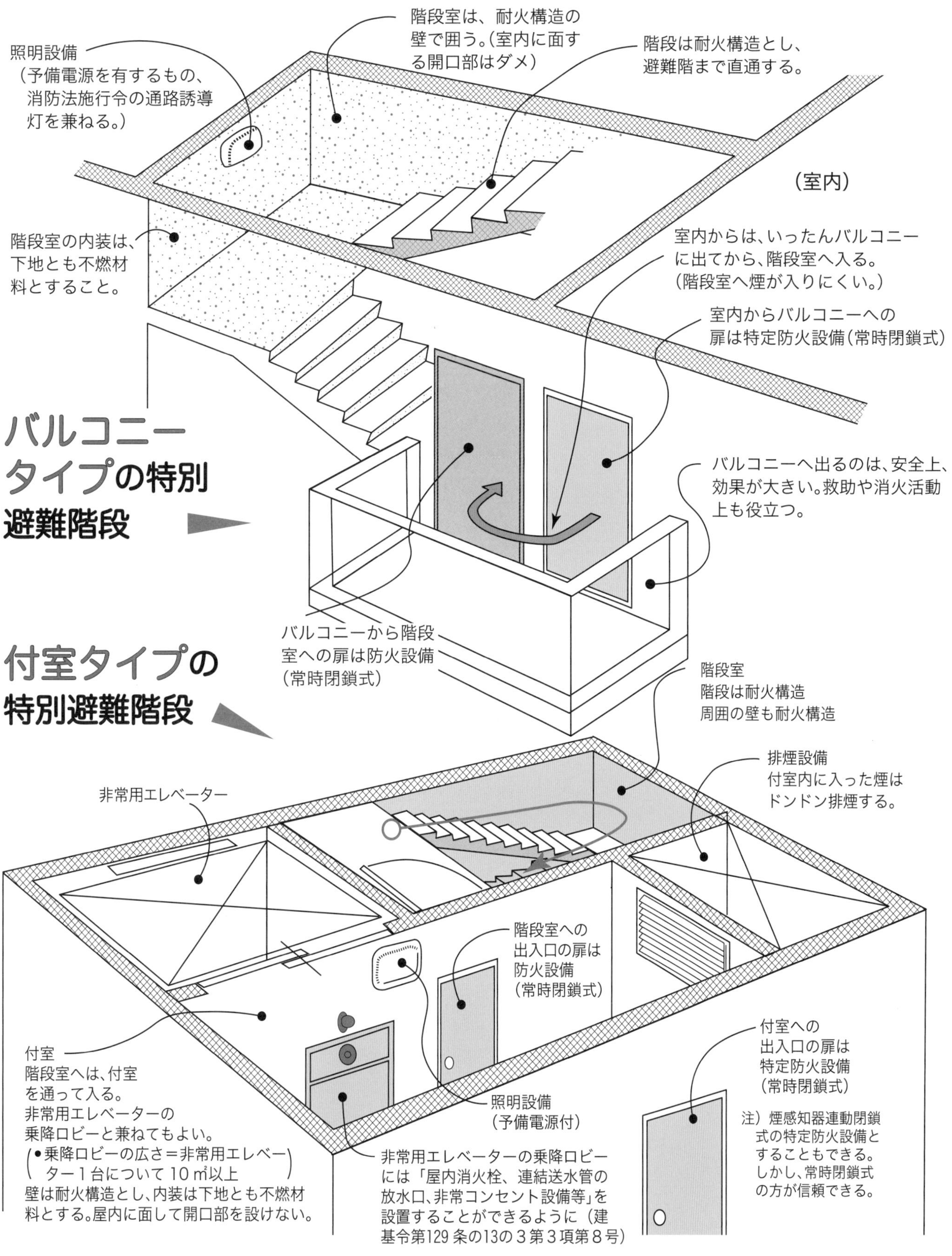

〔**参考条文**〕〈特別避難階段の構造〉建基令第 123 条第３項、平成 28 年国土交通省告示第 696 号「特別避難階段の階段室又は付室の構造方法を定める件」、〈非常用の昇降機の設置及び構造〉建基令第 129 条の 13 の３

⑻　より安全な避難のために・消火活動のために

非常用の進入口

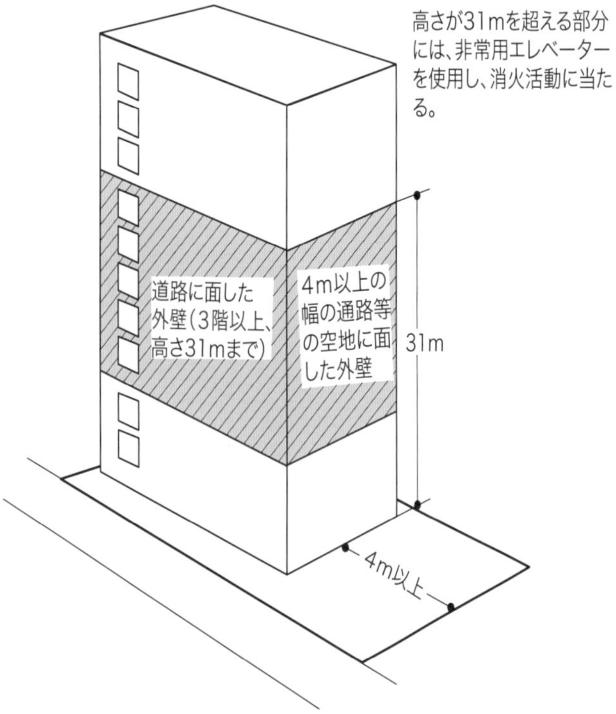

非常用進入口を設ける壁面

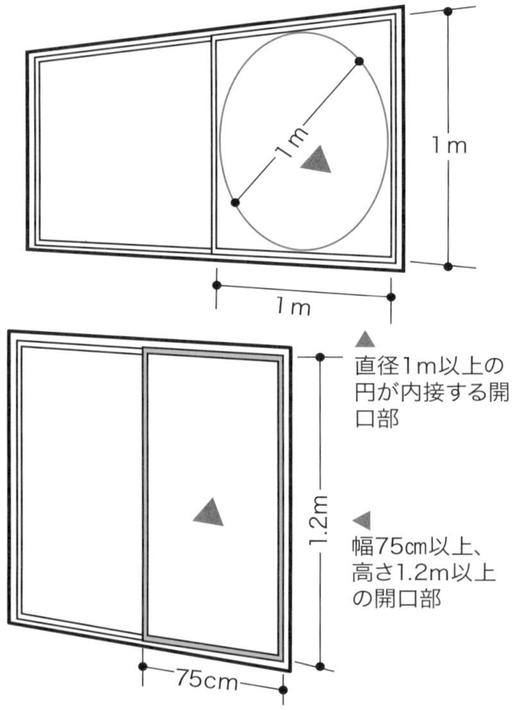

非常用の進入口に代わる開口部

（外壁面 10 m以内ごとに上記の開口部を）
格子その他の屋外からの進入を
妨げる構造を有しないもの

非常用の進入口の構造

（侵入口ではない）

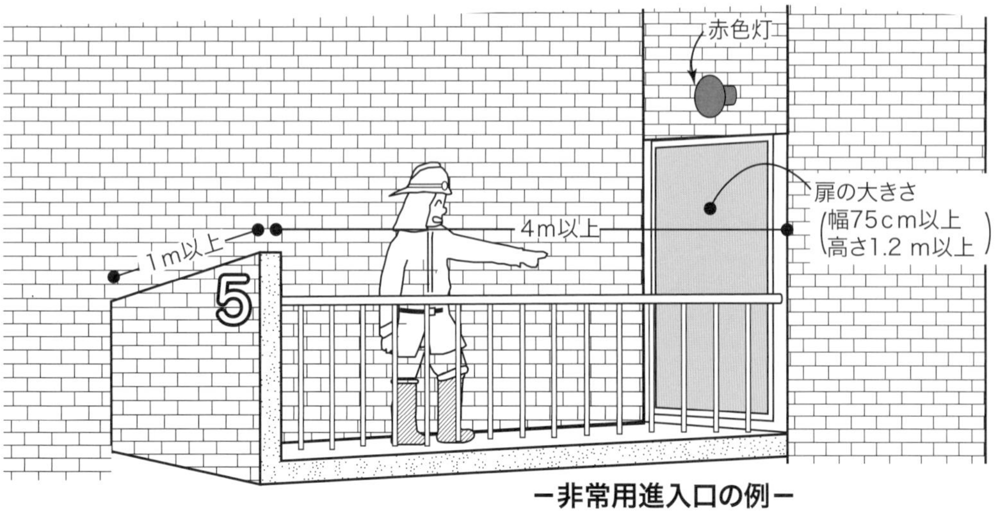

－非常用進入口の例－

3階以上の階に設置、外壁面40m以内ごと

〔**参考条文**〕〈非常進入口〉建基令第 126 条の6・第 126 条の7、昭和 45 年建設省告示第 1831 号「非常用の進入口の機能を確保するために必要な構造の基準」

非常用エレベーター

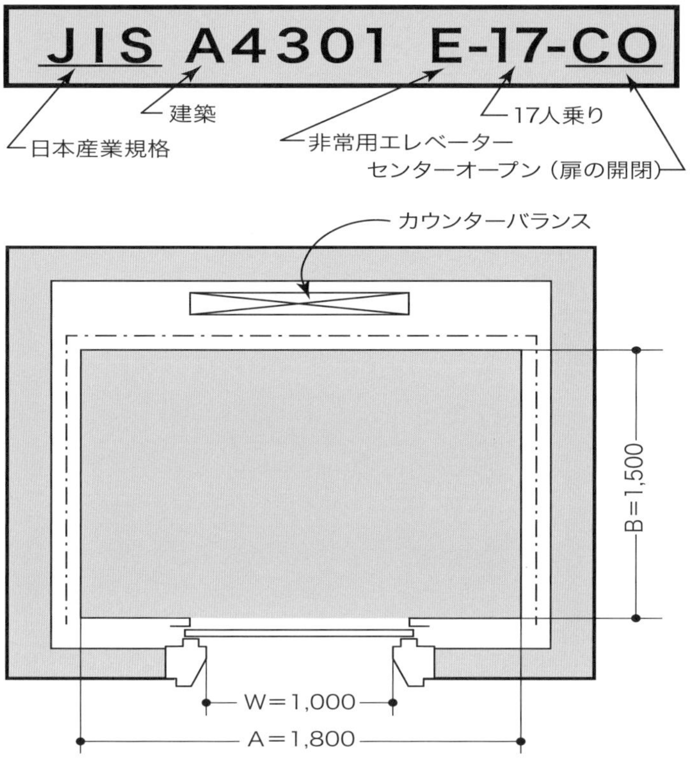

高さ31mを超える部分の最大床面積（階毎）によって非常用エレベーター台数を

1,500m²以下	1台
1,500〜4,500m²	2台
4,500〜7,500m²	3台
7,500〜10,500m²	4台
10,500m²超の場合	3,000m²ごとに1台追加

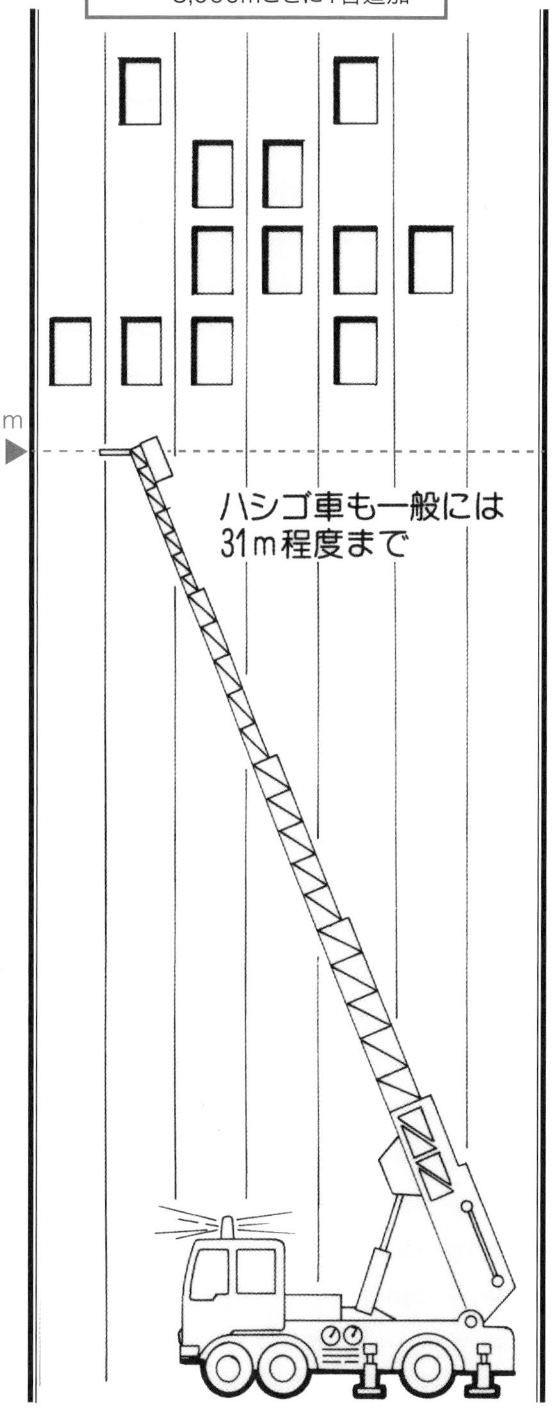

非常エレベーターにどれだけ乗れるのか。

1. 17人乗り（平常時）
2. 消防隊員８名＋ホース８人分、発電機、投光器
3. 消防隊員４名＋高発砲装置

〔**参考条文**〕〈非常用エレベーター〉建基法第34条第2項、建築基準法施行令第129条の13の2・同第129条の13の3、昭和46年建設省告示第112号「非常用エレベーターの日本産業規格」

非常用の照明装置

停電になると自動的に点灯して照明する。

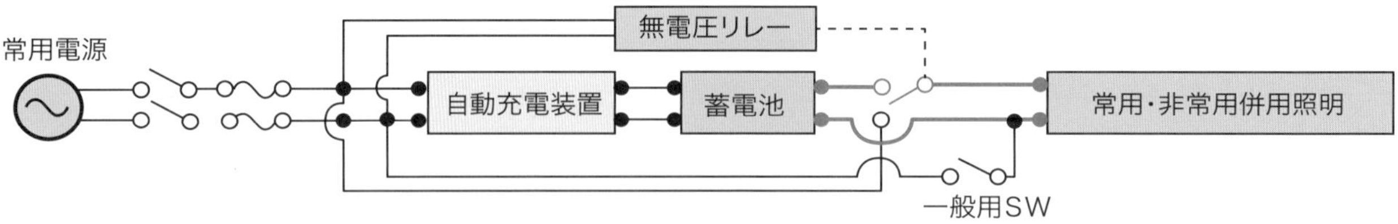

⑴　常用等・非常灯併用方式

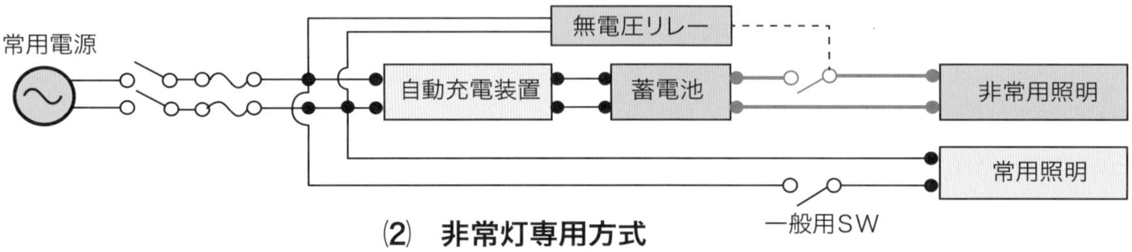

⑵　非常灯専用方式

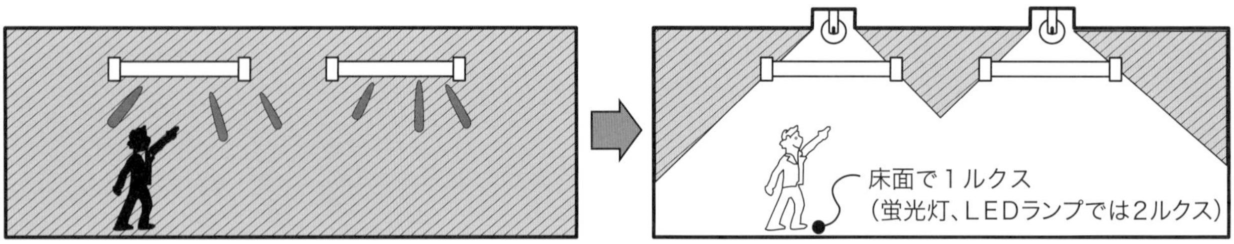

もしも突然、停電になるとマックラ

しかし、非常用の照明があれば直ちにそれが点灯して、最低限の明るさは確保できる。

非常用の照明装置の設置

- 無窓の居室（採光上有効な開口部が床面積の１／20 未満の居室）
- 延べ面積 1,000㎡以上の建築物
- 階数が３以上で延べ面積が 500㎡以上の建築物
- 特殊建築物（建基法別表第１(い)欄⑴項から⑷項まで）

　ただし、一戸建て住宅、共同住宅の住戸、病院の病室、学校、体育館、スポーツ練習場等については設置は不要（建基令第 126 条の４）

非常用照明装置の電源を上記のように自動充電装置付の蓄電池設備としておけば、常用電源が停電状態（無電圧状態）となると、リレーが作動して、非常用照明が即時点灯する。これは、常用照明が点灯していなかった場合でも作動して非常灯が点灯する。蓄電池は、最低限 30 分以上点灯できる容量が必要。

排煙設備

火災に煙はツキモノ。しかし、この煙は、避難するうえでも、消火活動のうえでも大変ジャマになる。そこで煙を拡散させないように、速やかに排出するために、建築基準法にも消防法にも「排煙設備」の規定がある。（建基令第 126 条の２、第 126 条の３、消令第 28 条第１項）

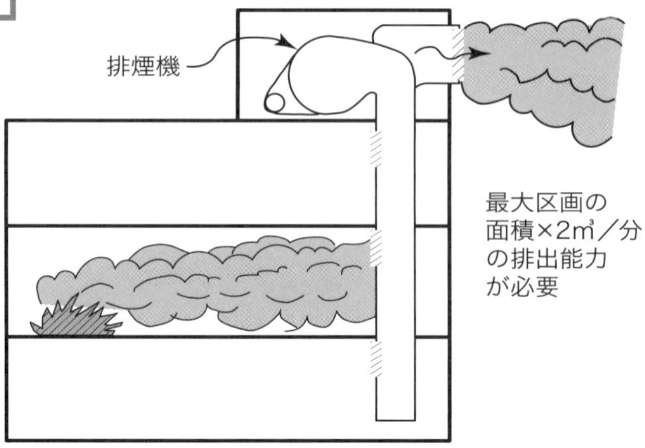

最大区画の面積×2㎥／分の排出能力が必要

〔参考条文〕〈非常用の照明装置〉建基法施行令第 126 条の４・第 126 条の５、昭和 45 年建設省告示第 1830 号「非常用照明装置の構造」、平成 12 年建設省告示第 1411 号「非常用照明不要の部分」、昭和 44 年建設省告示第 1730 号「地下街の非常照明」

排煙設備の設置

- 無窓の居室（天井から下方 80㎝以内に床面積の 1／50 以上の開口部がないもの）
- 特殊建築物（建基法別表第 1 (い)欄(1)項から(4)項まで 500㎡超）
- 延べ面積 1,000㎡超えの建築物における 200㎡超えの居室
- 階数が 3 以上で延べ面積が 500㎡以上の建築物

防煙区画による緩和措置がある

ただし、100㎡以内ごとに防火区画された部分、避難上支障のある高さまで煙等が降下しない部分、学校等又は火災発生のおそれの少ない建築物については設置不要

防煙区画（500㎡以内毎）により煙の流動発散を防ぐ

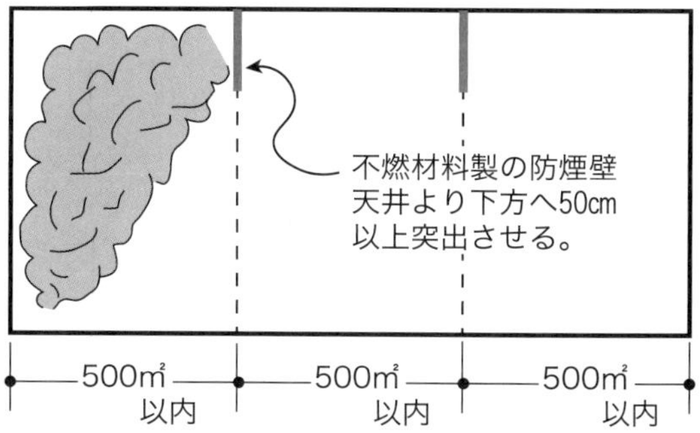

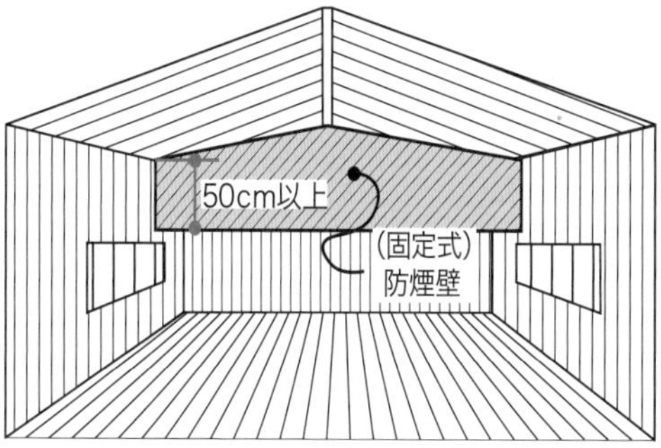

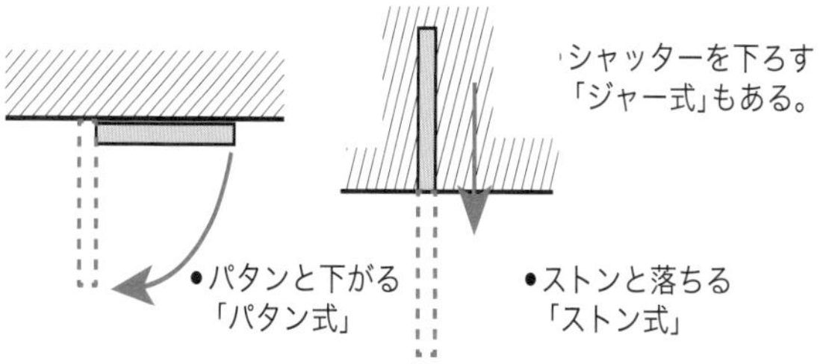

防煙壁は固定式でもよいし、火災時に作動するもの（可動式）もある。（煙感知器連動）

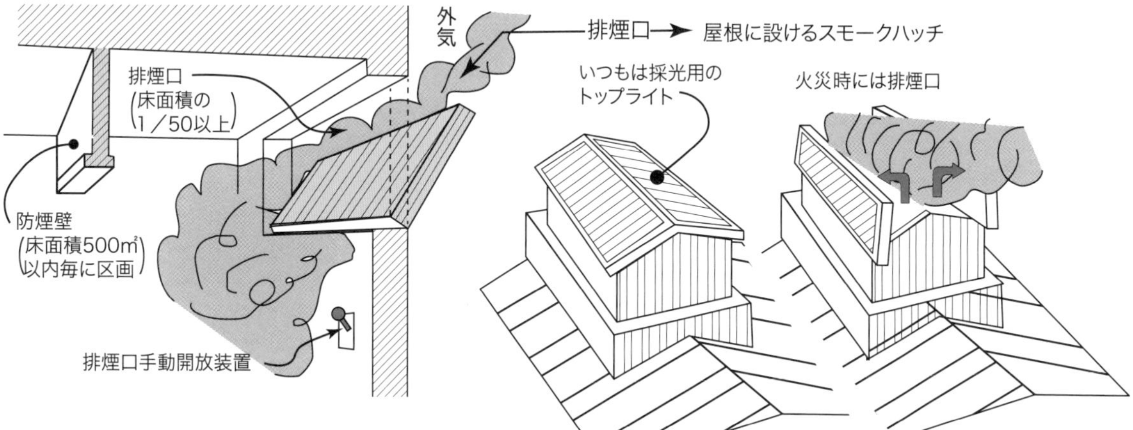

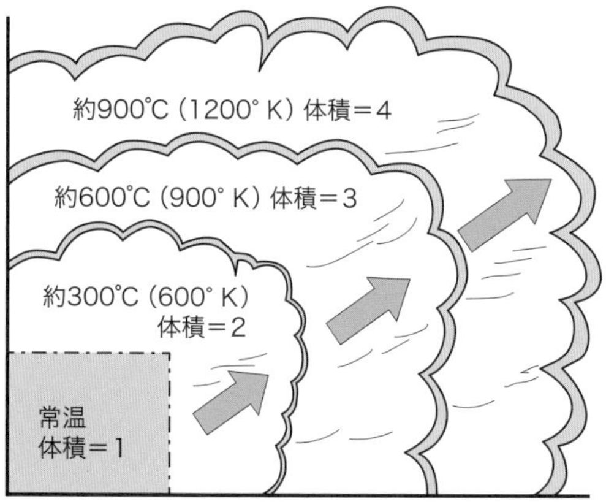

▲空気は熱により激しく膨張し、これが煙の上昇気流となる。

火災時に発生する煙の成分と毒性（P．P．M）

ガス	助かる（30分～60分）	重体（30分～60分）	死亡（30分～60分）	即死
一酸化炭素	400～500	1,500～2,000	4,000	——
塩素ガス	4	40～60	——	1,000
ホスゲン	——	2.5	——	50
塩化水素	50～100	1,000	——	1,300～2,000
弗化水素	10	50～250	——	——
シアン化水素	50～60	100～200	200～450	3,000
アンモニア	100	2,500～4,000	——	5,000～10,000
硫化水素	——	200	600	1,000

〔参考条文〕〈排煙設備〉建基法施行令第 126 条の 2、第 126 条の 3、消令第 28 条第 1 項、昭和 45 年建設省告示第 1829 号「排煙設備の構造」、平成 12 年建設省告示第 1437 号「特殊な構造の排煙設備」、平成 12 年建設省告示第 1436 号「排煙設備を設けなくてもよい部分」

(9) 消防用設備のいろいろ

消防の用に供する設備
（消法第17条第1項、消令第7条第1項から第4項まで）

消火設備　水その他消火剤を使用して消火を行う機械器具又は設備

- 消火器及び簡易消火用具（水バケツ、水槽、乾燥砂、膨張ひる石又は膨張真珠岩）
- 屋内消火栓設備
- スプリンクラー設備
- 水噴霧消火設備
- 泡消火設備
- 不活性ガス消火設備
- ハロゲン化物消火設備
- 粉末消火設備
- 屋外消火栓設備
- 動力消防ポンプ設備

（水噴霧消火設備～粉末消火設備：特殊な消火設備）

警報設備　火災の発生を報知する機械器具又は設備

- 自動火災報知設備
- ガス漏れ火災警報設備
- 漏電火災警報器
- 消防機関へ通報する火災報知設備
- 非常警報器具（警鐘、携帯用拡声器、手動式サイレンその他の非常警報器具）
- 非常警報設備（非常ベル、自動式サイレン、放送設備）

避難設備　火災が発生した場合において避難するために用いる機械器具又は設備

- 避難器具（すべり台、避難はしご、救助袋、緩降機、避難橋等）
- 誘導灯及び誘導標識

消　防　用　水
（消令第7条第5項）
防火水槽又はこれに代わる貯水池その他の用水

消火活動上必要な施設
（消令第7条第6項）

- 排煙設備
- 連結散水設備
- 連結送水管
- 非常コンセント設備
- 無線通信補助設備

（注）上記のような「通常用いられる設備等」に代えて、「必要とされる防火安全性能を有する消防の用に供する設備等」を用いることができる。

〔参考条文〕消令第7条、同第29条の4

消防法施行令による防火対象物の分類

	(項)	防火対象物	適用の遡及
特定防火対象物	(1)	イ　劇場、映画館、演芸場又は観覧場 ロ　公会堂又は観覧場	すべての消防用設備等について遡及適用となる。
	(2)	イ　キャバレー、カフェー、ナイトクラブその他これらに類するもの ロ　遊技場又はダンスホール ハ　風営法第２条第５項に規定する性風俗関連特殊営業を営む店舗（(1)項イ、(4)項、(5)項イ及び(9)項イに掲げる防火対象物の用途に供されているものを除く。）その他これに類するもの ニ　カラオケボックス等を営む店舗	
	(3)	イ　待合、料理店その他これらに類するもの ロ　飲食店	
	(4)	百貨店、マーケットその他の物品販売業を営む店舗又は展示場	
	(5)	イ　旅館、ホテル、宿泊所その他これらに類するもの	
	(6)	イ　病院、診療所又は助産所（細分類は省略） ロ　養護老人ホーム等要介護者を入所させる社会福祉施設（細分類は省略） ハ　老人デイサービスセンター等社会福祉施設、保育所等（細分類は省略） ニ　幼稚園又は特別支援学校	
	(9)	イ　公衆浴場のうち、蒸気浴場、熱気浴場その他これらに類するもの	
	(16)	イ　複合用途防火対象物のうち、その一部が特定用途に供されているもの	
	(16の2)	地下街	
	(16の3)	準地下街	
非特定防火対象物	(5)	ロ　寄宿舎、下宿又は共同住宅	下記の消防用設備等のみ遡及適用 ●簡易消火器具 ●自動火災報知設備（(17)項に設けるものに限る。） ●ガス漏れ火災警報設備 ●漏電火災警報器 ●非常用警報器具及び非常警報設備 ●誘導灯及び誘導標識
	(7)	小学校、中学校、義務教育学校、高等学校、中等教育学校、高等専門学校、大学、専修学校、各種学校その他これらに類するもの	
	(8)	図書館、博物館、美術館その他これらに類するもの	
	(9)	ロ　イに掲げる公衆浴場以外の公衆浴場	
	(10)	車両の停車場又は船舶若しくは航空機の発着場	
	(11)	神社、寺院、教会その他これらに類するもの	
	(12)	イ　工場又は作業場 ロ　映画スタジオ又はテレビスタジオ	
	(13)	イ　自動車車庫又は駐車場 ロ　飛行機又は回転翼航空機の格納庫	
	(14)	倉庫	
	(15)	前各項に該当しない事業場	
	(16)	ロ　イに掲げる複合用途防火対象物以外の複合用途防火対象物	
	(17)	文化財保護法の規定によって重要文化財、重要有形民俗文化財、史跡若しくは重要な文化財として指定され、又は旧重要美術品等の保存に関する法律の規定によって重要美術品として認定された建造物	
	(18)	延長 50 m以上のアーケード	

注）地下街〔(16の2)項〕においては、地下街中に存する部分は、その用途にかかわらず、地下街として取扱い、(16の2)項の規定を適用し、準地下街〔(16の3)項〕においては、(16の3)項の規定が適用されるほか、それぞれの用途部分ごとに(1)～(16)項の規定が重ねて適用される。複合用途防火対象物〔(16)項〕においては、(16)項の規定が適用されるほか、それぞれの用途部分ごとに(1)～(15)項の規定が重ねて適用される。

〔**参考条文**〕消令別表第１、同第８条、同第９条、同第９条の２

消火器・簡易消火用具

- 消火器とは、水その他消火剤を圧力によって放射して、窒息消火、冷却消火等の原理を応用し消火を行う器具で、人が操作するもの

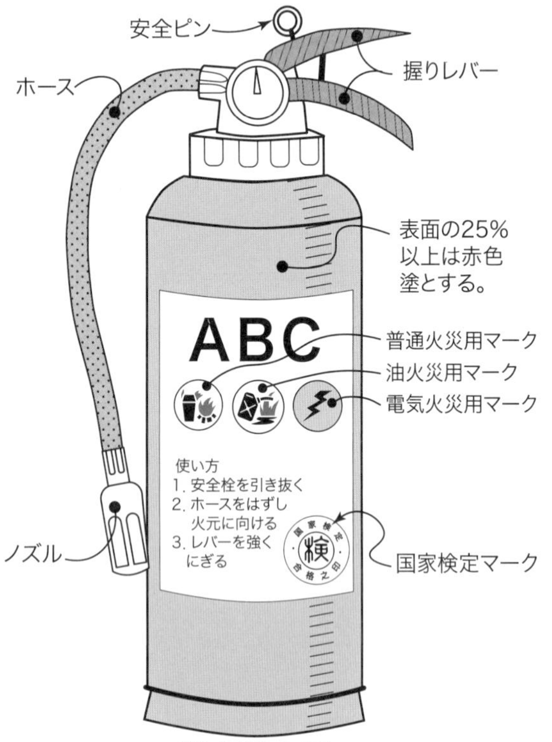

粉末消火器

〈現在、最も普及しているタイプ〉

〈操作方法〉

・安全ピンを抜いて、レバーをにぎるとノズルから粉末（ピンク色）が放射される。

火元を掃くように用いると火が消えやすい。（レバーをにぎると内部の小型炭酸ガスボンベが開封されて、粉末を加圧し、放射される。）

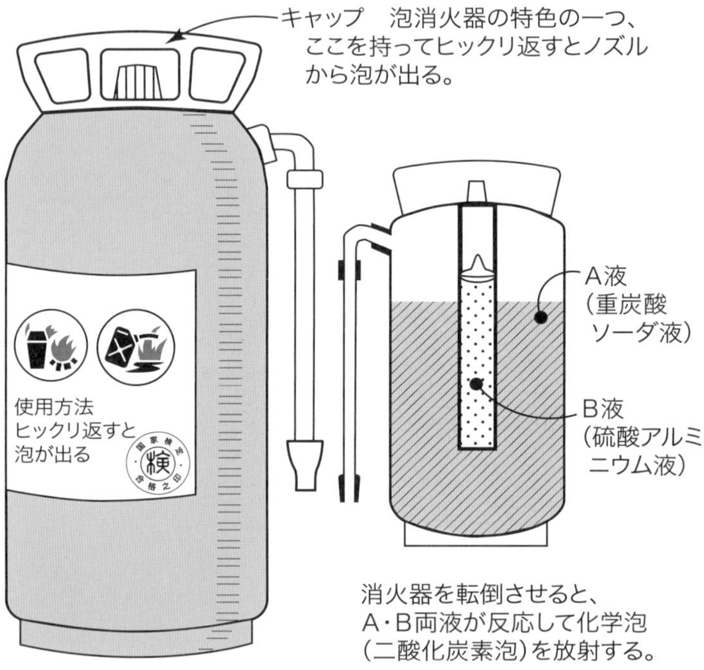

消火器を転倒させると、A・B両液が反応して化学泡（二酸化炭素泡）を放射する。

泡消火器

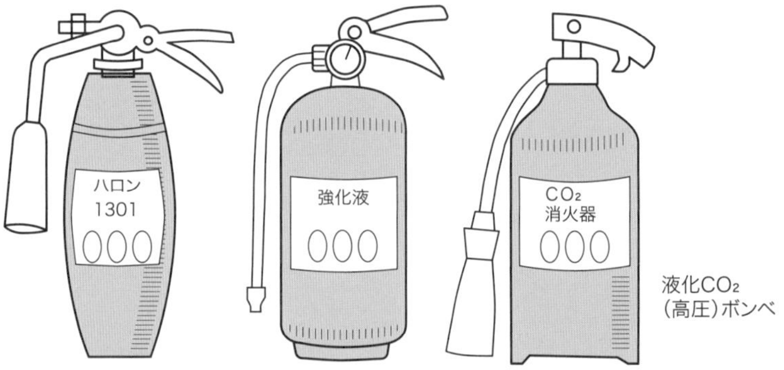

ハロゲン化物消火器（消火力抜群電気機器向き）

強化液消火器（蓄圧式が多いのが特色）

二酸化炭素消火器（液化CO_2の気化膨張圧で放射する、電気火災に適する）

適用に応じた表示

表　示	普通火災用	油火災用	電気火災用
絵表示			

設置箇所には種類に応じた標識

消火器は「消火器」
水バケツは
「消火バケツ」
水槽は、「消火水槽」
乾燥砂は、「消火砂」
膨張ひる石、膨張真珠石は、
「消火ひる石」

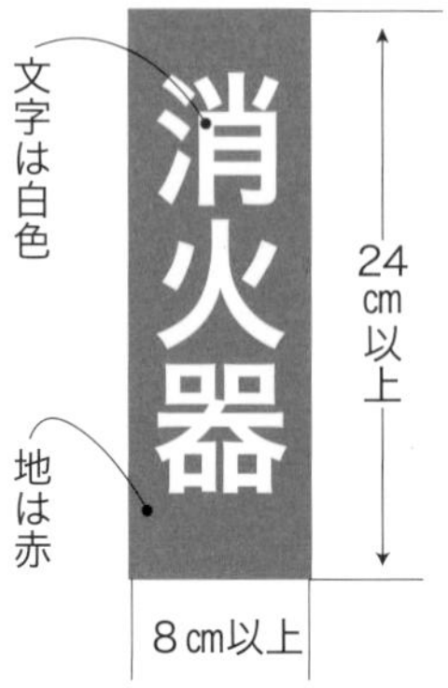

消火器を設置する防火対象物

⑴項イ、⑵項、⑶項（火気使用設備設置対象物のみ）、⑹項イ⑴～⑶、⑹項ロ、（16の2）項、（16の3）項、⒄項、⒇項	すべて
⑴項ロ、⑶項（火気使用設備が設置されていないもの）～⑸項、⑹項イ⑷、⑹項ハ及びニ、⑼項、⑿項～⒁項	延べ面積 150㎡以上
⑺項、⑻項、⑽項、⑾項及び⒂項	延べ面積 300㎡以上
地階、無窓階又は3階以上の階	床面積 50㎡以上
少量危険物、指定可燃物を貯蔵・取り扱うもの	すべて

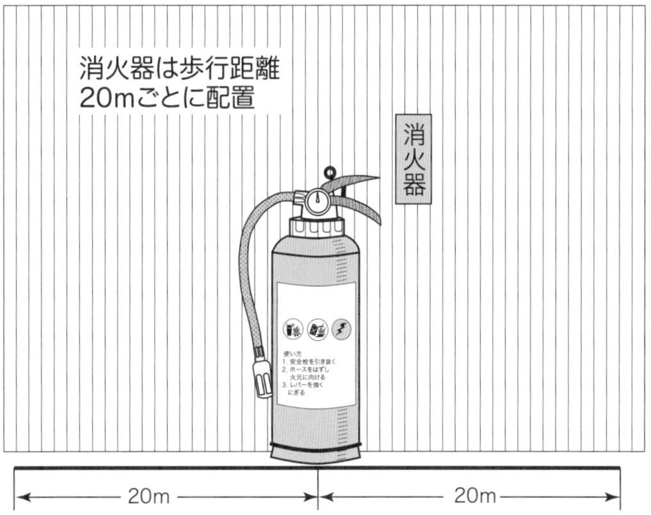

消火器の設置個数

消火器の能力（消火）を示す数値が、設置する防火対象物又はその部分の延べ面積又は床面積を表のに定める面積で除して得た数以上の数値となるように設ける。

防火対象物の区分	一般のもの	耐火構造※
⑴項イ、⑵項、（16の2）項、（16の3）項及び⒄項	50㎡	100㎡
⑴項ロ、⑶項～⑹項、⑼項及び⑿項～⒁項	100㎡	200㎡
⑺項、⑻項、⑽項、⑾項及び⒂項	200㎡	400㎡

※主要構造部を耐火構造とし、かつ、壁及び天井（天井のない場合は、屋根）の室内に面する部分（回り縁、窓台その他これに類する部分を除く。）の仕上げを難燃材料でした防火対象物にあっては、当該数値の2倍の数値とする。

注）消火器（A. B. C粉末）の能力単位は

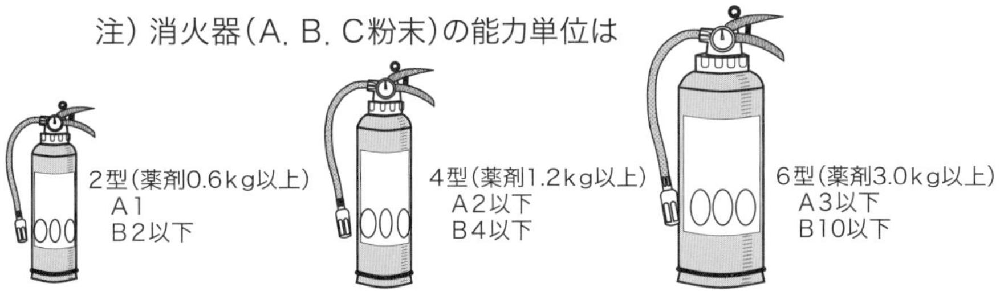

簡易消火用具

簡易消火用具は、能力単位で1/2以下までなら認められる

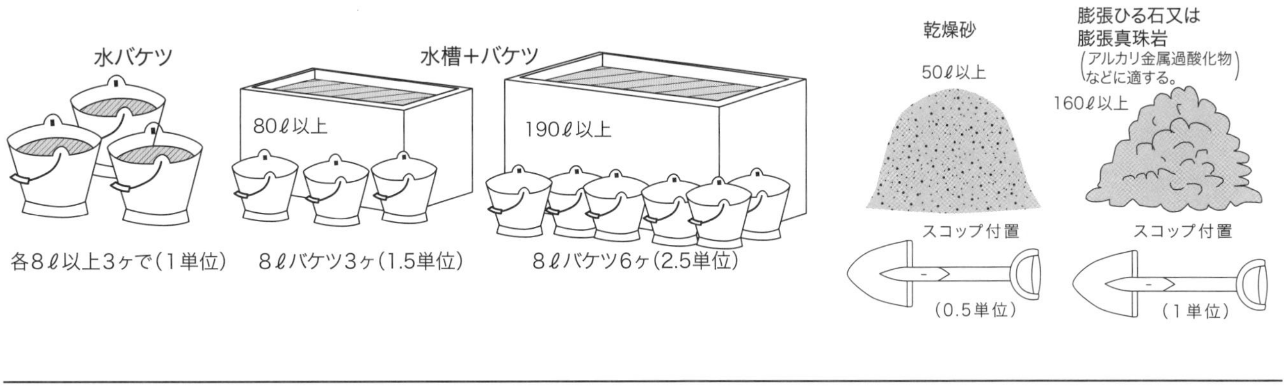

〔**参考条文**〕消令第10条、同別表第2、消則第6条～第9条、消火器の技術上の規格を定める省令（昭和39年自治省令第27号）、消火器用消火薬剤の技術上の規格を定める省令（昭和39年自治省令第28号）

屋内消火栓設備

- 屋内消火栓設備とは、人が操作することによって消火する設備で、水源、加圧送水装置（ポンプ）、起動装置、屋内消火栓（開閉弁、ホース、ノズル等を格納）、配管等及び非常電源等で構成されている。

1号消火栓

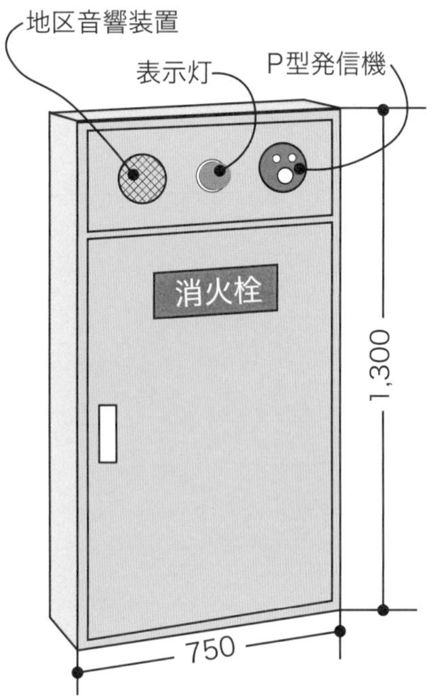

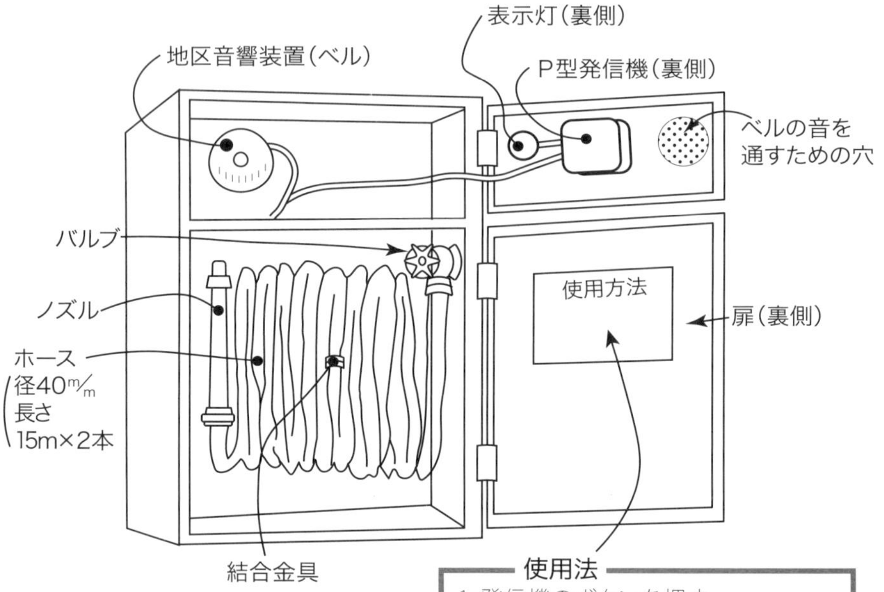

使用法

1.発信機のボタンを押す
（ベルが鳴る。ポンプが始動する。
表示灯が点滅する。）
2.ホースを伸ばす
3.消火栓（バルブ）を開く
（ノズルの先から放水が始まる。）

構造図例

（送水装置にポンプを用いるもの）

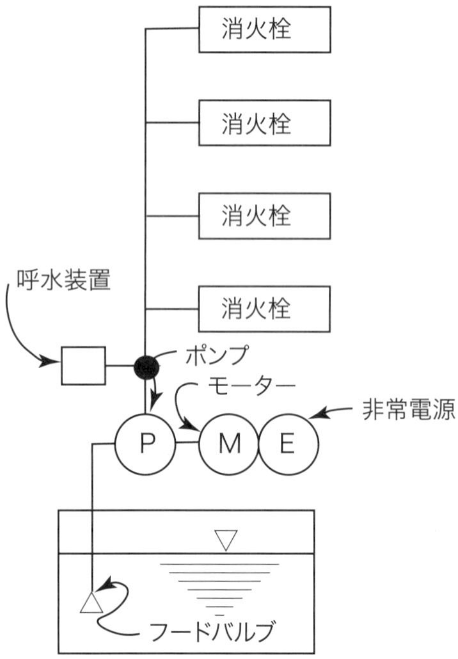

屋内消火栓
（ポンプを用いるもの）

2号消火栓

保形ホースがリール式等の収納装置に格納され、ホースの延長、開閉操作が一人でできる。（工場、作業場、倉庫、指定可燃物を貯蔵・取扱うものには設置できない。）

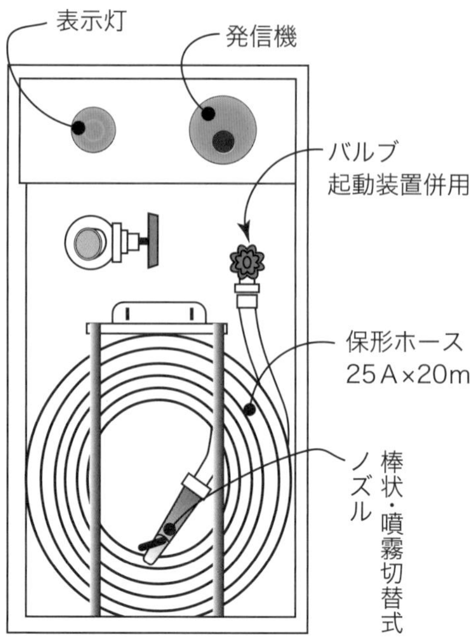

屋内消火栓設備を設置する防火対象物

分　類	1～3階の一般階		
	一　般	準　耐	耐　火
下記以外	700㎡	（注）1,400㎡	（注）2,100㎡
(1)項	500	1,000	1,500
(11)、(15)項	1,000	2,000	3,000
(13)、(17)項	不　要	不　要	不　要

（注）(6)項イ(1)及び(2)、(6)項ロ(1)及び(3)、(6)項ロ(2)、(4)及び(5)（介助がなければ避難できない者として入所させる以外のものは、延べ面積 275㎡以上のもの）に掲げる防火対象物に適用する場合にあっては 1,000㎡とする。

分　類	地階・無窓階・4階以上の階		
	一　般	準　耐	耐　火
下記以外	150㎡	300㎡	450㎡
(1)項	100	200	300
(11)、(15)項	200	400	600
(13)、(17)項	不　要	不　要	不　要

指定可燃物	指定数量（危険物の規制に関する政令別表第2）の 750 倍以上を貯蔵・取扱うもの

屋外消火栓設備

● 屋外消火栓設備とは、建物の1階及び2階で発生した火災の消火及び延焼を防止するため建物の周囲に設置され、人が操作して使用。屋内消火栓設備と同様な構成となっている。

屋外消火栓設備の設置

建築物の1～2階の床面積（合計）が

- 耐火建築物…………9,000㎡以上
- 準耐火建築物………6,000㎡以上
- その他の建築物……3,000㎡以上

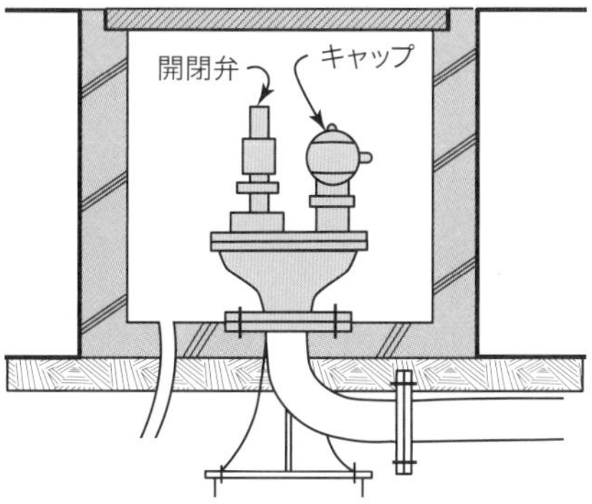

地下式消火栓

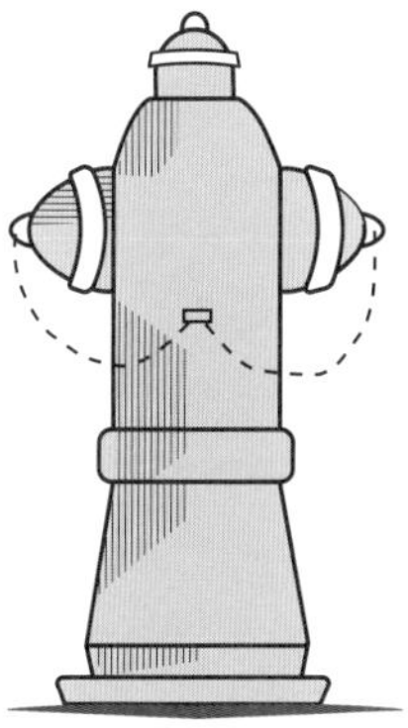
地上式消火栓

※消火栓は、建物の各部から一のホースの接続口まで水平距離が 40 m以下であること。

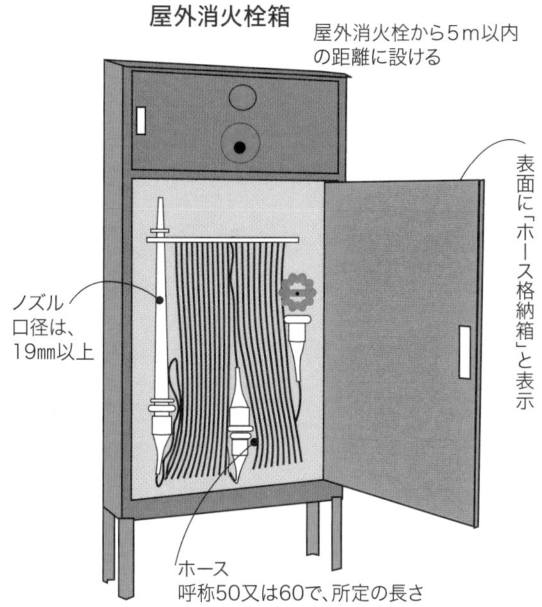

〔**参考条文**〕〈屋内消火栓設備〉消令第 11 条・第 11 条の2、消則第 12 条　〈屋外消火栓設備〉消令第 19 条、消則第 22 条　〈関連する規格〉消防用ホースの規格省令（平成 25 年総務省令 22 号）、消防用ホースに使用する結合金具等の規格省令（平成 25 年総務省令 23 号）、加圧送水装置の基準（平成9年消防庁告示8号）、合成樹脂製の管及び管継手の基準（平成 13 年消防庁告示 19 号）、金属製管継手及びバルブ類の基準（平成 20 年消防庁告示 31 号）、配管の摩擦損失計算の基準（平成 20 年消防庁告示 32 号）、屋内消火栓等の基準（平成 25 年消防庁告示2号）

動力消防ポンプ設備・消防用水

動力消防ポンプ設備

Ｂ２級▶
（44 kw）

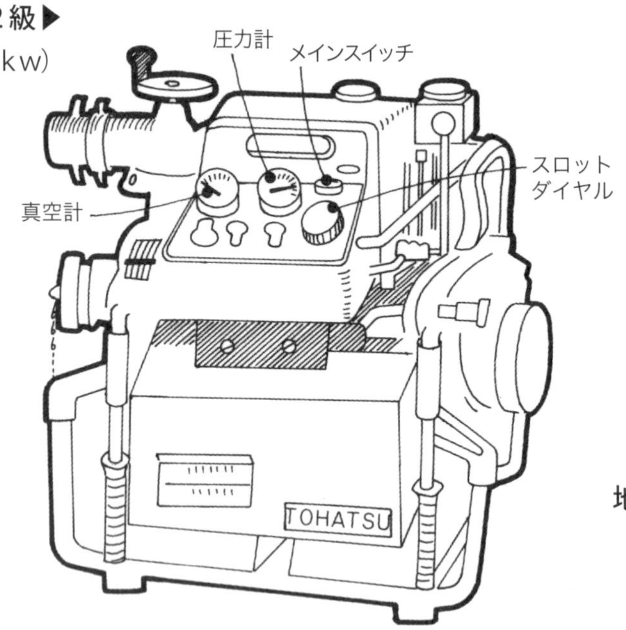

Ｄ１級▶
（３kw）

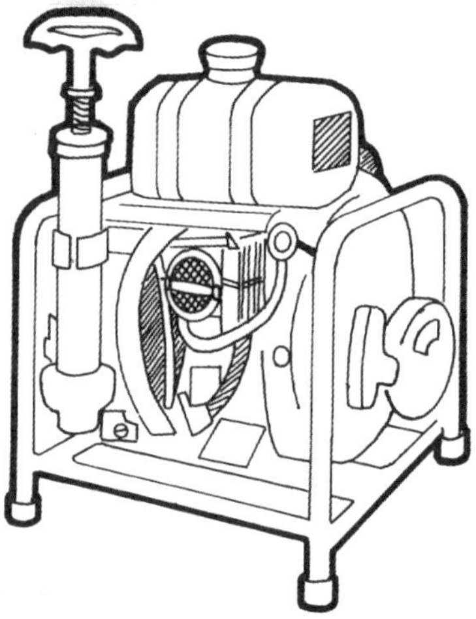

流水を利用する場合

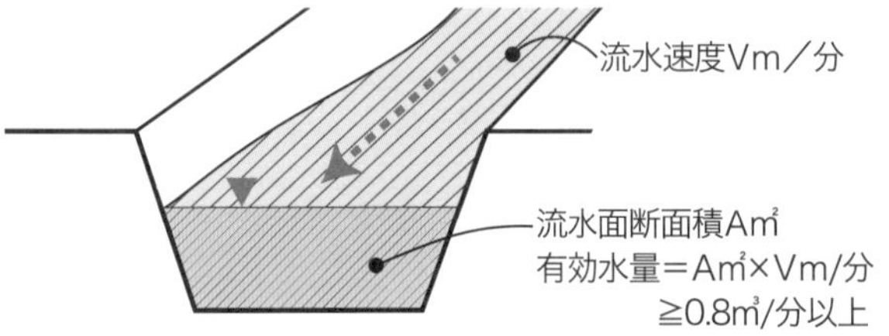

地下水槽

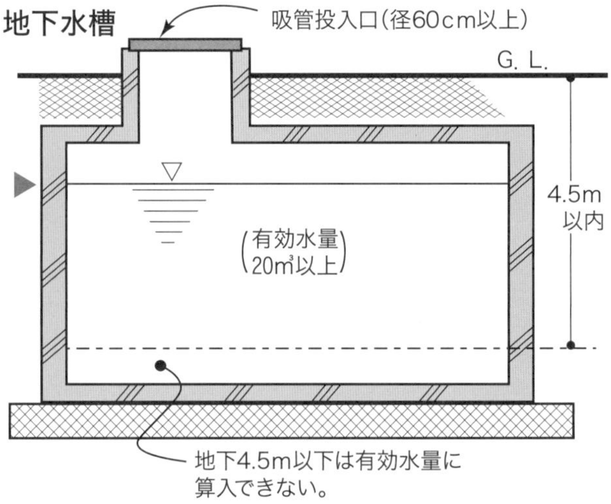

消防用水

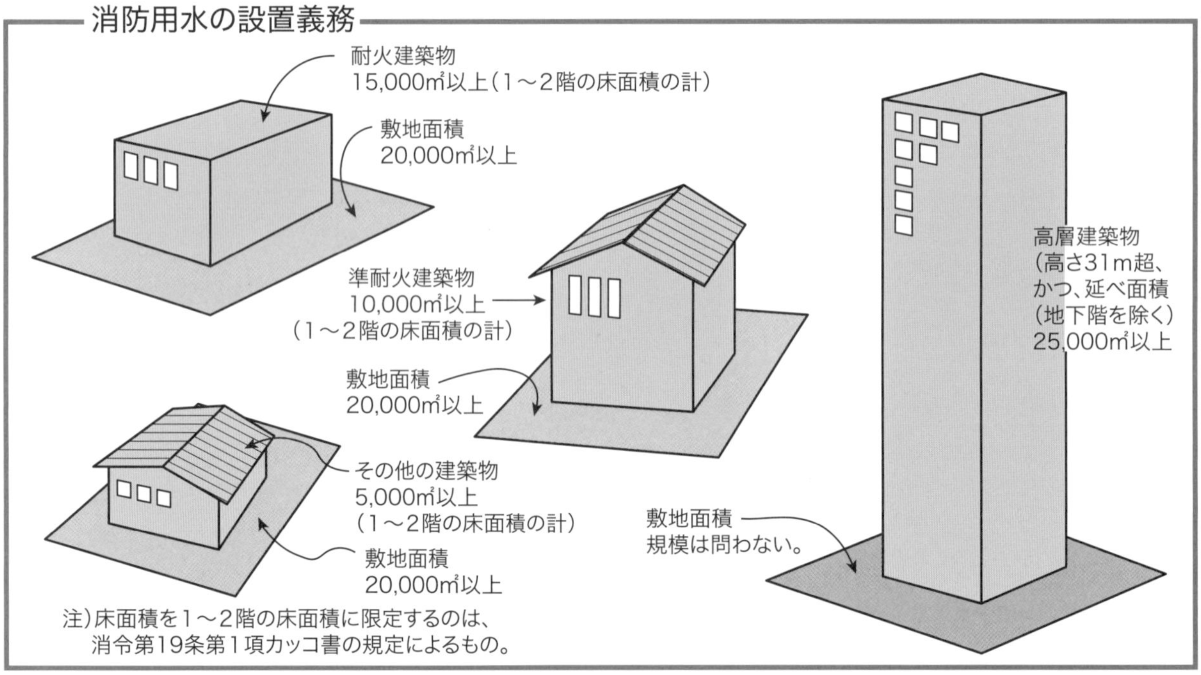

注）床面積を１～２階の床面積に限定するのは、
消令第19条第１項カッコ書の規定によるもの。

〔**参考条文**〕〈動力消防ポンプ〉消令第 20 条、動力消防ポンプの規格省令（昭和 61 年自治省令 24 号）、消防用吸管の規格省令（昭和 61 年自治省令 25 号）〈消防用水〉消防法施行令第 27 条

スプリンクラー設備

- スプリンクラー設備とは、天井又は屋根下部分に配置されたスプリンクラーヘッドにより、火災感知から放水までを自動的に行う消火設備で、水源、加圧送水装置（ポンプ）、自動警報装置（流水検知装置、表示装置、警報装置等）、スプリンクラーヘッド、送水口、配管・弁類及び非常電源等から構成されている。

スプリンクラー設備の構成図

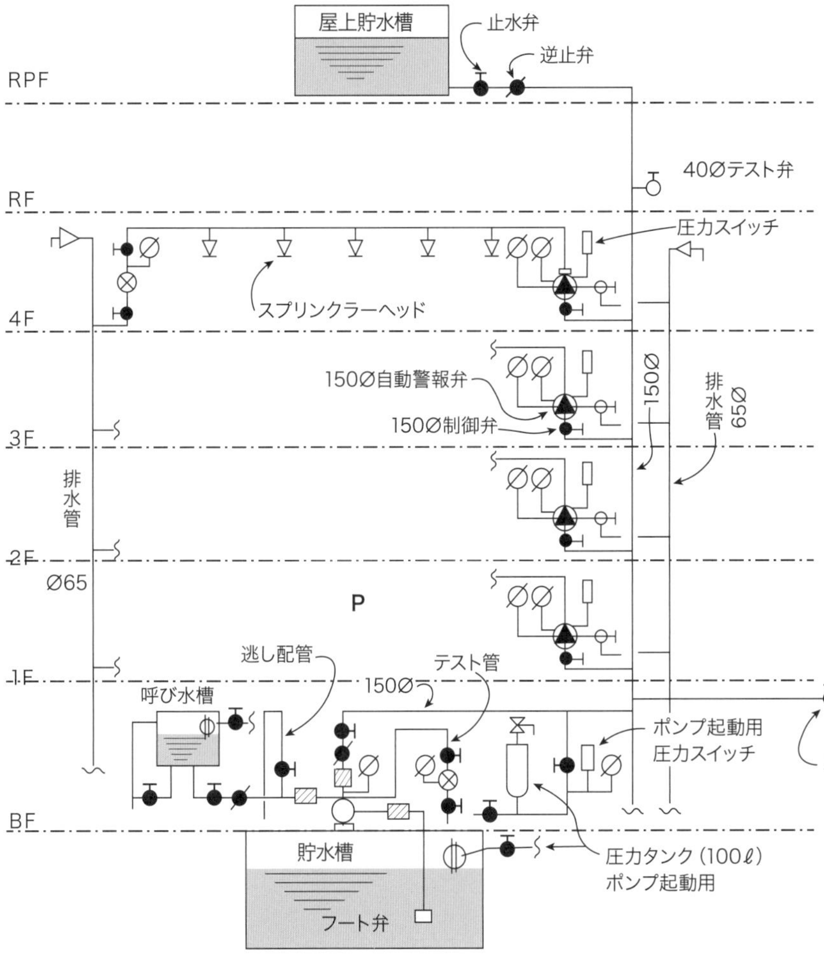

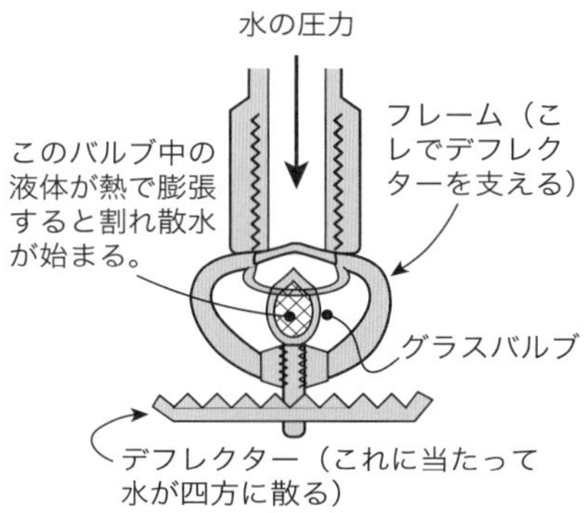

◀バルブ型ヘッド▶

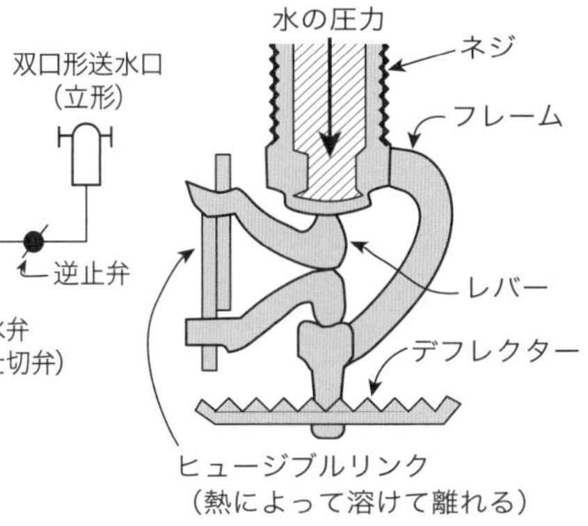

特定施設水道連結型スプリンクラー設備

例）直結増圧式

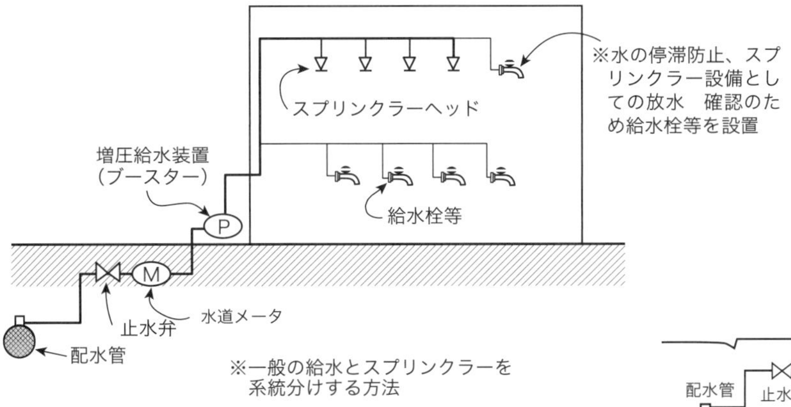

例）直結直圧式

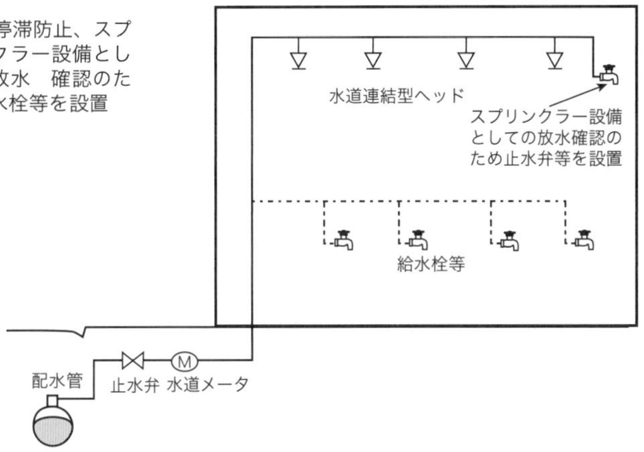

〔**参考条文**〕〈スプリンクラー設備〉消令第 12 条、消則第 12 条の 2～第 15 条

スプリンクラー設備を設置する防火対象物

① 11階以上の階（代替区画部分を除く。）
② 延べ面積が1,000㎡以上の地下街
③ 延べ面積が1,000㎡以上の準地下街（うち、特定用途部分が500㎡以上のもの）
④ 4階～10階で、※特定用途部分が1,500㎡以上の階（ただし、⑵項又は⑷項の場合は、1,000㎡以上の階）（代替区画部分を除く。）
⑤ 地階又は無窓階で、※特定用途部分が1,000㎡以上の階（代替区画部分を除く。）
⑥ 特定防火対象物で地上11階以上のもの（代替区画を除く。）
⑦ 特定防火対象物で、床面積合計（代替区画を除く。）が、6,000㎡以上のもの（平屋建てを除く。）ただし、店舗・展示場、病院等〔⑫以外のもの〕では、3,000㎡以上のもの
⑧ 劇場等舞台部で床面積が500㎡以上（地階、無窓階、又は4階以上の階で300㎡以上）のもの…舞台部に設けるヘッドは、開放型ヘッドとする。
⑨ 天井の高さが10ｍを超え、かつ、延べ面積が700㎡以上のラック式倉庫
⑩ ⒃項イで、特定用途部分の床面積（代替区画部分を除く。）の合計が3,000㎡以上のもの（特定用途部分の存する階に限る。）
⑪ 指定可燃物（可燃性液体類にかかるものを除く。）を1,000倍以上貯蔵又は取扱うもの
⑫ 火災発生時の延焼を抑制する機能を備える構造を有するもの以外のもので、病院等〔⑹項イ⑴、⑵〕、老人短期入所施設等〔⑹項ロ⑴、⑶〕
⑬ 救護施設等〔⑹項ロ⑵、⑷及び⑸〕は、介助がなければ避難できない者を入所させるものはすべて、それ以外は275㎡以上のもの

※特定用途とは、44頁参照。

ヘッドの配置（消防法施行令第12条第2項第2号）

<table>
<tr><td colspan="2">防火対象物又はその部分</td><td>距　　離</td></tr>
<tr><td colspan="2">劇場等の舞台部（開放型ヘッドに限る。）</td><td>1.7ｍ以下</td></tr>
<tr><td colspan="2">指定可燃物（指定数量の1,000倍以上）の貯蔵・取扱いに供するもの</td><td>1.7ｍ以下
（高感度型ヘッドにあっては1.9ｍ以下）</td></tr>
<tr><td rowspan="2">上記以外の防火対象物
（ラック式倉庫、地下街、準地下街を除く。）</td><td>耐火建築物以外の建物</td><td>2.1ｍ以下
（高感度型ヘッドにあっては2.3ｍ以下）</td></tr>
<tr><td>耐火建築物</td><td>2.3ｍ以下
（高感度型ヘッドにあっては2.6ｍ以下）</td></tr>
</table>

ヘッドの配置間隔

半径（R）	ヘッドの間隔（A）	ヘッド1ヶ当たりの分担面積
2.3ｍ	3.25ｍ	10.56m^3
2.1ｍ	2.97ｍ	8.82m^3
1.7ｍ	2.40ｍ	5.76m^3

正方形配置

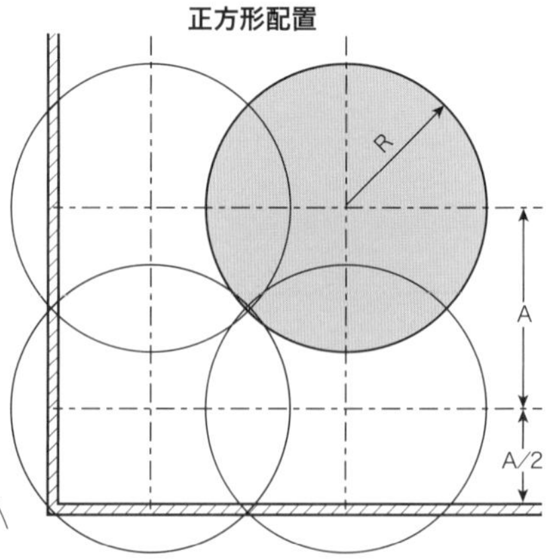

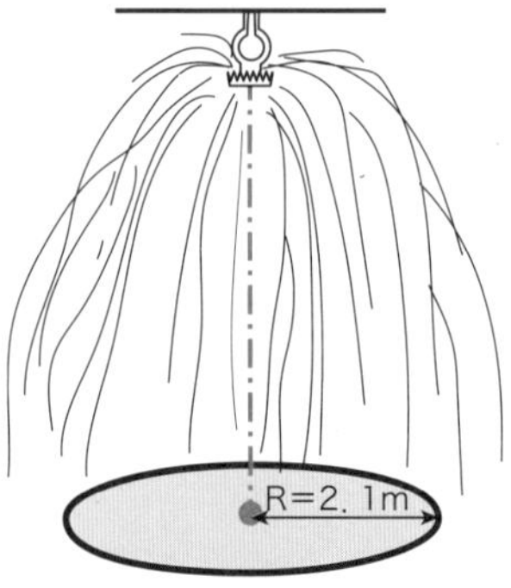

一般には半径2.1mの円内

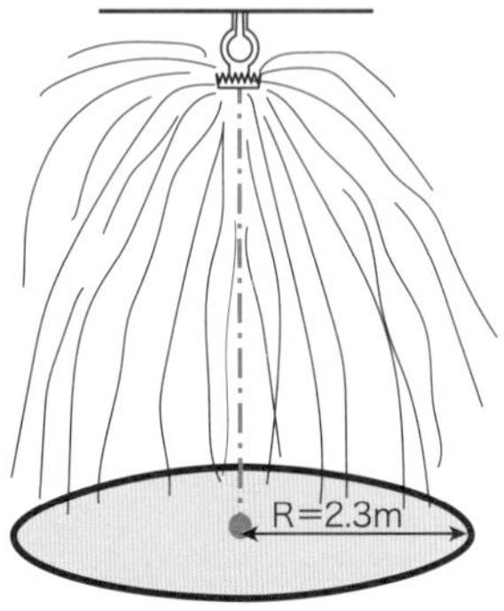

耐火構造では半径2.3mの円内

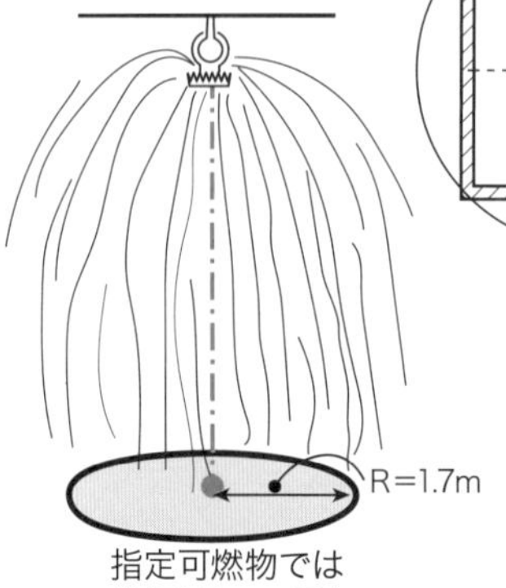

指定可燃物では半径1.7mの円内

〔**参考条文**〕閉鎖型スプリンクラーヘッドの技術上の規格（昭和40年自治省令2号）、一斉開放弁の技術上の規格（昭和50年自治省令19号）、流水検知装置の技術上の基準（昭和58年自治省令2号）、放水型ヘッド等を用いるスプリンクラー設備（平成8年消防庁告示6号）

『火災発生時の延焼を抑制する機能を備える構造』

平成21年4月から消防法施行規則に第12条の2が追加された。令別表第1(6)項イ(1)及び(2)並びにロ系の防火対象物には原則としてスプリンクラー設備を設置することが義務づけられたが、建築構造上一定の措置を講じたものについてはその設置を免除することもできるよう措置されており(消令第12条第1項第1号)、同条はその基準を示したものである。

基準面積

消防法施行規則第12条の2第1項第1号では、まず「基準面積」という用語を理解しなければならない。

基準面積とは、「消防法施行令第12条第2項第3号の2に規定する床面積の合計をいう。」とされている。消令第12条第2項第3号の2は特定施設水道連結型スプリンクラー設備を設置することができる防火対象物又はその部分を規定する条文であり、当該床面積は「防火上有効な措置が講じられた構造を有するものとして総務省令で定める部分以外の部分の床面積」とされている。

この総務省令で定める部分は、消則第13条の5の2(防火上有効な措置が講じられた構造を有する部分)で示されている。その要件は、用途(同条第1号)、構造(同条第2号)及び階と床面積の組み合わせ(同条第3号)から成っている。

用途は、消則第13条第3項第7号又は第8号に掲げる部分とされ、具体的には、

7号:手術室、分娩室、内視鏡検査室、人工血液透析室、麻酔室、重症患者集中治療看護室その他これらに類する室

8号:レントゲン室等放射線源を使用し、貯蔵し、又は廃棄する室

である。

また**構造**は、次のいずれかに該当する防火上の措置が講じられた部分であることとされている。

イ **準耐火構造の壁及び床で区画**され、かつ、**開口部に防火戸**(随時開くことができる自動閉鎖装置付きのもの又は随時閉鎖することができ、かつ、煙感知器の作動と連動して閉鎖するものに限る。)を設けた部分

ロ **不燃材料で造られた壁、柱、床及び天井**(天井のない場合にあつては、屋根)で**区画**され、かつ、**開口部に不燃材料で造られた戸**(随時開くことができる自動閉鎖装置付きのものに限る。)を設けた部分であつて、当該部分に隣接する部分(消則第13条第3項第6号に掲げる部分(直接外気に開放されている廊下その他外部の気流が流通する場所)を除く。)の全てが**スプリンクラー設備の有効範囲内**に存するもの

さらに**階と床面積の組み合わせ**は、1,000㎡以上の地階若しくは無窓階又は床面積が1,500㎡以上の4階以上10階以下の階に存する部分でないこと、とされている。

なお、この基準面積には上限が設定されており、防火対象物の延べ面積の2分の1までとされている(消則第13条の5の2)。

要約すれば、病院等に手術室やレントゲン室等スプリンクラー設備を設置することが適当でない用途部分があり、その部分が他の部分からの延焼の恐れが少なく、かつ、床面積が一定以下であるなど一定の条件を満たす場合は、どの程度の区画性能を持たせればスプリンクラーを免除できるかどうかという判断は、延べ面積でなく、延べ面積からその床面積(延べ面積の半分が限度)を差し引いた面積(基準面積)を用いて判定する、とされているのである。

〔参考条文続き〕 ラック式倉庫のラック等を設けた部分のスプリンクラーヘッド(平成10年消防庁告示5号)、スプリンクラー設備の送水口の基準(平成13年消防庁告示37号)、特定施設水道連結型スプリンクラー設備に係る配管、管継手及びバルブ類の基準(平成20年消防庁告示27号)

消則12条の2（スプリンクラー設備を設置することを要しない構造）の整理表

消則12条の2は条文を読むだけだと難解だが、以下のように表の形に整理すると、全体の構造がわかりやすくなる。

根拠条文		消則12条の2第1項		消則12条の2第2項		消則12条の2第3項
		第1号	第2号	第1号	第2号	
用途・規模等		・(6)項イ(1)及び(2)並びにロ等 ・基準面積1000㎡未満	・(6)項イ(1)及び(2)並びにロ等 ・基準面積1000㎡以上	・(6)項イ(1)及び(2)並びにロ等 ・入居者等の利用に供する居室が避難階のみ ・延べ面積100㎡未満		・(5)項ロと(6)項ロのみからなる(16)項イ ・(6)項ロ部分（特定住戸部分）の延べ面積275㎡未満
居室等の区画		準耐火構造の壁及び床	耐火構造の壁及び床	—	壁、柱、床及び天井で区画（構造制限はない）	特定住戸部分の各住戸を準耐火構造の壁及び床で区画
壁及び天井の内装	避難路となる廊下等	準不燃材料（入居者等の利用に供する居室が避難階のみに存し、延べ面積275㎡未満で、容易に避難できる構造※であれば不要）	準不燃材料	準不燃材料	—	※※の廊下に通ずる通路は準不燃材料
	その他の部分	難燃材料（入居者等の利用に供する居室が避難階のみに存し、延べ面積275㎡未満で、容易に避難できる構造※であれば不要）	難燃材料	難燃材料	—	難燃材料
区画する壁及び床の開口部の面積	合計	8㎡以下	同左	—	—	—
	1の開口部	4㎡以下	同左	—	—	—
開口部に設ける防火戸		防火戸 ・防火シャッターは使用不可（廊下と階段とを区画する部分のみ可） ・自動閉鎖装置付き又は煙感知器連動閉鎖式（避難路に設けるものは、大きさ75cm×1.8m以上、下枠15cm以下の自動閉鎖の部分を有すること）	特定防火設備である防火戸 ・防火シャッターは使用不可（廊下と階段とを区画する部分のみ可） ・自動閉鎖装置付き又は煙感知器連動閉鎖式（避難路に設けるものは、大きさ75cm×1.8m以上、下枠15cm以下の自動閉鎖の部分を有すること）	—	出入口に自動閉鎖式の戸（防火戸であることを要しない）を設ける	特定住戸部分の各住戸の主たる出入口の構造 ・防火戸 ・防火シャッターは使用不可（廊下と階段とを区画する部分のみ可） ・自動閉鎖装置付き又は煙感知器連動閉鎖式（避難路に設けるものは、大きさ75cm×1.8m以上、下枠15cm以下の自動閉鎖の部分を有すること）
	出入口以外の開口部	—	鉄製網入りガラス入り戸 ・二方向避難可能な部分に設置 ・開放型の通路に面する ・合計面積4㎡以内	—	—	—
区画された部分	床面積	合計100㎡以下	合計200㎡以下	—	—	特定住戸部分の各住戸の床の面積100㎡以下
	居室数	3以下	—	—	—	—
その他		—	—	—	※以下の全て ・入居者等の避難時間が避難限界時間を超えない（H26消防庁告示4号） ・原則として煙感知器 ・入居者等の利用に供する居室に関係者が内外から容易に開放できる開口部 ・当該開口部は幅員1m以上の空地に面する ・当該開口部は入居者等が容易に避難できる形状 ・入居者等の利用する居室から二方向避難可能	・特定住戸部分の各住戸の主たる出入口が、直接外気に開放され、かつ、煙排出可能な廊下※※に直面 ・上記廊下に通ずる通路は他の居室を通過しない（H26消防庁告示4号） ・上記廊下に通ずる通路に面する開口部は自動閉鎖式の戸（不燃性）を設置（H26消防庁告示4号） ・居室及び通路に煙感知器

以下は、表を図解したものである。

・消則 12 条の 2 第 1 項第 1 号

(6)項イ(1)及び(2)並びにロ等　基準面積 1,000 m^2未満

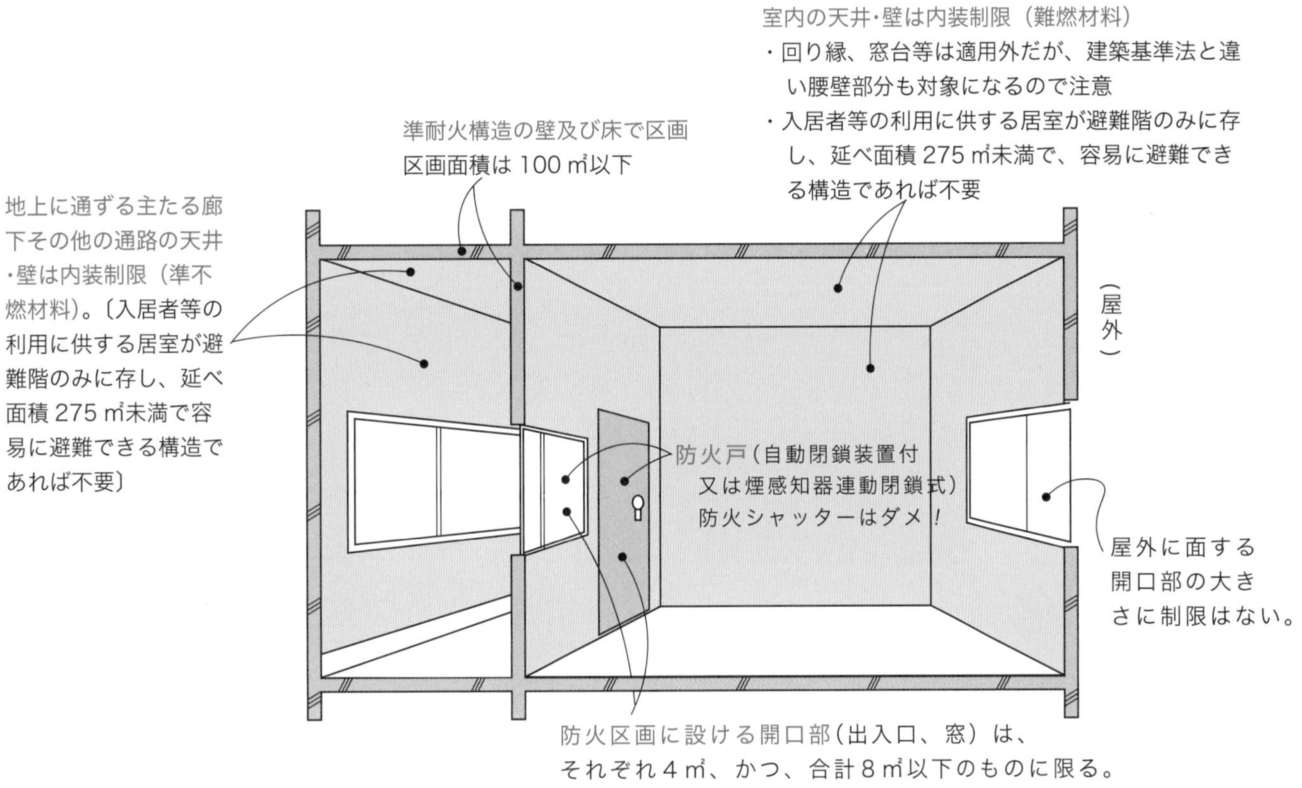

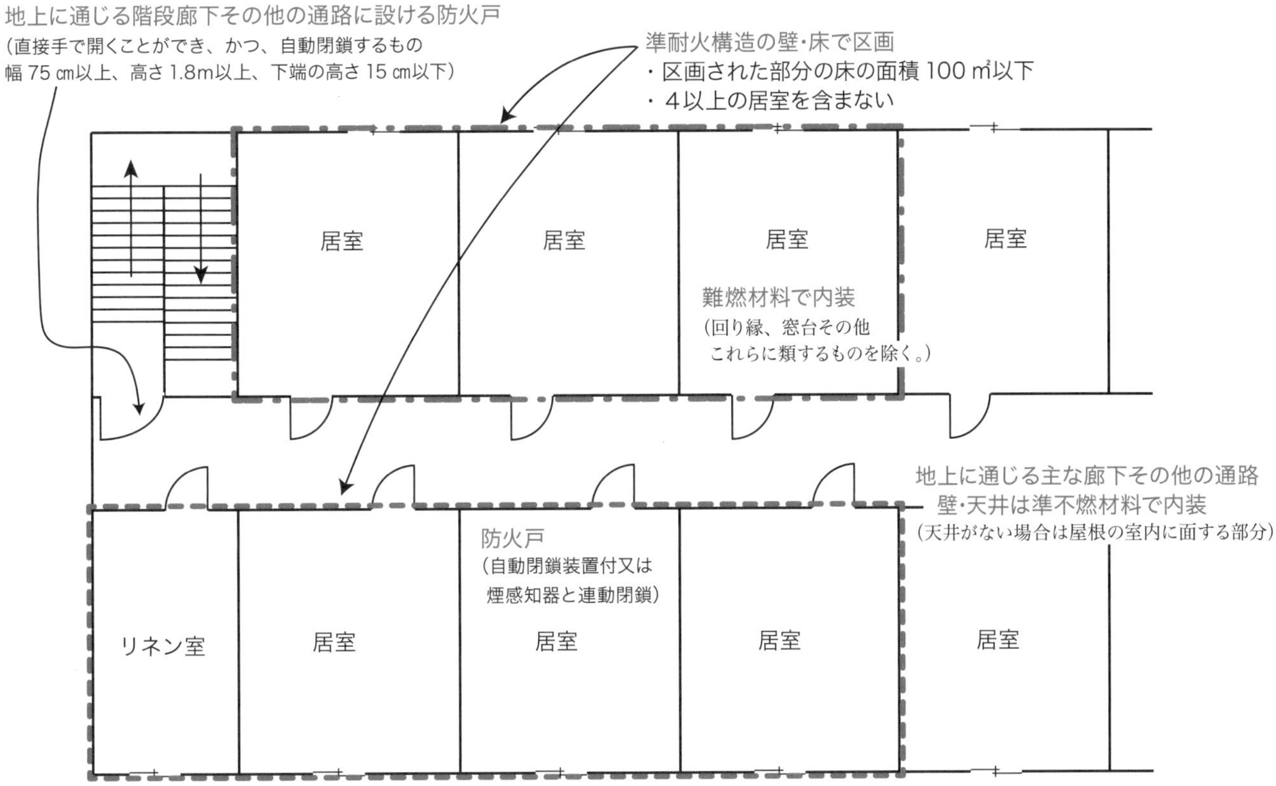

・消則 12 条の 2 第 1 項第 2 号

⑹項イ⑴及び⑵並びにロ等　基準面積 1,000 m^2以上

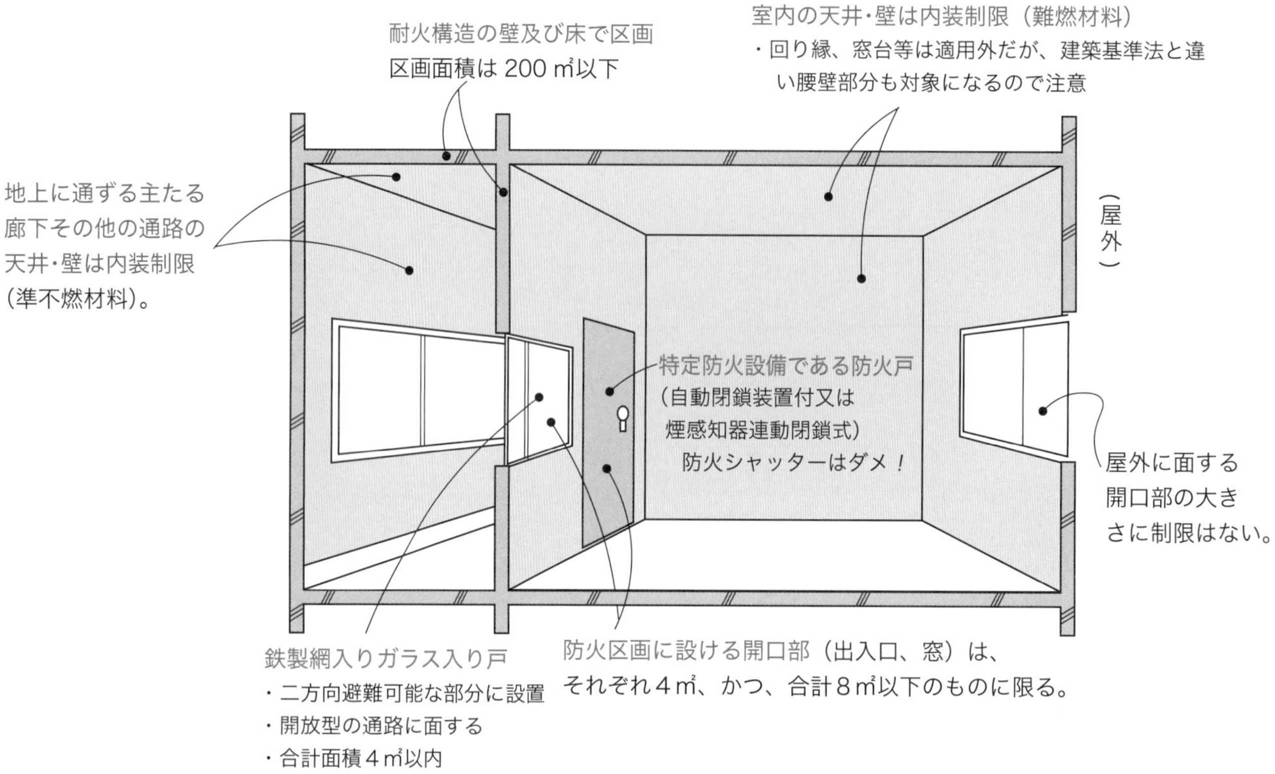

・消則 12 条の 2 第 2 項第 1 号

⑹項イ⑴及び⑵並びにロ等
入居者等の利用に供する居室が避難階のみ　延べ面積 100 m^2未満

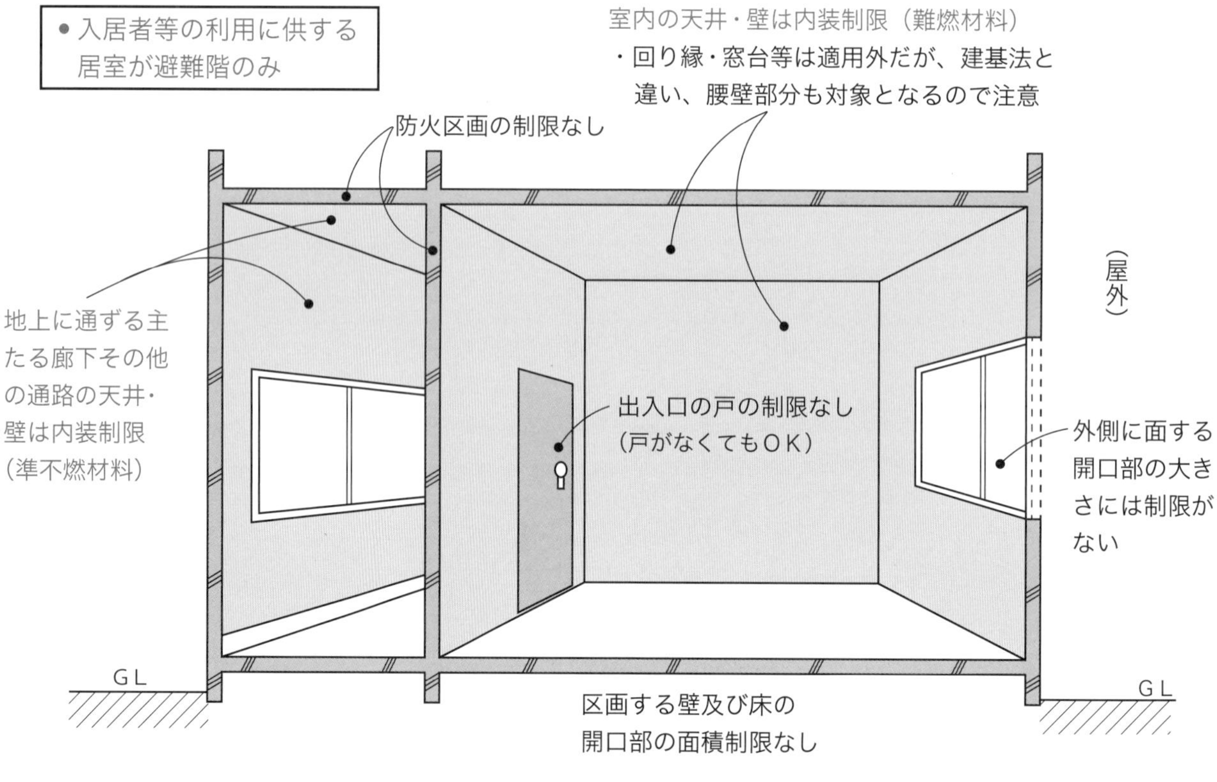

・消則 12 条の 2 第 2 項第 2 号

⑹項イ⑴及び⑵並びにロ等

入居者等の利用に供する居室が避難階のみ　延べ面積 100 m^{2}未満

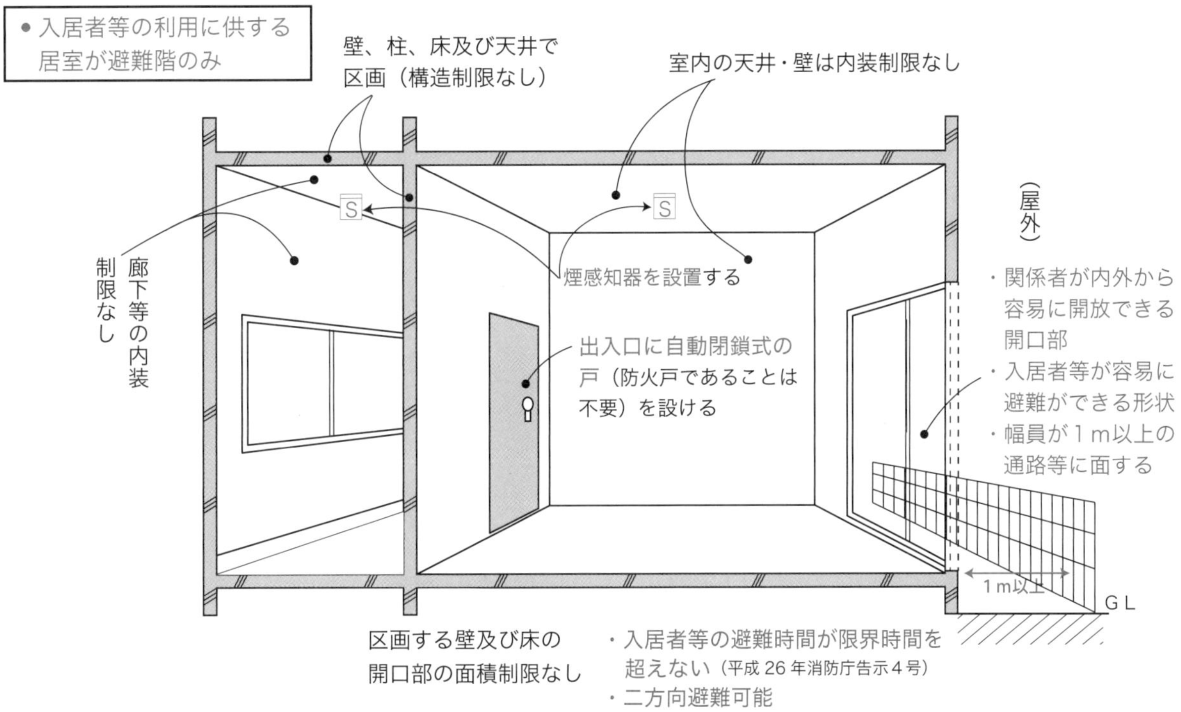

・消則 12 条の 2 第 3 項第 1 号

⑸項ロと⑹項からなる⒃項イ　⑹項ロ部分（特定住戸部分）の延べ面積 275 m^{2}未満

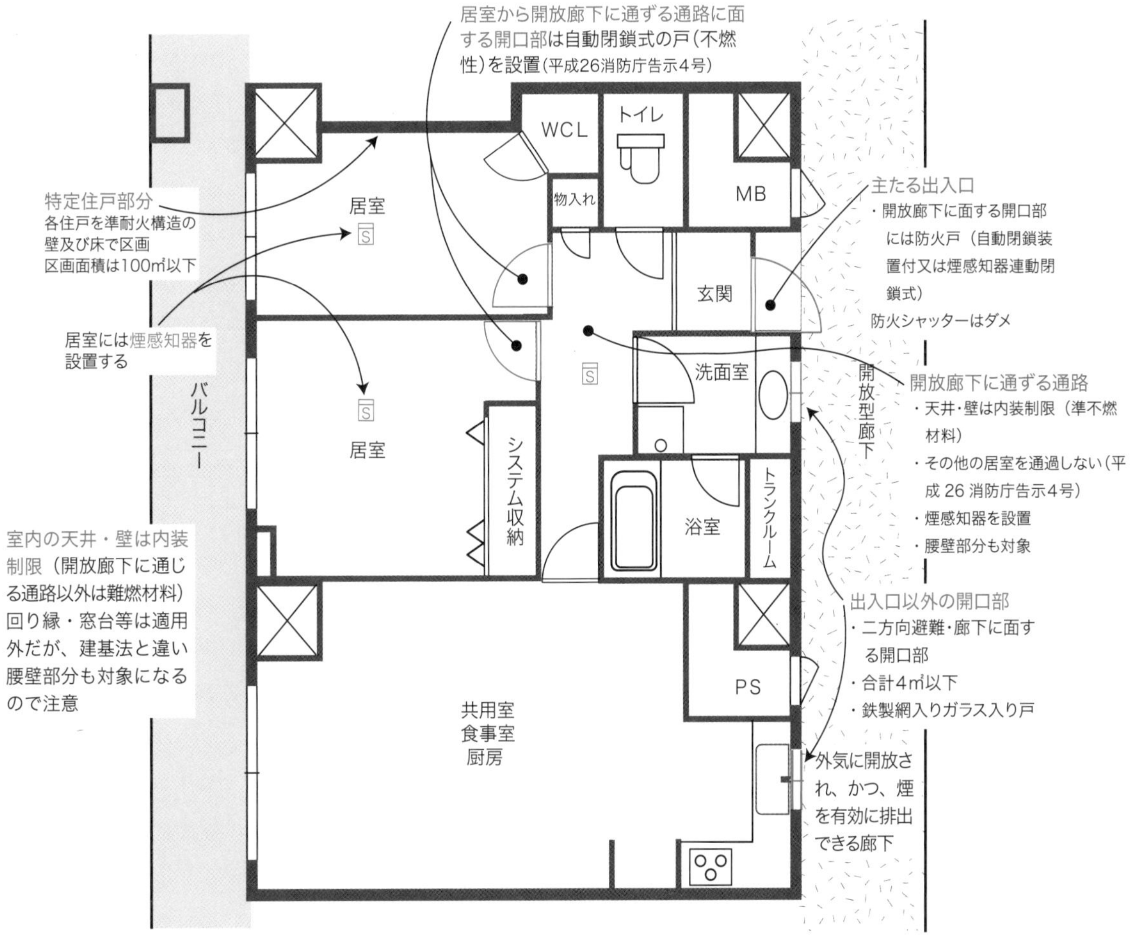

スプリンクラー設備を設置することを要しない階の部分等

この規定は、従来からスプリンクラー設備の代替区画（いわゆる「規則13条区画」）として知られて来たが、令別表第1⑹項ロの用途に供する防火対象物には小規模なものにもスプリンクラー設備を設置することが義務付けられるようになり、平成21年4月に消防法施行規則第12条の2（スプリンクラー設備を設置することを要しない構造）が追加されたことに伴って複雑化し、さらに平成27年4月に「小規模特定用途複合防火対象物」という概念が登場することにより、ますます難解なものになった。

小規模特定用途複合防火対象物

「小規模特定用途複合防火対象物」は、「令別表第1⒃項イに掲げる防火対象物のうち、同表⑴項から⑷項まで、⑸項イ、⑹項又は⑼項イに掲げる防火対象物の用途に供される部分の床面積の合計が当該部分が存する防火対象物の延べ面積の10分の1以下であり、かつ、300㎡未満であるものをいう。（消則第13条第1項第2号）」とされている。このような防火対象物は、特定防火対象物のうち、特定用途部分の面積と全体に占める割合がともに一定以下のもののことで、これらの部分は、従来は昭和50年4月15日消防予第41号・消防安第41号通知「令別表第一に掲げる防火対象物の取扱いについて」により、主たる用途の従属的な用途と位置付けられて、複合用途を構成する独立した用途とは扱われて来なかった。

しかしながら、近年、⑹項ロ等（下記※参照）については面積に関係なく自動火災報知設備等の設置が義務づけられたため、共同住宅の一部の住戸がこれらの施設として用いられている等の場合にも同様に設置義務がかかるようにする必要が生じたことから、⑹項ロ等についてはみなし従属の適用対象からはずす必要が生じた。この場合、当該防火対象物は（16）項イとなり、従来どおりの取り扱いだと⑸項ロの部分にも自動火災報知設備等の設置が必要となるが、それでは過剰規制となるため「小規模特定用途複合防火対象物」という概念を新設して、対象となる消防用設備等ごとに、必要な部分以外の部分にそれらの規制が適用されないように措置されたものであ。

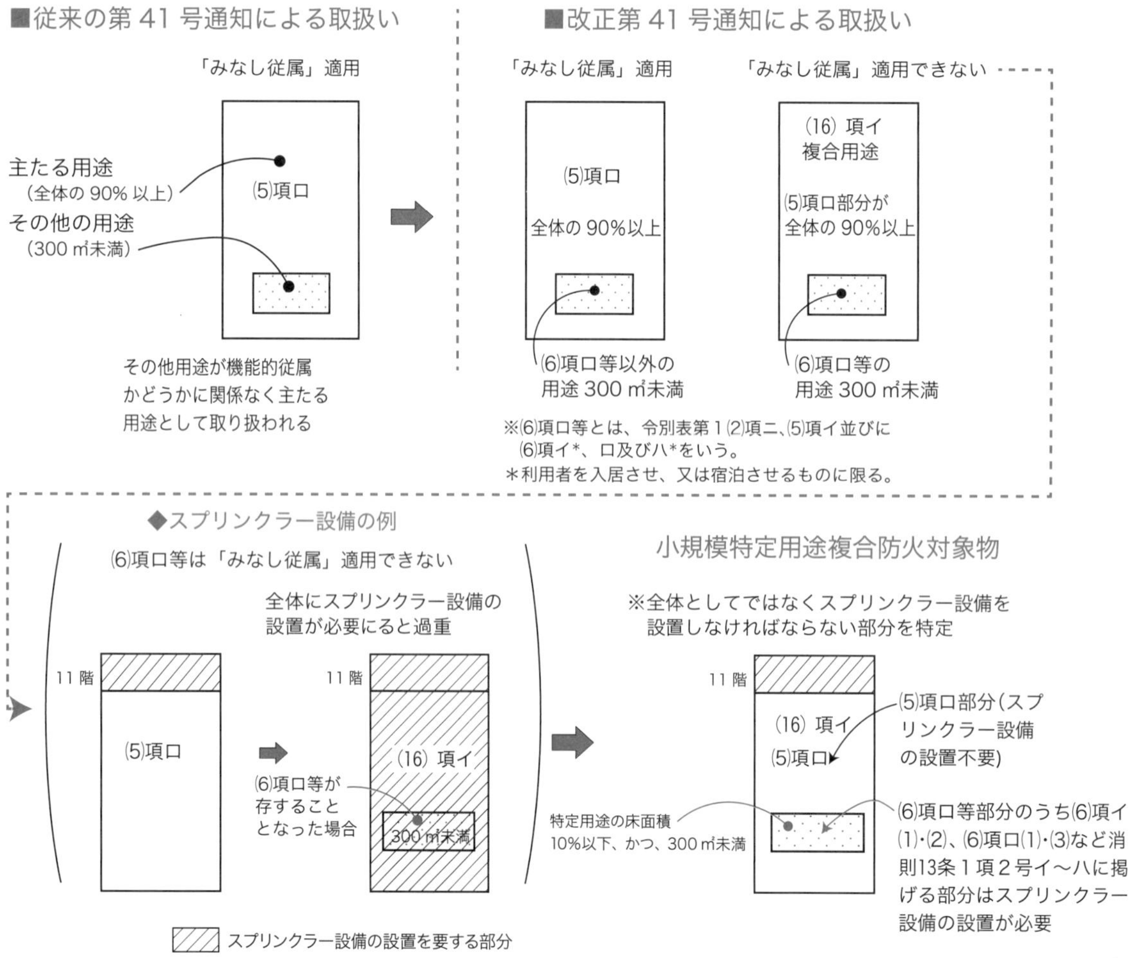

消則 13 条（スプリンクラー設備を設置することを要しない階の部分等）の整理表

消則 13 条は条文を読むだけだと難解だが、以下のように表の形に整理し、消則 12 条の 2 の表（49 頁）と対比させると、全体の構造がわかりやすくなる。

根拠条文		消則 13 条第 1 項		消則 13 条第 2 項	
		第 1 号	第 2 号	第 1 号	第 2 号
用途・規模等		・11 階以上の特定防火対象物		・特定防火対象物で 11 階以上、3000㎡以上、6000㎡以上などの防火対象物 ・地階、無窓階は対象外 ・(2)項、(4)項及び(5)項ロの部分が存するものは対象外	
		(5)項ロと(6)項ロ・ハ（老人ホーム・福祉ホーム等 4 種類限定）からなる (16) 項イの(6)項ロ・ハ部分	・小規模特定用途複合防火対象物で以下以外の部分 ・(6)項イ(1)及び(2) ・(6)項ロ(1)及び(3) ・(6) 項ロ (2)、(4) 及び (5)（介助がなければ避難できない者を主として入居させるもの以外のものは 275㎡以上のもののみ）	・耐火構造の壁・床で区画された部分	・耐火構造の壁・床で区画された廊下
主要構造部の構造・対象階等		10 階以下	同　左	主要構造部は耐火構造	同　左
居室の区画		1 ～ 2 階：準耐火構造の壁及び床で区画 3 階以下：耐火構造の壁及び床で区画	—	—	—
壁及び天井の内装	避難路となる廊下等	準不燃材料	—	準不燃材料	同　左
	その他の部分	難燃材料	—	難燃材料	同　左
区画する壁及び床の開口部の面積	合　計	8㎡以下	—	8㎡以下	—
	1 の開口部	4㎡以下	—	4㎡以下	—
開口部に設ける防火戸		特定防火設備 (2 階以下は防火設備) ・防火シャッターは使用不可（廊下と階段とを区画する部分のみ可） ・自動閉鎖装置付き又は ・煙感知器連動閉鎖式（避難路に設けるものは、大きさ 75 ｃｍ× 1.8 ｍ以上、下枠 15 ｃｍ以下、自動閉鎖式）	—	特定防火設備である防火戸 ・防火シャッターは使用不可（廊下と階段とを区画する部分のみ可） ・自動閉鎖装置付き又は ・煙感知器連動閉鎖式（避難路に設けるものは、大きさ 75 ｃｍ× 1.8 ｍ以上、下枠 15 ｃｍ以下、自動閉鎖式）	同　左
	出入口以外の開口部	鉄製網入りガラス入り戸 ・二方向避難可能な部分に設置 ・開放型の通路に面する ・合計面積 4㎡以内	—	鉄製網入りガラス入り戸 ・二方向避難可能な部分に設置 ・開放型の通路に面する ・合計面積 4㎡以内	同　左
区画された部分の床面積		合計 100㎡以下	—	10 階以下の部分：200㎡以下 11 階以上の部分：100㎡以下	—

以下は、表のうち、消則 13 条第 1 項第 1 号及び同条第 2 項を図解したものである。
第 2 項が、いわゆる「消則 13 条区画（代替区画）」である。

・消則 13 条第 1 項第 1 号

10 階以下の特定防火対象物で⑸項ロと⑹項ロ・ハ（老人ホーム・福祉ホーム等 4 種類限定）からなる⒃項イの⑹項ロ・ハ部分

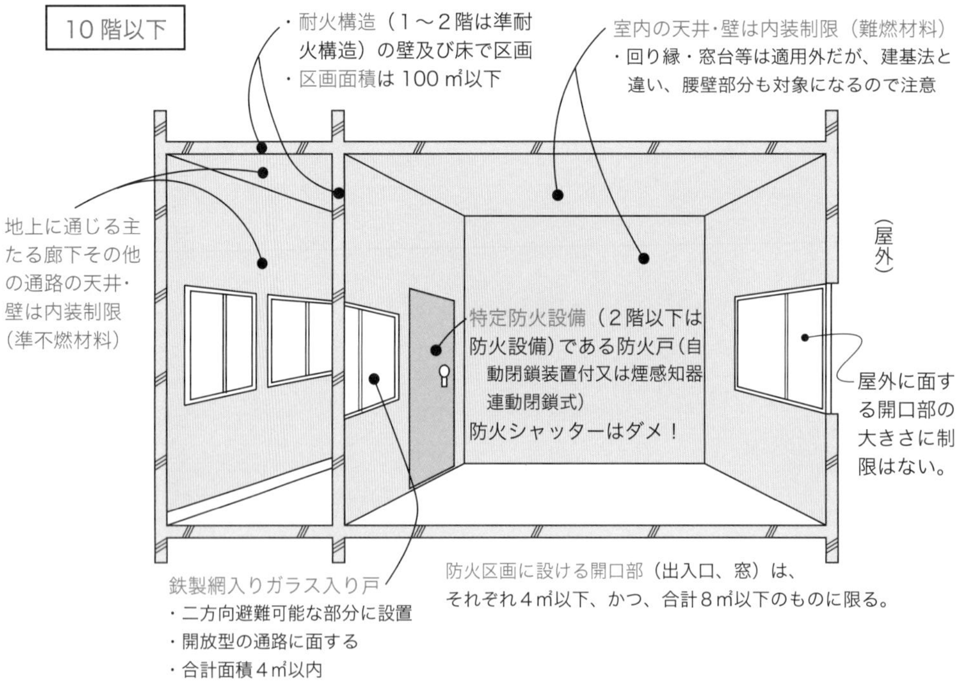

・消則 13 条第 2 項（通称：代替区画）

特定防火対象物で 11 階以上、3,000 m^2以上、6,000 m^2以上などの防火対象物

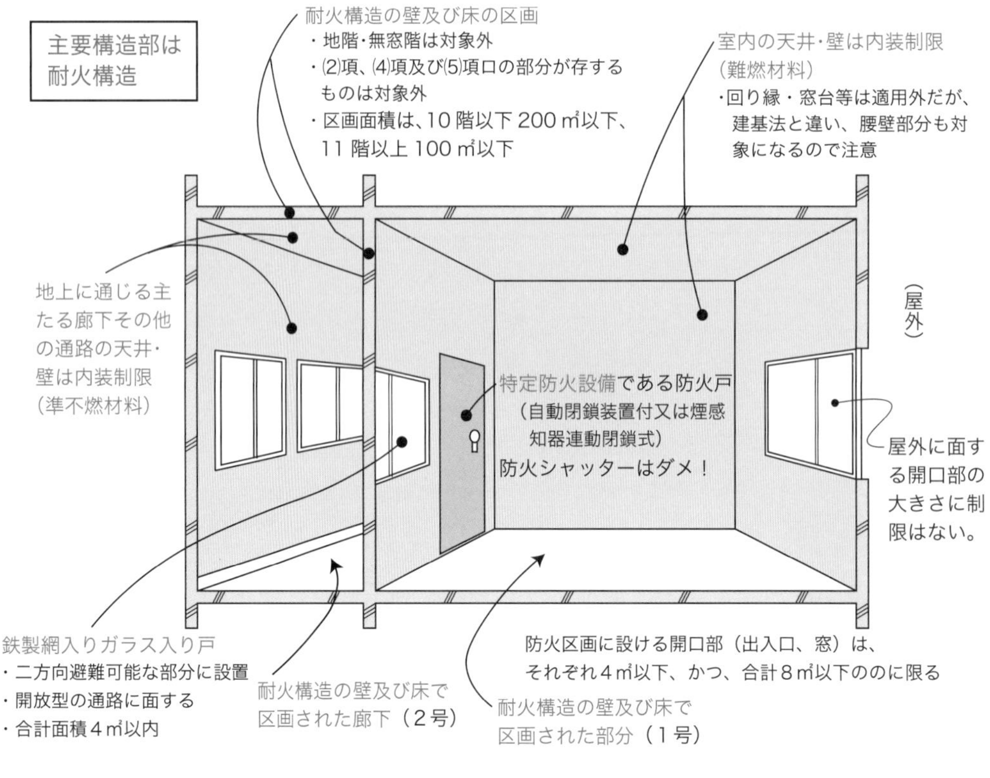

『スプリンクラー設備設置による防火区画の緩和』もある（建基令第112条1項など）

スプリンクラー設備を設置すると、建築基準法上の防火区画面積の倍読みができる。

▼耐火建築物の場合

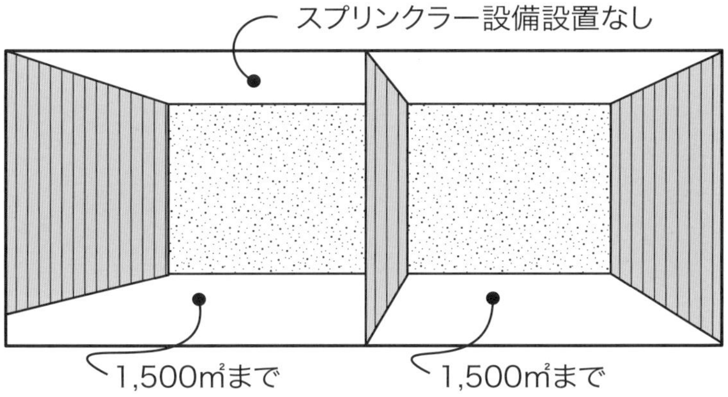

◀耐火建築物では、一般に1,500㎡以内毎に防火区画するが、スプリンクラー設備の設置により、3,000㎡以内毎の区画に緩和される。

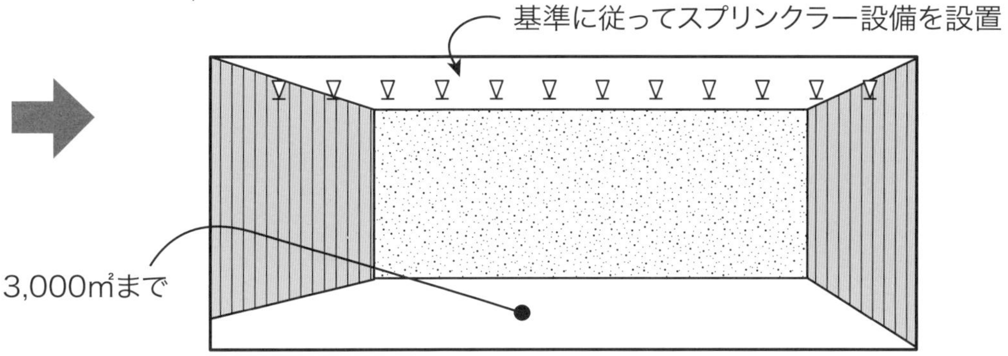

▼準耐火建築物（義務）の場合も同様である。

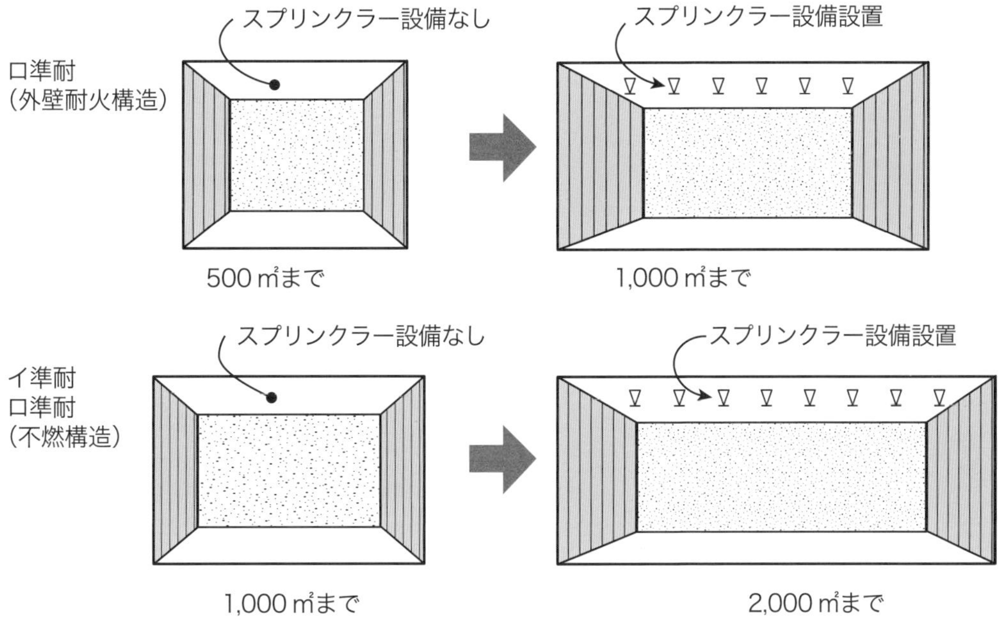

〔**参照条文**〕建基令第112条第1項

特殊消火設備

特殊な消火設備には次のようなものがある

★水噴霧消火設備

駐車場、指定可燃物用

（消令第14条
消則第16条、第17条、第32条）

★泡消火設備

航空機、自動車、多くの指定可燃物用

泡…空気泡（機械的発泡）

化学泡（化学反応によるCO_2が主体）

（消令第15条
消則第18条）

★不活性ガス消火設備

CO_2ガスボンベより放出、人体危険性強し、自動車、発電機、ボイラー室、通信機室、引火物等に適す。CO_2以外に、人体危険性の低いN_2、IG－55、IG-541もある。

（消令第16条
消則第19条）

★ハロゲン化物消火設備

自動車、発電機、ボイラー室、通信機室、引火物等に適する高級（高価）消火剤であるが何しろ効果抜群、汚れもなく隅々まで行きわたることからコンピュータ室などには最適、美術館などにも用いられる。1301以外は毒性がある。ただし、オゾン層破壊係数が高いため世界的に生産禁止となっており、どうしてもこれでなくてはダメという特定ユース以外は使用を抑制すべきとされている。

（消令第17条
消則第20条）

★粉末消火設備

航空機、自動車、発電機ボイラー室、通信機室、引火物等に用いられる。消火器に用いられる粉末と同じものを大量に噴射する。

（消令第18条
消則第21条）

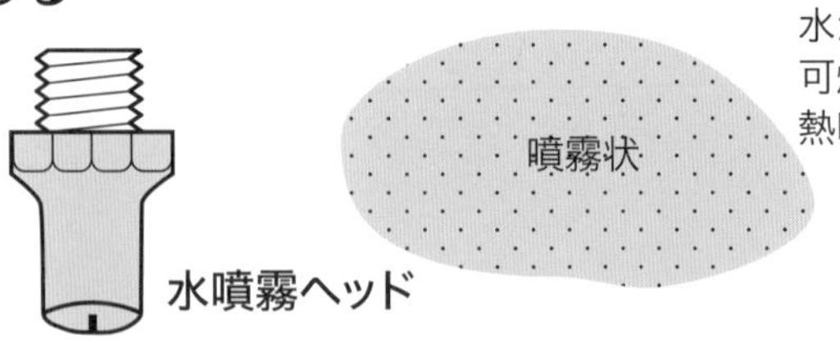

水噴霧ヘッド

水が噴霧状になって可燃物を覆う、冷却、熱吸収。

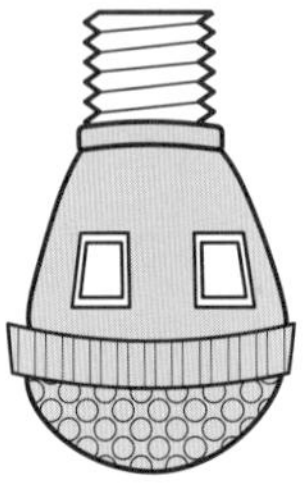
フォームヘッド

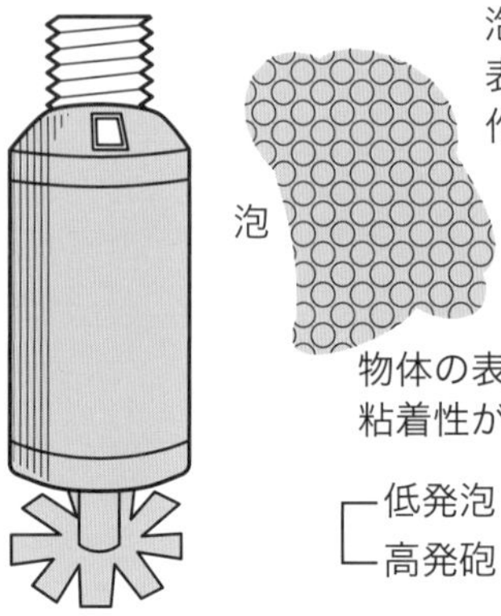

フォームウォーター
スプリンクラーヘッド

泡によって物体の表面を覆う、窒息作用と冷却作用。

物体の表面を流動し、粘着性がある。

- 低発泡　20倍前後
- 高発砲　80～1,000倍

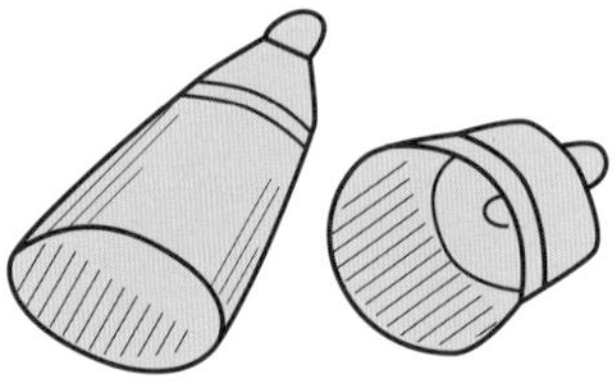
CO_2ガスヘッドのいろいろ

CO_2ガスは不燃性、人体危険性はあるが汚れず、隅々まで行きわたる、電気に安全、安いのも魅力。

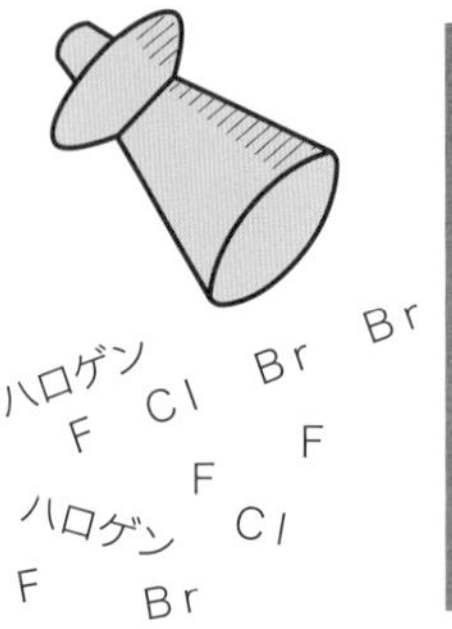

ハロゲン化物消火薬剤には

1301（CF_3Br）ブロモトリフルオロメタン

1211（CF_2ClBr）ブロモクロロジフルオロメタン

2402（$C_2F_4Br_2$）ジブロモテトラフルオロエタン

ハロン番号の読み方

最初の数字→炭素（C）の数
2番目の数字→弗素（F）の数
3番目の数字→塩素（Cl）の数
ハロン1 2 1 1 ← 4番目の数字→臭素（Br）の数

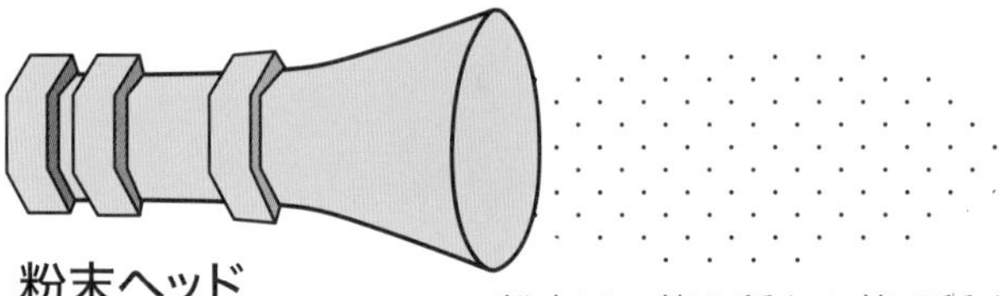
粉末ヘッド

粉末は、第1種から第4種まで

〔**参考条文**〕消令第13条から第18条まで、消則第16条から第21条、第32条

固定式（不活性ガス消火設備）

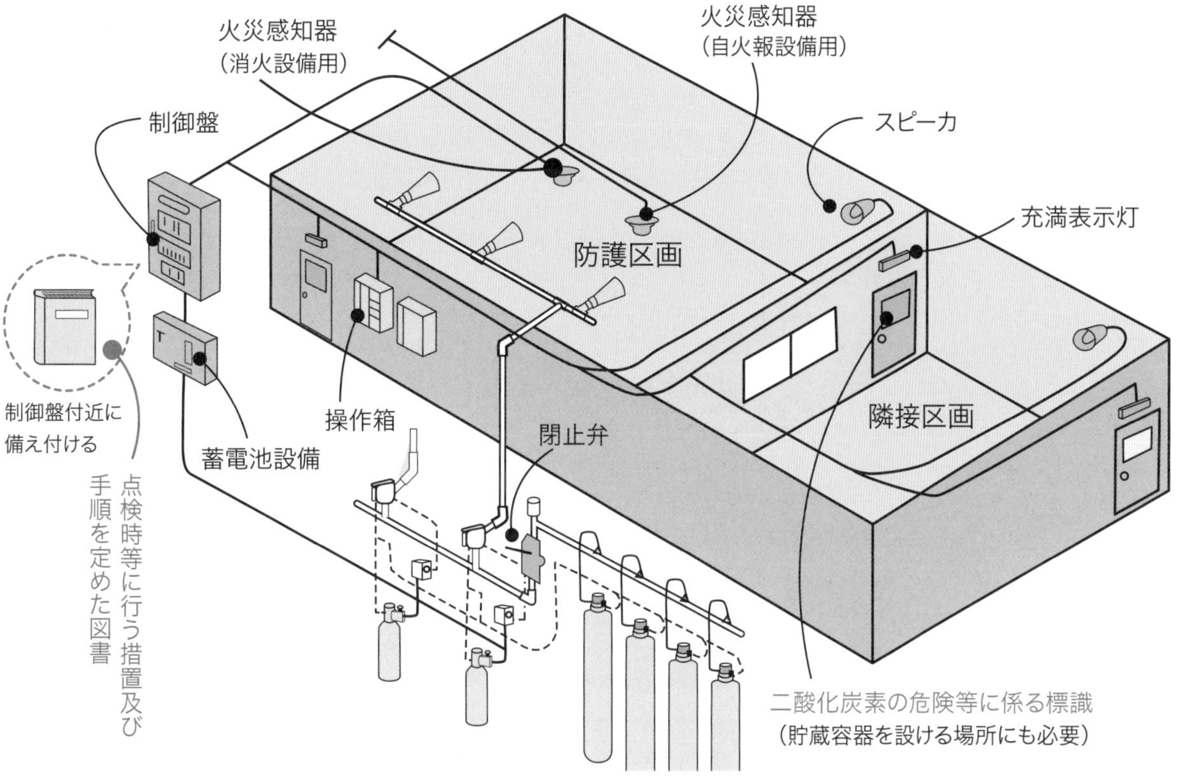

火災報知設備の感知器が火災を発見すると受信機のベルが鳴る。
そこで手動の起動装置（操作箱）で先ずスピーカーの警報を行った後、ボタンを押すと噴射ヘッドから二酸化炭素（CO_2）の放射が始まる。

移動式（不活性ガス消火設備）

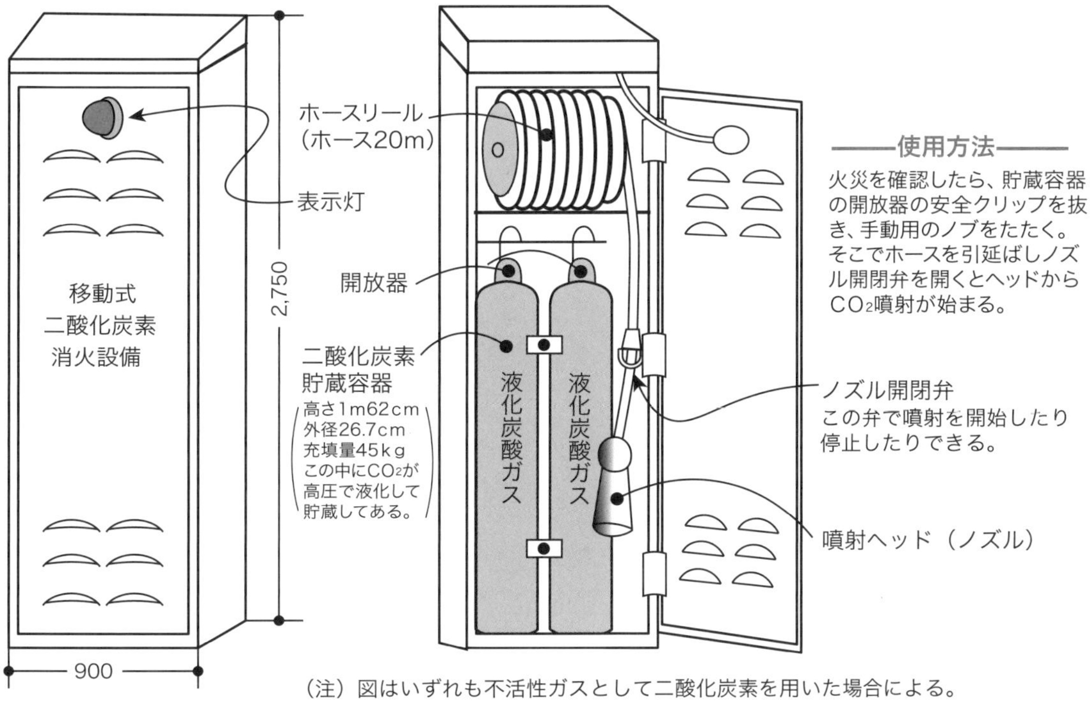

（注）図はいずれも不活性ガスとして二酸化炭素を用いた場合による。

〔**参考条文**〕泡消火薬剤の規格省令（昭和 50 年自治省令 26 号）、不活性ガスの容器弁、安全弁及び破壊板の基準（昭和 51 年告示９号）、放出弁の基準（平成７年告示１号）、選択弁の基準（平成７年告示２号）、音響装置の基準（平成７年告示３号）、定圧作動装置の基準（平成７年告示７号）、噴射ヘッドの基準（平成７年告示７号）、制御盤の基準（平成 13 年告示 38 号）、移動式の消火設備等のホース、ノズル、ノズル開閉弁及びホースリールの基準（昭和 51 年告示２号）

自動火災報知設備

感知器の分類

感知器	方式	型	細分	種別
熱感知器	差動式	スポット型		（1種・2種）
		分布型	空気管式	（1種・2種・3種）
			熱電対式	（1種・2種・3種）
			熱半導体式	（1種・2種・3種）
	定温式	スポット型		（特殊・1種・2種）
		感知線型		（特殊・1種・2種）
	補償式	スポット型		（1種・2種）
	熱アナログ式	スポット型		
煙感知器	イオン化式	スポット型	非蓄積型	（1種・2種・3種）
			蓄積型	（1種・2種・3種）
	光電式	スポット型	非蓄積型	（1種・2種・3種）
			蓄積型	（1種・2種・3種）
		分離型	非蓄積型	（1種2種）
			蓄積型	（1種・2種）
	イオン化アナログ式	スポット型		
	光電アナログ式	スポット型		
		分離型		
炎感知器	紫外線式	スポット型	屋内・屋外・道路型	
	赤外線式	スポット型	屋内・屋外・道路型	
	紫外線赤外線併用型	スポット型	屋内・屋外・道路型	
複合式感知器	熱複合式	スポット型		
	熱煙複合式	スポット型		
	煙複合式	スポット型		
	炎複合式	スポット型	屋内・屋外・道路型	
多信号感知器	熱式	スポット型		
	煙式	スポット型		

※1種と2種では、1種の方が感度がよい。

自動火災報知設備の構成図（例

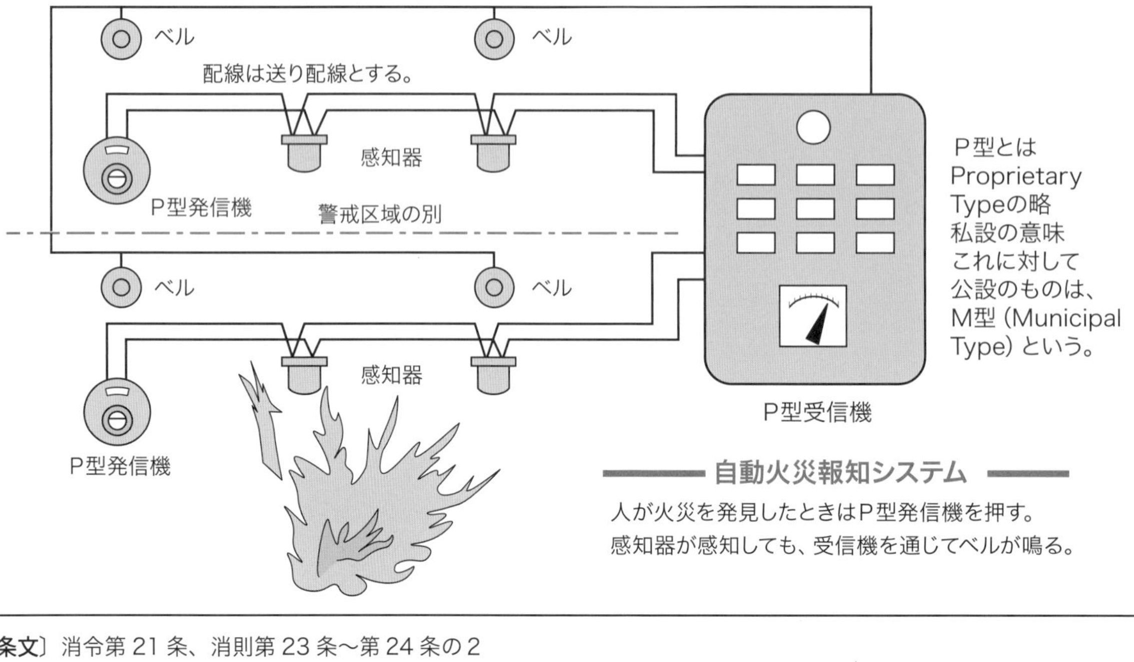

自動火災報知システム

人が火災を発見したときはP型発信機を押す。
感知器が感知しても、受信機を通じてベルが鳴る。

〔**参考条文**〕消令第21条、消則第23条～第24条の2

感知器のいろいろ

⑴ 差動式スポット型（図記号

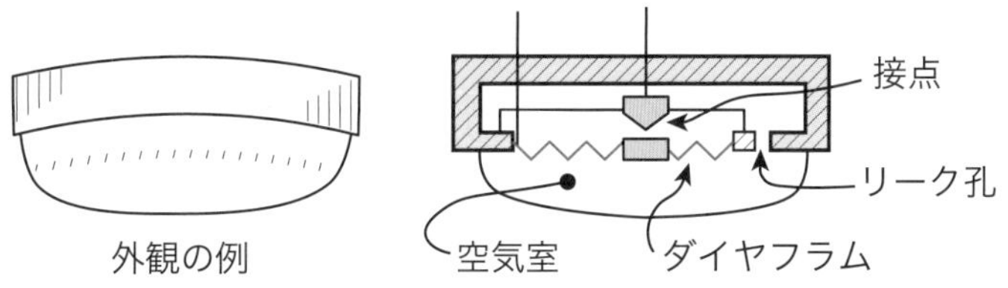

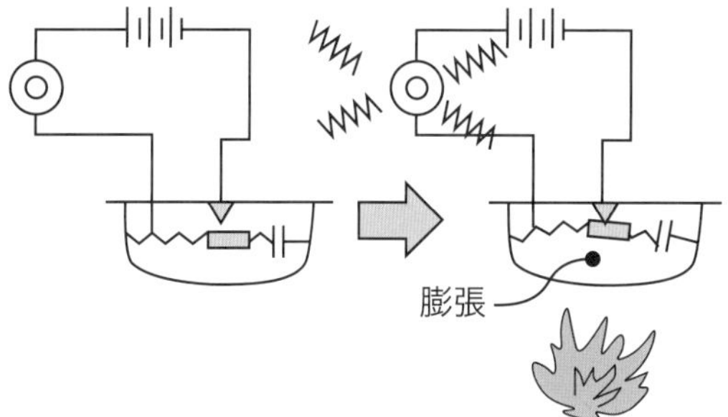

空気の膨張を利用して関知する。火災時にはダイヤグラムの膨張により、ダイヤグラムを押し上げ接点が閉じ、ベルが鳴る。（通常の温度変化に対しては、リーク孔から膨張した空気が逃げ、作動しない。）

⑵ 補償式スポット型（図記号

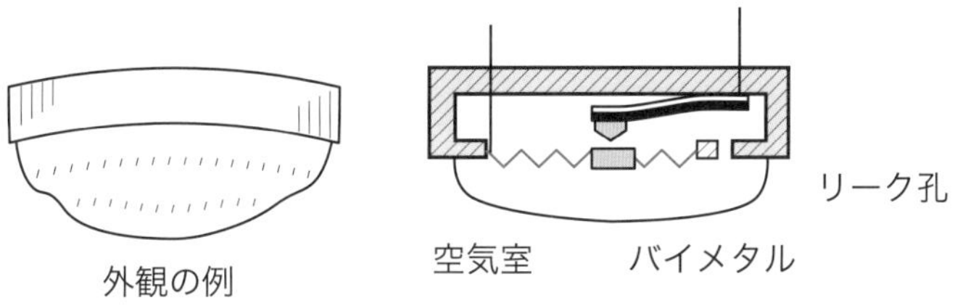

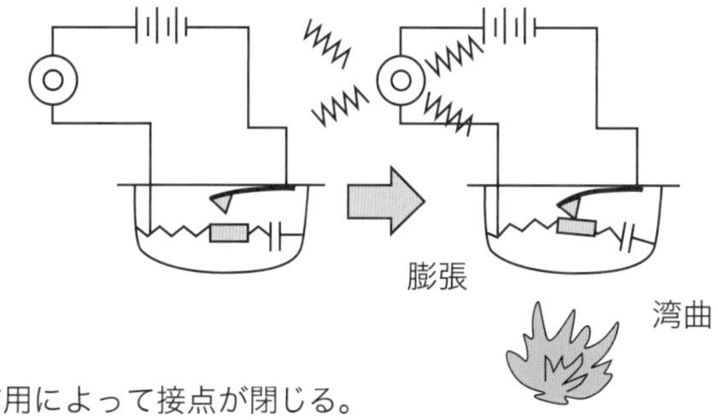

火災時には、ダイヤグラムの膨張とバイメタルの湾曲との相乗作用によって接点が閉じる。
差動式と定温式の両方の長所･短所を補い合う方式である。

⑶ 定温式スポット型（図記号

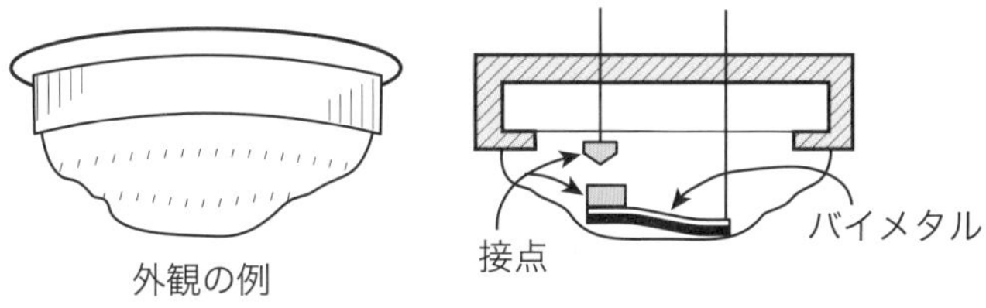

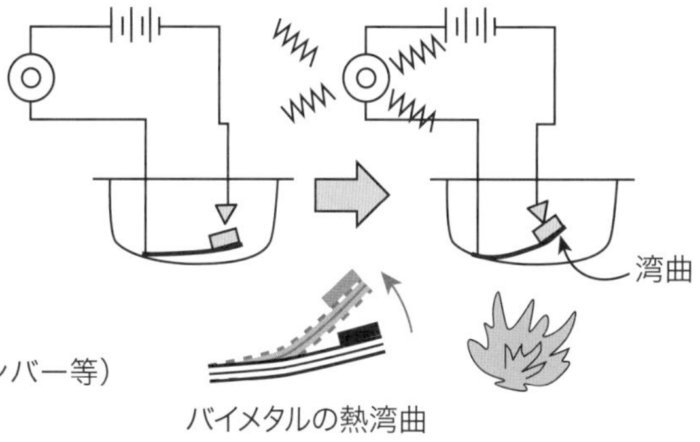

バイメタルというのは、膨張率の異なる２種の金属（黄銅とインバー等）を貼り合わせたもの、温度の上昇により湾曲が激しくなる。
定温式は、この原理を利用して火災を報知する。

⑷ 差動式分布型（空気管式）（図記号：空気管 ―― 検知部 ）

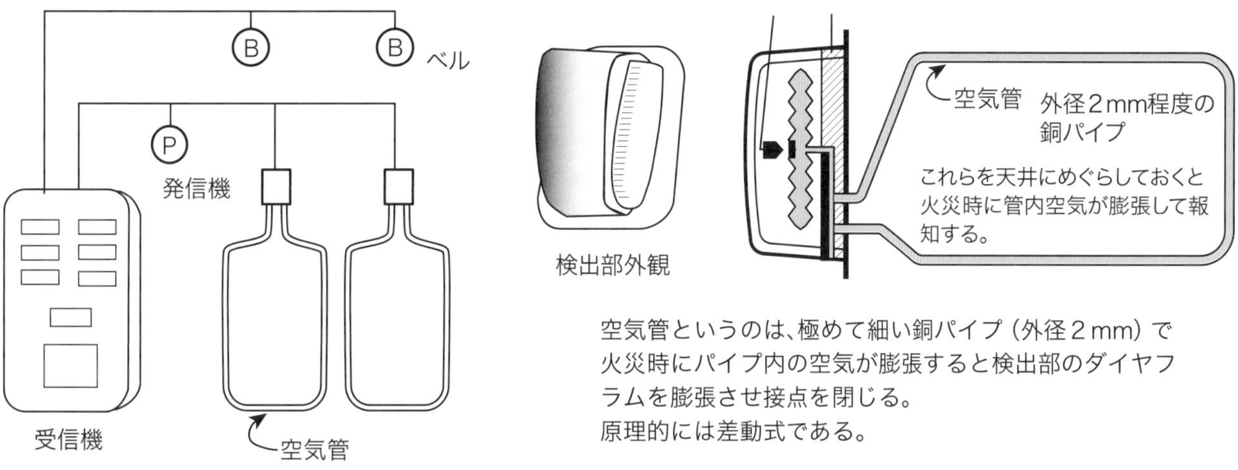

空気管というのは、極めて細い銅パイプ（外径２mm）で火災時にパイプ内の空気が膨張すると検出部のダイヤフラムを膨張させ接点を閉じる。
原理的には差動式である。

火災報知設備の感知器及び発信機に係る技術上の規格（昭和 56 年自治省令 17 号）、中継器に係る技術上の規格（昭和 56 年総務省令 18 号）、受信機に係る技術上の規格（昭和 56 年自治省令 19 号）、地区音響装置の基準（平成９年消防庁告示９号）

⑸ 煙を感知するもの

• 光電式スポット型感知器（図記号 S ）

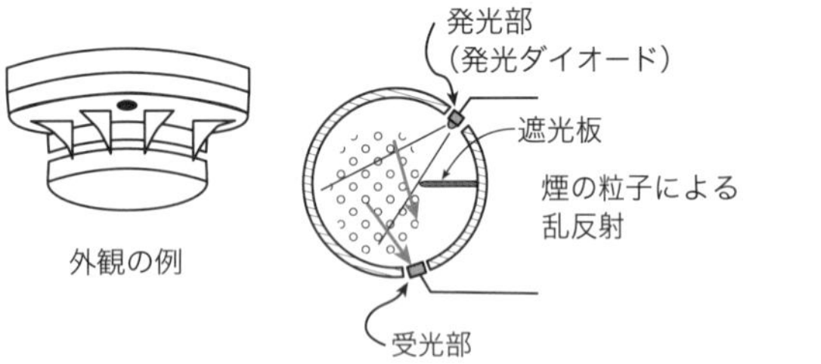

感知器の内部に煙が入ると、発光部から出る光が煙の粒子にあたって乱反射するので、それを受光部で感知する。

• 光電式分離型感知器（図記号 送光部 S→ 受光部 →S）

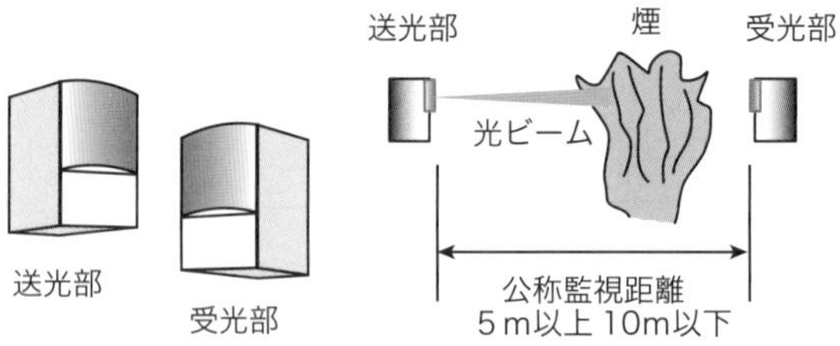

送光部の感知器と受光部の感知器間の目に見えない光ビームが煙によって遮られることを感知して作動する。

⑹ 炎を感知するもの

• 紫外線式スポット型感知器・赤外線式スポット型感知器（図記号 ）

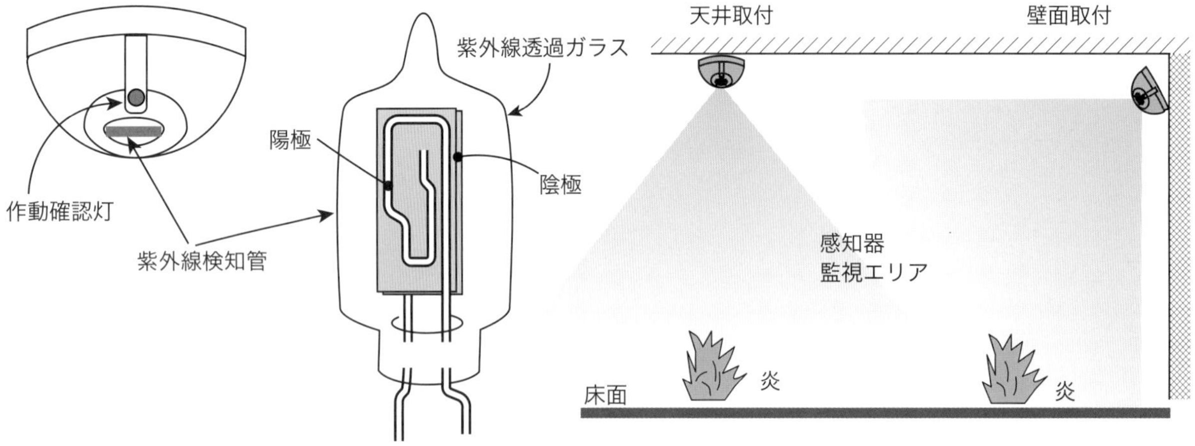

火災の時に発生する炎の中には、目に見える可視光線のほか、紫外線や赤外線が放射される。
この紫外線や赤外線の変化が一定の量以上のになったときに感知する。

感知器の種類による適応性

設置場所の状態	差動式スポット型		差動式分布型		補償式スポット型		定温式		熱アナログ式スポット型	炎感知器
	1種	2種	1種	2種	1種	2種	特種	1種		
じんあい、微粉等が多量に滞留する場所（ごみ集積場、荷捌所、塗装室、紡績等）	○	○	○	○	○	○	○	○	○	○
水蒸気が多量に滞留する場所（蒸気洗浄室、脱衣所、湯沸室、消毒室等）	○	○	×	○	×	○	○	○	○	×
腐食性ガスが発生するおそれのある場所（メッキ工場、バッテリー室、汚水処理場等）	×	×	○	○	○	○	○	○	○	×
厨房その他正常時において煙が滞留する場所（厨房室、調理室、溶接作業所等）	×	×	×	×	×	×	○	○	○	×
著しく高温となる場所　（乾燥室、殺菌室、ボイラー室、鋳造場、映写室、スタジオ室）	×	×	×	×	×	×	○	○	○	×
排気ガスが多量に滞留する場所（駐車場、荷物取扱所、自家発電室、トラックヤード等）	○	○	○	○	○	○	×	×	○	×
煙が多量に流入するおそれのある場所（配膳室、ダムウェータ、厨房周辺の廊下及び通路、食堂棟）	○	○	○	○	○	○	○	○	○	×
結露が発生する場所（スレート等で葺いた屋根の倉庫、冷凍室の周辺等）	○	○	○	○	○	○	○	○	○	×
火を使用する設備で火炎が露出するものが設けられている場所（ガラス工場、溶接作業所、厨房、鍛造所等）	×	×	×	×	×	×	○	○	○	×

設置場所の状態	イオン式スポット型	光電式スポット型	イオン化アナログ式スポット型	光電アナログ式スポット式	光電式分離型	光電アナログ式分離型	炎感知器
喫煙による煙が滞留するような換気の悪い場所 （喫煙室、喫茶店、宴会場等）		○＊		○＊	○	○	○
就寝施設として使用する場所 （ホテルの客室、宿泊室、仮眠室等）	○＊	○＊	○＊	○＊	○	○	
煙以外の微粒子が浮遊している場所 （廊下、通路等）	○＊	○＊	○＊	○＊	○	○	○
風の影響を受けやすい場所 （ロビー、観覧場、塔屋にある機械室等）		○＊		○＊	○	○	○
煙が長い距離を移動して感知器に達する場所 （階段、傾斜路、エレベーター昇降路等）		○		○	○	○	
燻焼火災となるおそれのある場所 （通信機室、電算機室、機械制御室等）		○		○	○	○	
大空間でかつ天井が高いこと等により熱及び煙が拡散する場所 （体育館、格納庫、高天井の倉庫・工場等　感知器の取付高さが８m以上の場所）					○	○	○

注１　○印は当該場所に適応することを示し、×印は当該場所に適さないことを示す。
２　○＊印は、当該場所に煙感知器を設けた場合、当該感知回路に蓄積機能を有することを示す。

ガス漏れ火災警報設備

▼延べ面積1,000㎡以上の地下街、準地下街及び特定防火対象物の地階
並びに温泉採取設備設置建築物で収容人員1人以上に設置する。

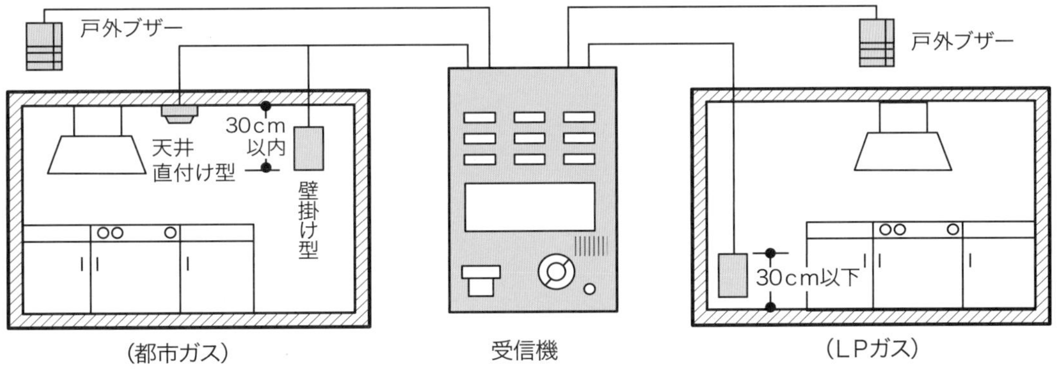

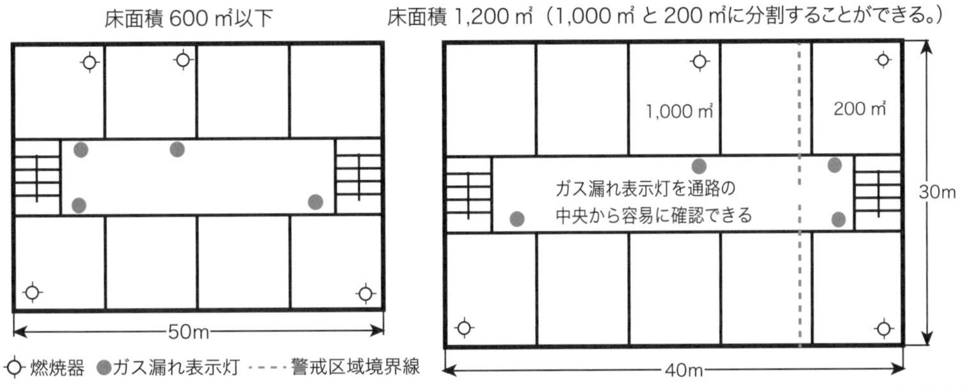

〔参考条文〕消令第21条の2、消則第24条の2の2～第24条の2の4、ガス漏れ検知器並びに液化石油ガス検知対象とするガス漏れ火災警報設備に使用する中継器及び受信機の基準（昭和56年消防庁告示２号）

漏電火災警報器

設置しなければならない建築物の構造

- 間柱や木ずり等の下地が鉄網モルタル塗りである壁
- 根太や下地を鉄網モルタル塗り仕上げとした床
- 天井野縁や下地を鉄網モルタル塗り仕上げとした天井

を有する建築物
（規模により設置義務）

- すべて………(17)項
- 延べ面積 150㎡以上……(5)項イ・ロ、(9)項イ・ロ
- 延べ面積 300㎡以上……(1)項から(4)項まで、(6)項、(12)項及び（16 の 2）項
- 延べ面積 500㎡以上……(7)項、(8)項、(10)項及び(11)項
- 延べ面積 1,000㎡以上……(14)項及び(15)項
- 延べ面積 500㎡以上の(16)項イ（特定用途部分が 300㎡以上のものに限る。）
- 契約電流容量が 50 アンペアを超えるもの……(1)項から(6)項まで、(15)項及び(16)項

電気回路の漏電を発見して警報を発する。

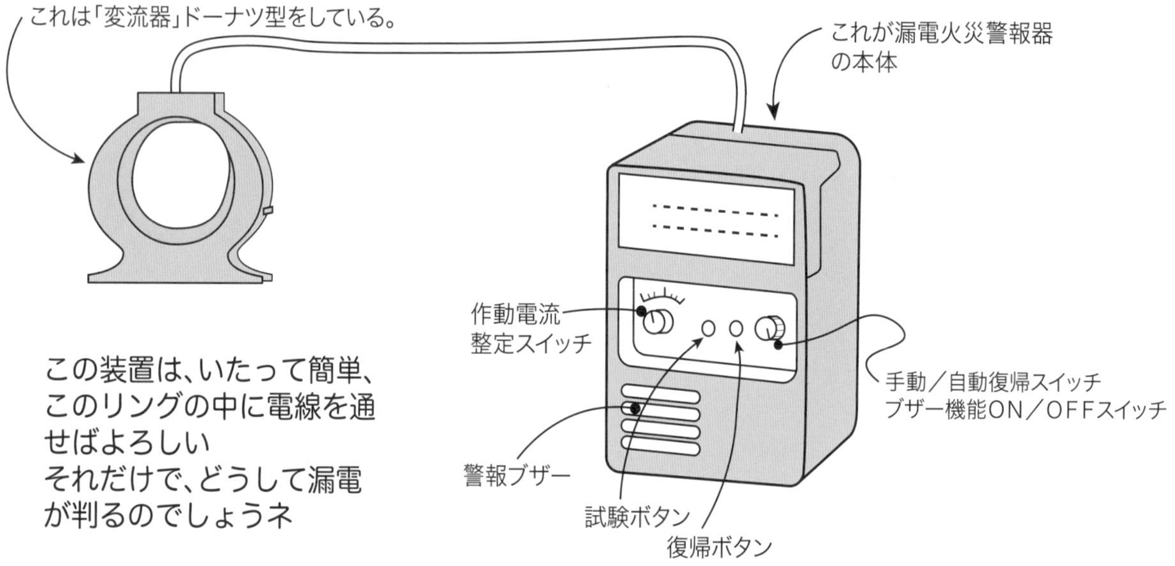

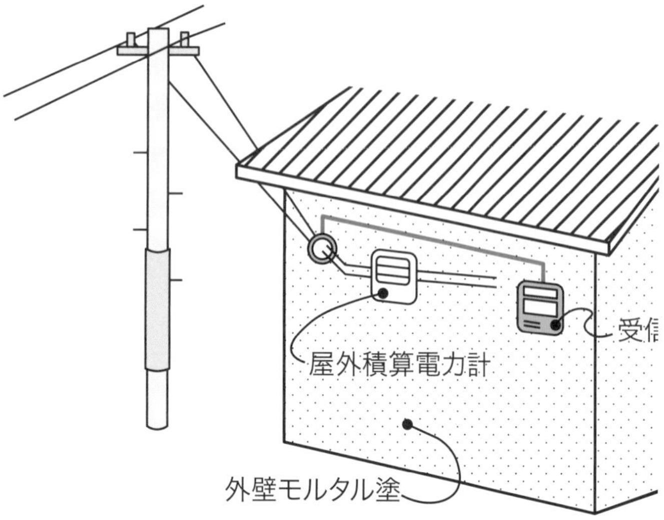

漏電火災警報器の取付け

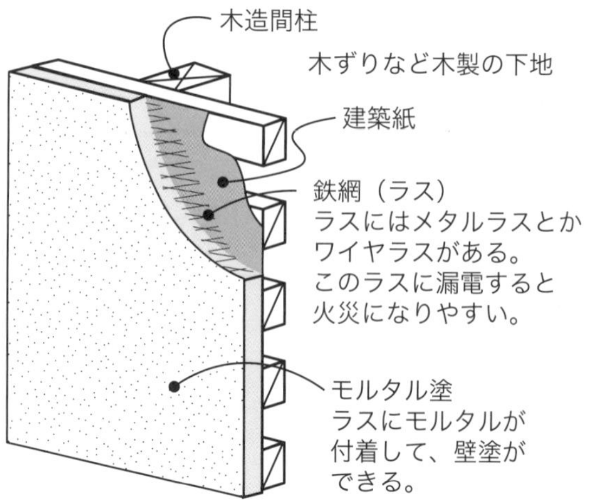

鉄網モルタル塗

〔**参考条文**〕消行令第 22 条、消則第 24 条の 3、漏電火災警報器のに係る技術上の規格（平成 25 年総務省令 24 号）

非常警報器具・非常警報設備

火災の発生をどうやって伝えるか　手近にある器具で

非常警報器具のいろいろ

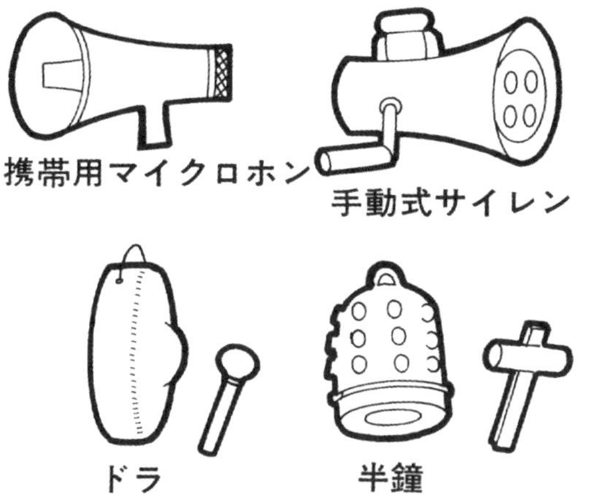

- 非常警報器具は、収容人員 20 人以上 50 人未満の⑷項、⑹項ロ、ハ及びニ、⑼項ロ並び⑿項に設置。ただし、非常ベル等が設けられているときは設置を要しない。

放送設備の義務設置

次の場合は、放送設備と非常ベルの組合せ又は放送設備と自動式サイレンの組合せのいずれかとする。

- 地下街、準地下街
- 地上 11 階建て以上又は地下 3 階以上
- 収容人員 500 人以上の⒃項イ
- 収容人員 300 人以上の特定防火対象物
- 収容人員 800 人以上の⑸項ロ、⑺項、⑻項

非常ベルとサイレン　放送設備も大いに役立つ

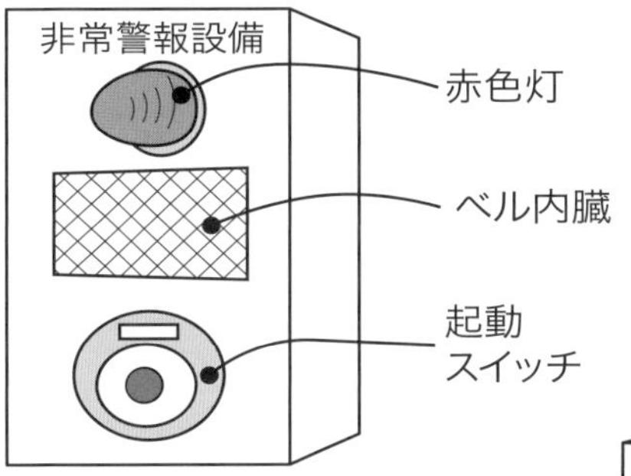

一体型の非常ベル

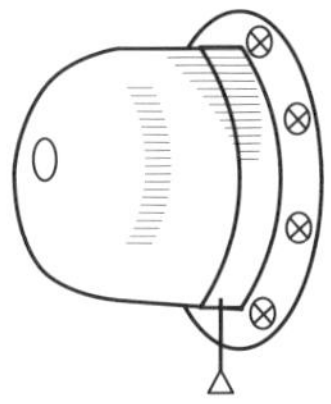

蓄電池内蔵型
非常ベル

スピーカ

非常電話

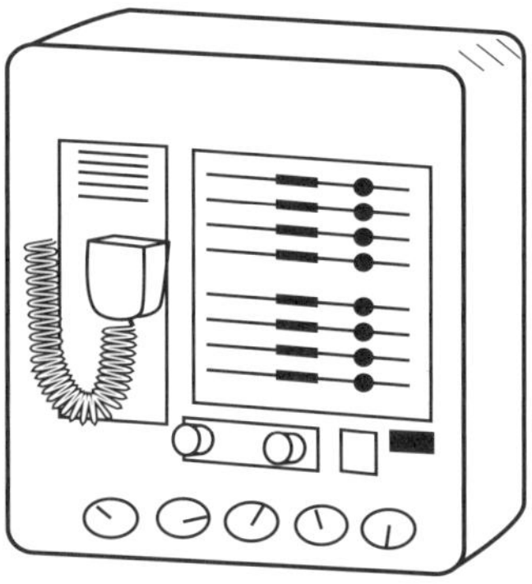

壁掛型非常用放送設備

非常警報設備の設置

- 収容人員 20 人以上⑸項イ、⑹項イ、⑼項イ
- 収容人員 20 人以上の地階、無窓階
- 収容人員 50 人以上の防火対象物はすべて

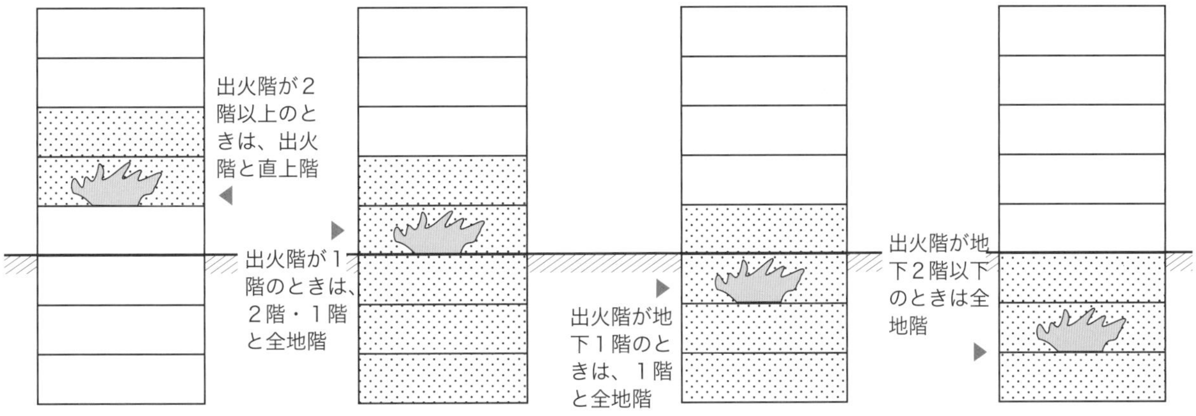

大規模建築物の部分鳴動　　１度に鳴らすとかえってパニックとなる

（地上５階建て以上であって、かつ、延べ面積が 3,000 ㎡以上の場合）

〔**参考条文**〕消令第 24 条、消則第 25 条の２、非常警報設備の基準（昭和 48 年消防庁告示６号）

階によって、どのような避難器具が適切か

★印は一部の用途には不適当であるもの

（消令第 25 条）

11 階以上の階
避難器具は不要（ベランダから下のベランダへの外壁固定はしごは効果あり）
非常用のエレベータの設置義務付け

6～10 階
- すべり台・★避難はしご・救助袋・★緩降機・避難橋

ただし、⑹項防火対象物〔病院等〕にあっては、★避難はしご及び★緩降機は不適
従って、救助袋又は避難橋に限る。

4～5 階
- すべり台・★避難はしご・救助袋･緩降機・避難橋

ただし、⑹項防火対象物〔病院等〕にあっては、★避難はしごは不適
従って、それ以外の種類に限る。

3 階
- すべり台･★避難はしご・救助袋･緩降機・避難橋・★避難用タラップ

ただし、⑹項防火対象物〔病院等〕にあっては、★避難はしご及び★避難タラップは不適
従って、それ以外の種類に限る。

2 階
- すべり台･★すべり棒・★避難ロープ･避難はしご・救助袋･緩降機・避難橋・避難用タラップ

ただし、⑹項防火対象物〔病院等〕にあっては、★すべり棒及び★避難ロープは不適
従って、それ以外の種類に限る。

1 階
- 避難階には、避難器具の設置を要さない。

地階
- 避難はしご
- 避難用タラップ

〔設置を必要とする防火対象物〕⑹項……収容人員 20人以上の階、⑸項……収容人員 30 人以上の階、⑴～⑷項、⑺～⑾項……収容人員 50人以上の階〔ただし、耐火構造の２階は不要〕、⑿項、⒂項……150人以上（地階、無窓階は 100人以上）の階〔ただし、３階は不要〕、その他、３階以上の階で直通階段が１つしかない階で収容人員が 10人以上のもの

〔**参考条文**〕消令第 25 条、消則第 26 条、第 27 条

避難器具 (1)

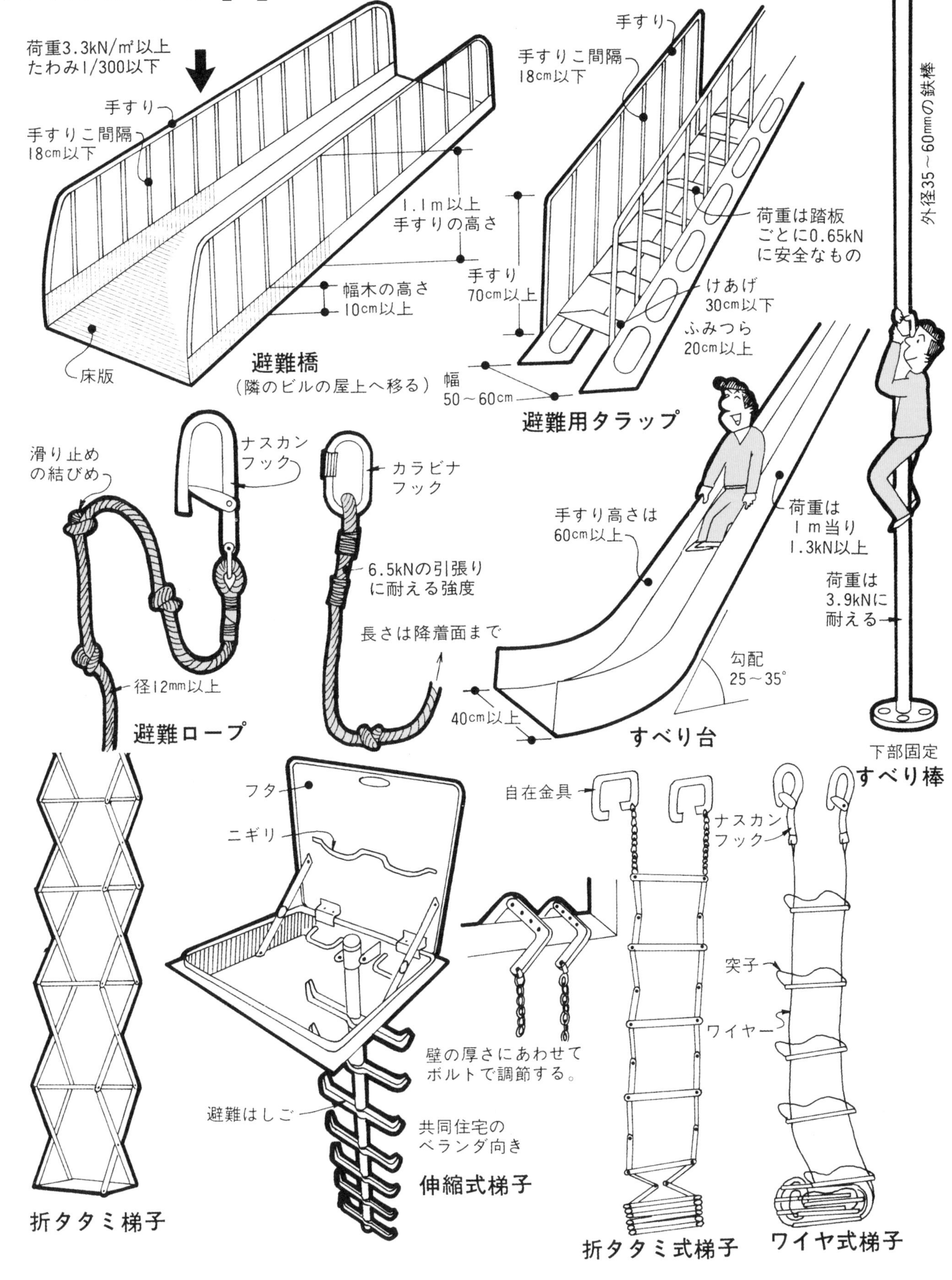

〔**参考条文**〕避難器具の基準（昭和53年消防庁告示1号）、避難器具の設置及び維持に関する技術上の基準の細目（平成8年消防庁告示2号）、金属はしごの技術上の規格を定める省令（昭和40年自治省令3号）

避難器具 (2)

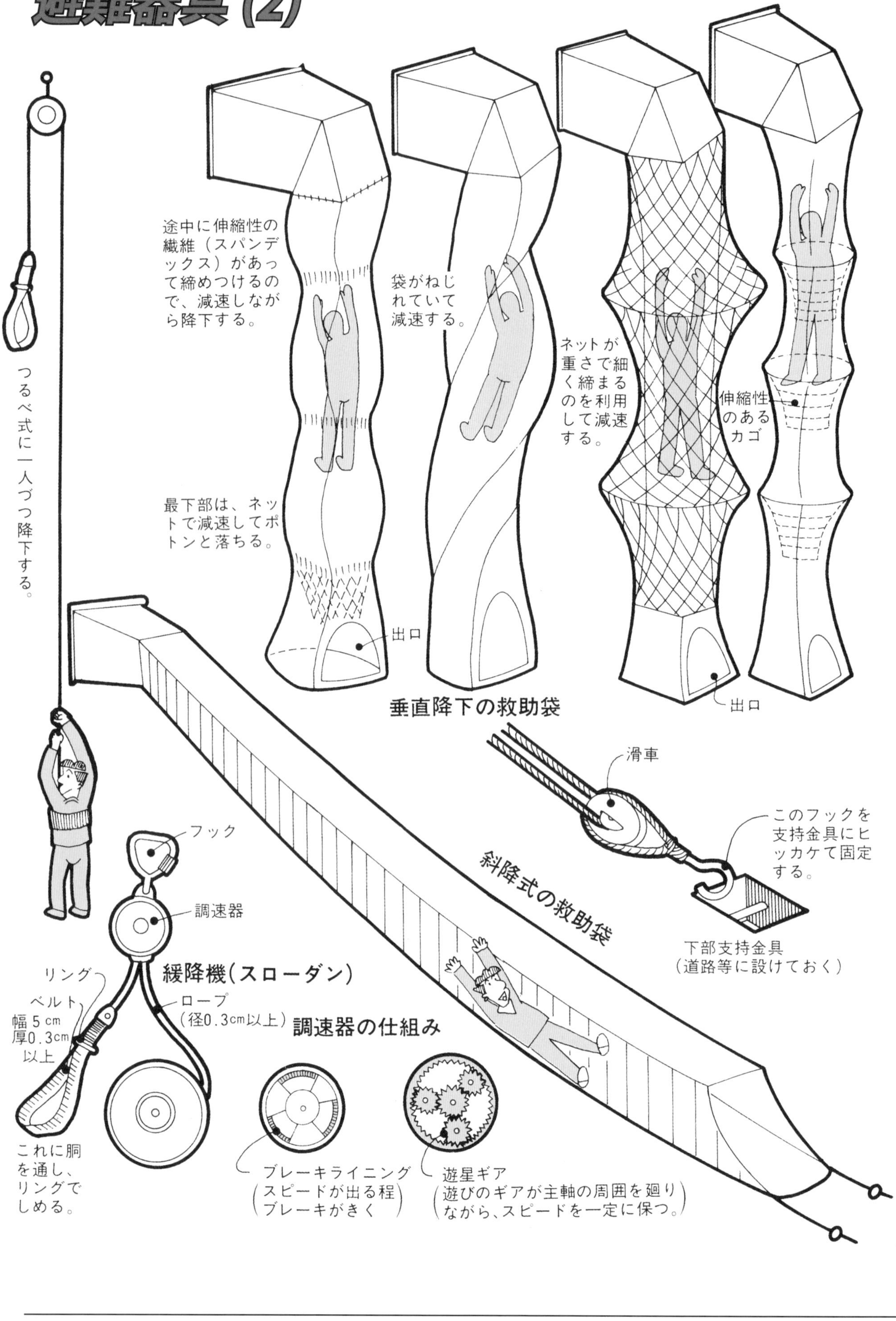

〔**参照条文**〕緩行機の技術上の規格を定める省令（平成6年自治省令2号）

誘導灯・誘導標識

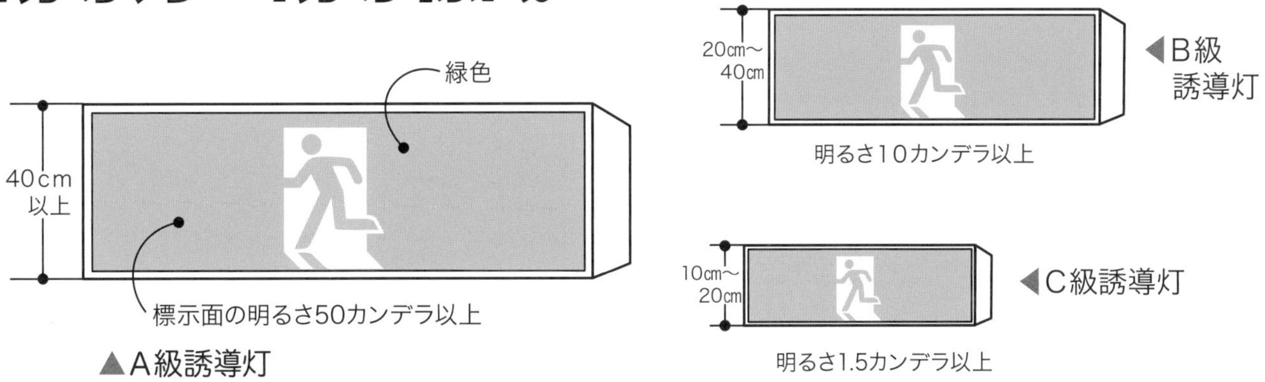

避難口誘導灯の
大きさ・明るさ

誘導灯の設置義務（遡及適用）

種　類	防　火　対　象　物
避難口誘導灯 通路誘導灯	特定防火対象物……すべての階 ⑴項、⑵項、⑶項、⑷項、⑸項イ、⑹項 ⑼項イ、⒃項イ、（16 の 2）項、（16 の 3）項 ⑼項ロ〔非特定防火対象物〕 特定防火対象物以外……地階、無窓階、11 階以上の階 〔⑸項ロ、⑺項、⑻項、⑽項から⒂項まで、⒃項ロ〕 注）⑼項ロ〔公衆浴場〕は、すべての階に必要
誘導標識	特定防火対象物以外の上記以外の階
客席誘導灯	⑴項の防火対象物の客席部分 注）複合用途防火対象物の⑴項の部分を含む。

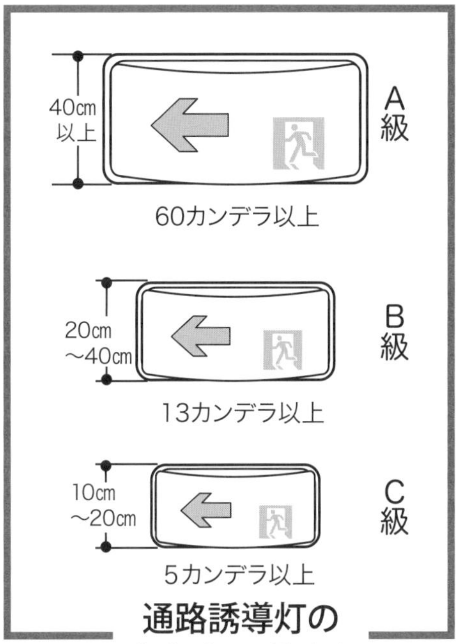

通路誘導灯の
大きさ・明るさ

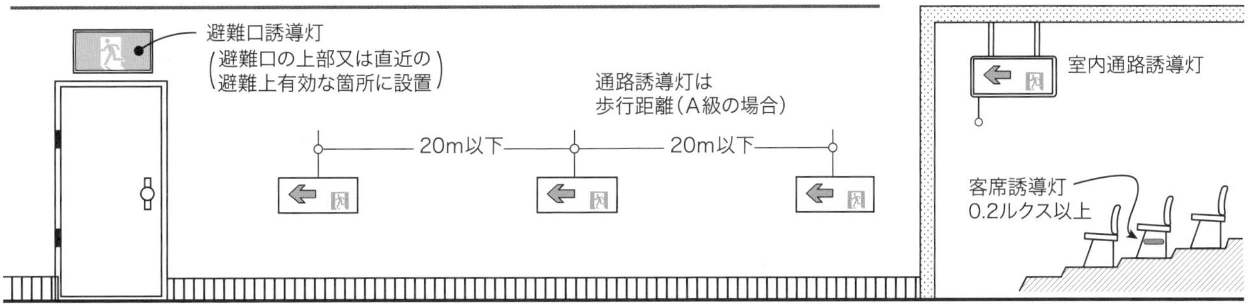

A級又はB級誘導灯を設置する場所

- ⑽項、（16 の 2）項、（16 の 3）項のすべて
- ⑶項から⑷項まで若しくは⑼項イの階又はこれらの用途に供する部分がある⒃項イの階で、その階の床面積が 1,000㎡以上のもの（その表示面の明るさは、避難口誘導灯では 20 カンデラ以上、通路誘導灯では 25 カンデラ以上のものに限る。）

〔**参考条文**〕消令第 26 条、消則第 28 条〜第 28 条の 3、誘導灯及び誘導標識の基準（平成 11 年消防庁告示 2 号）

連結送水管

連結送水管設置義務
- 地上階数７以上の建築物
- 地上階数５～６の建築物で
  延べ面積 6,000㎡以上のもの
- 延べ面積 1,000㎡以上の地下街
- 延長 50 m以上のアーケード

建築物内にパイプを設けておいて、火災時に外部から送水して消火用水とする。

11 階以上の高層階では
- 放水口を双口形とする。
- 放水口の近くに放水用具
  （20 mホース４本、筒先２本）
  を設置する。
- 途中に加圧送水装置
  （ポンプ）を設置する。

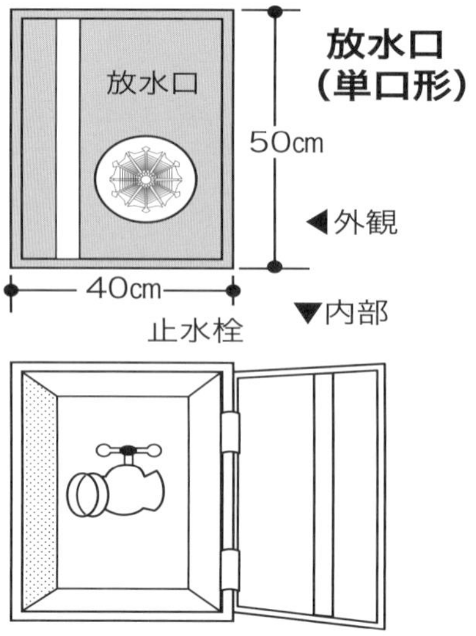

放水口（単口形）

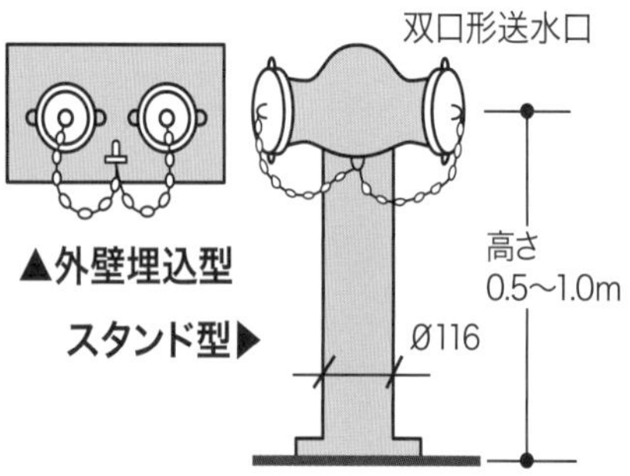

▲外壁埋込型

スタンド型▶

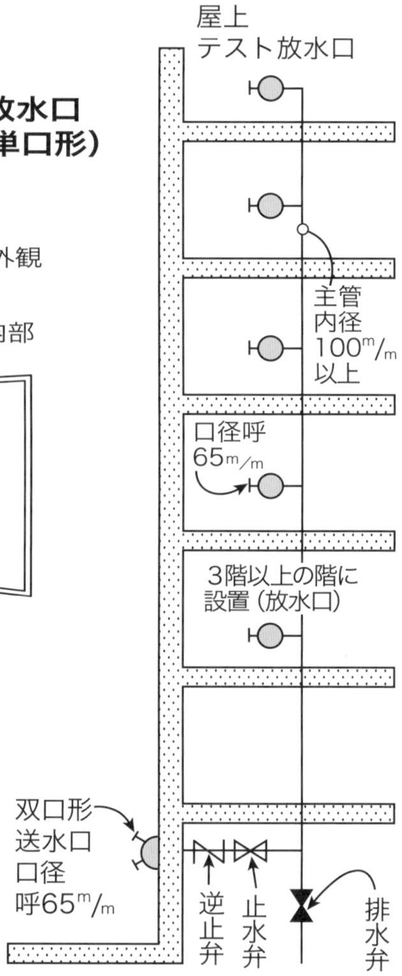

連結散水設備

連結散水設備の設置義務
- 地階の床面積700m²以上のもの

建築物の地階は、火災時に煙が充満して消火活動が困難となるので、あらかじめ散水設備を設置しておき、地上から送水して地階に散水し、消火する。

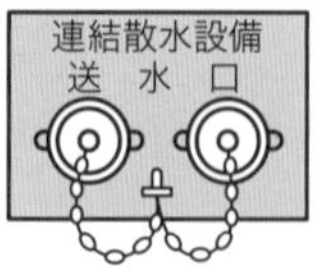

双口形送水口

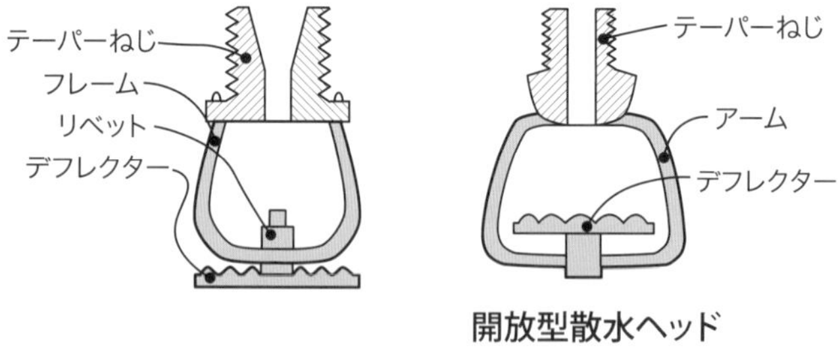

開放型散水ヘッド

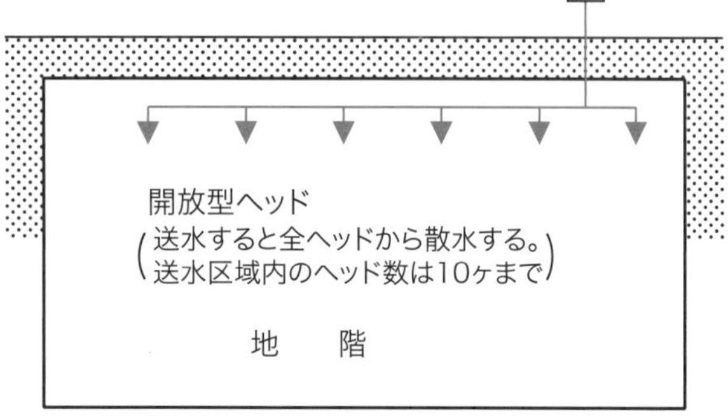

送水区域を分割した例

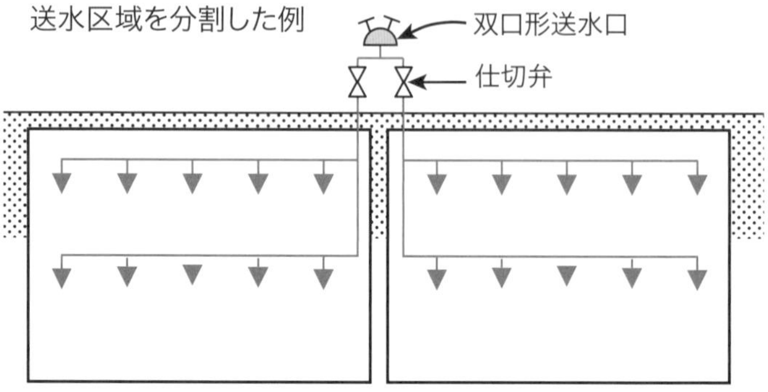

〔**参考条文**〕〈連結送水管〉消令第 29 条、消則第 30 条の４～第 31 条　〈連結散水設備〉消令第 28 条の２、消則第 30 条の２～第 30 条の３、開放型散水ヘッドの基準（昭和 48 年消防庁告示７号）

非常コンセント設備

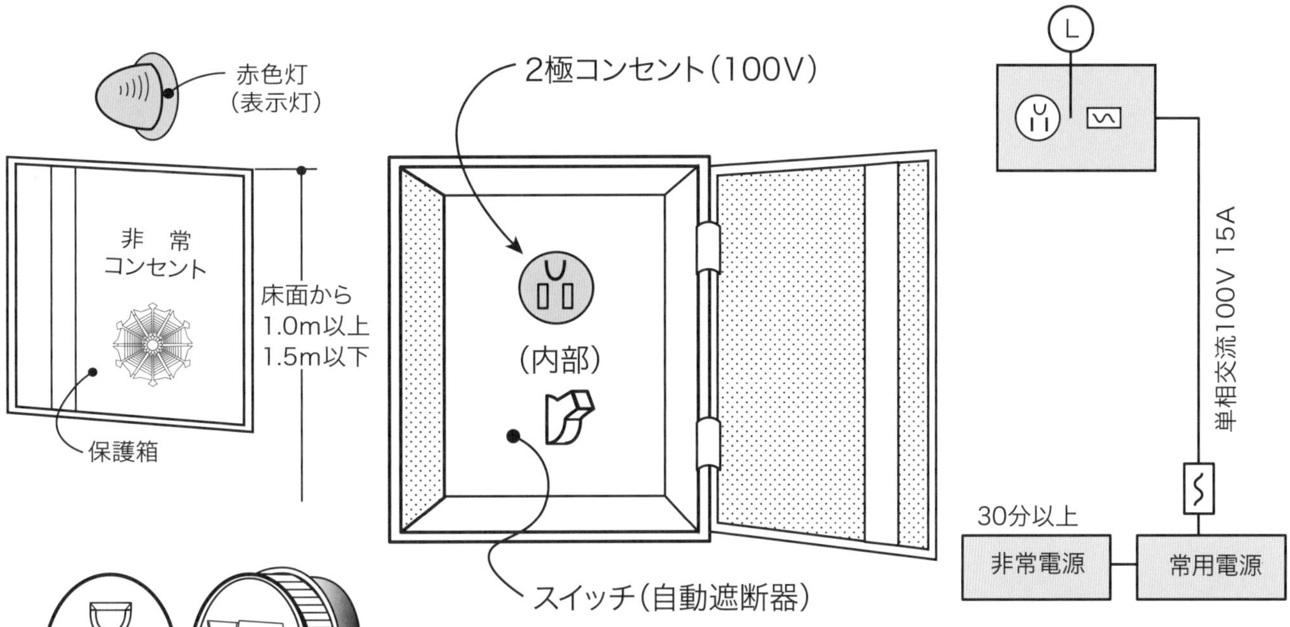

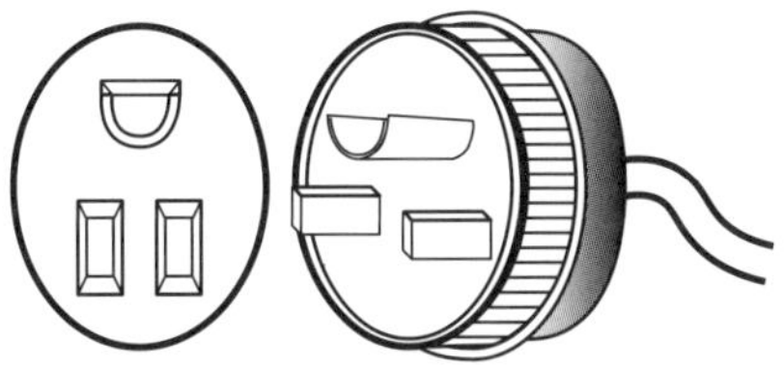

接地型2極差込接続器
（単相100V　15A）
JIS C8303

設置対象建築物

- 地上 11 階以上の建築物
- 延べ面積 1,000㎡以上の地下街

無線通信補助設備

■延べ面積 1,000㎡以上の地下街に設置

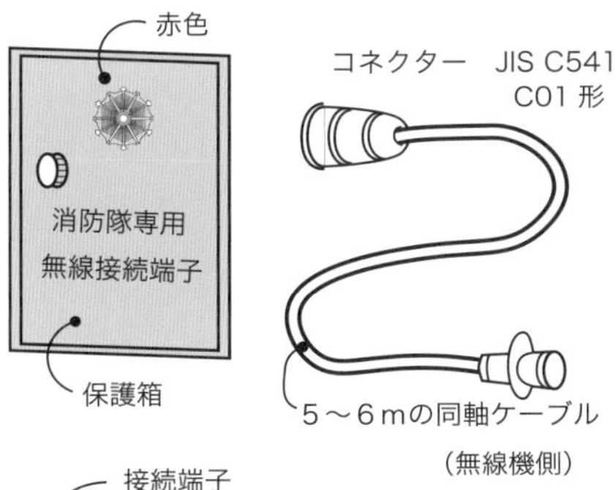

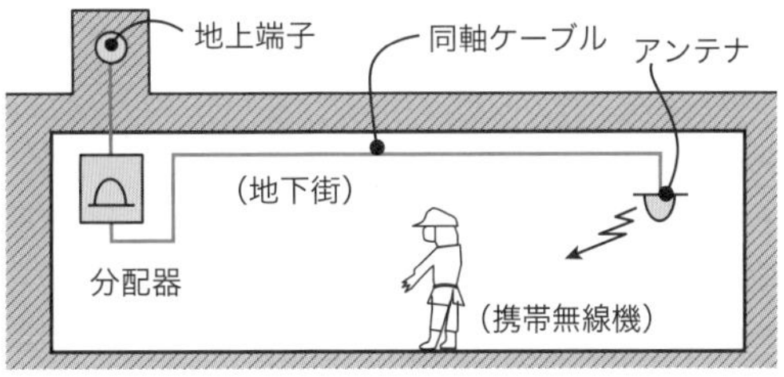

同軸ケーブル＋空中線（アンテナ）型

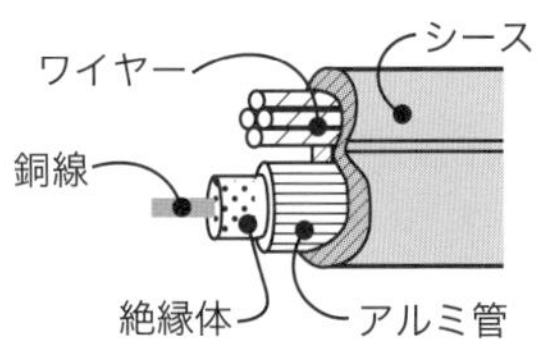

同軸ケーブル

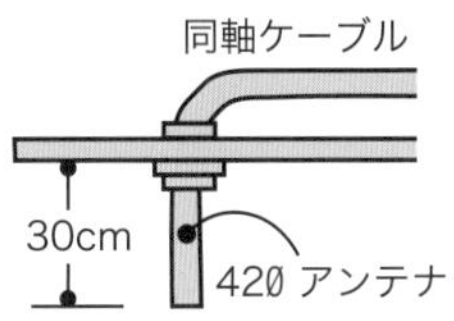

アンテナ

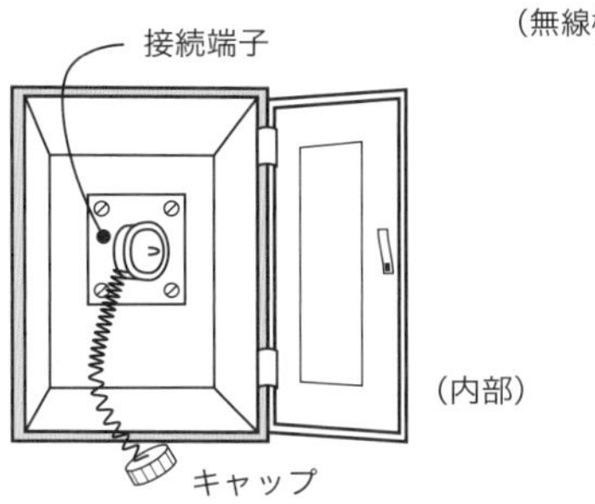

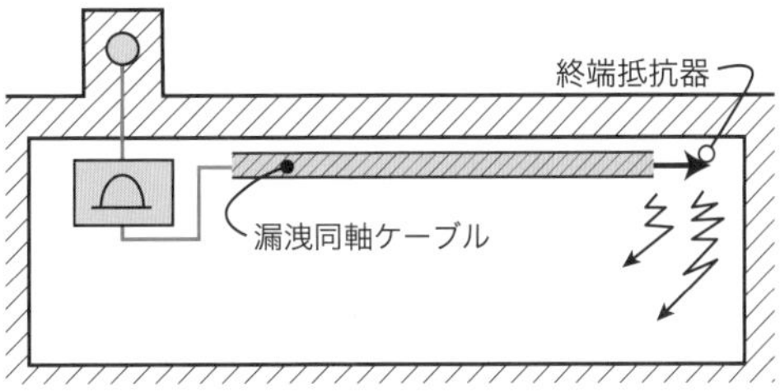

漏洩同軸ケーブル型

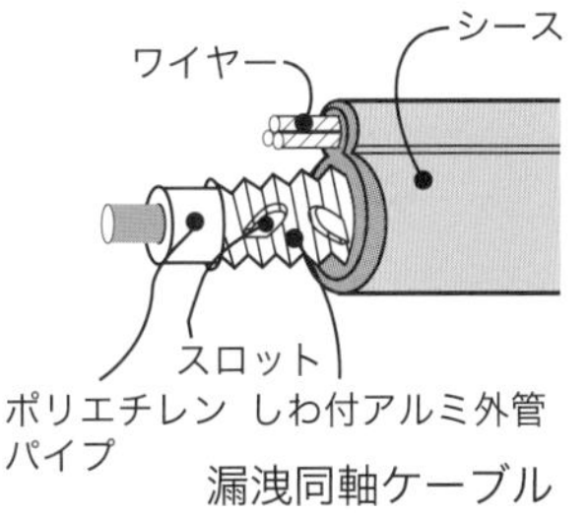

漏洩同軸ケーブル

〔**参考条文**〕〈非常コンセント設備〉消令第 29 条の 2、消則第 31 条の 2
〈無線通信補助設備〉消令第 29 条の 3、消則第 31 条の 2 の 2

⑽　住宅用防災機器

共同住宅は別だが、一般住宅は消防法施行令別表第1の用途区分に含まれていないので、消防法第17条に基づく消防用設備等の設置維持義務は課せられていない。

しかしながら、高齢化の進展に伴い、平成16年頃までに住宅火災による死者数が急増の傾向を見せて来たため、平成16年の消防法改正（消防法第9条の2追加）により、全ての住宅を対象に住宅用火災警報器の設置が義務づけられた、それ以降は、同警報器の普及によって、住宅火災による死者数は減少して来ている。

なお、消防法第9条2では、「住宅用火災警報器」ではなく、政令で定める「住宅用防災機器」を設置することとされており、消令第5条の6でその「住宅用防災機器」として「住宅用防災警報器」又は「住宅用防災報知設備」を設置することが定められている。

「住宅用防災警報器」というのは、自動火災報知設備の感知器と警報器をコンパクトに一体化したもので、電池等により作動し、火災発生時に警報を発するものである。一般に「住宅用火災警報器」とか「住警器」といえば、この「住宅用防災警報器」を指すことが多いので、本稿でも「住宅用防災警報器」を「住宅用火災警報器」又は「住警器」と呼ぶことにする。

「住宅用防災報知設備」というのもあるが、これは共同住宅に設けられている自動火災報知設備のことで、これが設けられていれば、改めて別に「住宅用防災警報器」を設ける必要ないよ、ということになっている。

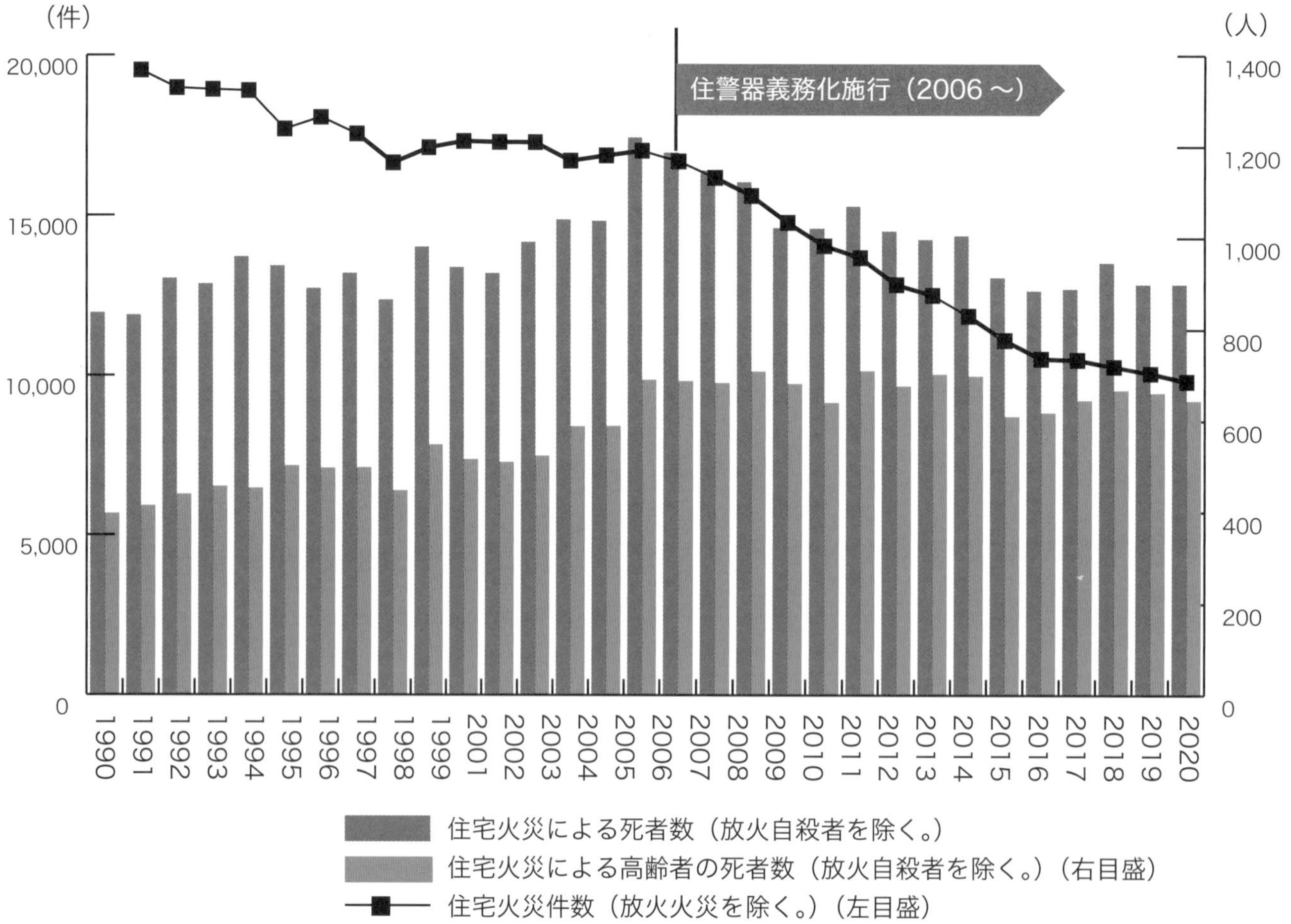

住宅火災による死者数（1990～2020）　（消防白書より作成）

〔**参考条文**〕消法第9条の2、消令第5条の6、平成17年総務省令第11号「住宅用防災警報器及び住宅用防災報知設備に係る技術上の規格を定める省令

住宅用火災警報器

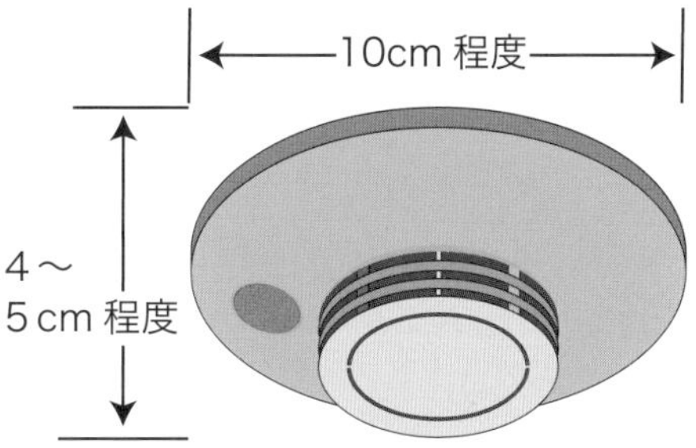

煙式住警器の例
（電池タイプは、簡単に
ねじで取付け可能）

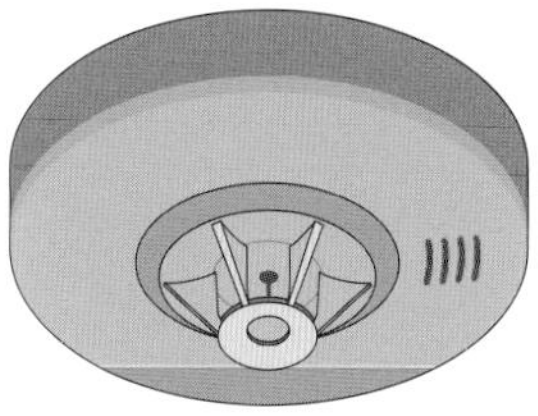

熱式住警器の例
（台所に適する）

（注）電池タイプではなく、一般電源（100V配線）を
利用するものもある。

どこに住警器を設けるのか

住警器を設置するのは、主として住宅の寝室である。　ただし、寝室が１階ではないときには、階段にも設置する。

その他、大型住宅では廊下にも、設置しなければならないこともある。　設置場所により、住警器の種類が特定されることがある。

(1) 平屋建…各寝室に設置

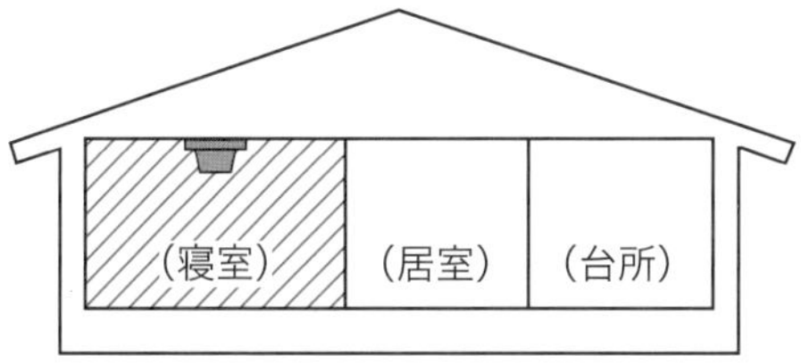

（注）印は、住警器の
設置場所を示す。

（階段の上端・下端）

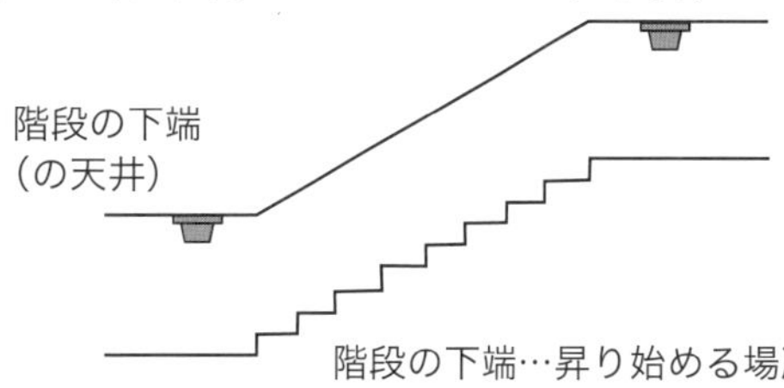

階段の下端…昇り始める場所
階段の上端…登りきった場所

(2) 2 階建…各寝室のほか、2 階寝室の場合は階段の上端

寝室が 1 階のみならば寝室に
設ける。

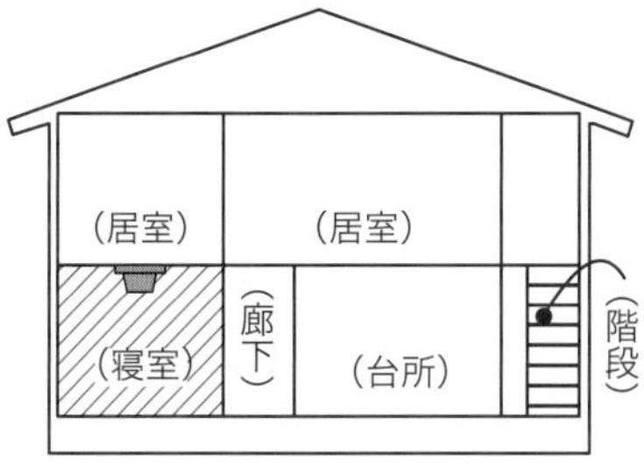

寝室が 2 階ならば、寝室と
階段上端に設ける。

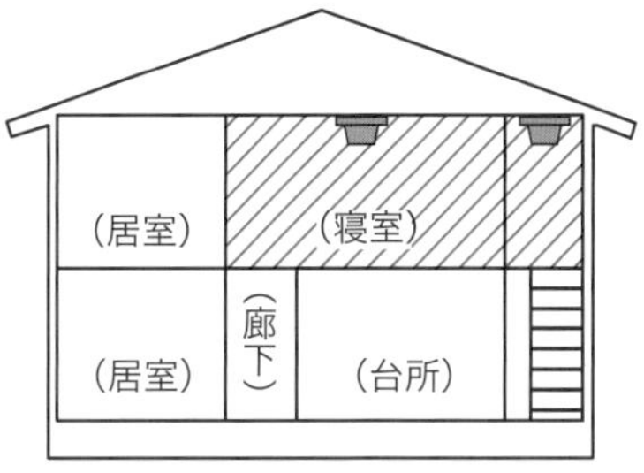

寝室が 1 階・2 階ならば、
各寝室と階段上端に設ける。

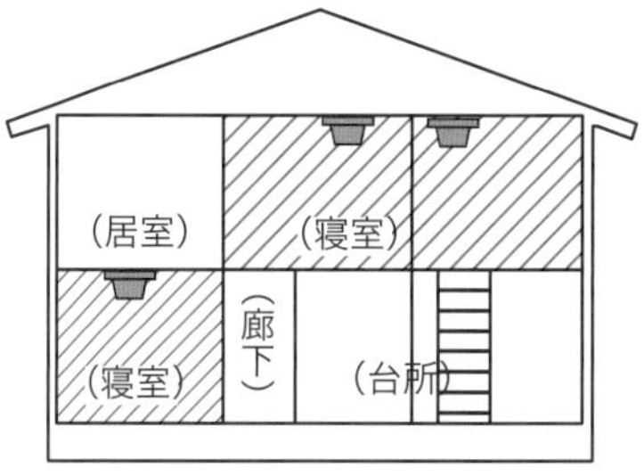

(3) 3階建

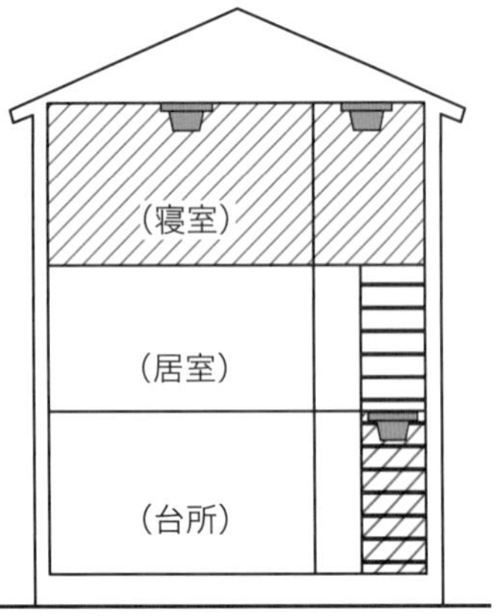

3階に寝室があれば、その寝室と3階に至る階段の上端・下端に設ける。

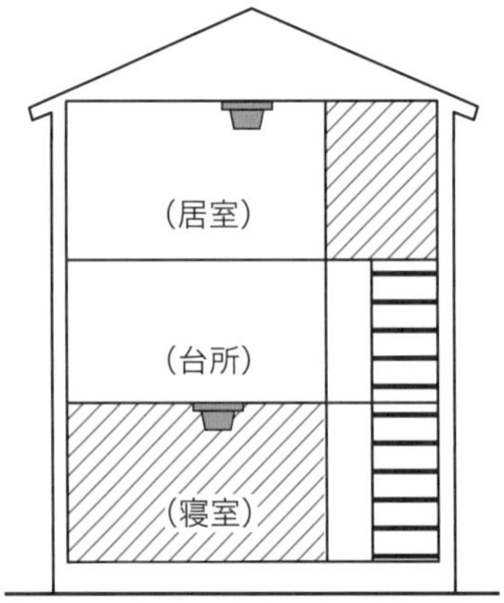

寝室が1階にしかなくても、その寝室のほか、階段の上端に設ける。

(4) 大型住宅

一の階に居室（7㎡以上）が5室以上ある場合には、その階に寝室がなくても、廊下に設ける。

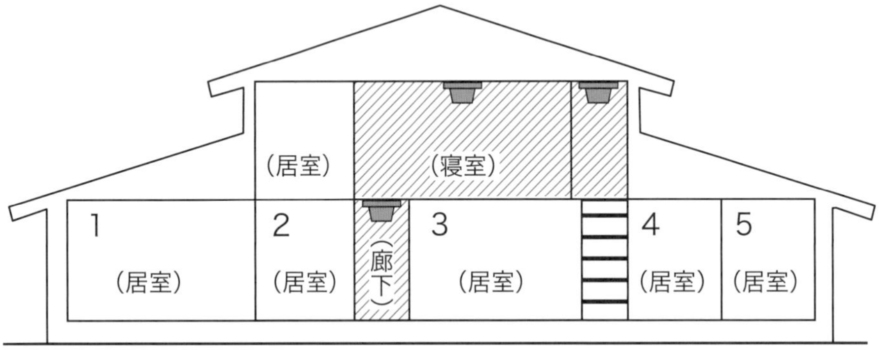

（注）この大型住宅の廊下には、イオン化式の住警器を用いることができる。その他は光電式住警器に限る。

★規格品（検定合格品）を使用しよう

日本消防検定協会の検定に合格した住警器には、下図のようなマークが付いている。

★住警器の取付け

下図に従って天井又は壁（上部）に取付ける。

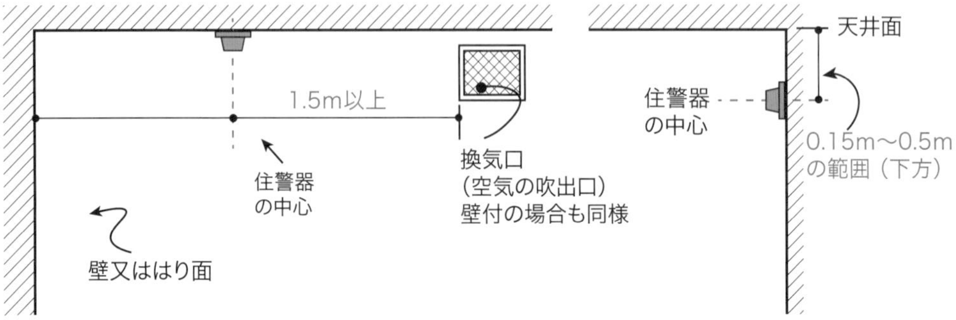

天井に設置する場合　　壁に設置する場合

劇場・映画館等の査察
チェックポイントはこれだ(1)

消防法施行令別表第1(1)項

■劇場・映画館の火災

1983年2月13日夕方、イタリアのトリノ市ですさまじい映画館火災が発生した。概要についてはマスコミ報道で知るしかないが、それにしても死者64名とはただごとではない。

当該映画館の、廊下付近が火元とみられるこの火災は、圧倒的多数の犠牲者が「窒息」による死者であった点、また、2階の客がほとんどを占めていた点など、わが国の映画館の構造様式と比べる時、やはり考え込まざるを得ない。1階部分のなにが燃えたのか判らないが、極めて短時間内に猛烈な有毒煙を出す素材が燃焼したという事実、それが一挙に2階客席を直撃したという報道は、多くのことを我々に示唆する。

中でも、瞬時にパニックが発生し、日本でいう将棋倒し現象につながったことや、1階の客席から外部に至る非常扉の多くが施錠されていた点など、とてもヨソゴトとして見過ごせないものがある。

というのも、最近わが国では、消防法や建築基準法の整備によって、劇場、映画館などは、特定防火対象物の中でも比較的安全な対象物であるという意識が強い背景があるし、事実、営業中にこの種の施設から発災した例もない。いわば、少々セーフティー・ゾーンにありすぎたと、思えるのだ。

大劇場や映画館は、確かに建物・設備ともデラックス化し、一見した限りにおいて“美と娯楽の殿堂”というイメージに満ちている。

だが、それは殆ど氷山の一角で、圧倒的多数はトリノ市のスタチュート映画館とそれほどの大差はないのではないか。なぜなら令別表第1(1)項の防火対象物の特徴とは、あくまで不特定多数、横の連繋も何もない大衆が、芸術や娯楽の目的だけで、大量に収容される施設であるからだ。つまり、共通の何かの目的に、集中して興味を寄せているぶんだけ、いざ緊急の突発事故には弱く脆いことになる。そういった、基本体質は設備・建物の如何にかかわらず、どこの国でも同じなのだ。

思わず余談が長くなったが、先ずこの火災事例から考えてもらうことにした。映画館や劇場の中で、君が見知っているものの構造や設備を思い出しながら、スタチュート映画館の惨事を想像してみてはいかがだろう。それが今、一番てっとり早いこの種施設に対する査察の、基本と心構えにつながるものとなる。

■避難ルートは確実か

消防職員なら「収容人員」に対して敏感なのが当然だろう。椅子席から立見席まで算定基準があるのは常識だし、それを無視するのは論外だ。だが、収容人員を考える上で、とかく盲点になりやすいのは、いざという場合の脱出ルートである。特に、(1)項の対象物は「客が1カ所に密集状態で閉じこめられている」だけに、その避難を万全にするためには、物理的条件を常に“安全”に満たしていなければならない。

物理的とは消防法、建築基準法、各都市条例などで規制する構造、設備面のことであり、それらが常に有効に機能するよう維持管理されていなければならないと言うことである。当然開放されていなければならない非常扉に施錠があったり、階段部分に雑品が置かれていたり、通路空間に不必要な売店やワゴンが設けられていたり、これらはすべて安全を阻害する条件ばかりである。

一事が万事、(1)項対象物には、意外にこうした条件面での支障が多く見られ、しかも、それらが「クセ」のように習慣化されているケースさえある。そこを確実にチェックすることが、避難ルート確保の大前提となる。

■燃えないしくみ・消す手段

映画館では、すでに速燃性のフィルムを使わなくなって久しいが、演じものが多様な劇場や舞台では、しばしば可燃物品が大量に扱われ、場合によっては「炎」「裸火」が使われるケースが皆無とはいえない。

一応、裸火などは各市町村条例により届出義務が課せられているはずだが、念には念が必要である。劇場関係での火災の多くは、楽屋や舞台回りが多い。現在では、防炎規制や防火区画に関しての指導がかなり徹底し、燃えにくいしくみにはなっているが、それでもカーテン、どん帳、大道具、カーペットといった延焼素材には、充分眼を光らせておくべきだろう。

燃え上がらない、延焼しないことを目的にチェックし、もし燃え上った場合の消火システム・プロセスはどう図られているか。こうした発生と経過、結果に至る一貫した関係を考えながら査察する、これが⑴項対象物という非常に延焼拡大しやすい建物の査察着眼点である。

■防火管理の実態を見る

すでに説明したとおり、この種対象物の防火上最優先して考えなければならないことは、「避難管理」である。避難についての諸々の要件を中心に、物と計画とが組みたてられていなければならない。

特に、消防計画の中でも、避難誘導、通報、消火などの訓練の実施回数、或は器具、設備に関する従業員への教育、訓練、そしてその習熟度は、査察時に確認してみるとよいだろう。⑴項対象物の防火管理者は多くの場合が支配人又は営業課長クラスとなっており、その館内事情を知っている点では抜群だ。ただ、昨今の通例として、従業員は少なく、かつパートタイマーの占める割合が高い。 とかく教育不足になりやすい弊を持つから、実質的な入場者管理がどの程度こなせるかを、充分調べておくことが重要である。

こうしたソフト面のチェックは、多くが口頭による指導になるので、指導内容については、もれなく査察カードにメモしておくべきだろう。

最後に、⑴項対象物を査察する場合の、項目、区分を参考までにあげてみる。

- ●通路、階段部分＝避難阻害物件の存否、有効幅員の確保を中心に。
- ●非常出口＝扉の開放方向、施錠の有無、障害物の存否等を見る。
- ●避難器具＝設置場所の適否、機能障害の有無を調べる。
- ●防火区画＝防火戸、防火シャッターを中心にチェック。
- ●防火管理＝主として避難管理を中心に。消防計画、教育訓練実施結果データ類をよく調べる。
- ●そ の 他＝市町村条例で規制する諸点を個別にチェックする。

■劇場・映画館の火災事例

（国外編）

1845年５月	中国・広東市　劇場火災　死者 1676 名
1876年12月５日	アメリカ・ニューヨーク市 ブルックリン劇場火災　死者 300 名
1881年12月８日	オーストリア・ウィーン市 リンクシアター火災　死者 850 名
1903年12月30日	アメリカ・シカゴ市 イロコイシアター火災　死者 602 名
1937年２月13日	中国・丹東市　満州劇場火災　死者 800 名
1942年11月28日	アメリカ・ボストン市 ココナツグローブ劇場火災　死者 491 名
1960年11月13日	シリア・アムード 映画館火災　死者 152 名
1961年12月17日	ブラジル・リオデジャネイロ サーカス火災　死者 322 名
1978年８月19日	イラン・アバグン 映画館火災　死者 430 名
1988年９月11日	イギリス・リバプール（マイケルジャクソンコンサート）負傷者 3400 名
1994年12月８日	中国・ウイグル自治区 映画館火災　死者 311 名、負傷者 129 名

（国内編）

昭和26年５月19日	北海道厚岸郡浜中村 映画館火災　死者 39 名
昭和26年６月３日	滋賀県彦根市 映画会（工場）火災 死者 23 名、負傷者 22 名
昭和28年６月25日	岡山県新加茂町 映画会（中学校）火災死者 14 名
昭和32年４月２日	東京都日本橋浜町 明治座火災　負傷者９名
昭和33年２月１日	東京都千代田区　東京宝塚劇場火災 死者３名、負傷者 25 名
昭和36年３月17日	静岡県浜松市　歌舞伎座劇場火災 死者６名、負傷者 13 名
昭和39年11月25日	東京都浅草　寄席劇場吉影館火災 死者７名、負傷者４名
昭和43年３月18日	東京都浅草　浅草国際劇場火災 死者３名、負傷者７名

どう違う。(1)項イと(1)項ロ消防設備の基準

1項イ　消火器又は簡易消火用具は、すべてに設置

1項ロ　消火器又は簡易消火用具は、150㎡以上のものに設置

あっ、これだけのことですか。——そう、これだけ、他の消防用設備の設置基準は全く同じ。——あァ、全く同じなんですか。——それにね、(1)項ロでも、無窓階、地階等であれば、「50 ㎡以上に設置」となる。——それじゃ、(1)項イも(1)項ロも、消防用設備の基準はほとんど変わりがないと考えてもよいですネ　　サヨウ

(1)項イ
劇場、映画館、演芸場、観覧場

(1)項ロ
公会堂、集会場

消防設備のチェックリスト（遡及適用）

収容人員の数によるもの

300 人	非常警報設備（放送設備付加）
50 人	避難器具その階の収容人員
30 人	防火管理者の選任
20 人	非常警報設備（地階、無窓階）

収容人員の算定

●従業員の数

●客数

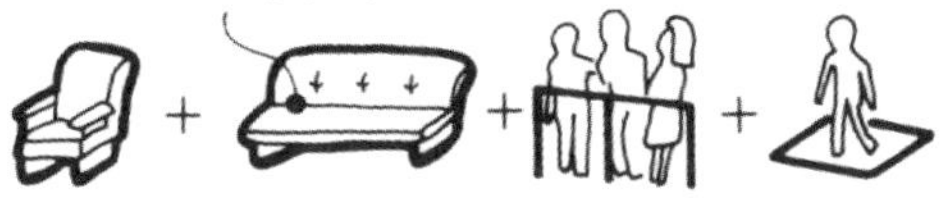

固定いす数　0.4mに1人　0.2㎡に1人　0.5㎡に1人

延べ面積により必要となるもの

15,000㎡	消防用水（敷地面積 20,000 以上の耐火建築物の場合）
9,000㎡（1～2階のみ）	屋外消火栓設備、動力消防ポンプ設備（耐火建築物の場合）
6,000㎡	スプリンクラー設備（平屋建を除く。）
1,500㎡	屋内消火栓設備（耐火建築物の場合）
500㎡	消防機関へ通報する火災報知設備
300㎡	自動火災報知設備
300㎡	漏電火災警報器（ラスモルタルのみ）
150㎡	消火器具（1項ロのみ）
全　部	消火器具（1項イのみ）
全　部	カーテン、どん帳等の防炎措置
全　部	誘導灯（客席誘導灯を含む。）

舞台部の床面積によるもの

500㎡	開放型スプリンクラーヘッド（1～3階で無窓階でないもの）
300㎡	開放型スプリンクラーヘッド（地階、無窓階又は4階以上）
500㎡	排煙設備（消防法上のもの）

地階・無窓階の床面積によるもの

1,000㎡	ガス漏れ火災警報設備（地階）
1,000㎡	スプリンクラー設備
700㎡	連結散水設備（地階）
300㎡	自動火災報知設備
100㎡	屋内消火栓設備・動力消防ポンプ設備（準耐 200 以上、耐火 300 以上）
50㎡	消火器具（1項ロのみ、1項イは全部）
全部	誘導灯

一時に多くの人が避難できるか——屋外の通路、前面道路

客席の定員によって安全な幅員（東京都建築安全条例の例では）敷地は客席の定員に応じ、次のように一定の幅員の道路に接していなければならない。（敷地の外周の１／６以上が、道路に接していること。）

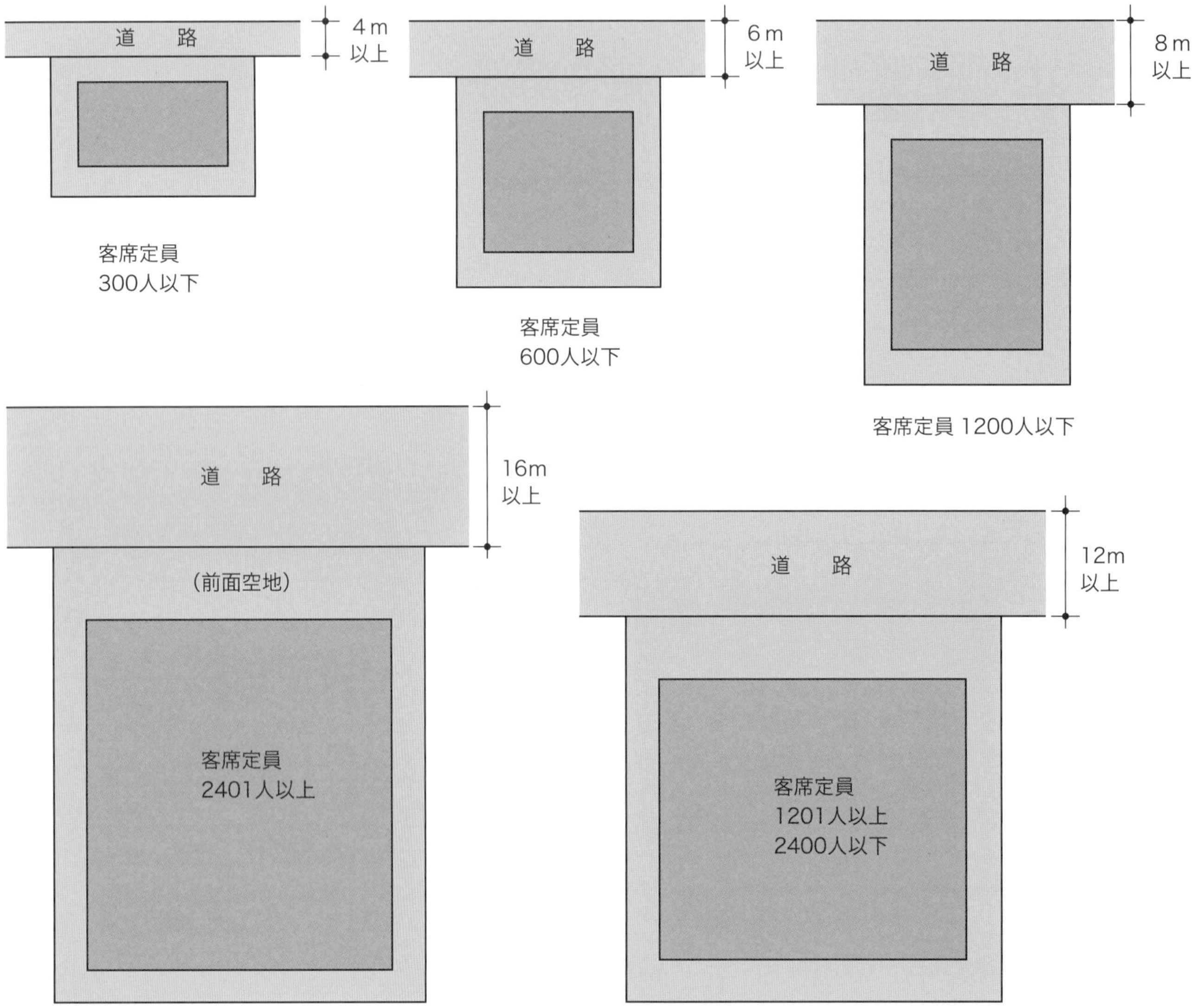

（客席定員の算定）

個人別に区画されたいす席の場合は、その数による。
立ち席部分は、床面積 0.2㎡につき１人の割合とする。
以上、１未満の端数を切り上げて合計する。

（前面空地）

主要出入口の前面には、空地を設ける。その大きさは

（客席定員の数）× 0.1㎡

とする。

注）このページの数値は、東京都建築安全条例によるものです。地方公共団体により規制は異なります。

一時的に多くの人が避難できるか——客席内の通路

客席の消防用設備の主なもの（建築基準法によるものも含む。）
●排煙設備（延べ面積500㎡以上）、自動火災報知設備、非常照明装置（停電時に1ルクス以上）

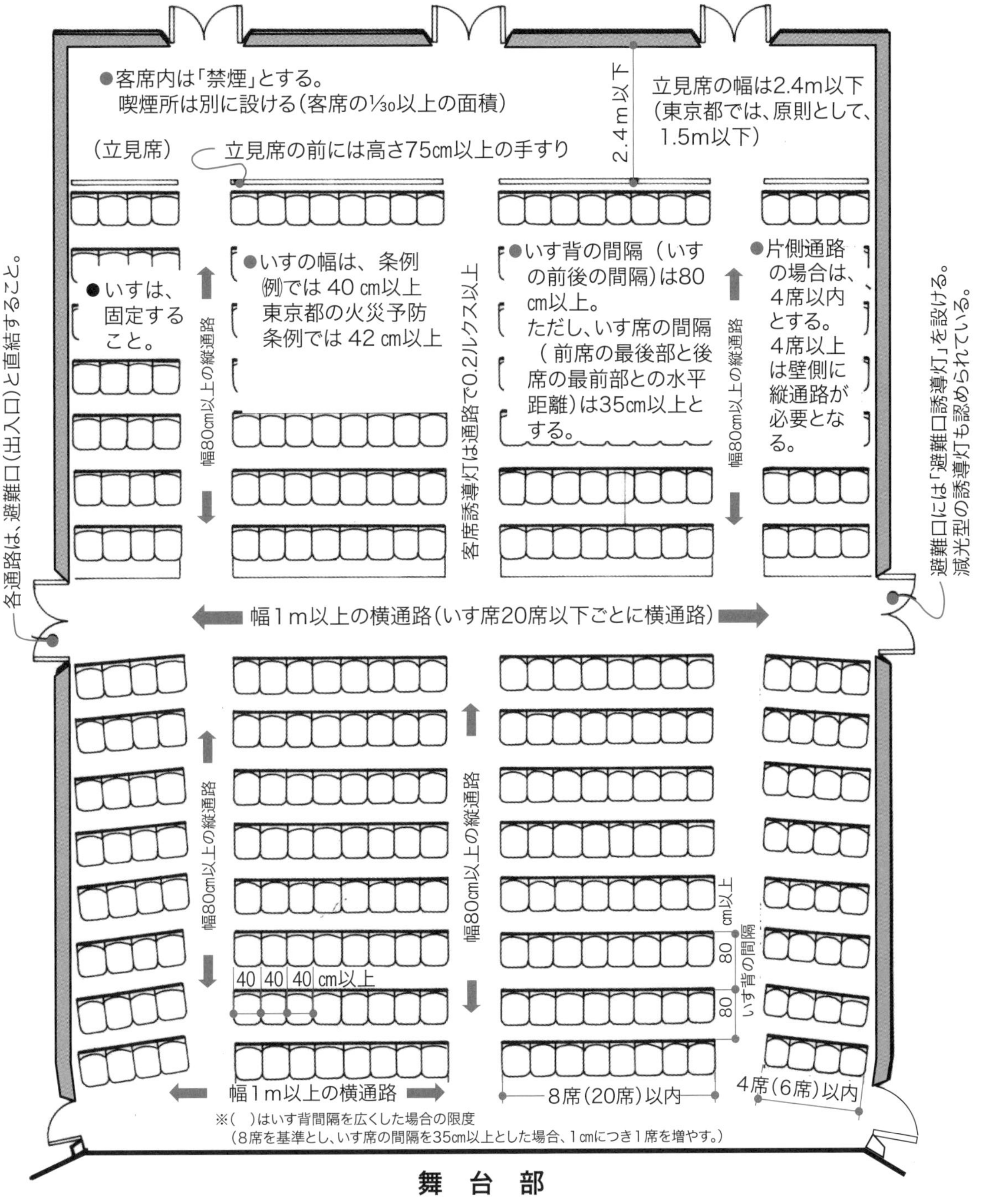

注）この通路の幅等の制限は、「火災予防条例（例）第5章　避難管理」によるものです。各地方自治体の火災予防条例や建築基準条例では、これと異なる規制が行われていることがあります。

非常照明装置

劇場等については、床面に関係なくすべて設置する。停電時に作動、１ルクス（蛍光灯、ＬＥＤランプは２ルクス）以上

（建基令第 126 条の４）

客席誘導灯

客席には常時点灯する、通路の床面で 0.2 ルクス以上　（消令第 26 条）

排煙設備

消防法上……500㎡以上の舞台部（消令第 28 条）

建築基準法上……500㎡以上の劇場等（建基令第 126 条の２）

ただし、500㎡以下でも排煙上有効な開口部が居室の床面積の 1/50 未満である場合には、すべて必要

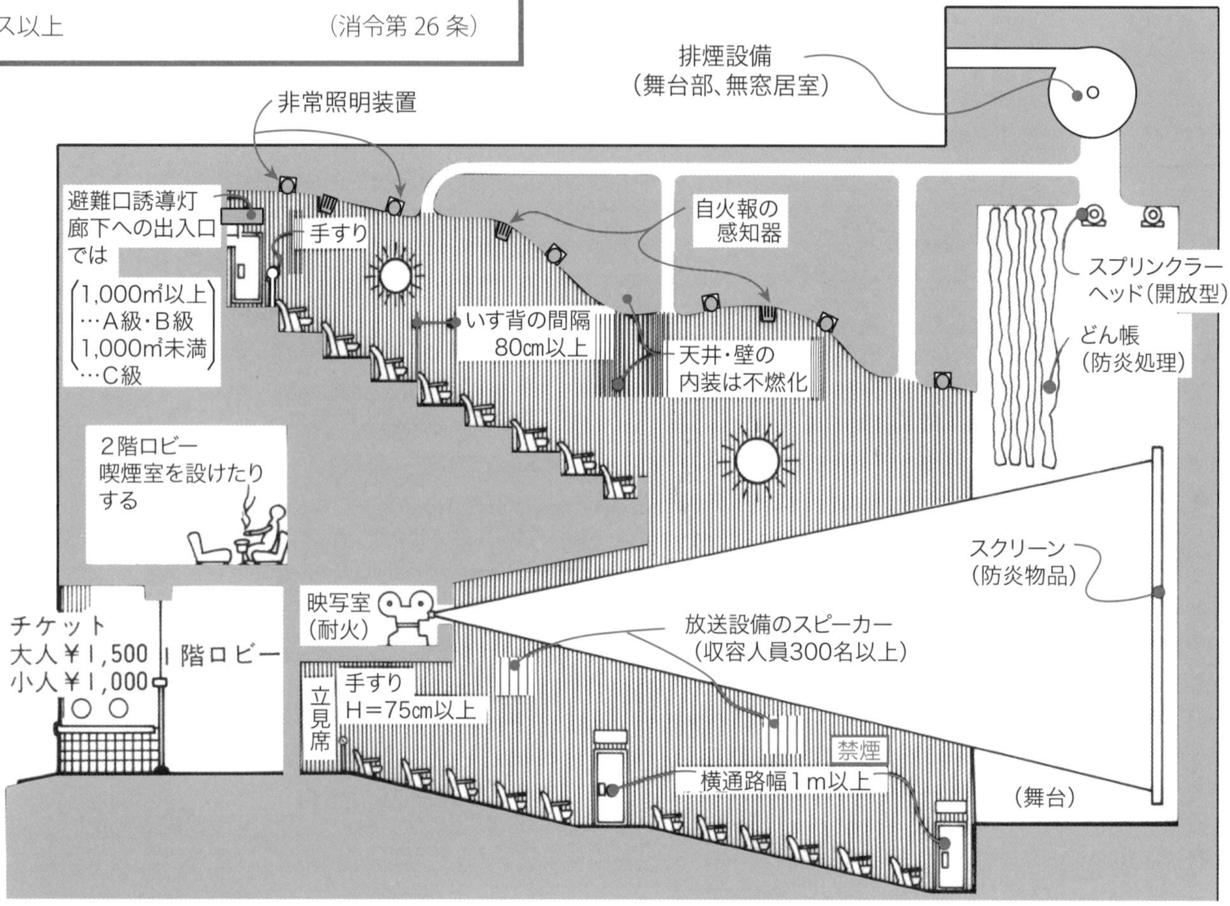

劇場等の防火規定

客席にはスプリンクラーは不要か

固定式いすを設けた客席部分で天井の高さが８m以上の場所にはスプリンクラー設備を設けることを要しない。　（消則第 13 条第３項）

劇場等の多くは無窓階となる

無窓階での設備強化に注意

（例）	スプリンクラー	階の床面積 1,000㎡以上
	屋内消火栓（耐火）	階の床面積 300㎡以上
	非常警報設備	収容人員 20 人以上
	自動火災報知設備	階の床面積 300㎡以上

火の使用制限（条例(例)第 23 条）

劇場等では、当該対象物内で全面的に喫煙が禁止されている場合は、その旨の標識。又は、喫煙所を設け、その旨を表示し、その大きさは客席の面積の 1/30 以上とする。

喫煙所を各階ごとに設け、適当な数の吸殻容器を備えておく。

舞台等では裸火の使用等は禁止されている。

防炎処理

劇場等で使用する次の物品は、防炎物品を使用しなければならない。（遡及適用）

・どん帳、・暗幕、・カーテン、・布製ブラインド、・じゅうたん等、・舞台で使用する幕、・展示用合板・舞台で使用する大道具用の合板

（消法第８条の３、消令第４条の３）

映写室の構造――難燃性でないフィルムを使う場合（消法第 15 条、危政令第 39 条）

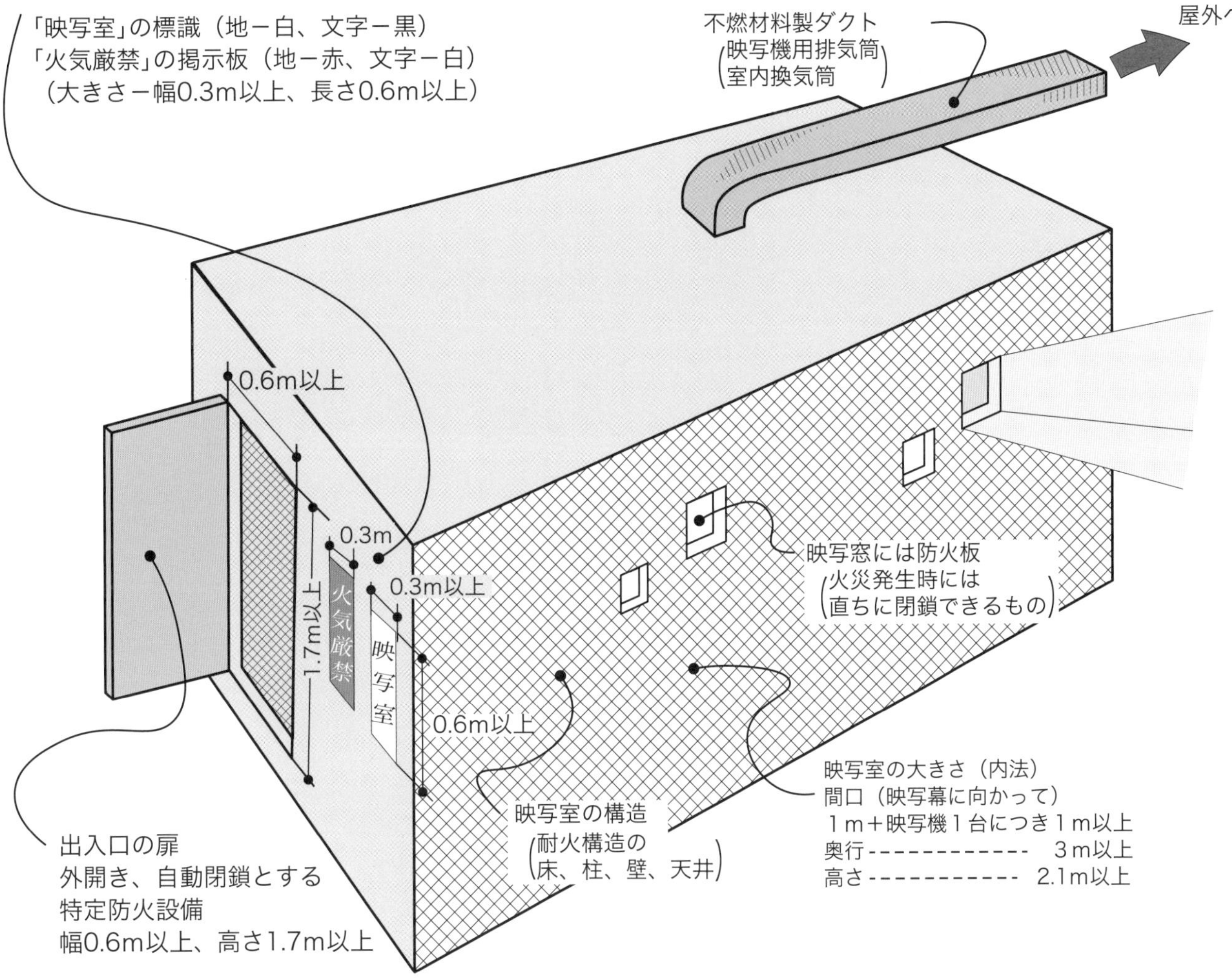

映写室に設けてはならないもの

- 映写機の整流器

映写室内に設けなければならないもの

- フイルムを収納するための格納庫（不燃材料製）
- 消火設備……２以上（第５種のもの）

注）最近は難燃性でないフィルムは使用されていない。
リバイバルものの懐かしいフィルムには、難燃性でないものもあろう。

注）第５種の消火設備には、次のようなものがある。（第５類の危険物に適応するもの）

- 棒状の水を放射する小型消火器、棒状の強化液を放射する小型消火器、
- 霧状の水を放射する小型消火器、霧状の強化液を放射する小型消火器等

一方、映写室内は閉鎖された空間であるから、二酸化炭素を放射するもの、ハロゲン化物を放射するもの等は適切でない。

百貨店・スーパーの査察

チェックポイントはこれだ(2)

消防法施行令別表第１⑷項

■百貨店・スーパーの火災

百貨店やスーパーマーケットなど、いわゆる令別表第１⑷項対象物の査察……経験したことのある査察マンなら知っているとおり、これは容れモノが大きいだけじゃなく、内蔵する物品が種々雑多なうえ、滞在人口が多数に上るため、それこそ徹底的なチェックが必要だ。

最近、この種店舗の大火災は減っているものの、ボヤ程度のものは結構多く、ひとつ間違えば即大惨事に発展しかねない状態にあるのはまぎれもない事実。だからこそ、これらの施設に対しては、厳密な法規則、定期的な自主点検報告制度、および各種訓練や教養が課せられているのだが、それ以上に重要なのはいうまでもなく「消防査察」である。

大型店舗だけに、なかなか査察の重点ポイントをどこに置くかが絞りにくく、また、規制の多くが市町村条例で定められているため、予想以上に細密なチェックが要求される。百貨店の査察がうまくできるようになれば、消防査察マンとしても「プロ」である、といわれるのも、そのあたりの事情を物語っているのだ。

こうした、百貨店等の査察をすすめるにあたって、バッチリそのカンどころを押さえた教本なんてもの、意外にあるようでない。あっても、細部にわたりすぎて、結局は設備関係の説明書みたいなものになってしまっている。だからこのチェックポイントは実際に大都市の最前線で働く、現役パリパリ査察マンたちに意見を聞き、それをもとに、もっとも基本的かつ重要なポイントをメニュー化することにしている。

■防火区画は完全か

建築基準法で規制する区画はもちろん、消防法でいうところの防火区画、ブロック区画などを厳密にチェックする。特に、百貨店などは、店舗部分と、非店舗部分（商品置場、搬入経路、事務所、社員詰所、社員食堂等）の営業区画がしっかりケジメをつけられているのが理想だ。

また、機械室や電気室といった、営繕部門は地下数階といった深い位置にあるものが多く、特にタテ方向への区画が完全であるかどうかをチェックする。

ブロックごとの区画の場合は、防火シャッターライン（エスカレーター・シャッターも含む）が完全に確保され、なおかつ正常に作動するかどうかの確認も必要である。

ダクト設置の防火ダンパー、パイプシャフト、ケーブルシャフトの埋め戻しなども、区画という面から見逃してはならない。

■無窓階の防火対策は安全か

近頃の百貨店やスーパーを見給え。どの店も、商品保護とか言って、どれもこれも窓無し建築ばかり。消防法でいう無窓階だ。

無窓階が如何に消火し難く、避難・救助の妨げになっているか。それはもう消防マンであれば皆、判っていることだ。

火災が発生した場合、室内に煙が充満する。これが、避難・救助ばかりでなく、消火活動にとって大きな障害となる。そして、被害を一層大きくする。千葉の田畑百貨店、熊本の大洋デパート、豊橋の豊栄デパート、神戸デパート等は、その一例だ。百貨店・大型店舗こそ、無窓階の予防対策のモデルケースとして取組むべき対象物なのだ。

■避難ルートは確保されているか

百貨店やスーパーの火災で、最も大切なことは、客と従業員が安全に避難できるかどうか、という点である。そのために、通路幅などについて条例などで詳細に規制されているのだが、往々にしてワゴンセールとか、特設セール台が置かれて守られていないことがある。

また、過去の⑷項火災に多い事例として、階段室や、防火扉あたりに商品を積み上げ、避難支障となったり、扉やシャッターの不作動を招いたりするものがある。防火区画と同一の視点となるが、避難ルートとしてチェックすることも重要である。

設備関係では、誘導標識の確認とともに、避難器具の機能チェックを忘れてはならない。

■「火気」は安全に管理されているか

本来、百貨店とかスーパーは、食堂などを除いて裸火などあってはならないところだ。

だか、ある種のイベントとか、加熱商品の展示即売など、やむを得ず店舗部分に裸火をもちこむことがある。これらは、市町村条例で規制されるものが多く、断定的に言えないのが残念だが、要は、火気のある部分の安全管理と、その周辺の不燃措置、整理整頓に目を光らせなければならない。細かくいうと、火気と可火燃性物品との離隔距離の適否、燃料タンクや容器の位置、構造、配管類の適否、天蓋やダクトなどの清掃、そういった、総合的な「火の使用」について、細部にまで行き届く目をもって検査することが必要なのである。

それとともに、防炎物品の使用や、表示の適否についても、消防法に基づき、確認しておかなくてはならない。

■防火管理体制は完璧か

店舗が大型なうえに内容物が多種多量、さらに膨大な収容人員と、⑷項対象物は最も防火管理が難しい建築物といえるだろう。それだけに、この種施設の防火管理者の知識や技能レベルは高く、場合によっては、査察マンを凌ぐほどの実務技量を持っていることが少なくない。だが、あくまでそれは事業所側に立っての技量であり、査察マンとは根本的に立場が異なる。誤った検査をしてはならないが、言うべきことはやはりバッチリ言わなくちゃならない。

防火管理機能のチェックは、消防計画の適否、自主検査の実施回数とその記録、防災教育や訓練の実施状況と記録など、こうしたファイル面を厳密に“読む”ところから入るべきだろう。特に消防計画は、その対象物の防火防災上の基本マニュアルといってよく、樹立、届出時のチェックとともに、その後の改定や変更時のフォローも忘れずに行いたい。また、パート・アルバイトの店員、テナントの従業員に対する防災教育や訓練の実施など全従業員一体となった防火管理体制ができているか重要である。

それともう一点、大型店舗の事故や災害は、模様替えとか一部変更工事など、閉店時に発生しやすい。当然、出入事業者や工事業者をも包括した消防計画にすることが必要だし、そうした時機こそ監視の眼を緩めないような指導が要求される。

以上、大型販売店舗の、基本的な査察のポイントを簡単にピックアップしてみたが、「⑷項対象物の査察重要ポイントは５項目」となった。

項目ごとのチェックについては、次頁以降のイラストを参考にしてもらい、堂々と査察に赴いてほしい。

■百貨店・スーパーの火災事例（消防白書による）

昭和48年９月25日	西武タカツキショッピングセンター（大阪府高槻市）出火原因：放火 死者６名、損害70億円
昭和48年11月29日	大洋デパート（熊本県熊本市） 出火原因：不明、死者100名、 負傷者124名
昭和48年12月７日	いとう屋デパート（千葉県館山市） 出火原因：不明、負傷者５名、 損害２億円
昭和49年２月17日	神戸デパート（兵庫県神戸市） 出火原因：放火の疑い、死者１名、 負傷者40名、損害11億円
昭和49年７月16日	京急サニーマート（神奈川県横浜市） 出火原因：不明、損害２億５千万円
昭和51年１月２日	香芝中央デパート（奈良県香芝町） 出火原因：不明、損害２億円
昭和54年６月22日	丸栄百貨店（滋賀県大津市） 出火原因：まきかまど、負傷者１名、 損害２億円
昭和54年11月９日	イトーヨーカドー（東京都板橋区） 出火原因：不明、負傷者４名、 損害３億５千万円
昭和55年12月23日	ニセコ商事株式会社（北海道倶知安町） 出火原因：不明、損害３億３千万円
昭和56年３月４日	正雀ニューデパート（大阪府摂津市） 出火原因：不明、損害３億５千万円
平成元年12月23日	岡本総本店（三重県四日市市） 放火の疑い、損害３億５千万円
平成２年３月18日	長崎屋尼崎店（兵庫県尼崎市） 出火原因：不明、死者15名、 負傷者６名
平成16年12月13日	ドンキホーテ浦和花月店（さいたま市緑区）出火原因：放火 死者３名、負傷７名

No. 1　天井の不燃化・防火区画

1階～2階のみの店舗	不燃材料・準不燃材料・難燃材料
3階以上を店舗（居室）	不燃材料・準不燃材料に限る。その他の材料はダメ

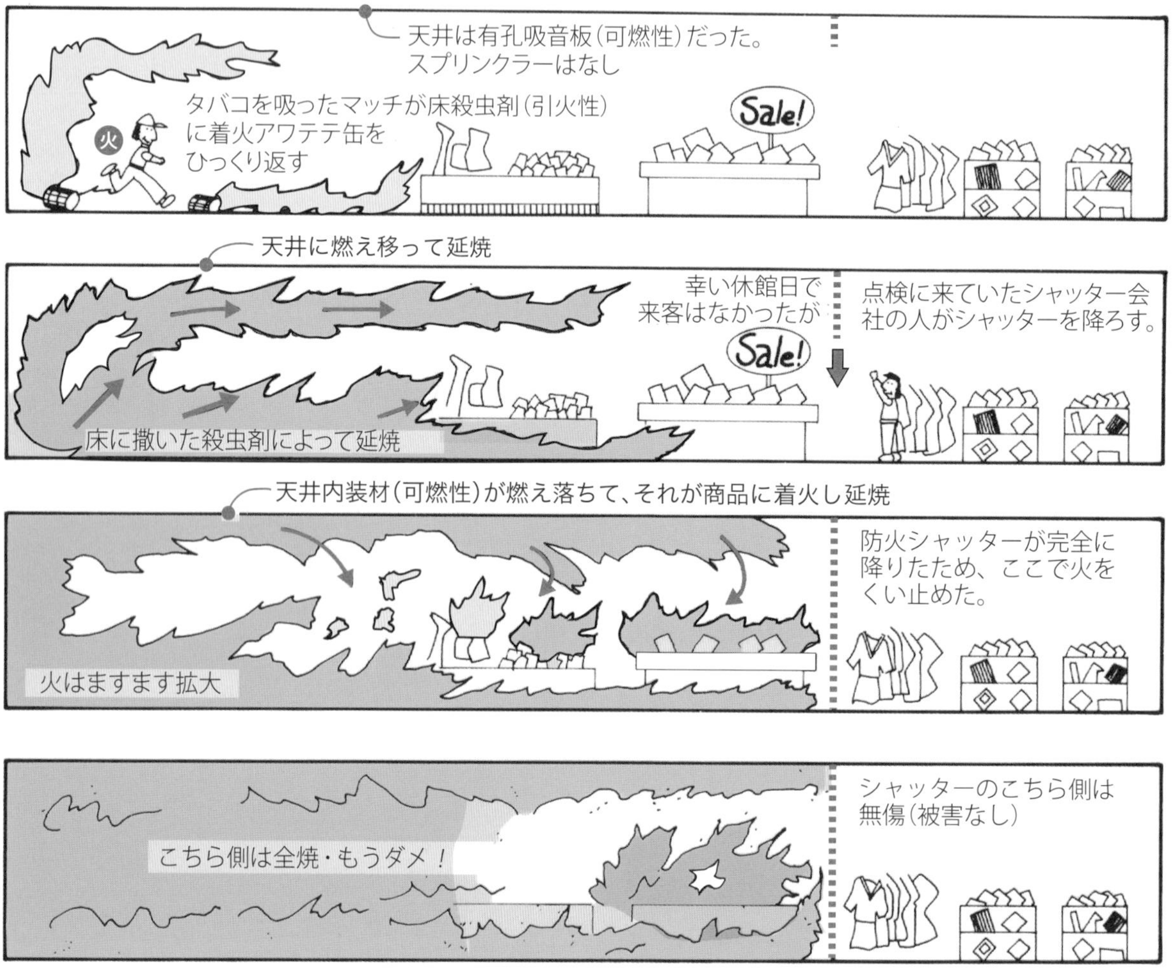

◆天井にデコレーションを取り付けると「避難口誘導灯」や「スプリンクラー」の障害となる。

No. 2　消防用設備等の設置（遡及適用）

階の高さによって必要となる消防用設備

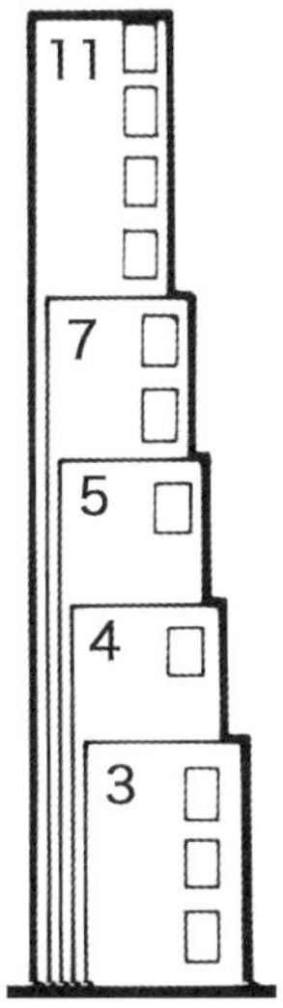

11 階　非常コンセント設備（11 階以上のみ）、スプリンクラー設備（全階に必要）
　　　自動火災警報設備、非常警報設備（放送設備付加）

7 階　連結送水管（すべて）

5 階　連結送水管（延べ面積 6,000㎡以上のみ）

4 階　スプリンクラー設備（1,000㎡以上の階）
　　　屋内消火栓設備（一般 150㎡以上、準耐 300㎡以上、耐火 450㎡以上）・
　　　動力消防ポンプ設備

3 階　消火器具（床面積 50㎡以上の階）・自動火災報知設備（床面積が 300㎡以上）

収容人員の数によって必要となる消防用設備

300 人　非常警報設備（放送設備付加）

（その階）50 人　避難器具（1 階・耐火 2 階は不要）
50 人　非常警報設備（一般階）

30 人　防火管理者の選任
20 人　非常警報設備（地階・無窓階）
20 人　非常警報器具
（その階）10 人　避難器具（3 階以上で直通階段が 1 の階）

収容人員算定

来客　売場 4㎡ごとに　1 人
（飲食部分
休憩部分）
3㎡ごとに　1 人
従業員……………従業員の数

（売場）　（食堂・休憩）　（従業員）

延べ面積の大きさによって必要となる消防用設備

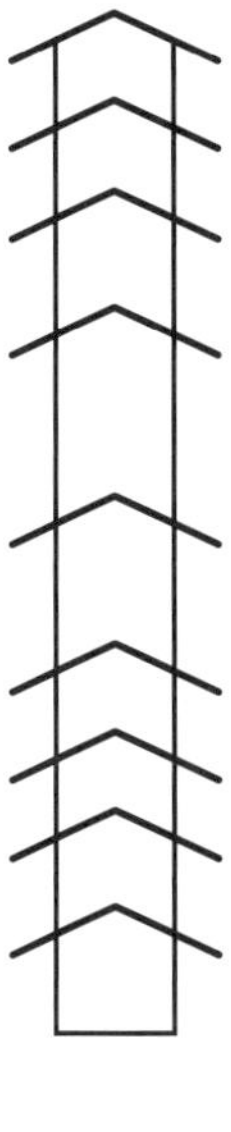

25,000㎡　消防用水（高さ 31 m を超えるもの）

5,000㎡　消防用水（敷地面積 20,000㎡以上で、耐火 15,000㎡以上、準耐 10,000㎡以上）

3,000㎡　スプリンクラー設備（平屋建てを除く。）
3,000㎡　1 階・2 階のみ屋外消火栓設備・動力消防ポンプ設備（耐火 9,000㎡以上、準耐 6,000 以上㎡）

700㎡　屋内消火栓設備・動力消防ポンプ設備（耐火 2,100㎡以上、準耐 1,400㎡以上）

500㎡　消防機関へ通報する火災報知設備
300㎡　自動火災報知設備・漏電火災警報器
150㎡　消火器
全　部　誘導灯・カーテン等の防炎措置

No. 3　無窓階の防火対策

どこのデパートも、スーパーも商品保護といって
「窓なし建築」ばかり建っているナー

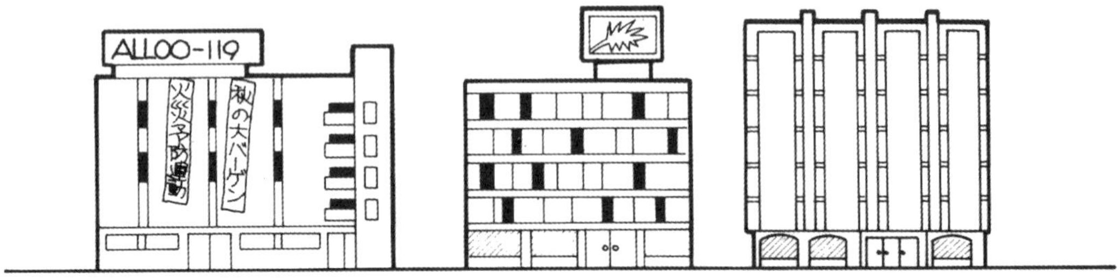

火事になったらどうするの！こうなったら大変ダ

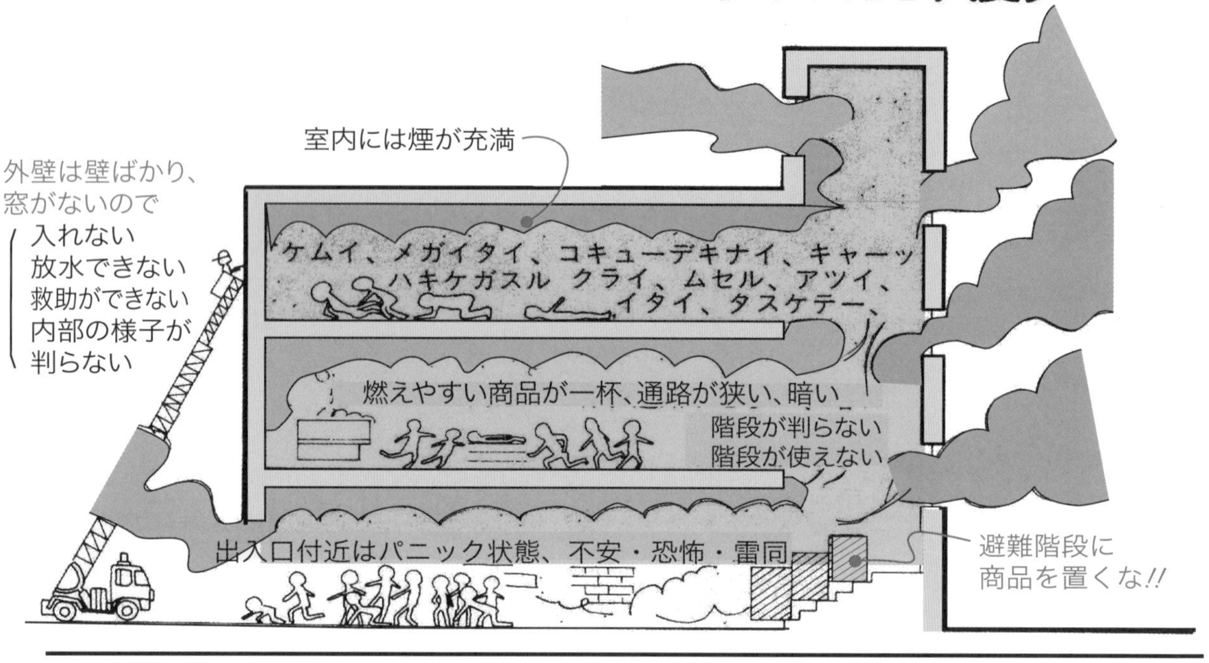

無窓階（地階を含む）の消防用設備の基準強化

全部	誘導灯
50㎡	消火器具
150㎡	屋内消火栓設備・動力消防ポンプ設備 （準耐 300㎡以上、耐火 450㎡以上）
300㎡	自動火災報知設備
700㎡	連結散水設備（地階のみ）
1,000㎡	スプリンクラー設備、排煙設備 ガス漏れ火災警報設備（地階のみ）

No. 4　階段の管理・出入口の管理

1,500㎡以上の店舗では、
幅員140cm以上
勾配｛けあげ　18cm以下
　　　ふみつら26cm以上
踊場　3m以内ごと

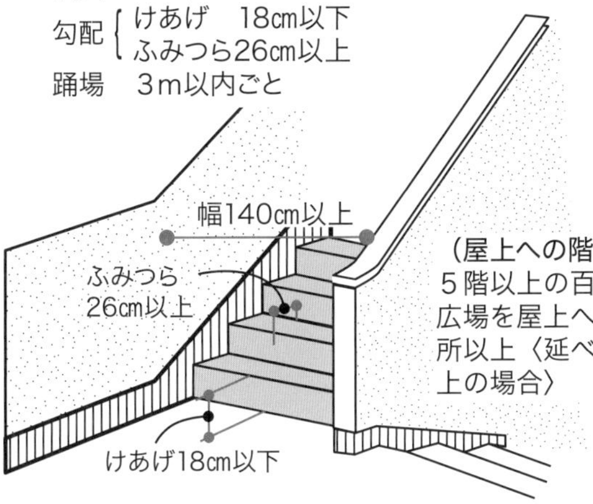

（屋上への階段）
５階以上の百貨店では必ず屋上広場を屋上へ通ずる階段は２箇所以上〈延べ面積 1,500 ㎡以上の場合〉

各売場から階段までの歩行距離は30m以内
（耐火・内装不燃化ならば40m以内）

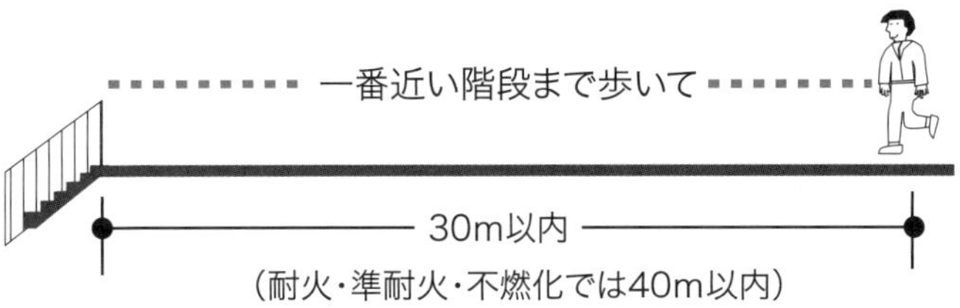

（階段の数）
２方向避難ができるように配置
歩行距離 30 m以内ごと
（耐火・不燃化 40 m以内ごと）

（避難階における出口の幅の合計）
床面積最大階の床面積 100㎡ごとに 60cm以上

- 最大階が 2,000㎡ならば
  2,000/100 × 60cm =12.0 m
  全出口幅の合計は 12 m以上

（階段の幅の合計）
床面積最大階の床面積 100㎡ごとに 60cm以上

- 最大階が 1,500㎡ならば
  1,500/100 × 60cm = 9 m
  全階段の幅の合計は 9 m必要

（階段に通ずる出入口の幅の合計）
床面積 100㎡ごとに 27cm以上
地階では 100㎡ごとに 36cm以上

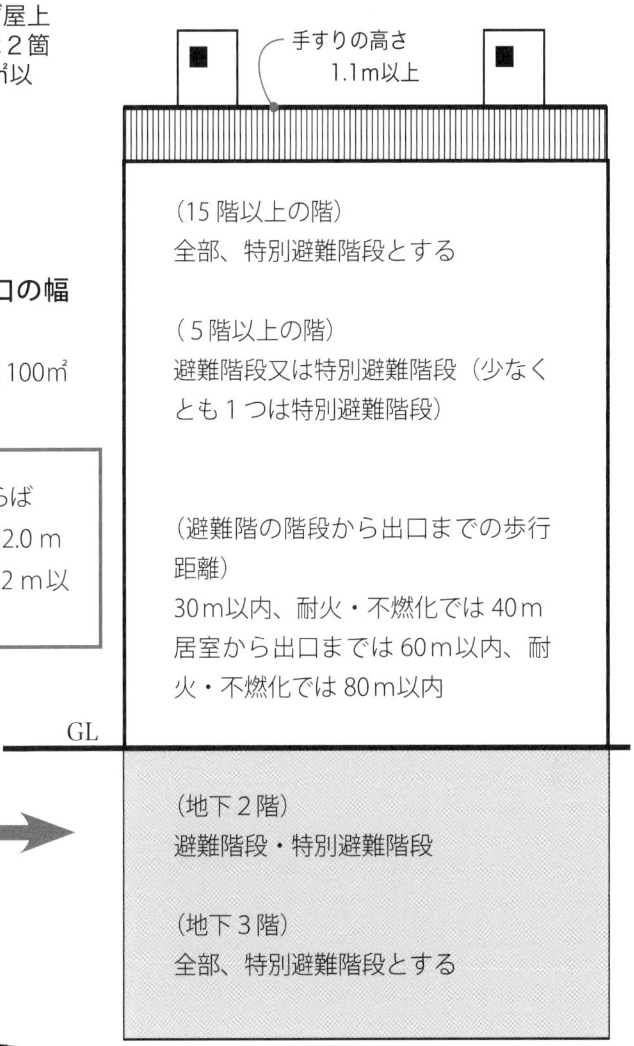

No. 5　避難・救助の体制

防火管理者
鈴木

- 私は、今度防火管理者に選ばれた鈴木です。（このスーパーは、売場等が 1,000㎡、従業員 12 人です。収容人員は 1,000/ 4 （＝ 250 人）＋ 12 人＝ 262 人です。30 人以上ですから、防火管理の選任が必要です。）
- すぐに消防署へ選任届を提出します。
- 消防計画を変更して、改めて届出ます。
（消防計画は変更したときも、届出なければなりません。）
- その消防計画に従って、春と秋の２度「消火訓練及び避難訓練」をします。その時は消防署に連絡して、その指導を受けます。
- 消防用設備は、消防設備士に定期点検をさせていますから、安心です。
点検結果は、消防署へ報告しています。

———どこのお店も、これだけシッカリしているといいんだけどネ———

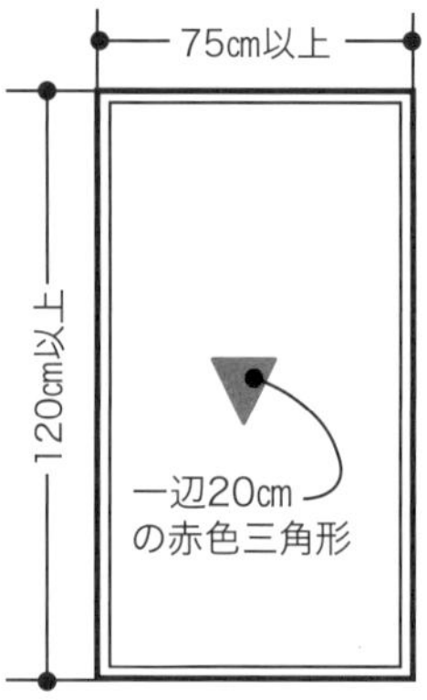

避難上又は消火活動上有効な開口部

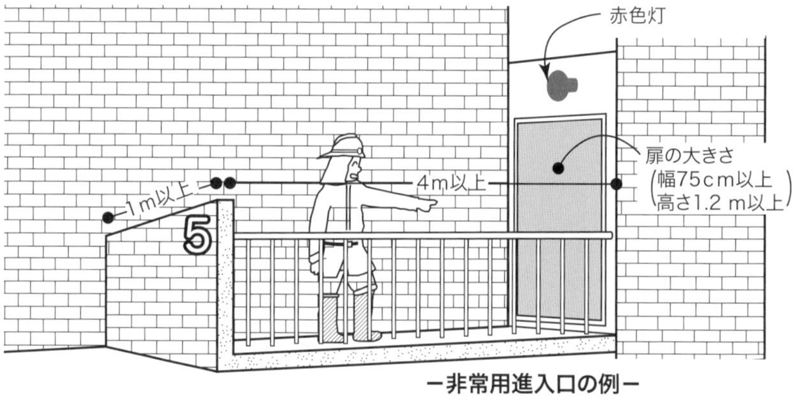

－非常用進入口の例－
3階以上の階に設置、外壁40m以内ごと

赤三角形が不揃いだナ

法令では単に1辺が 20cmの正三角形としか書いてないので、上向きでもOK、下向きでもOKとなる。しかし、一つの建築では統一した方がよいナ

大型店舗の避難器具

種　類	地階	2階	3階	4階 5階	6階 ～ 10階	11階 以上
救助袋	—	○	○	○	○	—
避難はしご	○	○	○	○	○	—
緩降機	—	○	○	○	○	—
避難橋	—	○	○	○	○	—
すべり台	—	○	○	○	○	—
タラップ	○	○	○	—	—	—
すべり棒 避難ロープ	—	○	—	—	—	—

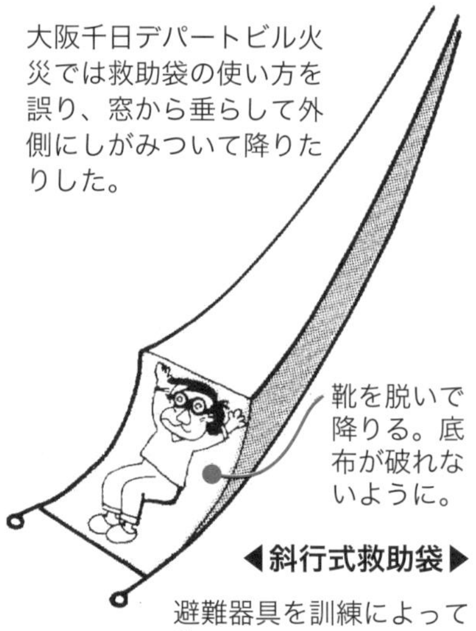

◀斜行式救助袋▶

避難器具を訓練によって使いこなせるように

◀緩降機▶

旅館・ホテルの査察
チェックポイントはこれだ(3)

消防法施行令別表第1(5)項イ

■何に着目するか？

地下街とか超高層ビルなどは、どこの都市にでもある、といったものではないが、ホテルや旅館は全国どこの都市にでも存在する。

過去の大規模火災のうち、「(5)項イ」に絞って、その延焼拡大の原因となった点を調べてみると、次のような項目があげられることに気付く。

① **防火区画に欠陥がある**——特に、各階や各室の区画を貫通するダクトスペースとかパイプシャフト、ケーブルシャフトなどの埋め戻しが不充分である。もう1点は、防火シャッターが、妨害物や作動不良によって完全に床面まで降下しない例が多い。(97頁イラスト参照)

② **内装材の不燃化が図られていない**——各室間の区画に可燃性材料が使われていたり、表装材、カーテン、カーペットが易燃性であったりして、延焼を促進したり、煙発生の原因となったりする。(97頁イラスト参照)

③ **避難経路が複雑で分かりにくい**——増改築などによって、建物形態が複雑になり、特に避難ルートが滞在者にとって容易に分かりにくい状態となっている。(99頁イラスト参照)

④ **消防用設備等の未設置、維持管理の欠陥**——ホテル・ニュージャパンや川治プリンスホテルの火災のように、消防用設備等の未設置が火災拡大の主因となるケースは多い。それとともに折角設置した設備も維持管理が悪く使いものにならなかったり、使用方法を知らず、無に等しいものにする例もある。特に、自動火災報知設備は、その過敏感知を防ぐためスイッチを切ったり、変造したりしている事例も少なくない。

⑤ **防火管理機能面での欠陥**——防火管理者未選任は言わずもがな、たとえ選任していたとしても名目上だけのもので実質が伴わなかったり、従業員に対する防火教育、消防訓練指導を怠り、その対象物全体の防火管理機能が著しく低劣化しているものが多い。当然、避難誘導とか初期消火活動など満足に行えるハズがないのである。

以上が、ホテル・旅館等宿泊施設に発生した大火災に共通する欠陥であり問題点だ。この5項目は、過去のその種事例を調べてみると、呆れるほどすべてにわたり存在する。言いかたを変えれば、この5項目さえ充足していればホテル等の火災は発生しにくいだろうし、たとえ発災したとしても大惨事や大量死者の発生は考えられないとみてもいい。

だから、ホテル等の防火管理担当者は、この5点について徹底的にチェックすることが最低の安全維持義務であるのを知る必要があるし、消防査察マンの査察基本は、この5点を中心に把えることに他ならない。

「(5)項イの査察ポイントは5項目！」

まるでゴロあわせのような感じもするが、これを頭において査察におもむいてみよう。これこそ着眼点なのである。

■構造・設備は何がどうなっているか？

査察するにあたって、もうひとつ考えておかなければならないことがある。

それは、建築構造や内装材などは建築基準法によって規制され、関連法規として消防法があることと、逆に消防用設備については消防法が規制基本であり、建基法は関連法規の役目を負う、という点だ。

ややこしいけれども、現行の法規では、この2本建てで臨まなければ仕方がない。そこで本項は構造や設備はどうなっていればいいのか、何が必要なのかの基本を述べているのである。あとは実際に君が現場に出向いて、その眼で確かめ、その頭脳で解釈してもらうことになる。祈る、健闘だ。

■旅館・ホテルの火災事例（消防白書による）

昭和44年２月５日　磐光ホテル（福島県郡山市）
出火原因：ストーブ、
死者30名、負傷者41名

昭和44年５月18日　白山荘（石川県加賀市）
出火原因：不明、負傷者16名

昭和46年１月２日　寿司由楼（和歌山県和歌山市）
出火原因：不明、
死者16名、負傷者15名

昭和48年10月11日　坂口荘（兵庫県神戸市）
出火原因：たばこの消し忘れ、
死者６名、負傷者５名

昭和50年３月10日　千成ホテル（大阪府大阪市）
出火原因：不明、
死者４名、負傷者64名

昭和53年６月15日　白馬（愛知県半田市）
出火原因：不明、
死者７名、負傷者24名

昭和55年11月20日　川治プリンスホテル（栃木県藤原町）
出火原因：アセチレンガス、
死者45名、負傷者22名

昭和57年２月８日　ホテル・ニュージャパン（東京都千代田区）
出火原因：たばこ、
死者33名、負傷者34名

昭和57年11月18日　庄川温泉観光ホテル（富山県庄川町）
出火原因：不明、
死者２名、負傷者８名

昭和58年２月21日　蔵王観光ホテル（山形県山形市）
出火原因：不明、
死者11名、負傷者２名

昭和61年２月11日　大東館（静岡県東伊豆町）
出火原因：不明、死者 24 名

昭和61年４月21日　菊水館（静岡県河津町）
出火原因：不明、
死者３名、負傷者56名

昭和63年12月30日　ホテル望海荘（大分県別府市）
出火原因：たばこの火の不始末、
死者３名、負傷者１名

平成６年12月21日　若喜旅館本店（福島県福島市）
出火原因：不明、
死者５名、負傷者３名

平成24年５月13日　ホテルプリンス（広島県福山市）
出火原因：不明、
死者７名、負傷者３名

No. 1　防火区画

耐火建築物………………… 1,500m^2以内ごと
準耐火建築物
　（45 分間準耐火、外壁耐火等）
　　………… 500m^2以内ごと
　（そ の 他）………… 1,000m^2以内ごと
木造建築物（防火壁・防火床）
　……　……1,000m^2以内ごと

- スプリンクラー設備等の自動式消火設備を設けた部分については、その床面積の 1/2 に相当する床面積を除いてよい。
- 3 階建て以上の旅館・ホテルは耐火等義務付け
- 2 階の床面積 300m^2以上は準耐火等義務等付け

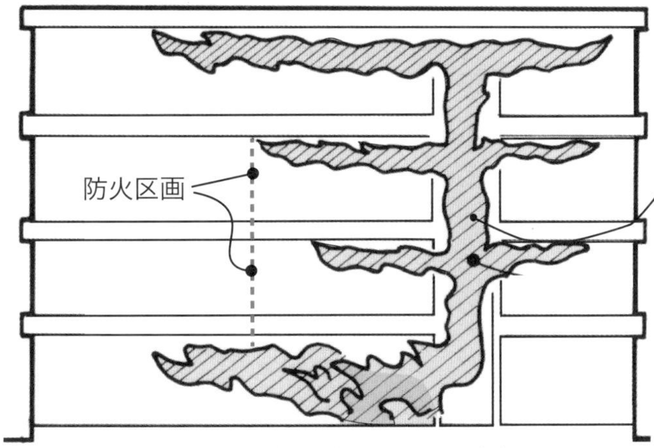

防火区画が不完全だと火の廻りが速い
タテ穴部分の防火区画が特に大切だ

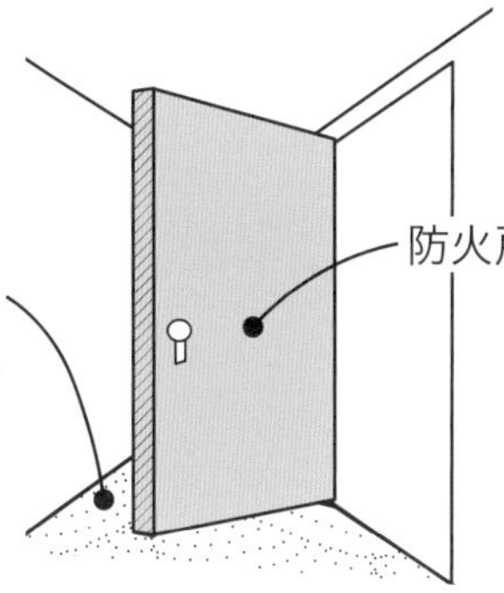

防火戸は完全に閉まるか

査察のポイント

タテ穴の防火区画

（エレベーターの昇降路、階段
ダクトスペース、パイプシャフト、吹き抜け部分）

特に床・壁の配管
貫通部のモルタル埋めを

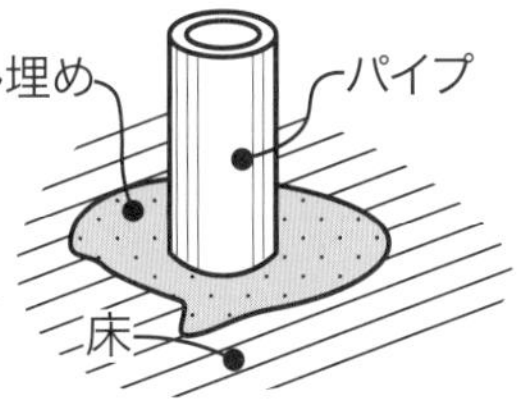

No. 2　内装の不燃化・防炎化

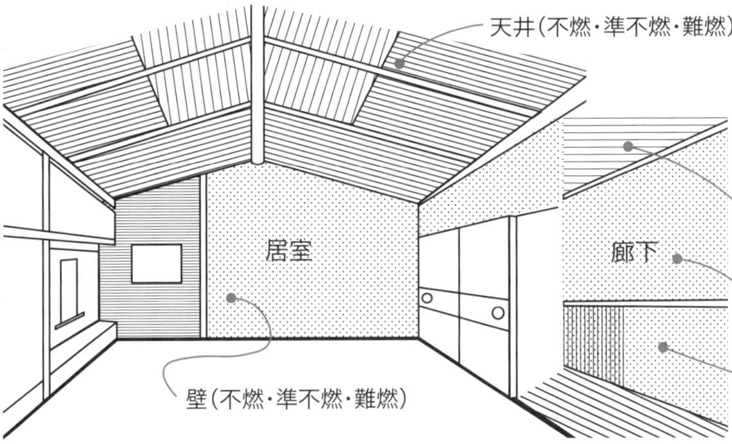

◆内装不燃化

耐火建築物………… 3 階以上の床面積 300m^2以上
準耐火建築物……… 2 階部分の床面積 300m^2以上
その他の建築物……200m^2以上のもの

- 居室の壁は、高さ 1.2 m以下の部分を除く。
- 居室の天井は、3 階以上の階を旅館、ホテルの用途に供する場合は、難燃材料の使用できない。

延べ面積の大・小により設置する設備

6,000㎡　スプリンクラー設備（平屋建を除く。）

5,000㎡　消防用水（敷地面積 20,000㎡以上）
（注　準耐 10,000㎡、耐火 15,000㎡以上）

3,000㎡（1，2階のみ）　屋外消火栓設備・動力消防ポンプ設備（準耐 6,000㎡・耐火12,000㎡）

700㎡　屋内消火栓設備・動力消防ポンプ設備（準耐 1,400㎡・耐火 2,100㎡）

500㎡　消防機関へ通報する火災報知設備

150㎡　漏電火災報知設備（ラスモルタルのみ）
〃　消火器具

全部　自動火災報知設備
誘導灯
〃　カーテン等の防炎措置

●スプリンクラーヘッド●

●自火報の感知器●

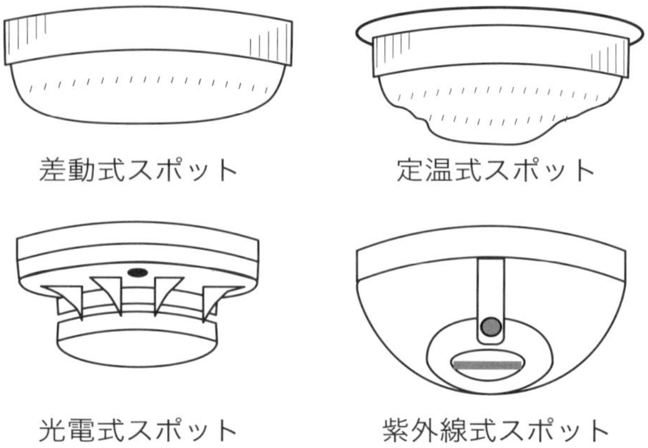

●防炎表示ラベル●

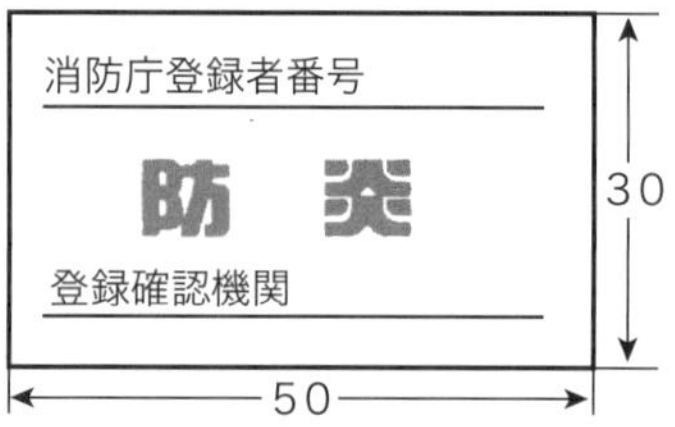

●泡消火器●　●粉末消火器●

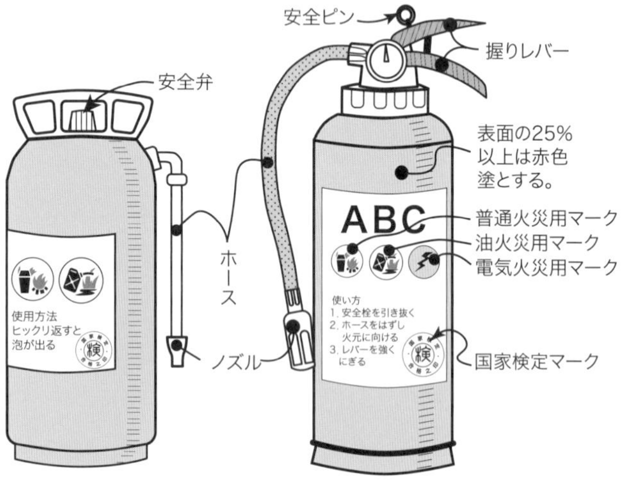

●屋内消火栓（2号）の内部●

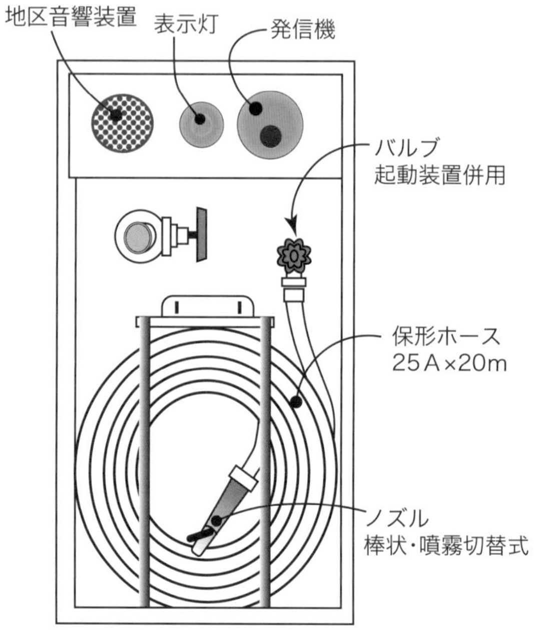

収容人員の数により設置する設備

10 人　避難設備（3階以上の階で直通階段の数が1つだけの階又は下階に（キャバレー、料理店、自動車庫、事務所等の特定用途部分が存する階））

20 人　非常警報設備

30 人　防火管理者の選任

30 人　避難器具（各階ごとの収容人員）

300 人　非常用警報設備（放送設備の付加が必要となる。）

収容人員の算定方法

（従業員数）＋（洋式の宿泊室ベッド数）＋（和室の宿泊室 6㎡につき1人）＋（集会・飲食・休憩部分固定いす数・3㎡につき1人）

↑ 簡易宿泊所又は団体客用のものは3㎡につき1人

No. 3　避難経路

旅館・ホテルでは、廊下が曲がりくねっていたり、階段の場所が思わぬところにあったりして、避難経路が判りにくいことが多い。

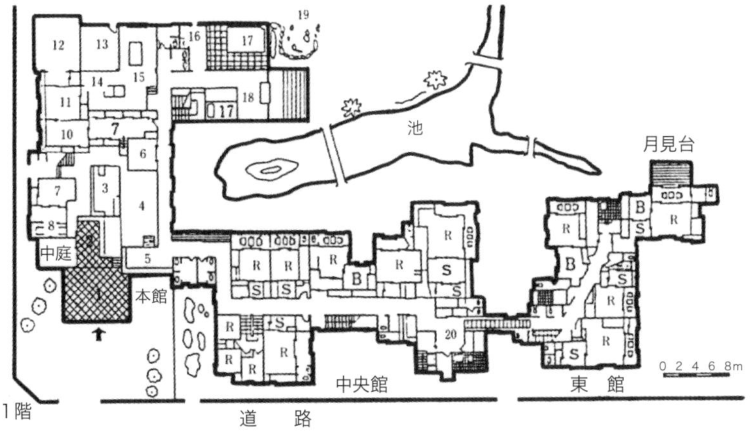

和風旅館の間取りの例（芦原温泉　B旅館）

ドアに避難経路図を貼っておく

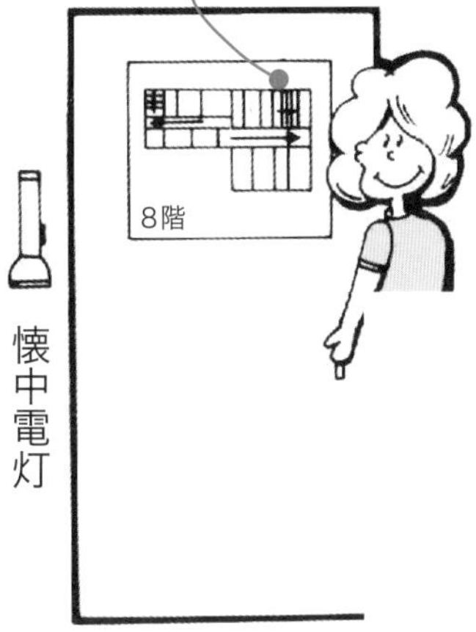

洋室ホテルの例

避難経路を客室ごとに図示する

テーブルの上に避難経路図を用意しておく

和風旅館の例

査察のポイント

それぞれの客室から本当に避難する経路を歩いてみる………のがよい

避難階段がこんな状態になっていないか

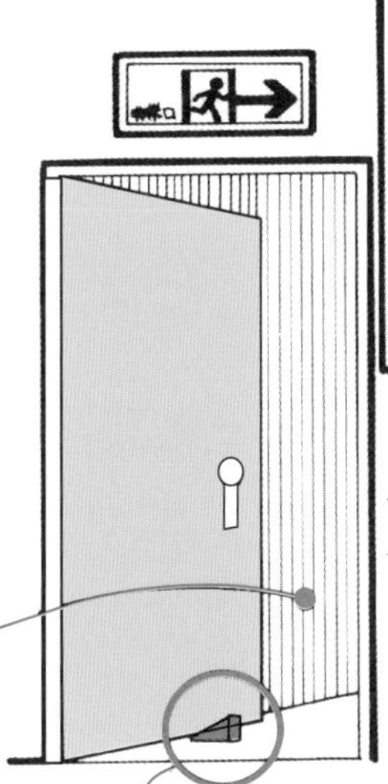

閉まっていなければならない防火戸（常時閉鎖式防火戸）が開けっ放しになっていないか

くさび状の木片（よくある例）

非常口はすぐ開けられるか

屋外への避難口が地上から高いのに下に階段がないこともある

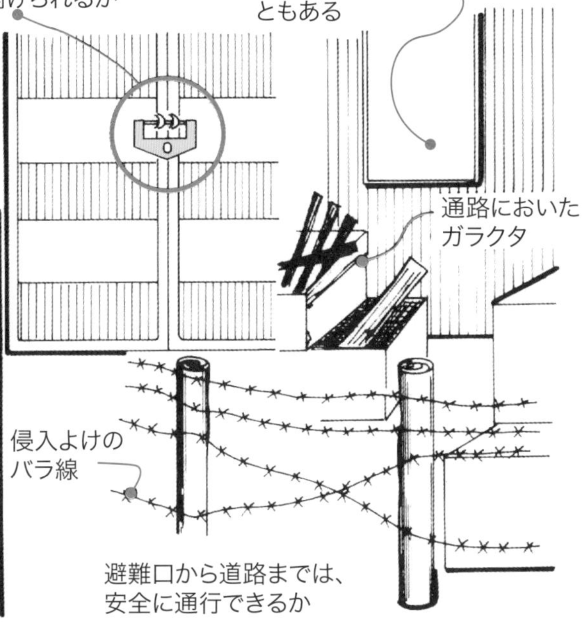

通路においたガラクタ

侵入よけのバラ線

避難口から道路までは、安全に通行できるか

避難階段・防火戸の管理

…廊下、階段、避難口には、避難の支障になる物件を放置したり又はみだりに存置されないように管理し、防火戸については閉鎖の障害になるような物件を放置したり、又はみだりに存置されないように管理しなければならない（消法第８条の２の４（大意））。

No. 4　消防用設備等の設置（遡及適用）

階の高さ・種類により設置する設備

11階　非常コンセント設備（11階以上のみ）
〃　スプリンクラー設備（全階に必要）
〃　自動火災報知設備
〃　非常警報設備（放送設備付加）

7階　連結送水管（すべて）
5階　連結送水管（6,000㎡以上）

4階　屋内消火栓設備
〃　動力消防ポンプ設備
（一般150㎡以上の階
準耐300㎡以上の階
耐火450㎡以上の階）

3階　消火器具（床面積50㎡以上の階）
〃　自動火災報知設備（300㎡以上の階）
〃　非常警報設備（収容人員50人以上の階）

地階（無窓階）
全部　誘導灯
50㎡　消火器具
150㎡　屋内消火栓設備　準耐300㎡以上
〃　動力消防ポンプ設備　耐火450㎡以上
300㎡　自動火災報知設備
700㎡　連結送水管（地階のみ）
1,000㎡　スプリンクラー設備
〃　ガス漏れ火災警報設備（地階のみ）

地下3階　非常警報設備（放送設備付加）

このほか室の用途により
●駐車場●ボイラー室●電気室等には

水噴霧消火設備等

200㎡以上のボイラー室
200㎡以上の電気設備室
200㎡以上の駐車場
（注　1階では500㎡以上
屋上では300㎡以上）
500㎡以上の通信機器室

●非常コンセント設備●

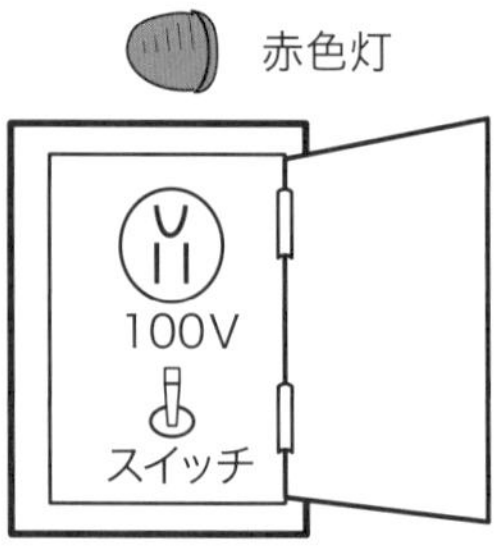

●連結送水管（送水口）●

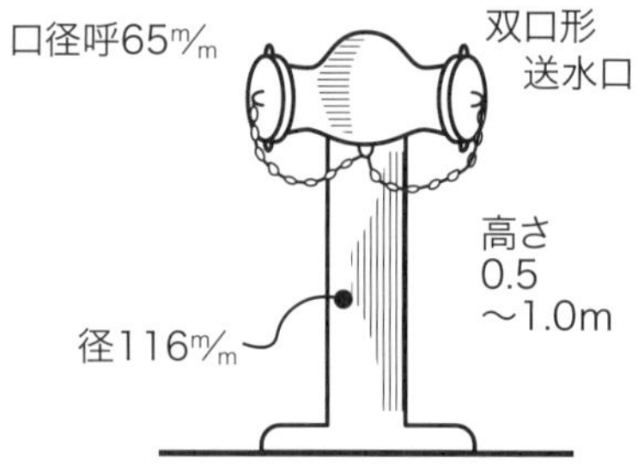

●誘導灯●

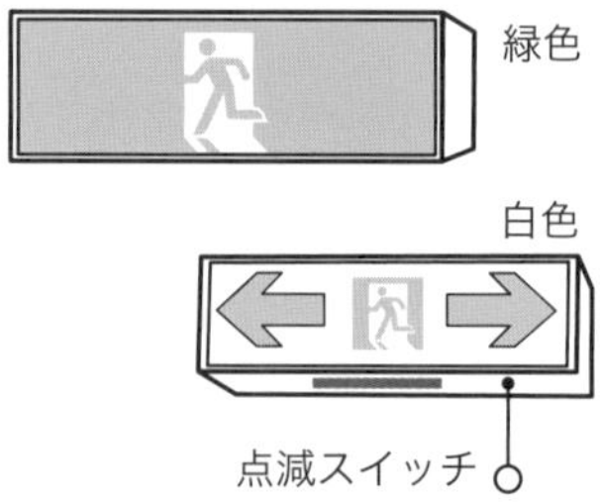

●散水ヘッド●

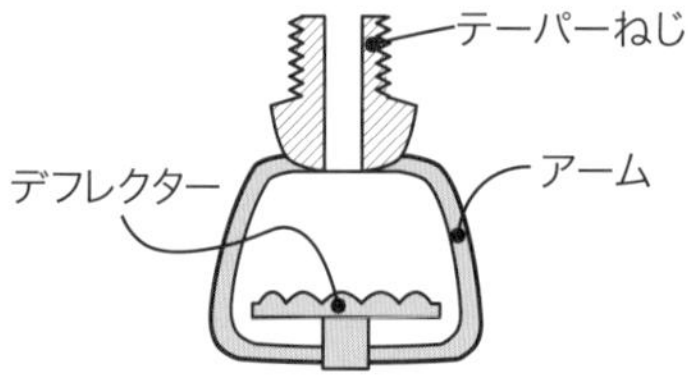

自動火災報知設備

200㎡以上の駐車場
（地階又は2階以上の階）
500㎡以上の通信機器室

漏電火災警報設備

契約電流容量　50アンペア以上
（ラスモルタルの壁・床・天井のあるもの）

No. 5　防火管理

●防火管理者の選任はすんでいるか

選任が済んだら消防署長に届け出ましょう
交替したときの届出も忘れずに……よくあることだ

●消防計画は届け出てあるか

——消防計画には何を書いたらよいか
——それは消防法施行規則第３条をどうぞ

●消防訓練をやっているか

——１年に２回以上実施することになっている
——こっそりやったのではダメ。消防署に連絡
してからやりましょう——
（消則第３条第 10 項、第 11 項）

●消防用設備の点検・報告もしているか

——６ヶ月ごとに……機器点検を
——１年ごとに………総合点検を行って
——１年に１回は……点検結果を消防署に報告する。
——1,000m²以上の旅館・ホテルでは、
点検を消防設備士に行わせよう——

●防火対象物の点検・報告もしているか

——収容人員 300 人以上の旅館・ホテルでは、１年に１回
——防火対象物点検資格者に、点検基準に適合しているか
点検させ点検結果を消防署長に報告しているか。—

防火対象物の定期点検報告制度に基づく表示

法定点検基準	特例認定基準

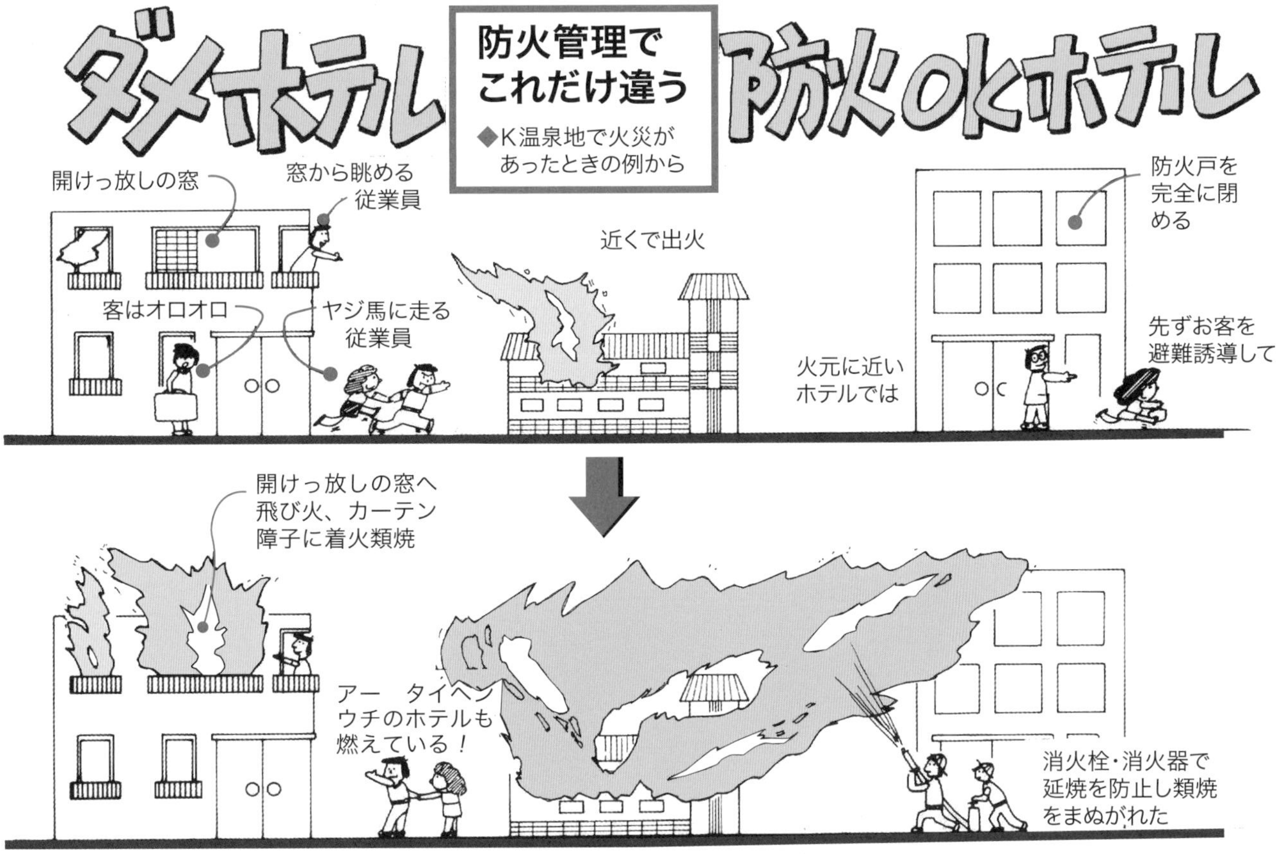

ダメホテルはダメネー。ＯＫホテルは防火管理がシッカリしているネー。

病院・診療所の査察
チェックポイントはこれだ⑷

消防法施行令別表第1⑹項イ

■令別表 (6) 項対象物

令別表第1⑹項イ、ロ、ハ、ニと4種のものに共通するのは、消防用語でいうところの“身体的弱者”を収容する施設であることだ。火災など緊急の場で、自由に行動できない、或は全く行動できない人、適切な指示がなければ行動を起こすこともできない、そういった人が利用する施設が、この⑹項に共通する点である。

ただし、ロ、ハの各対象物は、それら身体的、行動的ハンディーのある人が、ハンディーの種類ごとに分かれて利用している施設であり、ある意味では整合が図りやすい。つまりハンディーの種類に応じた、緊急回避手段が講じやすい、ということになる。

これに対して⑹項イ対象物はどうか。外科とか内科とかで一応区分されているところはあるものの、総合病院などになってくると、それこそ利用者の行動レベルは千差万別、極めて多種多様なレベル差があって、とても一括して対処できるほど単純ではない。加えて、現代どんな医療施設でも、慢性化しているのは看護師、看護介助者の不足である。

いったん発災した場合に、最も頼りとしなければならない“人”が、常に不足気味だという現状。そして、夜間ともなれば、さらにこれは減員を余儀なくされ、少人数で管理されている現実。

消防用設備等の未設置や、既存適用部分についての未改修など、この⑹）項イが対面している問題は多い。

傷病者よりも、むしろ高齢者収容施設といった趣きを呈している病院もあるくらいで、避難および避難誘導面から考えて、相当の難問題を抱えこんでいるのである。

……と、これはあくまで内情の紹介にすぎぬ。査察マン諸君は、こうした事情を知っておくだけでよい。査察はあくまで査察であり冷静かつ確実に進めること。そうして得た査察結果に、実情を踏まえた判断を加味し、指導方針を打ち出す、これはまた別の次元の問題である。

さて、ではその基本的なチェック・メニューをとり上げてみよう。

■やはり防火区画のチェックから

およそ、病院と名がつく以上、いざという時のことを考えて、確実な防火区画が成されているのは常識だ、と思うのは、実は非常識なのである。非常識がオーバーなら、かなり認識が甘い、といい替えてもよい。なぜなら、過去に起こった病院特異火災8例のほとんど全部が、防火区画の不完全による延焼拡大という要素を抱えているからだ。（特に、昭和48年3月8日発災・済生会八幡病院の例は著名）

病院施設というのは、一見がっちり堅牢に出来ているようで、実はタテ穴が非常に多いのが特徴である。エレベーターホール（一般に比べて広く大きい）、稀にエスカレータールート、調理用リフト、ダクト、パイプシャフト、最近ではプラスチックやアクリルパイプ製のカルテ・シューター、ダスター・シューターなど、それこそ床面は穴だらけといっても過言ではない。

だから、厳密な意味での防火区画というのは、建築設計時から確実にチェックし、それを図面やデータとして査察ごとに再確認する、或は申し送り記載するといった配慮が必要である。既存のものについては、同じように設計図面などをもとに、区画の良否、実際に施工されているかどうかなどを確認する作業が要求される。設備よりも区画、これを重視するのは、病院施設の査察にあっても例外ではない。

■避難用ルート・避難用設備

先にも書いたとおり、病院施設の特徴は、健康でない人を収容していることである。いざ火災、ともなればまず自力脱出できない人から避難させなければならない。

心ある病院では、重症患者ほど避難階、或いは階段やスロープ直近の部屋に収容しているのが普通で、当然ナース・ステーション（看護師詰所）にも近い位置となっている。

これと逆の場合は“心ある”とは言えないわけで、まず重症クランケの位置から考えて、査察する心がけも必要である。

それとともに、避難施設の検査、設置場所の適、不適にも目を光らせること。過去の病院火災の事例では、設置位置が悪く、避難行動に着手できないまま死を迎えた、というケースが少なくない。「避難」について総合的な判断と、適切な指導ができる査察こそがベストである。

■警報システムは万全か

すばやく火災に対応する、避難体制に移行する……そのためには警報設備が適切に作動しなければきっかけがつかめない。自動火災報知設備はむろんのこと、ガス漏れ火災警報設備や、漏電火災警報器、さらには建物内放送設備についても、確実にチェックする。

こうした警報設備の不備や不作動によって従来どれだけの被害増につながったか、病院施設火災では意外に、この警報設備不作動が多いし、反面、タイムリーな作動で大被害を免れた例もかなりあるのだ。実際に作動させる、放送させるなど、実地訓練に近いチェックが行われてもよい。

■消防計画の厳密チェック

⑹イ対象物も、防火管理の難かしさでは定評がある。

収容者の特性に加えて、火を使う施設（厨房・焼却施設）、放射性医療設備、変電設備、場合によって屋内タンク貯蔵所などの危険物施設と、正に種々雑多な要素が包含されているからだ。

大都市の査察は、それぞれ専任の担当官を置いているが、ふつうは「予防担当職員」が行っており、どうしても全て確実な査察となるとムリが出やすい。それを防ぐ、ひとつのヒントを出しておこう。

査察台帳と消防計画（場合により建築設計図）とを、じっくり見比べ、矛盾点や疑問点を予め書き出しておくことだ。どうしても合点のいかないこと、腑に落ちぬことを、事前の書類チェック、リサーチによって洗い出しその上で査察に臨む。これくらいの努力をしないと、病院施設はチェックもれが起こりやすい。規模が大きくなればなるほど、総合病院などになればなるほど、消防計画は完全に目を通しておかなくてはならない。

それと同時に重要視しなければいけないのは、消防訓練時に避難訓練と、従業員に対する防災教養の実施回数である。避難訓練はこの施設にとって、やってやり過ぎることはなく、各病棟、階、科目ごとに、定期的に実施させ記録させておくべきだ。

一応、病院施設における防火管理者は、事務長とか事務課長といったポストにある人が選任されているはずだが、概して営業数字に強く、消防用設備等の増強についても、そうした面から捉えているケースが多い。そこを認識した上で、うまく査察し、効果的な指示を出す、これこそ査察マンの腕の見せどころだろう。レッツ・ゴーである。

■病院の火災事例（消防白書による）

昭和45年６月29日　秋山会両毛病院（栃木県佐野市）
出火原因：放火、死者17名、負傷者１名
昭和45年８月６日　手稲病院（北海道札幌市）
出火原因：放火、死者５名、負傷者１名
昭和46年２月２日　小島病院（宮城県岩沼町）
出火原因：不明、死者６名
昭和48年３月８日　済生会八幡病院（福岡県北九州市）
出火原因：蚊取線香の不始末、
死者 13名、負傷者３名
昭和52年５月13日　岩国病院（山口県岩国市）
出火原因：ローソクの疑い、死者７名、負傷者５名
昭和59年２月19日　宏知合青山病院（広島県尾道市）
出火原因：不明、死者６名、負傷者１名
平成25年10月11日　安部整形外科（福岡県福岡市）
出火原因：その他、死者 10 名、負傷者５名

■社会福祉施設の火災事例（消防白書による）

昭和30年２月17日　聖母の園養老院（神奈川県横浜市）
出火原因：かいろの火の不始末、
死者99名、負傷者９名
昭和61年２月８日　草薙園（青森県弘前市）
出火原因：たばこ、死者２名、負傷者６名
昭和61年７月31日　陽気会陽気寮（兵庫県神戸市）
出火原因：放火の疑い、死者８名
昭和62年２月11日　彿祥院（静岡県富士市）
出火原因：不明、死者３名、負傷者１名
昭和62年６月６日　昭青会松寿園（東京都東村山市）
出火原因：放火の疑い、死者17名、負傷者25名
平成18年１月８日　やすらぎの里さくら館（長崎県大村市）
出火原因：マッチ・ライター、死者7名、負傷者3名
平成21年３月19日　静養ホームたまゆら（群馬県渋川市）
出火原因：不明、死者 10 名、負傷者１名
平成22年３月13日　グループホームみらいとんでん（北海道札幌市）
出火原因：ストーブ、死者７名、負傷者２名
平成25年２月８日　クループホームベルハウス東山手（長崎県長崎市）
出火原因：加湿器の不具合、死者４名、負傷者８名

病院と診療所はベッド数の違い

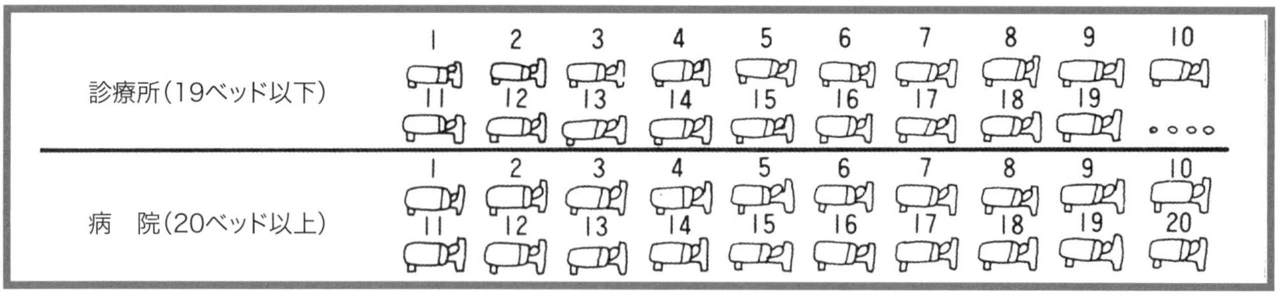

病院・診療所の構造・内装・階段

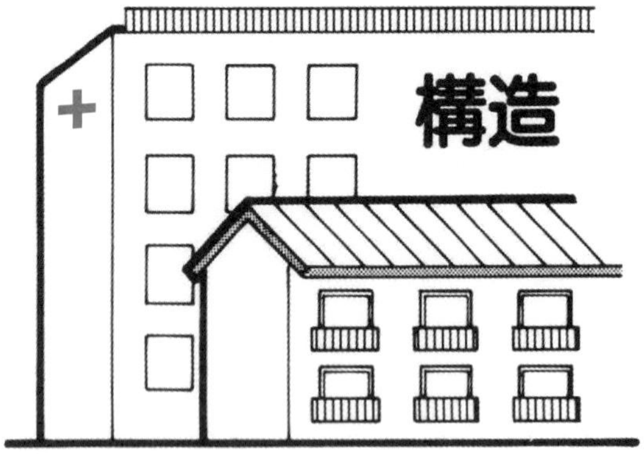

3階建以上──→耐火建築物

（3階以上の階を病院・診療所の用途に供するもの（延べ面積が200㎡以上））

2階建──→準耐火建築物

（2階の床面積が300㎡以上で、2階に患者を収容するもの）

内装の不燃化

不＝不燃材料、　準＝準不燃材料、　難＝難燃材料

耐火建築物…………3階以上の床面積が300以上のもの
準耐火建築物………2階の床面積が300以上のもの
その他の建築物……床面積が200以上のもの

居室の壁・天井……………不、準、難
（3階以上の天井は、不、準）
廊下・階段の壁・天井……不、準

階段までの歩行距離

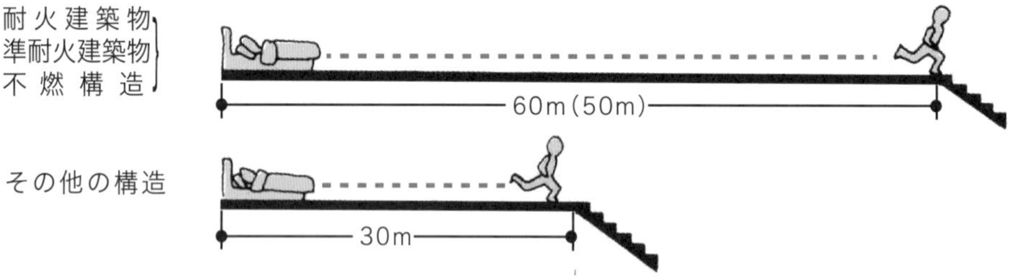

（　）内は、内装不燃化となっていないとき

いずれも2方向避難が原則。避難経路の1/2以上が同じ経路であってはいけない

直通階段で5階以上は避難階段又は特別避難階段とする。

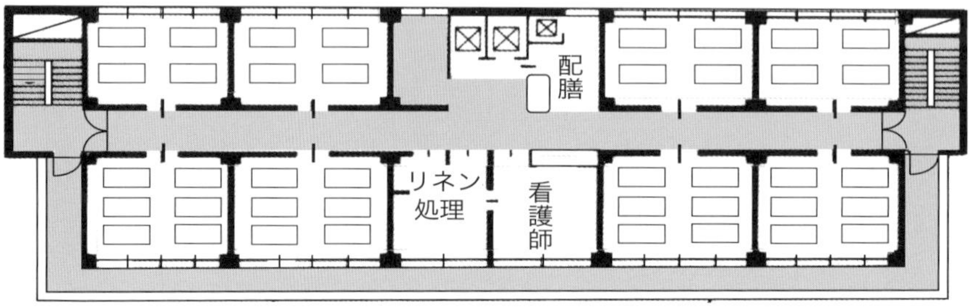

階段が2ヶ所あるので2方向避難は完璧
（床面積50㎡以上ならば直通階段は2以上）

病院で使うカーテンはすべて防炎製品を

廊下の幅は1.6m以上
（片廊下は1.2m以上）

幅の広いベランダが通じていると避難にも救助活動にも役立つ。

消防用設備等のチェック・リスト（遡及適用）

収容人員の数によって必要となる消防用設備

300 人　非常警報設備（放送設備付加）
30 人　防火管理者の選任
★ 20 人　避難器具
20 人　非常警報設備
★ 10 人　避難器具（３階以上で直通階段が１のみの階）

（★は、その階のみの収容人員）

収容人員の算定

入院患者のベッドの数
通院患者…待合室３㎡ごとに１人
医師、看護師、従業員の数

ベッド数＋医師等＋通院患者（待合室）

延べ面積の大きさによって必要となる消防用設備

25,000㎡　消防用水（高さ 31 mを超えるもの）
5,000㎡　消防用水（敷地面積 20,000㎡以上）（耐火 15,000㎡以上、準耐 10,000㎡以上）

3,000㎡　※スプリンクラー設備（平屋建を除く）
※延べ面積から規則 13 条第２項に基づき区画された部分を除いた床面積の合計
※※令別表第１(6)項イ(1)から(3)までのうち※※※に該当する(6)項イ(1)及び(2)以外のもの
〃　（１階・２階のみ）屋外消火栓設備、動力消防ポンプ設備（耐火 9,000㎡以上、準耐 6,000㎡以上）

700㎡　屋内消火栓設備、動力消防ポンプ設備（耐火 2,100㎡以上、準耐 1,400㎡以上）
500㎡　消防機関へ通報する火災報知設備〔(6)項イ(4)、ハ、ニのみ〕

300㎡　自動火災報知設備〔(6)項イ、ハ、ニのみ〕
275㎡　スプリンクラー設備〔(6)項ロ(2)、(4)及び(5)（介助がなければ避難できない者を入所させるもの）〕

150㎡　消火器具〔(6)項イ(4)及びハ〕
全　部　誘導灯、カーテン等の防炎の措置
〃　〔(6)項イ(1)から(3)、ロ〕消火器具、自動火災報知設備、消防機関へ通報する火災報知設備
〃　スプリンクラー設備
※※※(6)項イ(1)及び(2)、(6)項ロ(1)及び(3)（火災発生時の延焼を制御する機能を備える構造以外のもの）

階の高さによって必要となる消防用設備

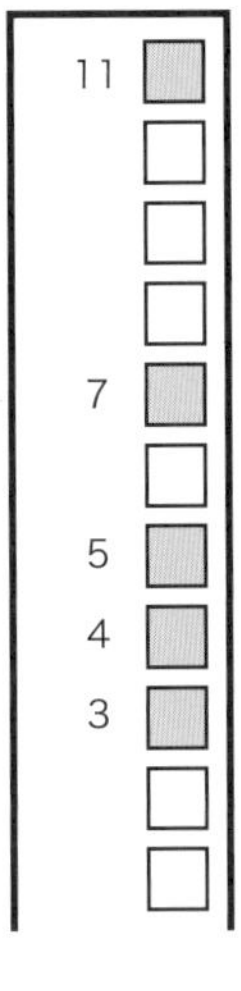

11階　非常コンセント設備（11 階以上のみ）
スプリンクラー設備（全階必要）
自動火災報知設備、非常警報設備（放送設備付加）

7階　連結送水管（すべて）
5階　連結送水管（6,000㎡以上の階のみ）

4階　スプリンクラー設備（1,500㎡以上の階のみ）
屋内消火栓設備、動力消防ポンプ設備 ｛一般 150㎡以上、準耐 300㎡以上／耐火 450㎡以上｝

3階　消火器具（床面積 50㎡以上）
自動火災報知設備（300㎡以上の階）
避難器具（収容人員 20 人以上の階）
〔下階に(1)項から(4)項まで、(9)項、(12)イ、(13)項イ、(14)項又は(15)項が存する場合 10 人〕

ついていますか！――自火報

トニカク火災を早く発見することが大切です。

煙感知器がついていますか！

次の場所では、煙感知器 S とします。

- 階段、傾斜路
- 廊下・通路
- 地階・無窓階
- 11階以上の階
- エレベータの昇降路等

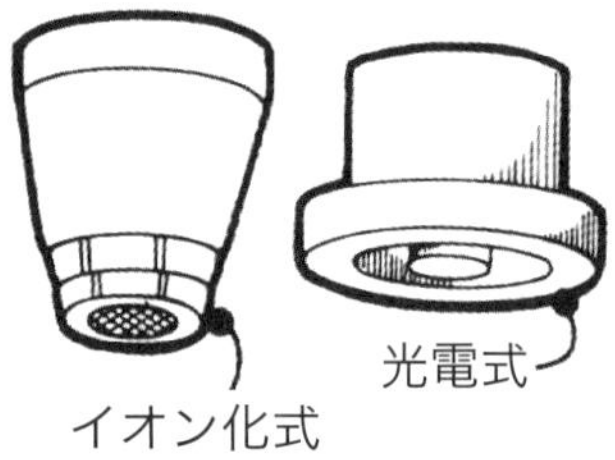

感知器が不感症になっていませんか

先生、大丈夫、私ツテトテモ感じやすいの、ルンルン

次のような症状には気を付けましょう……

煙には感じやすいのだ。
タバコの煙にも、
サンマの煙にも

1．ペンキ症状

部屋の内装をするときに感知器までペンキを塗っていませんか。感度が鈍くなるおそれがあります。

2．カバー症状

ペンキ症状に似ている。感知器が備品等で覆われて感じにくくなっている。

3．間仕切症状

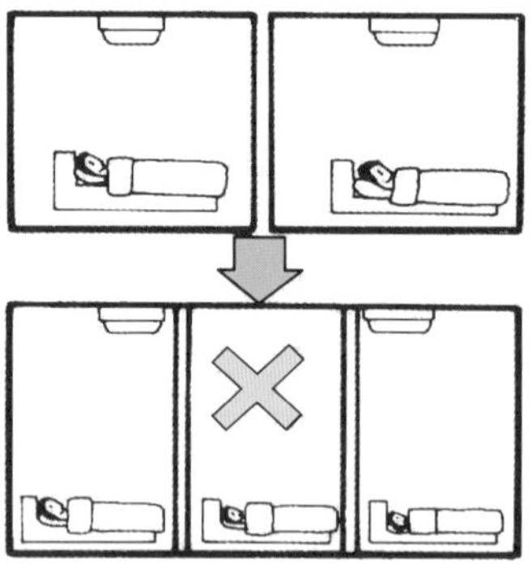

勝手に間仕切を変更すると感知器のない部屋ができることがあります。

4．断線症状

神経でもある配線が間違って切断されたり、知らずに取り外されたりしては通じなくなります。

5．パンク症状

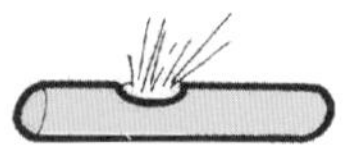

差動式の空気管に穴が空いては、パンクと一緒です。役に立ちません

6．電源カット症候群

自火報の死亡原因の第1位、地区ベルも主ベルも停止になってしまうことにより、生命を失う。

他の症状と異なり、自覚症状（人為的操作）がある。

そのまま放置することは、自殺行為につながる。

（非火災報症状に対するショック療法の失敗によることも多い。）

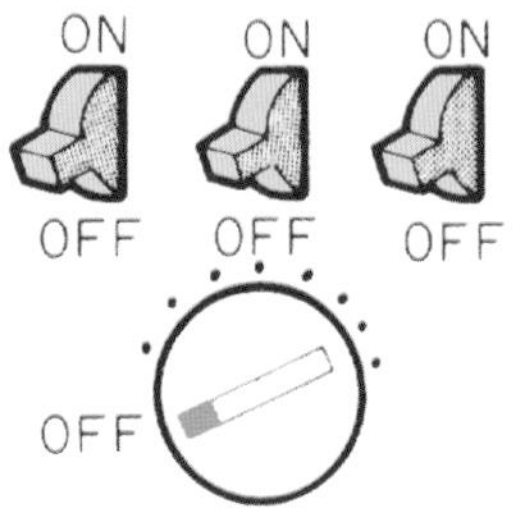

火災時には避難・誘導・患者の救出に全力を
消火はスプリンクラーに委せて

スプリンクラーは消火ロボットだ　　消火は頼んだヨ

スプリンクラーを設置する階（病院・診療所）

- 有床の病院・診療所（火災発生時の延焼を抑制する機能を備えた構造以外のもの）
- 地階・無窓階（床面積 1,000㎡以上の階）
- 4階から 11 階まで（床面積 1,500㎡以上の階）
- 11 階以上の階（11 階建以上の場合は各階全部）
- 平屋建以外（床面積の合計が 3,000㎡以上のもの）

スプリンクラーヘッドを設けなくてもよい部分

- 階段、浴室、便所、直接外気に開放されている廊下
- 手術室、分娩室、内視鏡検査室、人工血液透析室、麻酔室、重症患者集中治療看護室
  レントゲン室（その他放射線源を使用し、貯蔵又は廃棄する室）
- 通信機器室、電子計算機器室、電子顕微鏡室
- エレベータの機械室、エレベータの昇降路、換気設備の機械室、パイプシャフト等
- スプリンクラー代替区画部分　　　詳しくは下に書いてあります。

『火災発生時の延焼を抑制する機能を備える構造』とは…（消令第 12 条第 1 項第一号、第九号）

スプリンクラー設備を設置することを要しない構造（消則第 12 条の 2 第 1 項）

・令別表第 1 (6)項イ(1)及び(2)並びにロ、(16) 項イ、(16 の2) 項の用途に供されるもの
〔(16)項イ、(16 の2) 項にあっては、(6)項イ(1)及び(2)並びにロの用途に供される部分に限る。〕

基準面積 1,000 m²未満

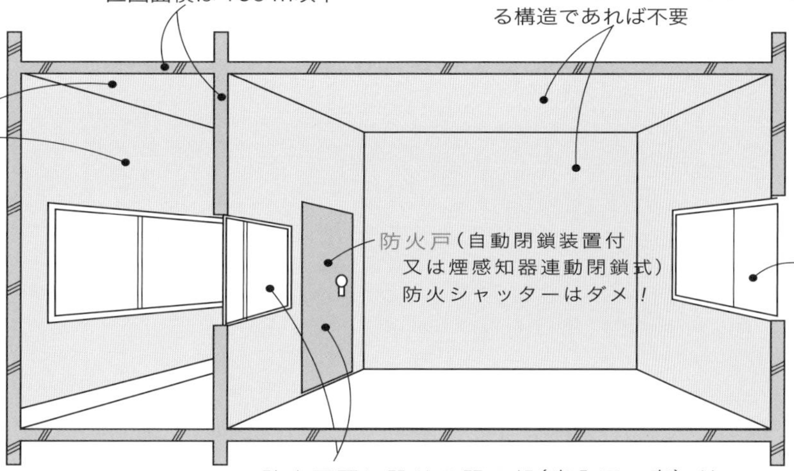

病院には避難器具も最適なものを

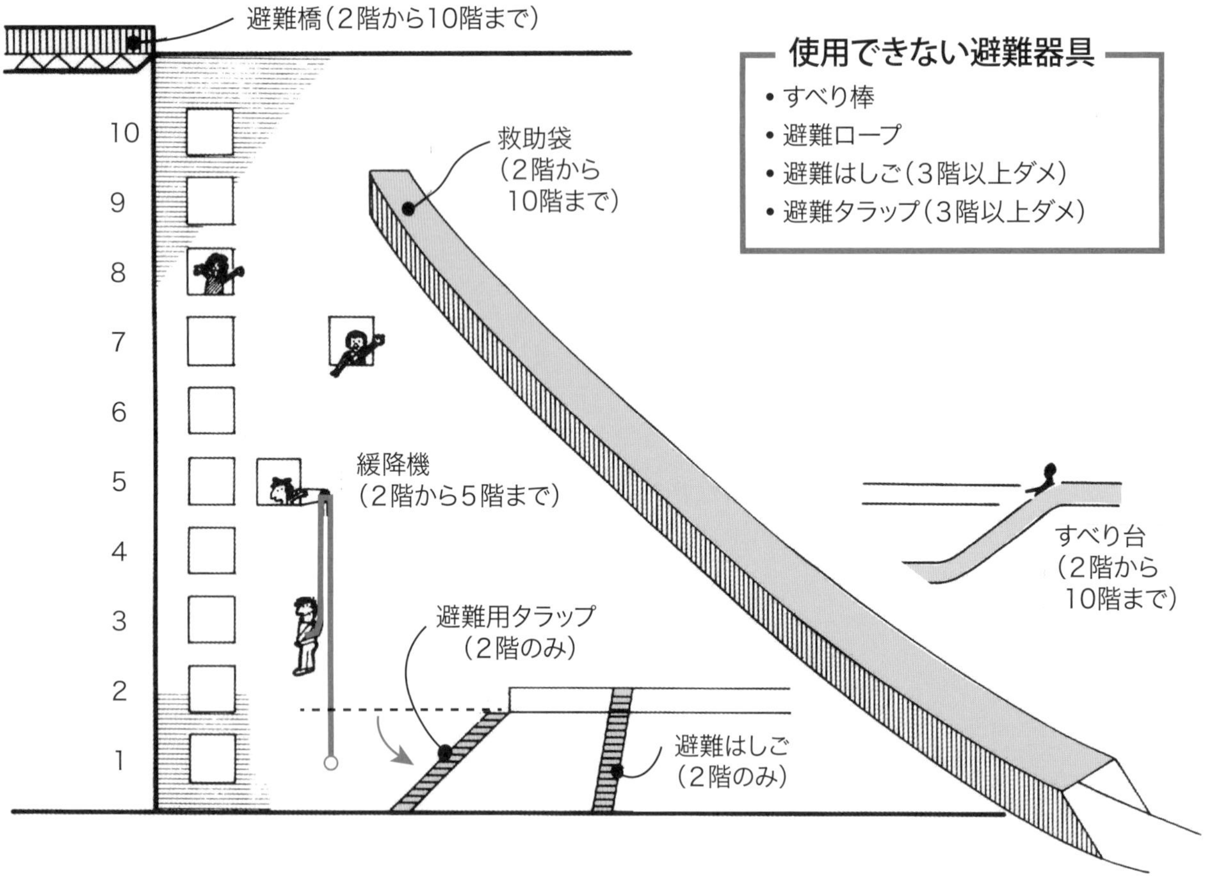

使用できない避難器具

- すべり棒
- 避難ロープ
- 避難はしご(3階以上ダメ)
- 避難タラップ(3階以上ダメ)

階段に代わる傾斜路はキット役立つ

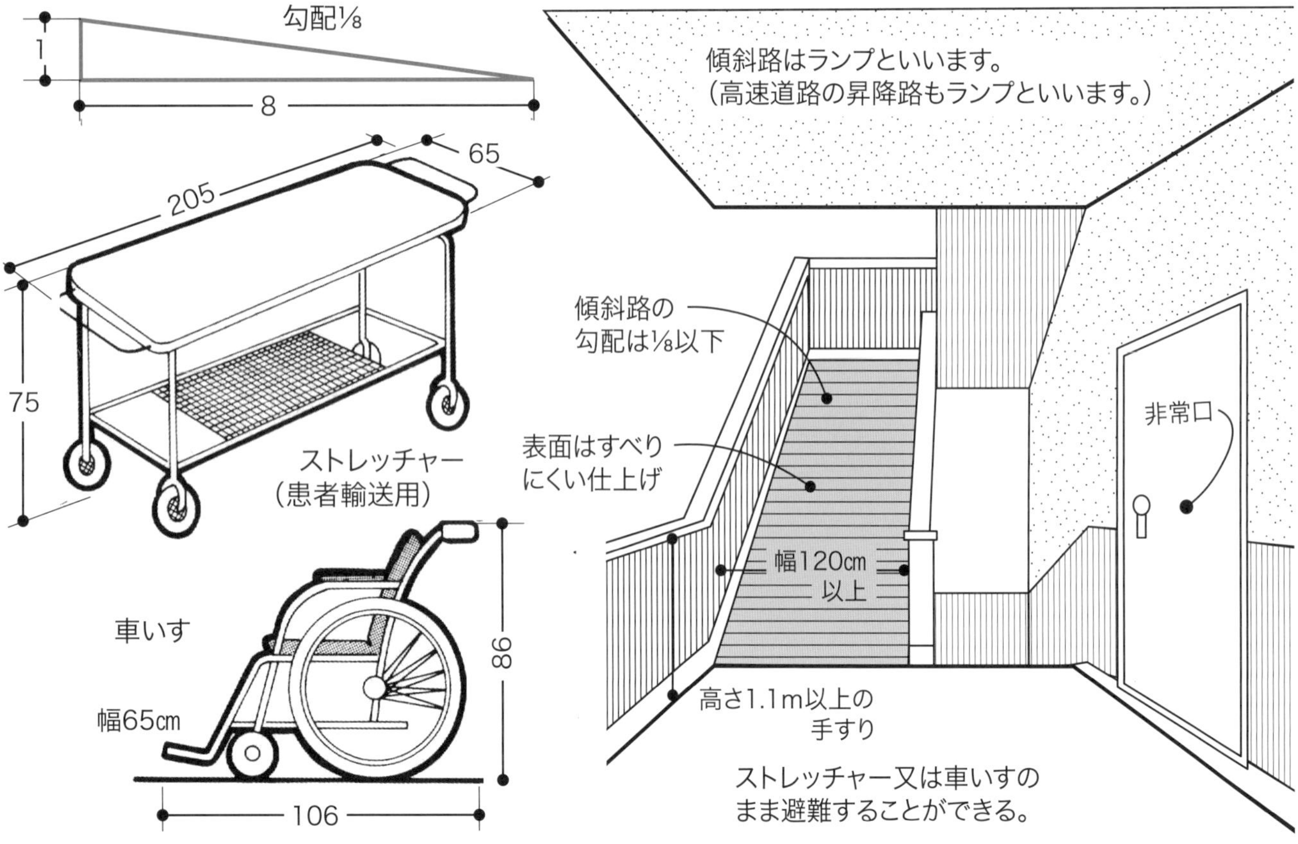

〔**参考文献**〕(階段に代わる傾斜路)建基令第126条

防火関係告示（建築基準法）

1　不燃材料・準不燃材料・難燃材料

1.1　不燃材料（不燃性能 20 分間）

不燃材料を定める件

（平成 12 年 5 月 30 日
建設省告示第 1400 号）

最終改正　令和 4 年 5 月 31 日国土交通省告示第 599 号

建築基準法第 2 条第九号の規定に基づき、不燃材料を次のように定める。

建築基準法施行令第 108 条の 2 各号（建築物の外部の仕上げに用いるものにあっては、同条第一号及び第二号）に掲げる要件を満たしている建築材料は、次に定めるものとする。

一　コンクリート

二　れんが

三　瓦

四　陶磁器質タイル

五　繊維強化セメント板

六　厚さが 3 mm以上のガラス繊維混入セメント板

七　厚さが 5 mm以上の繊維混入ケイ酸カルシウム板

八　鉄鋼

九　アルミニウム

十　金属板

十一　ガラス

十二　モルタル

十三　しっくい

十四　厚さが 10mm以上の壁土

十五　石

十六　厚さが 12mm以上のせっこうボード（ボード用原紙の厚さが 0.6mm以下のものに限る。）

十七　ロックウール

十八　グラスウール板

1.2　準不燃材料（不燃性能 10 分間）

準不燃材料を定める件

（平成 12 年 5 月 30 日
建設省告示第 1401 号）

建築基準法施行令第 1 条第五号の規定に基づき、準不燃材料を次のように定める。

第 1　通常の火災による火熱が加えられた場合に、加熱開始後 10 分間建築基準法施行令（以下「令」という。）第 108 条の 2 各号に掲げる要件を満たしている建築材料は、次に定めるものとする。

一　不燃材料のうち通常の火災による火熱が加えられた場合に、加熱開始後 20 分間令第 108 条の 2 各号に掲げる要件を満たしているもの

二　厚さが 9 mm以上のせっこうボード（ボード用原紙の厚さが 0.6mm以下のものに限る。）

三　厚さが 15mm以上の木毛セメント板

四　厚さが 9 mm以上の硬質木片セメント板（かさ比重が 0.9 以上のものに限る。）

五　厚さが 30mm以上の木片セメント板（かさ比重が 0.5 以上のものに限る。）

六　厚さが 6 mm以上のパルプセメント板

第 2　通常の火災による火熱が加えられた場合に、加熱開始後 10 分間令第 108 条の 2 第一号及び第二号に掲げる要件を満たしている建築材料は、次に定めるものとする。

一　不燃材料

二　第 1 第二号から第六号までに定めるもの

1.3　難燃材料（不燃性能 5 分間）

難燃材料を定める件

（平成 12 年 5 月 30 日
建設省告示第 1402 号）

建築基準法施行令第 1 条第六号の規定に基づき、難燃材料を次のように定める。

第 1　通常の火災による火熱が加えられた場合に、加熱開始後 5 分間建築基準法施行令（以下「令」という。）第 108 条の 2 各号に掲げる要件を満たしている建築材料は、次に定めるものとする。

一　準不燃材料のうち通常の火災による火熱が加えられた場合に、加熱開始後 10 分間令第 108 条の 2 各号に掲げる要件を満たしているもの

二　難燃合板で厚さが 5.5mm以上のもの

三　厚さが 7 mm以上のせっこうボード（ボード用原紙の厚さが 0.5mm以下のものに限る。）

第 2　通常の火災による火熱が加えられた場合に、加熱開始後 5 分間令第 108 条の 2 第一号及び第二号に掲げる要件を満たしている建築材料は、次に定めるものとする。

一　準不燃材料

二　第 1 第二号及び第三号に定めるもの

2　耐火構造・準耐火構造・防火構造・準防火構造等

2．1　耐火構造（耐火性能…3時間・2時間・1時間・30分間）

耐火構造の構造方法を定める件

（平成12年3月30日
建設省告示第1399号）

最終改正　令和3年6月21日国土交通省告示第546号

建築基準法第2条第七号の規定に基づき、耐火構造の構造方法を次のように定める。

第1　壁の構造方法は、次に定めるもの（第二号へ及び第五号ハに定める構造方法にあっては、防火被覆の取合い部分、目地の部分その他これらに類する部分（以下「取合い等の部分」という。）を、当該取合い等の裏面に当て木を設ける等当該建築物の内部へ炎の侵入を有効に防止することができる構造とするものに限る。）とする。この場合において、かぶり厚さ又は厚さは、それぞれモルタル、プラスターその他これらに類する仕上材料の厚さを含むものとする。

一　建築基準法施行令（以下「令」という。）第107条第一号及び第二号に掲げる技術的基準（第一号にあっては、通常の火災による火熱が2時間加えられた場合のものに限る。）に適合する耐力壁である間仕切壁の構造方法にあっては、次のイからチまでのいずれかに該当する構造とすることとする。

イ　鉄筋コンクリート造（鉄筋に対するコンクリートのかぶり厚さが平成13年国土交通省告示第1372号第2項の基準によるものにあっては、防火上支障のないものに限る。第5及び第6を除き、以下同じ。）、鉄骨鉄筋コンクリート造（鉄筋又は鉄骨に対するコンクリートのかぶり厚さが平成13年国土交通省告示第1372号第2項の基準によるものにあっては、防火上支障のないものに限る。第5及び第6を除き、以下同じ。）又は鉄骨コンクリート造（鉄骨に対するコンクリートのかぶり厚さが3cm未満のものを除く。）で厚さが10cm以上のもの

ロ　軸組を鉄骨造とし、その両面を塗厚さが4cm以上の鉄網モルタルで覆ったもの（塗下地が不燃材料で造られていないものを除く。）

ハ　軸組を鉄骨造とし、その両面を厚さが5cm以上のコンクリートブロック、れんが又は石で覆ったもの

ニ　鉄材によって補強されたコンクリートブロック造、れんが造又は石造で、肉厚及び仕上材料の厚さの合計が8cm以上であり、かつ、鉄材に対するコンクリートブロック、れんが又は石のかぶり厚さが5cm以上のもの

ホ　軸組を鉄骨造とし、その両面を塗厚さが3.5cm以上の鉄網パーライトモルタルで覆ったもの（塗下地が不燃材料で造られていないものを除く。）

ヘ　木片セメント板の両面に厚さ1cm以上モルタルを塗ったものでその厚さの合計が8cm以上のもの

ト　軽量気泡コンクリートパネルで厚さが7.5cm以上のもの

チ　中空鉄筋コンクリート製パネルで中空部分にパーライト又は気泡コンクリートを充填《てん》したもので、厚さが12cm以上であり、かつ、肉厚が5cm以上のもの

二　令第107条第一号及び第二号に掲げる技術的基準（第一号にあっては、通常の火災による火熱が1時間加えられた場合のものに限る。）に適合する耐力壁である間仕切壁の構造方法にあっては、前号に定める構造とするか、又は次のイからヘまでのいずれかに該当する構造とすることとする。

イ　鉄筋コンクリート造、鉄骨鉄筋コンクリート造又は鉄骨コンクリート造で厚さが7cm以上のもの

ロ　軸組を鉄骨造とし、その両面を塗厚さが3cm以上の鉄網モルタルで覆ったもの（塗下地が不燃材料で造られていないものを除く。）

ハ　軸組を鉄骨造とし、その両面を厚さが4cm以上のコンクリートブロック、れんが又は石で覆ったもの

ニ　鉄材によって補強されたコンクリートブロック造、れんが造又は石造で、肉厚が5cm以上であり、かつ、鉄材に対するコンクリートブロック、れんが又は石のかぶり厚さが4cm以上のもの

ホ　コンクリートブロック造、無筋コンクリート造、れんが造又は石造で肉厚及び仕上材料の厚さの合計が7cm以上のもの

ヘ　間柱及び下地を木材又は鉄材で造り、かつ、その両側にそれぞれ次の(1)から(3)までのいずれかに該当する防火被覆が設けられていること。

(1)　強化せっこうボード（ボード用原紙を除いた部分のせっこうの含有率を95%以上、ガラス繊維の含有率を0.4%以上とし、かつ、ひる石の含有率を2.5%以上としたものに限る。以下同じ。）を2枚以上張ったもので、その厚さの合計が42mm以上のもの

(2)　強化せっこうボードを2枚以上張ったもので、その厚さの合計が36mm以上のものの上に厚さが8mm以上の繊維強化セメント板（けい酸カルシウム板に限る。）を張ったもの

(3)　厚さが15mm以上の強化せっこうボードの上に厚さ50mm以上の軽量気泡コンクリートパネルを張ったもの

三　令第107条第二号に掲げる技術的基準に適合する非耐力壁である間仕切壁の構造方法にあっては、前号に定める構造とすることとする。

四　令第107条に掲げる技術的基準（第一号にあっては、通常の火災による火熱が2時間加えられた場合のものに限

る。）に適合する耐力壁である外壁の構造方法にあっては、第一号に定める構造とすることとする。

五　令第107条に掲げる技術的基準（第一号にあっては、通常の火災による火熱が1時間加えられた場合のものに限る。）に適合する耐力壁である外壁の構造方法にあっては、次のイからハまでのいずれかに該当する構造とすることとする。

イ　前号に定める構造とすること。

ロ　第二号イからホまでのいずれかに該当する構造とすること。

ハ　間柱及び下地を木材又は鉄材で造り、かつ、その両側にそれぞれ第二号ヘ(1)から(3)までのいずれかに該当する防火被覆（屋外側の防火被覆が(1)又は(2)に該当するものにあっては、当該防火被覆の上の金属板、軽量気泡コンクリートパネル若しくは窯業系サイディングを張った場合又はモルタル若しくはしっくいを塗った場合に限る。）が設けられた構造とすること。

六　令第107条第二号及び第三号に掲げる技術的基準に適合する非耐力壁である外壁の延焼のおそれのある部分の構造方法にあっては、次のイ又はロのいずれかに該当する構造とすることとする。

イ　前号に定める構造

ロ　気泡コンクリート又は繊維強化セメント板（けい酸カルシウム板に限る。）の両面に厚さが3mm以上の繊維強化セメント板（スレート波板及びスレートボードに限る。）又は厚さが6mm以上の繊維混入ケイ酸カルシウム板を張ったもので、その厚さの合計が3.5cm以上のもの

七　令第107条第二号及び第三号に掲げる技術的基準に適合する非耐力壁である外壁の延焼のおそれのある部分以外の部分の構造に方法あっては、前号に定める構造とすることとする。

第2　柱の構造方法は、次に定めるもの（第二ハ並びに第二号ニ及びヘに定める構造方法にあっては、防火被覆の取合い等の部分を当該取合い等の部分の裏面に当て木を設ける等当該建築物の内部への炎の侵入を有効に防止することができる構造とするものに限る。）とする。この場合において、かぶり厚さ又は厚さは、それぞれモルタル、プラスターその他これらに類する仕上材料の厚さを含むものとする。

一　令第107条第一号に掲げる技術的基準（通常の火災による火熱が3時間加えられた場合のものに限る。）に適合する柱の構造方法は、小径を40cm以上とし、かつ、次のイ又はロのいずれかに該当する構造とすることとする。

イ　鉄筋コンクリート造、鉄骨鉄筋コンクリート造又は鉄骨コンクリート造（鉄骨に対するコンクリートのかぶり厚さが6cm未満のものを除く。）

ロ　鉄骨を塗厚さが8cm（軽量骨材を用いたものについては7cm）以上の鉄網モルタル、厚さが9cm（軽量骨材を用いたものについては8cm）以上のコンクリートブロック又は厚さが9cm以上のれんが若しくは石で覆ったもの

二　令第107条第一号に掲げる技術的基準（通常の火災による火熱が2時間加えられた場合のものに限る。）に適合する柱の構造方法は、次のイからハまでのいずれかに該当する構造とすることとする。

イ　前号に定める構造

ロ　小径を25cm以上とし、かつ、次の(1)から(3)までのいずれかに該当する構造とすること。

(1)　鉄筋コンクリート造、鉄骨鉄筋コンクリート造又は鉄骨コンクリート造（鉄骨に対するコンクリートのかぶり厚さが5cm未満のものを除く。）

(2)　鉄骨を塗厚さが6cm（軽量骨材を用いたものについては5cm）以上の鉄網モルタル、厚さが7cm（軽量骨材を用いたものについては6cm）以上のコンクリートブロック又は厚さが7cm以上のれんが若しくは石で覆ったもの

(3)　鉄骨を塗厚さが4cm以上の鉄網パーライトモルタルで覆ったもの

ハ　鉄骨（断面積（mm^2で表した面積とする。以下同じ。）加熱周長（mmで表した長さとする。以下同じ。）で除した数値が6.7以上のH形鋼並びに鋼材の厚さが9mm以上の角形鋼管及び円形鋼管に限る。）に次の(1)又は(2)に該当する防火被覆が設けられたもの

(1)　厚さが50mm以上の繊維強化セメント板（けい酸カルシウム板（かさ比重が0.35以上のものに限る。）に限る。）

(2)　厚さが55mm以上の繊維強化セメント板（けい酸カルシウム板（かさ比重が0.15以上のものに限る。）に限る。）

三　令第107条第一号に掲げる技術的基準（通常の火災による火熱が1時間加えられた場合のものに限る。）に適合する柱の構造方法は、次のイからヘまでのいずれかに該当する構造とすることとする。

イ　前号に定める構造

ロ　鉄筋コンクリート造、鉄骨鉄筋コンクリート造又は鉄骨コンクリート造

ハ　鉄骨を塗厚さが4cm（軽量骨材を用いたものについては3cm）以上の鉄網モルタル、厚さが5cm（軽量骨材を用いたものについては4cm）以上のコンクリートブロック又は厚さが5cm以上のれんが若しくは石で覆ったもの

ニ　鉄骨（断面積を加熱周長で除した数値が6.7以上のH形鋼並びに鋼材の厚さが9mm以上の角形鋼管及び円形鋼管に限る。）に次の(1)から(4)までのいずれかに該当する防火被覆が設けられたもの

(1)　吹付け厚さが35mm以上の吹付けロックウール（かさ比重が0.3以上のものに限る。）

(2)　厚さが20mm以上の繊維強化セメント板（けい酸カルシウム板（かさ比重が0.35以上のものに限る。）に限る。）

(3) 厚さが27mm以上の繊維強化セメント板（けい酸カルシウム板（かさ比重が0.15以上のものに限る。）に限る。）

(4) 厚さが35mm以上の軽量気泡コンクリートパネル

ホ 鉄材によって補強されたコンクリートブロック造、れんが造又は石造で鉄材に対するコンクリートブロック、れんが又は石のかぶり厚さが5cm以上のもの

第3 床の構造方法は、次に定めるもの（第二号ホに定める構造方法にあっては、防火被覆の取合い等の部分を、当該取合い等の部分の裏面に当て木を設ける等当該建築物の内部への炎の侵入を有効に防止することができる構造とするものに限る。）とする。この場合において、かぶり厚さ又は厚さは、それぞれモルタル、プラスターその他これらに類する仕上材料の厚さを含むものとする。

一 令第107条第一号及び第二号に掲げる技術的基準（第一号にあっては、通常の火災による火熱が2時間加えられた場合のものに限る。）に適合する床の構造方法は、次のイからハまでのいずれかに該当する構造とすることとする。

イ 鉄筋コンクリート造又は鉄骨鉄筋コンクリート造で厚さが10cm以上のもの

ロ 鉄材によって補強されたコンクリートブロック造、れんが造又は石造で、肉厚及び仕上材料の厚さの合計が8cm以上であり、かつ、鉄材に対するコンクリートブロック、れんが又は石のかぶり厚さが5cm以上のもの

ハ 鉄材の両面を塗厚さが5cm以上の鉄網モルタル又はコンクリートで覆ったもの（塗下地が不燃材料で造られていないものを除く。）

二 令第107条第一号及び第二号に掲げる技術的基準（第一号にあっては、通常の火災による火熱が1時間加えられた場合のものに限る。）に適合する床の構造方法は、次のイからホまでのいずれかに該当する構造とすることとする。

イ 鉄筋コンクリート造又は鉄骨鉄筋コンクリート造で厚さが7cm以上のもの

ロ 鉄材によって補強されたコンクリートブロック造、れんが造又は石造で、肉厚が5cm以上であり、かつ、鉄材に対するコンクリートブロック、れんが又は石のかぶり厚さが4cm以上のもの

ハ 鉄材の両面を塗厚さが4cm以上の鉄網モルタル又はコンクリートで覆ったもの（塗下地が不燃材料で造られていないものを除く。）

ニ 厚さが100mm以上の軽量気泡コンクリートパネル

ホ 根太及び下地を木材又は鉄材で造り、その表側の部分に防火被覆（強化せっこうボードを2枚以上張ったもので、その厚さの合計が42mm以上のものに限る。）が設けられ、かつ、その裏側の部分又は直下の天井に防火被覆（強化せっこうボード2枚以上張ったもので、その厚さがの合計が46mm以上のものに限る。）が設けられたもの

第4 はりの構造方法は、次に定めるもの（第二号ニ、第三号ニに定める構造にあっては、防火被覆の取合い等の部分を、当該取合い等の部分の裏面に当て木を設ける等当該建築物の内部への炎の侵入を有効に防止することができる構造とするものに限る。）とする。この場合において、かぶり厚さ又は厚さは、それぞれモルタル、プラスターその他これらに類する仕上材料の厚さを含むものとする。

一 令第107条第一号に掲げる技術的基準（通常の火災による火熱が3時間加えられた場合のものに限る。）に適合するはりの構造方法は、次のイからハまでのいずれかに該当する構造とすることとする。

イ 鉄筋コンクリート造、鉄骨鉄筋コンクリート造又は鉄骨コンクリート造（鉄骨に対するコンクリートのかぶり厚さが6cm未満のものを除く。）

ロ 鉄骨を塗厚さが8cm（軽量骨材を用いたものについては7cm）以上の鉄網モルタル、厚さが9cm（軽量骨材を用いたものについては8cm）以上のコンクリートブロック又は厚さが9cm以上のれんが若しくは石で覆ったもの

ハ 鉄骨を塗厚さが5cm以上の鉄網パーライトモルタルで覆ったもの

二 令第107条第一号に掲げる技術的基準（通常の火災による火熱が2時間加えられた場合のものに限る。）に適合するはりの構造方法は、次のイからニまでのいずれかに該当する構造とすることとする。

イ 鉄筋コンクリート造、鉄骨鉄筋コンクリート造又は鉄骨コンクリート造（鉄骨に対するコンクリートのかぶり厚さが5cm未満のものを除く。）

ロ 鉄骨を塗厚さが6cm（軽量骨材を用いたものについては5cm）以上の鉄網モルタル、厚さが7cm（軽量骨材を用いたものについては6cm）以上のコンクリートブロック又は厚さが7cm以上のれんが若しくは石で覆ったもの

ハ 鉄骨を塗厚さが4cm以上の鉄網パーライトモルタルで覆ったもの

ニ 鉄骨（断面積を加熱周長で除した数値が、上フランジが床スラブに密着した構造で3面から加熱されるものにあっては6.1以上、その他のものにあっては6.7以上のH形鋼に限る。）に次の(1)又は(2)に該当する防火被覆が設けられたもの

(1) 厚さが45mm以上の繊維強化セメント板（けい酸カルシウム板（かさ比重が0.35以上のものに限る。）限る。）

(2) 厚さが47mm以上の繊維強化セメント板（けい酸カルシウム板（かさ比重が0.15以上のものに限る。）に限る。）

三 令第107条第一号に掲げる技術的基準（通常の火災による火熱が1時間加えられた場合のものに限る。）に適合するはりの構造方法は、次のイからホまでのいずれかに該当する構造とすることとする。

イ　前号に定める構造

ロ　鉄筋コンクリート造、鉄骨鉄筋コンクリート造又は鉄骨コンクリート造

ハ　鉄骨を塗厚さが4cm（軽量骨材を用いたものについては3cm）以上の鉄網モルタル、厚さが5cm（軽量骨材を用いたものについては4cm）以上のコンクリートブロック又は厚さが5cm以上のれんが若しくは石で覆ったもの

ニ　鉄骨（断面面積を加熱周長で除した数値が、上フランジが床スラブに密着した構造で三面から加熱されるものにあっては6.1以上、その他のものにあっては6.7以上のH形鋼に限る。）に次の⑴又は⑵に該当する防火被覆が設けられたもの

⑴　第2第三号ニ⑴又は⑵に該当するもの

⑵　厚さが25mm以上の繊維強化セメント板（けい酸カルシウム板（かさ比重が0.15以上のものに限る。）に限る。）

ホ　第2第三号ヘに定める構造

ヘ　床面からはりの下端までの高さが4m以上の鉄骨造の小屋組で、その直下に天井がないもの又は直下に不燃材料又は準不燃材料で造られた天井があるもの

第5　令第107条第一号及び第三号に掲げる技術的基準に適合する屋根の構造方法は、次の各号のいずれかに該当する構造（第二号及び第七号に定める構造方法にあっては、防火被覆の取合い等の部分を、当該取合い等の部分の裏面に当て木を設ける等当該建築物の内部への炎の侵入を有効に防止することができる構造とするものに限る。）とすることとする。

一　鉄筋コンクリート造又は鉄骨鉄筋コンクリート造

二　たるきを断面の幅及び高さが、それぞれ、50mm以上及び100mm以上の鉄骨（断面積を加熱周長で除した数値が2.3以上のH形鋼及び溝形鋼並びに鋼材の厚さが2.3mm以上のリップ溝形鋼及び角形鋼管に限る。）で造り、これに次の⑴又は⑵のいずれかに該当する防火被覆を設け、かつ、野地板に厚さが25mm以上の硬質木毛セメント板又は厚さが18mm以上の硬質木片セメント板を使用し、厚さが0.35mm以上の鉄板又は鋼板でふいたもの

⑴　吹付け厚さが25mm以上の吹付けロックウール（かさ比重が0.28以上のものに限る。）

⑵　厚さが25mm以上の繊維強化セメント板（けい酸カルシウム板（かさ比重が0.35以上のものに限る。）に限る。）

三　鉄材によって補強されたコンクリートブロック造、れんが造又は石造

四　鉄網コンクリート若しくは鉄網モルタルでふいたもの又は鉄網コンクリート、鉄網モルタル、鉄材で補強されたガラスブロック若しくは網入ガラスで造られたもの

五　鉄筋コンクリート製パネルで厚さ4cm以上のもの

六　軽量気泡コンクリート製パネル

七　下地を木材又は鉄材で造り、かつ、その屋内側の部分又は直下の天井に防火被覆（強化せっこうボード2枚以上張ったもので、その厚さの合計が27mm以上のものに限る。）が設けられたもの

第6　令第107条第一号に掲げる技術的基準に適合する階段の構造方法は、次の各号のいずれかに該当する構造（第五号に定める構造方法にあっては、防火被覆の取合い等の部分を当該取合い等の部分の裏面に当て木を設ける等当該建築物の内部への炎の侵入を有効に防止することができる構造とするものに限る。）とすることとする。

一　鉄筋コンクリート造又は鉄骨鉄筋コンクリート造

二　無筋コンクリート造、れんが造、石造又はコンクリートブロック造

三　鉄材によって補強されたれんが造、石造又はコンクリートブロック造

四　鉄造

五　けた及び下地を木材で造り、かつ、その表側の部分及び裏側の部分に防火被覆（強化せっこうボード2枚以上張ったもので、その厚さ合計が27mm以上のものに限る。）が設けられたもの

　附　則

3　この告示の施行の際現に存する建築物の部分で、この告示による改正前の昭和39年建設省告示第1675号に適合しているものについては、この告示の施行後も、なお耐火構造であるものとみなす。

　附　則（平成16年改正）

2　この告示の施行の日前に製造され、又は輸入された石綿スレート、石綿パーライト板、石綿を主材料とした断熱材又は石綿ケイ酸カルシウム板を用いる外壁で、この告示による改正前の平成12年建設省告示第1399号の規程に適合するものは、改正後の平成12年建設省告示第1399号の規程に適合するものとみなす。

地下街の各構えの耐火構造

（昭和44年5月1日
建設省告示第1729号）

最終改正　平成5年6月25日建設省告示第1444号

建築基準法施行令第128条の3第1項第一号の規定に基づき、地下街の各構えの接する地下道の壁、柱、床、はり及び床版の耐火性能を次のように定める。

地下街の各構えの接する地下道の壁、柱、床、はり及び床版の耐火性能は、通常の火災時の加熱に1時間以上耐える性能（鉄筋コンクリート造、れんが造等の構造が有する性能に限る。）とする。

2.2　準耐火構造（準耐火性能…45 分間・30 分間）

準耐火構造の構造方法を定める件

（平成 12 年 5 月 24 日
建設省告示第 1358 号）

最終改正 令和 3 年 6 月 7 日国土交通省告示第 514 号

建築基準法第 2 条第七号の二の規定に基づき、準耐火構造の構造方法を次のように定める。

第 1　壁の構造方法は、次に定めるもの（第一号ハ、第三号ハ及びニ並びに第五号ニ及びホに定める構造方法にあっては、防火被覆の取合いの部分、目地の部分その他これらに類する部分（以下「取合い等の部分」という。）を、当該取合い等の部分の裏面に当て木を設ける等当該建築物の内部への炎の侵入を有効に防止することができる構造とするものに限る。）とする。

一　建築基準法施行令（以下「令」という。）第 107 条の 2 第一号及び第二号に掲げる技術的基準に適合する耐力壁である間仕切壁の構造方法にあっては、次に定めるものとする。

イ　1 時間準耐火基準に適合する構造とすること。

ロ　建築基準法（以下「法」という。）第 21 条第 1 項の規定による認定を受けた主要構造部の構造又は法第 27 条第 1 項の規定による認定を受けた主要構造部の構造とすること。

ハ　次の(1)から(4)までのいずれかに該当するもの

(1)　間柱及び下地を木材で造り、かつ、その両側にそれぞれ次の(i)から(v)までのいずれかに該当する防火被覆が設けられたものとすること。

(i)　令和元年国土交通省告示第 195 号（以下「1 時間準耐火構造告示」という。）第 1 第一号ハ(1)、(3)又は(7)のいずれかに該当するもの

(ii)　厚さが 15mm以上のせっこうボード（強化せっこうボードを含む。以下同じ。）

(iii)　厚さが 12mm以上のせっこうボードの上に厚さが 9 mm以上のせっこうボード又は難燃合板を張ったもの

(iv)　厚さが 9 mm以上のせっこうボード又は難燃合板の上に厚さが 12mm以上のせっこうボードを張ったもの

(v)　厚さが 7 mm以上のせっこうラスボードの上に厚さ 8 mm以上せっこうプラスターを塗ったもの

(2)　間柱及び下地を木材又は鉄材で造り、かつ、その両側にそれぞれ次の(i)又は(ii)に該当する防火被覆が設けられた構造（間柱及び下地を木材のみで造ったものを除く。）とすること。

(i)　1 時間準耐火構造告示第 1 第一号ハ(1)又は(3)に該当するもの

(ii)　(1)(ii)から(v)までのいずれかに該当するもの

(3)　間柱及び下地を不燃材で造り、かつ、その両側にそれぞれ次の(i)から(iii)までのいずれかに該当する防火被覆が設けられた構造とすること。

(i)　塗厚が 15mm以上の鉄網モルタル

(ii)　木毛セメント板又はせっこうボードの上に厚さ 10mm以上モルタル又はしっくいを塗ったもの

(iii)　木毛セメント板の上にモルタル又はしっくいを塗り、その上に金属板を張ったもの

(4)　間柱若しくは下地を不燃材料以外の材料で造り、かつ、その両側にそれぞれ次の(i)から(viii)までのいずれかに該当する防火被覆が設けられた構造とすること。

(i)　塗厚さが 20mm以上の鉄網モルタル塗又は木ずりしっくい

(ii)　木毛セメント板又はせっこうボードの上に厚さ 15mm以上モルタル又はしっくいを塗ったもの

(iii)　モルタルの上にタイルを張ったものでその厚さの合計が 25mm以上のもの

(iv)　セメント板又は瓦の上にモルタルを塗ったものでその厚さの合計が 25mm以上のもの

(v)　土蔵造

(vi)　土塗真壁造で裏返塗りをしたもの

(vii)　厚さが 12mm以上のせっこうボードの上に亜鉛鉄板を張ったもの

(viii)　厚さが 25mm以上のロックウール保温板の上に亜鉛鉄板を張ったもの

ニ　1 時間耐火構造告示第 1 第一号ホに定める構造とすること。この場合において、同号ホ(1)(i)㈠中「4.5cm」とあるのは「3.5cm」と、同号ホ(1)(i)㈡中「6 cm」とあるのは「4.5cm」と読み替えるものとする。第三号ホにおいて同じ。

二　令第 107 条の 2 第二号に掲げる技術的基準に適合する非耐力壁である間仕切壁の構造方法にあっては、次に定めるものとする。

イ　1 時間準耐火構造に適合する構造とすること。

ロ　法第 21 条第 1 項の規定による認定を受けた主要構造部の構造又は法第 27 条第 1 項の規定による認定を受けた主要構造部の構造とすること。

ハ　前号ハに定める構造とすること。

ニ　1 時間準耐火構造告示第 1 第二号ニに定める構造とすること。この場合において、同号ニ(1)(i)中「4.5cm」とあるのは「3.5cm」と、「7.5cm」とあるのは「6.5cm」と、同号ニ(1)(i)中「6 cm」とあるのは「4.5cm」と、「9 cm」とあるのは「7.5cm」と読み替えるものとする。第四号ニ及び第五号ヘにおいて同じ。

三　令第 107 条の 2 に掲げる技術的基準に適合する耐力壁である外壁の構造方法にあっては、次に定めるものとする。

イ　1 時間準耐火基準に適合する構造とすること。

ロ　法第 21 条第 1 項の規定による認定を受けた主要構造部の構造又は法第 27 条第 1 項の規定による認定を受けた主要構造部の構造とすること。

ハ　間柱及び下地を木材で造り、かつ、次に掲げる基準のいずれかに適合する構造とすること。

(1)　屋外側の部分に次の(i)から(vi)までのいずれかに該当する防火被覆が設けられ、かつ、屋内側の部分に第一号ハ(1)(i)から(v)までのいずれかに該当する防火被覆が設けられていること。

(i)　1時間準耐火構造告示第1第三号ハ(1)から(6)までのいずれかに該当するもの

(ii)　厚さが12mm以上のせっこうボードの上に金属板を張ったもの

(iii)　木毛セメント板又はせっこうボードの上に厚さ15mm以上モルタル又はしっくいを塗ったもの

(iv)　モルタルの上にタイルを張ったものでその厚さの合計が25mm以上のもの

(v)　セメント板又は瓦の上にモルタルを塗ったものでその厚さの合計が25mm以上のもの

(vi)　厚さが25mm以上のロックウール保温板の上に金属板を張ったもの

(2)　屋外側の部分に次の(i)に該当する防火被覆が設けられ、かつ、屋内側の部分に次の(ii)に該当する防火被覆が設けられていること。

(i)　塗厚さが15mm以上の鉄網軽量モルタル（モルタル部分に含まれる有機物の量が当該部分の重量の8％以下のものに限る。）

(ii)　厚さが50mm以上のロックウール（かさ比重が0.024以上のものに限る。以下同じ。）又はグラスウール（かさ比重が0.01以上のものに限る。）を充填した上に、せっこうボード2枚以上張ったものでその厚さの合計が24mm以上のもの又は厚さ21mm以上の強化せっこうボード（ボード用原紙を除いた部分のせっこう含有率を95％以上、ガラス繊維の含有率を0.4％以上とし、かつ、ひる石の含有率を2.5％以上としたものに限る。）を張ったもの

ニ　間柱及び下地を木材又は鉄材で造り、その屋外側の部分に次の(1)又は(2)に該当する防火被覆が設けられ、かつ、その屋内側の部分に第1第一号ハ(2)(i)又は(ii)に該当する防火被覆が設けられた構造（間柱及び下地を木材のみで造ったものを除く。）とすること。

(1)　1時間準耐火構造告示第1第三号ハ(1)から(3)までのいずれかに該当するもの

(2)　ハ(1)(i)から(vi)までのいずれかに該当するもの

ホ　1時間準耐火構造告示第1第一号ホに定める構造とすること。

四　令第107条の2第二号及び第三号に掲げる技術的基準に適合する非耐力壁である外壁の延焼のおそれのある部分の構造方法にあっては、次に定めるものとする。

イ　1時間準耐火基準に適合する構造とすること。

ロ　法第21条第1項の規定による認定を受けた主要構造部の構造又は法第27条第1項の規定による認定を受けた主要構造部の構造とすること。

ハ　前号ハ又はニに定める構造とすること。

ニ　1時間準耐火構造告示第1第二号ニに定める構造とすること。

五　令第107条の2第二号及び第三号に掲げる技術的基準に適合する非耐力壁である外壁の延焼のおそれのある部分以外の部分の構造方法にあっては、次に定めるものとする。

イ　耐火構造とすること。

ロ　法第21条第1項の規定による認定を受けた主要構造部の構造又は法第27条第1項の規定による認定を受けた主要構造部の構造とすること。

ハ　第三号ハ又はニに定める構造とすること。

ニ　間柱及び下地を木材で造り、その屋外側の部分に第三号ハ(1)(i)から(vi)までのいずれかに該当する防火被覆が設けられ、かつ、その屋内側の部分に次の(1)又は(2)に該当する防火被覆が設けられた構造とすること。

(1)　厚さが8mm以上のスラグせっこう系セメント板

(2)　厚さが12mm以上のせっこうボード

ホ　間柱及び下地を木材又は鉄板で造り、その屋外側の部分に次の第三号ニ(1)又は(2)に該当する防火被覆が設けられ、かつ、その屋内側の部分にニ(1)又は(2)に該当する防火被覆が設けられた構造（間柱及び下地を材木のみで造ったものを除く。）とすること。

ヘ　1時間準耐火構造告示第1第二号ニに定める構造とすること。

第2　令第107条の2第一号に掲げる技術的基準に適合する柱の構造方法は、次に定めるものとする。

一　1時間準耐火基準に適合する構造とすること。

二　法第21条第1項の規定による認定を受けた主要構造部の構造又は法第27条第1項の規定による認定を受けた主要構造部の構造とすること。

三　第1第一号ハ(1)(ii)から(v)までのいずれかに該当する防火被覆を設けるか、又は次に掲げる基準に適合する構造とすること。

イ　令第46条第2項第一号イ及びロに掲げる基準に適合していること。

ロ　当該柱を接合する継手又は仕口が、昭和62年建設省告示第1901号に定める基準に従って、通常の火災時の加熱に対して耐力の低下を有効に防止することができる構造であること。この場合において、同告示第一号イ中「2.5cm」とあるのは「3.5cm」と、同号ロ中「3cm」とあるのは「4.5cm」と読み替えるものとする。第4第三号ロにおいて同じ。

ハ　当該柱を有する建築物全体が、昭和62年建設省告示第1902号に定める基準に従った構造計算によって通常の火災により容易に倒壊するおそれのないことが確かめられた構造であること。この場合において、同告示第二号イ中「2.5cm」とあるのは「3.5cm」と、同号ロ中「3cm」とあるのは「4.5cm」と読み替えるものとする。第4第三号ハにおいて同じ。

ニ　防火被覆の取合い等の部分を、当該取合い等の部分の裏面に当て木が設けられている等当該建築物の内部への炎の侵入を有効に防止することができる構造とすること。

第３　令第107条の２第一号及び第二号に掲げる技術的基準に適合する床の構造方法は、次に定めるもの（第三号に定める構造方法にあっては、防火被覆の取合い等の部分を、当該取合い等の部分の裏面に当て木を設ける等当該建築物の内部への炎の侵入を有効に防止することができる構造とするものに限る。）とする。

一　１時間準耐火基準に適合する構造とすること。

二　法第21条第１項の規定による認定を受けた主要構造部の構造又は法第27条第１項の規定による認定を受けた主要構造部の構造とすること。

三　根太及び下地を木材又は鉄材で造り、かつ、次に掲げる基準に適合する構造とすること。

イ　表側の部分に次の(1)から(4)までのいずれかに該当する防火被覆が設けられていること。

(1)　厚さが12mm以上の構造用合板、構造用パネル、パーティクルボード、デッキプレートその他これらに類するもの（以下この号において「合板等」という。）の上に厚さが９mm以上のせっこうボード若しくは軽量気泡コンクリートパネル又は厚さが８mm以上の硬質木片セメント板を張ったもの

(2)　厚さが12mm以上の合板等の上に厚さ９mm以上モルタル、コンクリート（軽量コンクリート及びシンダーコンクリートを含む。以下同じ。）又はせっこうを塗ったもの

(3)　厚さが30mm以上の木材

(4)　畳（ポリスチレンフォームの畳床を用いたものを除く。）

ロ　裏側の部分又は直下の天井に次の(1)から(3)までのいずれかに該当する防火被覆が設けられていること。

(1)　１時間準耐火構造告示第３第三号ロ(1)、(2)又は(4)のいずれかに該当するもの

(2)　厚さが15mm以上の強化せっこうボード

(3)　厚さが12mm以上の強化せっこうボード（その裏側に厚さが50mm以上のロックウール（かさ比重が0.024以上のものに限る。以下同じ。）又はグラスウール（かさ比重が0.024以上のものに限る。以下同じ。）を設けたものに限る。）

四　１時間耐火構造告示第３第四号に定める構造とすること。この場合において、同号イ(1)(i)中「4.5cm」とあるのは「3.5cm」と、同号イ(1)(ii)中「６cm」とあるのは「4.5cm」と読み替えるものとする。

第４　令第107条の２第一号に掲げる技術的基準に適合するはりの構造方法は、次に定めるものとする。

一　１時間準耐火基準に適合する構造とすること。

二　法第21条第１項の規定による認定を受けた主要構造部の構造又は法第27条第１項の規定による認定を受けた主要構造部の構造とすること。

三　第３第三号ロ(2)又は(3)に該当する防火被覆を設けるか、又は次に掲げる基準に適合する構造とすること。

イ　令第46条第２項第一号イ及びロに掲げる基準に適合していること。

ロ　当該はりを接合する継手又は仕口が、昭和62年建設省告示第1901号に定める基準に従って、通常の火災時の加熱に対して耐力の低下を有効に防止することができる構造であること。

ハ　当該はりを有する建築物全体が、昭和62年建設省告示第1902号に定める基準に従った構造計算によって、通常の火災により容易に倒壊するおそれのないことが確かめられた構造であること。

ニ　防火被覆の取合い等の部分が、当該取合い等の部分の裏面に当て木が設けられている等当該建築物の内部への炎の侵入を有効に防止することができる構造とすること。

第５　屋根の構造方法は、次に定めるもの（第一号ハ及びホまで並びに第二号ハに定める構造方法にあっては、防火被覆の取合い等の部分を、当該取合い等の部分の裏面に当て木を設ける等当該建築物の内部への炎の侵入を有効に防止することができる構造のものに限る。）とする。

一　令第107条の２第一号及び第三号に掲げる技術的基準に適合する屋根（軒裏を除く。）の構造方法にあっては、次に定めるものとする。

イ　耐火構造とすること。

ロ　法第21条第１項の規定による認定を受けた主要構造部の構造又は法第27条第１項の規定による認定を受けた主要構造部の構造とすること。

ハ　次に定める構造とすること。

(1)　不燃材料で造るか、又はふいたもの

(2)　屋内側の部分又は直下の天井に次の(i)から(vii)までのいずれかに該当する防火被覆が設けられたもの

(i)　厚さが12mm以上の強化せっこうボート

(ii)　厚さが９mm以上のせっこうボード２枚以上張ったもの

(iii)　厚さが12mm以上のせっこうボード（その裏側に厚さ50mm以上のロックウール又はグラスウールを設けたものに限る。）

(iv)　厚さが12mm以上の硬質木片セメント板

(v)　第一第三号ハ(1)(ii)から(vi)までのいずれかに該当するもの

(vi)　塗厚さが20mm以上の鉄網モルタル

(vii)　繊維強化セメント板（けい酸カルシウム板に限る。）を２枚以上張ったもので、その厚さの合計が16mm以上のもの

ニ　野地板に構造用合板、構造用パネル、パーティクルボード、硬質木片セメント板その他これらに類するもので厚さが９mm以上のものを使用し、かつ、その屋内の部分又は直下の天井にハ(2)(i)に該当する防火被覆が設けら

れた構造とすること。

ホ　室内側の部分又は直下の天井の次に(1)から(3)までのいずれかに該当する防火被覆が設けられた構造とすること。

(1)　第3第三号ロ(2)又は(3)該当するもの

(2)　せっこうボードを2枚以上張ったもので、その厚さの合計が21mm以上のもの

(3)　厚さが12mm以上のせっこうボードの上に厚さが9mm以上のロックウール吸音板を張ったもの

ヘ　構造用集成材、構造用単板積層材又は直交集成板（それぞれ集成材の日本農林規格（平成19年農林水産省告示第1152号）第2条、単板積層材の日本農林規格（平成20年農林水産省告示第701号）第1部箇条3又は直交集成板の日本農林規格（平成25年農林水産省告示第3079号）箇条3に規定する使用環境A又はBの表示をしてあるものに限る。以下同じ。）を使用し、かつ、次に掲げる基準に適合する構造とすること。

(1)　当該屋根の接合部の構造方法が、次に定める基準に従って、通常の火災時の加熱に対して耐力の低下を有効に防止することができる構造であること。

(i)　接合部のうち木材で造られた部分の表面（木材その他の材料で防火上有効に被覆された部分を除く。）から内側に、次の(一)又は(二)に掲げる場合に応じて、それぞれ当該(一)又は(二)に掲げる値の部分が除かれたときの残りの部分が、当該接合部の存在応力を伝えることができる構造であること。

(一)　構造用集成材、構造用単板積層材又は直交集成板に使用する接着剤（(二)において単に「接着剤」という。）として、フェノール樹脂、レゾルシノール樹脂又はレゾルシノール・フェノール樹脂を使用する場合（構造用集成材又は直交集成板を使用する場合にあっては、ラミナの厚さが12mm以上の場合に限る。）　2.5cm

(二)　接着剤として、(一)に掲げるもの以外のものを使用する場合（構造用集成材又は直交集成板を使用する場合にあっては、ラミナの厚さが21mm以上の場合に限る。）　3cm

(ii)　接合部にボルト、ドリフトピン、釘、木ねじその他これらに類するものを用いる場合においては、これらが木材その他の材料で防火上有効に被覆されていること。

(iii)　接合部に鋼材の添え板その他これに類するものを用いる場合においては、これらが埋め込まれ、又は挟み込まれていること。ただし、木材その他の材料で防火上有効に被覆されている場合においては、この限りでない。

(2)　当該屋根を有する建築物全体が、次に定める基準に従った構造計算によって通常の火災により容易に倒壊するおそれのないことが確かめられた構造であること。

(i)　主要構造部である屋根のうち木材で造られた部分の表面（木材その他の材料で防火上有効に被覆された部分を除く。）から内側に、(1)(i)(一)又は(二)に掲げる場合に応じて、それぞれ当該(一)又は(二)に掲げる値の部分が除かれたときの残りの断面（(ii)において「残存断面」という。）について、令第82条第二号の表に掲げる長期の組合せによる各応力の合計により、長期応力度を計算すること。

(ii)　(i)によって計算した長期応力度が、残存断面について令第94条の規定に基づき計算した短期の許容応力度を超えないことを確かめること。

(3)　取合い等の部分を、当該取合い等の部分の裏面に当て木が設けられている等当該建築物の内部への炎の侵入を有効に防止することができる構造とすること。

二　令第107条の2第二号及び第三号に掲げる技術的基準に適合する軒裏（外壁によって小屋裏又は天井裏と防火上有効に遮られているものを除く。）の構造方法にあっては、次に定めるものとする。

イ　1時間準耐火基準に適合する構造とすること。

ロ　法第21条第1項の規定による認定を受けた主要構造部の構造又は法第27条第1項の規定による認定を受けた主要構造部の構造とすること。

ハ　前号ハ(2)(iv)又は(v)に該当する防火被覆が設けられた構造とすること。

ニ　野地板（厚さが30mm以上のものに限る。）及びたるきを木材で造り、これらと外壁（軒桁を含む。）とのすき間に厚さが45mm以上の木材の面戸板を設け、かつ、たるきと軒桁との取合い等の部分を、当該取合い等の部分にたるき欠きを設ける等当該建築物の内部への炎の侵入を有効に防止することができる構造とすること。

第6　令第107条の2第一号に掲げる技術的基準に適合する階段の構造方法は、次に定めるものとする。

一　耐火構造とすること。

二　法第21条第1項の規定による認定を受けた主要構造部の構造又は法第27条第1項の規定による認定を受けた主要構造部の構造とすること。

三　段板及び段板を支えるけたが木材で造られたもので、当該木材の厚さが6cm以上のもの又は次のイ又はロのいずれかに該当する構造とすること。

イ　当該木材の厚さが3.5cm以上のもので、段板の裏面に第5第一号ハ(2)(i)から(v)までのいずれかに該当する防火被覆が施され、かつ、けたの外側の部分に第1第五号ニ(1)又は(2)（屋外側にあっては、第1第三号ハ(1)(ii)から(vi)までのいずれか）に該当する防火被覆が設けられたもの

ロ　段板の裏面に第3第三号ロ(1)から(3)までのいずれかに該当する防火被覆が設けられ、かつ、けたの外側の部分に第1第一号ハ(1)(ii)から(v)までのいずれか（屋外側にあっては、第1第三号ハ(1)(ii)から(vi)までのいずれか）に該当する防火被覆が設けられたもの

2.3　1時間耐火構造

1時間準耐火基準に適合する主要構造部の構造方法を定める件

（令和元年6月21日
国土交通省告示第195号）

最終改正　令和2年8月28日国土交通省告示第821号

建築基準法施行令第112条第2項の規定に基づき、1時間準耐火基準に適合する主要構造部の構造方法を定める件を次のように定める。

建築基準法施行令（以下「令」という。）第112条第2項に規定する1時間準耐火基準に適合する主要構造部の構造方法は次のとおりとする。

第1　壁の構造方法は、次に定めるもの（第一号ハ及びニ並びに第三号ハ及びニに定める構造方法にあっては、取合いの部分、目地の部分その他これらに類する部分（以下「取合い等の部分」という。）を、当該取合い等の部分の裏面に当て木を設けることその他の当該建築物の内部への炎の侵入を有効に防止することができる構造とするものに限る。）とする。

一　令第112条第2項第一号及び第二号に定める基準に適合する耐力壁である間仕切壁の構造方法にあっては、次に定めるものとする。

イ　耐火構造とすること。

ロ　特定準耐火構造（通常火災終了時間が1時間以上である建築物の主要構造部（建築基準法。以下「法」という。）第21条第1項に規定する構造方法を用いるもの又は同項の規定による認定を受けたものに限る。）又は特定避難時間が1時間以上である建築物の主要構造部（法第27条第1項に規定する構造方法を用いるもの又は同項の規定による認定を受けたものに限る。）の構造方法をいう。以下同じ。）とすること。

ハ　間柱及び下地を木材で造り、かつ、その両側にそれぞれ次の⑴から⑺までのいずれかに該当する防火被覆が設けられたものとすること。

⑴　平成12年建設省告示第1399号第1第二号ヘ⑴から⑶までのいずれかに該当するもの

⑵　厚さが12mm以上のせっこうボード（強化せっこうボードを含む。以下同じ。）を2枚以上張ったもの

⑶　厚さが8mm以上のスラグせっこう系セメント板の上に厚さが12mm以上のせっこうボードを張ったもの

⑷　厚さが16mm以上の強化せっこうボード

⑸　厚さが12mm以上の強化せっこうボードの上に厚さが9mm以上のせっこうボード又は難燃合板を張ったもの

⑹　厚さが9mm以上のせっこうボード又は難燃合板の上に厚さが12mm以上の強化せっこうボードを張ったもの

⑺　厚さが35mm以上の軽量気泡コンクリートパネル

ニ　間柱及び下地を木材又は鉄材で造り、かつ、その両側にハ⑴から⑹までのいずれかに該当する防火被覆が設けられた構造（間柱及び下地を木材のみで造ったものを除く。）とすること。

ホ　構造用集成材、構造用単板積層材又は直交集成板（それぞれ集成材の日本農林規格（平成19年農林水産省告示第1152号）第2条、単板積層材の日本農林規格（平成20年農林水産省告示第701号）第1部箇条3又は直交集成板の日本農林規格（平成25年農林水産省告示第3079号）箇条3に規定する使用環境A又はBの表示をしてあるものに限る。以下同じ。）を使用し、かつ、次に掲げる基準に適合する構造とすること。

⑴　当該壁の接合部の構造方法が、次に定める基準に従って、通常の火災時の加熱に対して耐力の低下を有効に防止することができる構造であること。

(i)　接合部のうち木材で造られた部分の片側（当該壁が面する室内において発生する火災による火熱が当該壁の両側に同時に加えられるおそれがある場合にあっては、両側。以下同じ。）の表面（木材その他の材料で防火上有効に被覆された部分を除く。）から内側に、次の㈠又は㈡に掲げる場合の区分に応じ、それぞれ当該㈠又は㈡に定める値の部分が除かれたときの残りの部分が、当該接合部の存在応力を伝えることができる構造であること。

㈠　構造用集成材、構造用単板積層材又は直交集成板に使用する接着剤（以下単に「接着剤」という。）として、フェノール樹脂、レゾルシノール樹脂又はレゾルシノール・フェノール樹脂（以下「フェノール樹脂等」という。）を使用する場合（構造用集成材又は直交集成板を使用する場合にあっては、ラミナの厚さが12mm以上の場合に限る。）4.5cm

㈡　接着剤として、フェノール樹脂等以外のものを使用する場合（構造用集成材又は直交集成板を使用する場合にあっては、ラミナの厚さが21mm以上の場合に限る。）6cm

(ii)　接合部にボルト、ドリフトピン、釘、木ねじその他これらに類するものを用いる場合においては、これらが木材その他の材料で防火上有効に被覆されていること。

(iii)　接合部に鋼材の添え板その他これに類するものを用いる場合においては、これらが埋め込まれ、又は挟み込まれていること。ただし、木材その他の材料で防火上有効に被覆されている場合においては、この限りでない。

⑵　当該壁を有する建築物全体が、次に定める基準に従った構造計算によって通常の火災により容易に倒壊するおそれのないことが確かめられた構造であること。

(i)　主要構造部である壁のうち木材で造られた部分の表面（木材その他の材料で防火上有効に被覆された

部分を除く。）から内側に、(1)(i)(一)又は(二)に掲げる場合の区分に応じ、それぞれ当該(一)又は(二)に定める値の部分が除かれたときの残りの断面（(ii)において「残存断面」という。）について、令第82条第二号の表に掲げる長期の組合せによる各応力の合計により、長期応力度を計算すること。

(ii) (i)によって計算した長期応力度が、残存断面について令第94条の規定に基づき計算した短期の許容応力度を超えないことを確かめること。

(3) 取合い等の部分を、当該取合い等の部分の裏面に当て木を設けることその他の当該建築物の内部への炎の侵入を有効に防止することができる構造とすること。

二　令第112条第2項第二号に定める基準に適合する非耐力壁である間仕切壁の構造方法にあっては、次に定めるものとする。

イ　耐火構造とすること。

ロ　特定準耐火構造とすること。

ハ　前号ハ又はニに定める構造とすること。

ニ　構造用集成材、構造用単板積層材又は直交集成板を使用し、かつ、次に掲げる基準に適合する構造とすること。

(1) 壁の厚さが、次の(i)又は(ii)に掲げる場合の区分に応じ、それぞれ当該(i)又は(ii)に定める値以上であること。

(i) 接着剤として、フェノール樹脂等を使用する場合（構造用集成材を使用する場合にあってはラミナの厚さが12mm以上の場合に限り、直交集成板を使用する場合にあってはラミナの厚さが12mm以上で、かつ、加熱面の表面から4.5cmの部分が除かれたときに、互いに接着された平行層と直交層が存在する場合に限る。）7.5cm

(ii) 接着剤として、フェノール樹脂等以外のものを使用する場合（構造用集成材を使用する場合にあってはラミナの厚さが21mm以上の場合に限り、直交集成板を使用する場合にあってはラミナの厚さが21mm以上で、かつ、加熱面の表面から6cmの部分が除かれたときに、互いに接着された平行層と直交層が存在する場合に限る。）9cm

(2) 取合い等の部分を、当該取合い等の部分の裏面に当て木を設けることその他の当該建築物の内部への炎の侵入を有効に防止することができる構造とすること。

三　令第112条第2項に定める基準に適合する耐力壁である外壁の構造方法にあっては、次に定めるものとする。

イ　耐火構造とすること。

ロ　特定準耐火構造とすること。

ハ　間柱及び下地を木材で造り、その屋外側の部分に次の(1)から(6)までのいずれかに該当する防火被覆が設けられ、かつ、その屋内側の部分に第一号ハ(1)から(7)までのいずれかに該当する防火被覆が設けられた構造とすること。

(1) 平成12年建設省告示第1399号第1第二号ヘ(1)から(3)までのいずれかに該当する防火被覆（同号ヘ(1)又は(2)に該当するものにあっては、当該防火被覆の上に金属板、軽量気泡コンクリートパネル若しくは窯業系サイディングを張ったもの又はモルタル若しくはしっくいを塗ったものに限る。）

(2) 厚さが18mm以上の硬質木片セメント板

(3) 塗厚さが20mm以上の鉄網モルタル

(4) 塗厚さが20mm以上の鉄網軽量モルタル（モルタル部分に含まれる有機物の量が当該部分の重量の8％以下のものに限る。以下同じ。）

(5) 第一号ハ(7)に該当するもの

(6) 厚さが12mm以上の硬質木片セメント板の上に厚さが10mm以上の鉄網軽量モルタルを塗ったもの

ニ　間柱及び下地を木材又は鉄材で造り、その屋外側の部分にハ(1)から(3)までのいずれかに該当する防火被覆が設けられ、かつ、その屋内側の部分に第一号ハ(1)から(6)までのいずれかに該当する防火被覆が設けられた構造（間柱及び下地を木材のみで造ったものを除く。）とすること。

ホ　第一号ホに定める構造とすること。

四　令第112条第2項第二号及び第三号に定める基準に適合する非耐力壁である外壁の延焼のおそれのある部分の構造方法にあっては、次に定めるものとする。

イ　耐火構造とすること。

ロ　特定準耐火構造とすること。

ハ　前号ハ又はニに定める構造とすること。

ニ　第二号ニに定める構造とすること。

第2　令第112条第2項第一号に定める基準に適合する柱の構造方法は、次に定めるものとする。

一　耐火構造とすること。

二　特定準耐火構造とすること。

三　第1第一号ハ(2)から(6)までのいずれかに該当する防火被覆を設け、又は次に掲げる基準に適合する構造とすること。

イ　令第46条第2項第一号イ及びロに掲げる基準に適合していること。

ロ　当該柱を接合する継手又は仕口が、昭和62年建設省告示第1901号に定める基準に従って、通常の火災時の加熱に対して耐力の低下を有効に防止することができる構造であること。この場合において、同告示第一号イ中「2.5cm」とあるのは「4.5cm」と、同号ロ中「3cm」とあるのは「6cm」と読み替えるものとする。第4第三号ロにおいて同じ。

ハ　当該柱を有する建築物全体が、昭和62年建設省告示第1902号に定める基準に従った構造計算によって通常の火災により容易に倒壊するおそれのないことが確かめられた構造であること。この場合において、同告示第二号イ中「2.5cm」とあるのは「4.5cm」と、同号ロ中

「3㎝」とあるのは「6㎝」と読み替えるものとする。第4第三号ハにおいて同じ。

ニ　取合い等の部分を、当該取合い等の部分の裏面に当て木を設けることその他の当該建築物の内部への炎の侵入を有効に防止することができる構造とすること。

第3　令第112条第2項第一号及び第二号に定める基準に適合する床の構造方法は、次に定めるもの（第三号に定める構造方法にあっては、取合い等の部分を、当該取合い等の部分の裏面に当て木を設けることその他の当該建築物の内部への炎の侵入を有効に防止することができる構造とするものに限る。）とする。

一　耐火構造とすること。

二　特定準耐火構造とすること。

三　根太及び下地を木材又は鉄材で造り、かつ、次に掲げる基準に適合する構造とすること。

イ　表側の部分に次の⑴から⑷までのいずれかに該当する防火被覆が設けられていること。

⑴　厚さが12mm以上の構造用合板、構造用パネル、パーティクルボード、デッキプレートその他これらに類するもの（以下「合板等」という。）の上に厚さが12mm以上のせっこうボード、硬質木片セメント板又は軽量気泡コンクリートパネルを張ったもの

⑵　厚さが12mm以上の合板等の上に厚さ12mm以上モルタル、コンクリート（軽量コンクリート及びシンダーコンクリートを含む。以下同じ。）又はせっこうを塗ったもの

⑶　厚さ40mm以上の木材

⑷　畳（ポリスチレンフォームの畳床を用いたものを除く。）

ロ　裏側の部分又は直下の天井に次の⑴から⑷までのいずれかに該当する防火被覆が設けられていること。

⑴　厚さが12mm以上のせっこうボードを2枚以上張ったもの（その裏側に厚さが50mm以上のロックウール（かさ比重が0.024以上のものに限る。以下同じ。）又はグラスウール（かさ比重が0.024以上のものに限る。以下同じ。）を設けたものに限る。）

⑵　厚さが12mm以上の強化せっこうボードを2枚以上張ったもの

⑶　厚さが15mm以上の強化せっこうボード（その裏側に厚さが50mm以上のロックウール又はグラスウールを設けたものに限る。）

⑷　厚さが12mm以上の強化せっこうボードの上に厚さが9mm以上のロックウール吸音板を張ったもの

四　構造用集成材、構造用単板積層材又は直交集成板を使用し、かつ、次に掲げる基準に適合する構造とすること。

イ　当該床の接合部の構造方法が、次に定める基準に従って、通常の火災時の加熱に対して耐力の低下を有効に防止することができる構造であること。

⑴　接合部のうち木材で造られた部分の表面（木材その他の材料で防火上有効に被覆された部分を除く。）から内側に、次の(i)又は(ii)に掲げる場合の区分に応じ、それぞれ当該(i)又は(ii)に定める値の部分が除かれたときの残りの部分が、当該接合部の存在応力を伝えることができる構造であること。

(i)　接着剤として、フェノール樹脂等を使用する場合（構造用集成材又は直交集成板を使用する場合にあっては、ラミナの厚さが12mm以上の場合に限る。）4.5㎝

(ii)　接着剤として、フェノール樹脂等以外のものを使用する場合（構造用集成材又は直交集成ii板を使用する場合にあっては、ラミナの厚さが21mm以上の場合に限る。）6㎝

⑵　接合部にボルト、ドリフトピン、釘、木ねじその他これらに類するものを用いる場合においては、これらが木材その他の材料で防火上有効に被覆されていること。

⑶　接合部に鋼材の添え板その他これに類するものを用いる場合においては、これらが埋め込まれ、又は挟み込まれていること。ただし、木材その他の材料で防火上有効に被覆されている場合においては、この限りでない。

ロ　当該床を有する建築物全体が、次に定める基準に従った構造計算によって通常の火災により容易に倒壊するおそれのないことが確かめられた構造であること。

⑴　主要構造部である床のうち木材で造られた部分の表面（木材その他の材料で防火上有効に被覆された部分を除く。）から内側に、イ⑴(i)又は(ii)に掲げる場合の区分に応じ、それぞれ当該(i)又は(ii)に定める値の部分が除かれたときの残りの断面（⑵において「残存断面」という。）について、令第82条第二号の表に掲げる長期の組合せによる各応力の合計により、長期応力度を計算すること。

⑵　⑴によって計算した長期応力度が、残存断面について令第94条の規定に基づき計算した短期の許容応力度を超えないことを確かめること。

ハ　取合い等の部分を、当該取合い等の部分の裏面に当て木を設けることその他の当該建築物の内部への炎の侵入を有効に防止することができる構造とすること。

第4　令第112条第2項第一号に定める基準に適合するはりの構造方法は、次に定めるものとする。

一　耐火構造とすること。

二　特定準耐火構造とすること。

三　第3第三号ロ⑴から⑷までのいずれかに該当する防火被覆を設け、又は次に掲げる基準に適合する構造とすること。

イ　令第46条第2項第一号イ及びロに掲げる基準に適合していること。

ロ　当該はりを接合する継手又は仕口が、昭和62年建設省告示第1901号に定める基準に従って、通常の火災時の加熱に対して耐力の低下を有効に防止することができ

る構造であること。

ハ　当該はりを有する建築物全体が、昭和62年建設省告示第1902号に定める基準に従った構造計算によって、通常の火災により容易に倒壊するおそれのないことが確かめられた構造であること。

ニ　取合い等の部分を、当該取合い等の部分の裏面に当て木を設けることその他の当該建築物の内部への炎の侵入を有効に防止することができる構造とすること。

第5　令第112条第2項第二号に定める基準に適合する軒裏の構造方法は、次に定めるもの（第二号に定める構造方法にあっては、取合い等の部分を、当該取合い等の部分の裏面に当て木を設けることその他の当該建築物の内部への炎の侵入を有効に防止することができる構造とするものに限る。）とする。

一　特定準耐火構造とすること。

二　次のいずれかに該当する防火被覆が設けられた構造とすること。

イ　厚さが15mmの強化せっこうボードの上に金属板を張ったもの

ロ　繊維強化セメント板（けい酸カルシウム板に限る。）を2枚以上張ったもので、その厚さの合計が16mm以上のもの

ハ　第1第三号ハ(2)から(4)まで又は(6)のいずれかに該当するもの

三　野地板（厚さが30mm以上のものに限る。）及びたるきを木材で造り、これらと外壁（軒桁を含む。）との隙間に次のいずれかに該当する防火被覆を設け、かつ、たるきと軒桁との取合い等の部分を、当該取合い等の部分にたるき欠きを設けることその他の当該建築物の内部への炎の侵入を有効に防止することができる構造とすること。

イ　厚さが12mm以上の木材の面戸板の屋内側に厚さが40mm以上のしっくい、土又はモルタル（ロにおいて「しっくい等」という。）を塗ったもの

ロ　厚さが30mm以上の木材の面戸板の屋内側又は屋外側に厚さが20mm以上のしっくい等を塗ったもの（屋内側にしっくい等を塗ったものにあっては、火災により当該面戸板が除かれた場合に当該しっくい等が自立する構造であるものに限る。）

2.4　75分間準耐火構造

建築基準法第21条第1項に規定する建築物の主要構造部の構造方法を定める件

（令和元年6月21日
国土交通省告示第193号）

最終改正　令和2年12月28日国土交通省告示第1593号

建築基準法第21条第1項の規定に基づき、建築基準法第21条第1項に規定する建築物の主要構造部の構造方法を定める件を次のとおり制定する。

第1

8　第1項及び第2項の「75分間準耐火構造」は、次の各号に掲げる建築物の部分の区分に応じ、それぞれ当該各号に定める基準に適合する構造をいう。

一　耐力壁　次に掲げる基準

イ　木造建築物の耐力壁（その全部又は一部に木材を用いたものでその全部又は一部に防火被覆を設けていないものに限る。）、にあっては、次の(1)又は(2)のいずれかに掲げる基準に適合すること。

(1)　構造用集成材、構造用単板積層材又は直交集成板を使用するものであり、かつ、次に掲げる基準に適合する構造であるほか、取合い等の部分が炎侵入防止構造であること。

(i)　当該耐力壁の接合部の構造方法が、次に定める基準に従って、通常の火災時の加熱に対して耐力の低下を有効に防止することができる構造であること。

(一)　接合部のうち木材で造られた部分の片側の表面（木材その他の材料で防火上有効に被覆された部分を除く。）から内側に、次の(イ)又は(ロ)に掲げる場合の区分に応じ、それぞれ当該(イ)又は(ロ)に定める値の部分が除かれたときの残りの部分が、当該接合部の存在応力を伝えることができる構造であること。

(イ)　接着剤として、フェノール樹脂等を使用する場合（構造用集成材又は直交集成板を使用する場合にあっては、ラミナの厚さが12mm以上の場合に限る。）　6.5cm

(ロ)　接着剤として、フェノール樹脂等以外のものを使用する場合（構造用集成材又は直交集成板を使用する場合にあっては、ラミナの厚さが21mm以上の場合に限る。）　8.5cm

(二)　第2項第一号イ(1)(i)(二)及び(三)に定める基準

(ii)　当該耐力壁を有する建築物全体が、次に定める基準に従った構造計算によって通常の火災により容易に倒壊するおそれのないことが確かめられた構造であること。

(一)　主要構造部である耐力壁のうち木材で造られた部分の表面（木材その他の材料で防火上有効に被覆された部分を除く。）から内側に、(1)(i)(一)(イ)又は(ロ)に掲げる場合の区分に応じ、それぞれ当該(イ)

又は(ロ)に定める値の部分が除かれたときの残りの断面（㈡及び(ⅲ)において「残存断面」という。）について、令第82条第二号の表に掲げる長期の組合せによる各応力の合計により、長期応力度を計算すること。

㈡　㈠によって計算した長期応力度が、残存断面について令第94条の規定に基づき計算した短期の許容応力度を超えないことを確かめること。

(ⅲ)　残存断面の厚さが20cm以上であること。

⑵　通常火災終了時間が75分間以上である建築物の耐力壁（法第21条第1項に規定する構造方法を用いるもの又は同項の規定による認定を受けたものに限る。）又は特定避難時間が75分間以上である建築物の耐力壁（法第27条第1項に規定する構造方法を用いるもの又は同項の規定による認定を受けたものに限る。）の構造方法を用いる構造であること。

ロ　木造建築物の耐力壁（イに規定するものを除く。）にあっては、次の⑴から⑶までのいずれかに該当するものであるほか、取合い等の部分が炎侵入防止構造であること。

⑴　平成27年国土交通省告示第250号第2第一号イ⑴から⑸までのいずれかに該当する構造であるもの

⑵　間柱及び下地を木材、鉄材又は鋼材で造り、かつ、その両側に防火被覆（強化せっこうボードを2枚以上張ったもので、その厚さの合計が42mm以上のものに限る。）を設け、かつ、当該壁が外壁である場合にあっては、屋外側の防火被覆の上に金属板、軽量気泡コンクリートパネル若しくは窯業系サイディングを張ったもの又はモルタル若しくはしっくいを塗ったもの

⑶　イ⑵に掲げる基準に適合するもの

二　非耐力壁　次に掲げる基準

イ　木造建築物の非耐力壁（その全部又は一部に木材を用いたものでその全部又は一部に防火被覆を設けていないものに限る。）にあっては、次の⑴又は⑵のいずれかに掲げる基準に適合すること。

⑴　構造用集成材、構造用単板積層材又は直交集成板を使用するものであり、かつ、当該非耐力壁の厚さが次の(ⅰ)又は(ⅱ)に掲げる場合の区分に応じ、それぞれ当該(ⅰ)又は(ⅱ)に定める値以上であるほか、取合い等の部分が炎侵入防止構造であること。

(ⅰ)　接着剤として、フェノール樹脂等を使用する場合（構造用集成材を使用する場合にあってはラミナの厚さが12mm以上の場合に限り、直交集成板を使用する場合にあってはラミナの厚さが12mm以上で、かつ、加熱面の表面から6.5cmの部分が除かれたときに、互いに接着された平行層と直交層が存在する場合に限る。）　9.5cm

(ⅱ)　接着剤として、フェノール樹脂等以外のものを使用する場合（構造用集成材を使用する場合にあってはラミナの厚さが21mm以上の場合に限り、直交集成板を使用する場合にあってはラミナの厚さが21mm以上で、かつ、加熱面の表面から8.5cmの部分が除かれたときに、互いに接着された平行層と直交層が存在する場合に限る。）　11.5cm

⑵　通常火災終了時間が75分間以上である建築物の非耐力壁（法第21条第1項に規定する構造方法を用いるもの又は同項の規定による認定を受けたものに限る。）又は特定避難時間が75分間以上である建築物の非耐力壁（法第27条第1項に規定する構造方法を用いるもの又は同項の規定による認定を受けたものに限る。）の構造方法を用いる構造であること。

ロ　木造建築物の非耐力壁（イに規定するものを除く。）にあっては、次の⑴から⑶までのいずれかに該当するものであるほか、取合い等の部分が炎侵入防止構造であること。

⑴　平成27年国土交通省告示第250号第2第一号イ⑴から⑸までのいずれかに該当する構造であるもの

⑵　前号ロ⑵に該当する構造であるもの

⑶　イ⑵に掲げる基準に適合するもの

三　柱　次に掲げる基準

イ　木造建築物の柱（その全部又は一部に木材を用いたものでその全部又は一部に防火被覆を設けていないものに限る。）にあっては、次の⑴又は⑵のいずれかに掲げる基準に適合すること。

⑴　構造用集成材又は構造用単板積層材を使用するものであり、かつ、次に掲げる基準に適合する構造であるほか、取合い等の部分が炎侵入防止構造であること。

(ⅰ)　令第46条第2項第一号イ及びロに掲げる基準に適合していること。

(ⅱ)　当該柱を接合する継手又は仕口が、昭和62年建設省告示第1901号に定める基準に従って、通常の火災時の加熱に対して耐力の低下を有効に防止することができる構造であること。この場合において、同告示第一号イ中「2.5cm」とあるのは「令和元年国土交通省告示第193号第1第8項第一号イ⑴(ⅰ)㈠(イ)又は(ロ)に掲げる場合の区分に応じ、それぞれ当該(イ)又は(ロ)に定める値」と読み替えるものとする。

(ⅲ)　当該柱を有する建築物全体が、昭和62年建設省告示第1902号に定める基準に従った構造計算によって通常の火災により容易に倒壊するおそれのないことが確かめられた構造であること。この場合において、同告示第二号イ中「2.5cm」とあるのは「令和元年国土交通省告示第193号第1第8項第一号イ⑴(ⅰ)㈠(イ)又は(ロ)に掲げる場合の区分に応じ、それぞれ当該(イ)又は(ロ)に定めに定める値」と読み替えるものとする。

(ⅳ)　主要構造部である柱のうち木材で造られた部分の表面（木材その他の材料で防火上有効に被覆された部分を除く。）から内側に、第一号イ⑴(ⅰ)㈠(イ)又は

(ロ)に掲げる場合の区分に応じ、それぞれ当該(イ)又は(ロ)に定める値の部分が除れたときの残りの断面の小径が、20cm以上であること。

(2) 次の(i)又は(ii)のいずれかに掲げる構造であること。

(i) 耐火構造（2時間通常の火災による火熱が加えられた場合に、構造耐力上支障のある変形、溶融、破壊その他の損傷を生じないものに限る。第五号イ(2)(i)において同じ。）

(ii) 通常火災終了時間が75分間以上である建築物の柱（法第21条第1項に規定する構造方法を用いるもの又は同項の規定による認定を受けたものに限る。）又は特定避難時間が75分間以上である建築物の柱（法第27条第1項に規定する構造方法を用いるもの又は同項の規定による認定を受けたものに限る。）の構造方法を用いる構造

ロ 木造建築物の柱（イに規定するものを除く。）にあっては、次の(1)又は(2)のいずれかに該当するものであるほか、取合い等の部分が炎侵入防止構造であること。

(1) イ(2)(i)又は(ii)のいずれかに掲げる構造であるもの

(2) 防火被覆（強化せっこうボードを2枚以上張ったもので、その厚さの合計が46mm以上のものに限る。）を設けたもの

四 床 次に掲げる基準

イ 木造建築物の床（その全部又は一部に木材を用いたものでその全部又は一部に防火被覆を設けていないものに限る。）にあっては、次の(1)又は(2)のいずれかに掲げる基準に適合すること。

(1) 構造用集成材、構造用単板積層材又は直交集成板を使用するものであり、かつ、次に掲げる基準に適合する構造であるほか、取合い等の部分が炎侵入防止構造であること。

(i) 当該床の接合部の構造方法が、次に定める基準に従って、通常の火災時の加熱に対して耐力の低下を有効に防止することができる構造であること。

㈠ 接合部のうち木材で造られた部分の表面（木材その他の材料で防火上有効に被覆された部分を除く。）から内側に、第一号イ(1)(i)㈠(イ)又は(ロ)に掲げる場合の区分に応じ、それぞれ当該(イ)又は(ロ)に定める値の部分が除かれたときの残りの部分が、当該接合部の存在応力を伝えることができる構造であること。

㈡ 第2項第一号イ(1)(i)㈡及び㈢に定める基準。

(ii) 当該床を有する建築物全体が、次に定める基準に従った構造計算によって通常の火災により容易に倒壊するおそれのないことが確かめられた構造であるほか、取合い等の部分が炎侵入防止構造であること。

㈠ 主要構造部である床のうち木材で造られた部分の表面（木材その他の材料で防火上有効に被覆された部分を除く。）から内側に、第一号(1)(i)㈠(イ)又は(ロ)に掲げる場合の区分に応じ、それぞれ当該(イ)又は(ロ)に定める値の部分が除かれたときの残りの断面（㈡及び(iii)において「残存断面」という。）について、令第82条第二号の表に掲げる長期の組合せによる各応力の合計により、長期応力度を計算すること。

㈡ ㈠によって計算した長期応力度が、残存断面について令第94条の規定に基づき計算した短期の許容応力度を超えないことを確かめること。

(iii) 残存断面の厚さが20cm以上であること。

(iv) 床の上面に防火被覆（強化せっこうボードを2枚以上張ったもので、その厚さの合計が46mm以上のものに限る。）を設けること。

(2) 通常火災終了時間が75分間以上である建築物の床（法第21条第1項に規定する構造方法を用いるもの又は同項の規定による認定を受けたものに限る。）又は特定避難時間が75分間以上である建築物の床（法第27条第1項に規定する構造方法を用いるもの又は同項の規定による認定を受けたものに限る。）の構造方法を用いる構造であること。

ロ 木造建築物の床（イに規定するものを除く。）にあっては、次の(1)から(3)までのいずれかに該当するものであるほか、取合い等の部分が炎侵入防止構造であること。

(1) 平成27年国土交通省告示第250号第2第一号イ(1)から(3)までのいずれかに該当する構造であるもの

(2) 根太及び下地を木材、鉄材又は鋼材で造り、かつ、その表側の部分に防火被覆（強化せっこうボードを2枚以上張ったもので、その厚さの合計が42mm以上のものに限る。）を設け、かつ、その裏側の部分又は直下の天井に防火被覆（強化せっこうボードを2枚以上張ったもので、その厚さの合計が46mm以上のものに限る。）を設けたもの

(3) イ(2)に掲げる基準に適合するもの

五 はり 次に掲げる基準

イ 木造建築物のはり（その全部又は一部に木材を用いたものでその全部又は一部に防火被覆を設けていないものに限る。）にあっては、次の(1)又は(2)のいずれかに掲げる基準に適合すること。

(1) 構造用集成材又は構造用単板積層材を使用し、かつ、次に掲げる基準に適合する構造であるほか、取合い等の部分が炎侵入防止構造であること。

(i) 令第46条第2項第一号イ及びロに掲げる基準に適合していること。

(ii) 当該はりを接合する継手又は仕口が、昭和62年建設省告示第1901号に定める基準に従って、通常の火災時の加熱に対して耐力の低下を有効に防止することができる構造であること。この場合において、同告示第一号イ中「2.5cm」とあるのは「令和元年国土交通省告示第193号第1第8項第一号イ(1)(i)㈠(イ)又は(ロ)に掲げる場合の区分に応じ、それぞ

れ当該(イ)又は(ロ)に定める値」と読み替えるものとする。

(iii) 当該はりを有する建築物全体が、昭和62年建設省告示第1902号に定める基準に従った構造計算によって通常の火災により容易に倒壊するおそれのないことが確かめられた構造であること。この場合において、同告示第二号イ中「2.5cm」とあるのは「令和元年国土交通省告示第193号第1第8項第一号イ(1)(i)(一)(イ)又は(ロ)に掲げる場合の区分に応じ、それぞれ当該(イ)又は(ロ)に定める値」と読み替えるものとする。

(iv) 主要構造部であるはりのうち木材で造られた部分の表面（木材その他の材料で防火上有効に被覆された部分を除く。）から内側に、第一号イ(1)(i)(一)(イ)又は(ロ)に掲げる場合の区分に応じ、それぞれ当該(イ)又は(ロ)に掲げる値の部分が除かれたときの残りの断面の小径が、20cm以上であること。

(2) 次の(i)又は(ii)のいずれかに掲げる構造であること。

(i) 耐火構造

(ii) 通常火災終了時間が75分間以上である建築物のはり（法第21条第1項に規定する構造方法を用いるもの又は同項の規定による認定を受けたものに限る。）又は特定避難時間が75分間以上である建築物のはり（法第27条第1項に規定する構造方法を用いるもの又は同項の規定による認定を受けたものに限る。）の構造方法を用いる構造

ロ 木造建築物のはり（イに規定するものを除く。）にあっては、次の(1)又は(2)のいずれかに該当するものであるほか、取合い等の部分が炎侵入防止構造であること。

(1) イ(2)(i)又は(ii)のいずれかに掲げる構造であるもの

(2) 第三号ロ(2)に該当するもの

六 軒裏 次に掲げる基準

イ 木造建築物の軒裏（その全部又は一部に木材を用いたものでその全部又は一部に防火被覆を設けていないものに限る。）にあっては、次の(1)又は(2)のいずれかに掲げる基準に適合すること。

(1) 構造用集成材、構造用単板積層材又は直交集成板を使用するものであり、かつ、当該軒裏の厚さが第二号イ(1)(i)又は(ii)に掲げる場合の区分に応じ、それぞれ当該(i)又は(ii)に定める値以上であるほか、取合い等の部分が炎侵入防止構造であること。

(2) 通常火災終了時間が75分間以上である建築物の軒裏（法第21条第1項に規定する構造方法を用いるもの又は同項の規定による認定を受けたものに限る。）又は特定避難時間が75分間以上である建築物の軒裏（法第27条第1項に規定する構造方法を用いるもの又は同項の規定による認定を受けたものに限る。）の構造方法を用いる構造であること。

ロ 木造建築物の軒裏（イに規定するものを除く。）にあっては、次の(1)から(3)までのいずれかに該当するものであるほか、取合い等の部分が炎侵入防止構造であること。

(1) 平成27年国土交通省告示第250号第2第一号イ(1)から(3)まで又は(5)のいずれかに該当する構造であるもの

(2) イ(2)に掲げる基準に適合するもの

(3) 第三号ロ(2)に該当するもの

2.5 90分間準耐火構造

防火地域又は準防火地域内の建築物の部分及び防火設備の構造方法を定める件

（令和元年6月21日
国土交通省告示第194号）

最終改正 令和2年4月1日国土交通省告示第508号

建築基準法第61条の規定に基づき、防火地域は又は準防火地域内の建築物の部分及び防火設備の構造方法を定める件を次のように定める。

第2

3 第1項第一号の「90分間準耐火構造」とは、次の各号に掲げる建築物の部分の区分に応じ、それぞれ当該各号に定める構造をいう。

一 壁 次のイ又はロのいずれかに該当する構造

イ 平成27年国土交通省告示第250号第2第一号イ(1)から(5)までのいずれかに該当する構造

ロ 法第21条第1項の規定により令第109条の5第一号に掲げる基準に適合する建築物とした建築物（通常火災終了時間が90分間以上であるものに限る。次号ロにおいて同じ。）又は法第27条第1項の規定により令第110条第一号に掲げる基準に適合する建築物とした建築物（特定避難時間が90分間以上であるものに限る。次号ロにおいて同じ。）の壁（非耐力壁である外壁にあっては、延焼のおそれのある部分に限る。）の構造方法を用いる構造

二 軒裏 次のイ又はロのいずれかに該当する構造

イ 平成27年国土交通省告示第250号第2第一号イ(1)から(3)まで又は(5)のいずれかに該当する構造

ロ 法第21条第1項の規定により令第109条の5第一号に掲げる基準に適合する建築物とした建築物又は法第27条第1項の規定により令第110条第一号に掲げる基準に適合する建築物とした建築物の軒裏（延焼のおそれのある部分に限る。）の構造方法を用いる構造

2.6　防火構造（防火性能…30分間）

防火構造の構造方法を定める件

（平成12年5月24日
建設省告示第1359号）

最終改正　令和3年6月7日国土国土交通省告示第513号

建築基準法第2条第八号の規定に基づき、防火構造の構造方法を次のように定める。

第1　外壁の構造方法は、次に定めるものとする。

一　建築基準法施行令（以下「令」という。）第108条に掲げる技術的基準に適合する耐力壁である外壁の構造方法にあっては、次にいずれかに該当するもの（ハに定める構造方法にあっては、屋内側の防火被覆の取合いの部分、目地の部分その他これらに類する部分（以下この号において「取合い等の部分」という。）を、当該取合い等の部分の裏面に当て木を設ける等当該建築物の内部への炎の侵入を有効に防止することができる構造とし、かつ、屋外側の防火被覆の取合い等の部分の裏面に厚さが12mm以上の合板、構造用パネル、パーティクルボード、硬質木片セメント板その他これらに類するものを設け、又は当該取合い等の部分を相じゃくりとするものに限り、ホ(3)(i)(ハ)及び(ii)(ホ)に掲げる構造方法を組み合わせた場合にあっては、土塗壁と間柱及び桁との取合いの部分を、当該取合いの部分にちりじゃくりを設ける等当該建築物の内部への炎の侵入を有効に防止することができる構造とするものに限る。）とする。

イ　準耐火構造（耐力壁である外壁に係るものに限る。）とすること。

ロ　間柱及び下地を木材料で造り、かつ、次に掲げる基準のいずれかに適合する構造（イに掲げる構造を除く。）とすること。

(1)　屋内側の部分に次の(i)に該当する防火被覆が設けられ、かつ、屋外側の部分に次の(ii)に該当する防火被覆が設けられていること。

(i)　厚さが50mm以上のグラスウール（かさ比重が0.01以上のものに限る。(2)(i)において同じ。）又はロックウール（かさ比重が0.024以上のものに限る。）を充填した上に厚さが12mm以上のせっこうボード（強化せっこうボードを含む。以下同じ。）を張ったもの

(ii)　塗厚さが15mm以上の鉄網軽量モルタル（モルタル部分に含まれる有機物の量が当該部分の重量の8%以下のものに限る。）

(2)　屋内側の部分に次の(i)に該当する防火被覆が設けられ、かつ、屋外側の部分に次の(ii)に該当する防火被覆が設けられていること。

(i)　厚さが50mm以上のグラスウール又は厚さが55mm以上のロックウール（かさ比重が0.03以上のものに限る。）を充填した上に厚さが9mm以上のせっこうボードを張ったもの

(ii)　厚さが15mm以上の窯業系サイディング（中空部を有する場合にあっては、厚さが18mm以上で、かつ、中空部を除く厚さが7mm以上のものに限る。）を張ったもの

ハ　間柱及び下地を木材又は鉄材で造り、かつ、ロ(2)に掲げる基準に適合する構造（イに掲げる構造並びに間柱及び下地を木材のみで造ったものを除く。）とすること。

ニ　間柱及び下地を不燃材料で造り、かつ、次に定める防火被覆が設けられた構造（イに掲げる構造を除く。）とすること。

(1)　屋内側にあっては、次のいずれかに該当するもの

(i)　平成12年建設省告示第1358号第1第一号ハ(1)(iii)から(v)まで又は(2)(i)のいずれかに該当するもの

(ii)　厚さが9.5mm以上のせっこうボードを張ったもの

(iii)　厚さが75mm以上のグラスウール又はロックウールを充填した上に厚さが4mm以上の合板、構造用パネル、パーティクルボード又は木材を張ったもの

(2)　屋内側にあっては、次のいずれかに該当するもの

(i)　令和元年国土交通省告示第195号第1第三号ハ(1)又は(2)に該当するもの

(ii)　塗厚さが15mm以上の鉄網モルタル

(iii)　木毛セメント板又はせっこうボードの上に厚さ10mm以上モルタル又はしっくいを塗ったもの

(iv)　木毛セメント板の上にモルタル又はしっくいを塗り、その上に金属板を張ったもの

(v)　モルタルの上にタイルを張ったもので、その厚さの合計が25mm以上のもの

(vi)　セメント板又は瓦の上にモルタルを塗ったもので、その厚さの合計が25mm以上のもの

(vii)　厚さが12mm以上のせっこうボードの上に金属板を張ったもの

(viii)　厚さが25mm以上のロックウール保温板の上に金属板を張ったもの

ホ　間柱又は下地を不燃材料以外の材料で造り、かつ、次のいずれかに該当する構造（イに掲げる構造を除く。）とすること。

(1)　土蔵造

(2)　土塗真壁造で、塗厚さが40mm以上のもの（裏返塗りをしないものにあっては、間柱の屋外側の部分と土壁とのちりが15mm以下であるもの又は間柱の屋外側の部分に厚さが15mm以上の木材を張ったものに限る。）

(3)　次に定める防火被覆が設けられた構造とすること。ただし、真壁造とする場合の柱及びはりの部分については、この限りではない。

(i)　屋内側にあっては、次のいずれかに該当するもの

(イ)　平成12年建設省告示第1358号第1第一号ハ(1)(i)又は(iii)から(v)までのいずれかに該当するもの

(ロ)　ニ(1)(ii)又は(iii)に該当するもの

(ハ)　土塗壁で塗厚さが30mm以上のもの
(ii)　屋外側にあっては、次のいずれかに該当するもの
(イ)　令和元年建設省告示第195号第1第三号ハ(1)又は(4)から(6)までのいずれかに該当するもの
(ロ)　塗厚さが20mm以上の鉄網モルタル又は木ずりしっくい
(ハ)　木毛セメント板又はせっこうボードの上に厚さ15 mm以上モルタル又はしっくいを塗ったもの
(ニ)　土壁で塗厚さが20mm以上の（下見板を張ったものを含む。）
(ホ)　厚さが12mm以上の下見板（屋内側が(i)(ハ)に該当する場合に限る。）
(ヘ)　厚さが12mm以上の硬質木片セメント板を張ったもの
(ト)　ロ(2)(iii)又はニ(2)(v)から(viii)までのいずれかに該当するもの
二　令第108条第二号に掲げる技術的基準に適合する非耐力壁の外壁の構造方法にあっては、次のいずれかに該当するものとする。
イ　準耐火構造とすること。
ロ　前号ロからホまでのいずれかに該当する構造（イに掲げる構造を除く。）とすること。

第2　令第108条第二号に掲げる技術的基準に適合する軒裏（外壁によって小屋裏又は天井裏と防火上有効に遮られているものを除く。）の構造方法にあっては、次の各号のいずれかに該当するものとする。
一　準耐火構造とすること。
二　土蔵造（前号に掲げる構造を除く。）
三　第1第一号ニ(2)(v)から(viii)まで又はホ(3)(ii)(ロ)から(ニ)までのいずれかに該当する防火被覆が設けられた構造（前二号に掲げる構造を除く。）とすること。

附　則（平成16年改正）

2　この告示の施行の日前に製造され、又は輸入された石綿スレート又は石綿パーライト板を用いる外壁又は軒裏で、この告示による改正前の平成12年建設省告示第1359号の規定に適合するものは、改正後の平成12年建設省告示第1359号の規定に適合するものとみなす。

2．7　準防火構造（準防火性能…20分間）

木造建築物等の外壁の延焼のおそれのある部分の構造方法を定める件

（平成12年5月24日
建設省告示第1362号）

最終改正　令和元年6月21日国土国土交通省告示第200号

建築基準法第23条の規定に基づき、木造建築物等の外壁の延焼のおそれのある部分の構造方法を次のように定める。

第1　建築基準法施行令第109条の9に掲げる技術的基準に適合する耐力壁である外壁の構造方法は、次の各号のいずれかに該当するものとする。
一　防火構造（耐力壁である外壁に係るものに限る。）とすること。
二　土塗真壁造で塗厚さが30mm以上のもので、かつ、土塗壁と間柱及び桁との取合いの部分を、当該取合いの部分にちりじゃくりを設ける等当該建築物の内部への炎の侵入を有効に防止することができる構造（前号に掲げる構造を除く。）とすること。
三　次に定める防火被覆が設けられた構造（第一号に掲げる構造を除く。）とすること。ただし、真壁造とする場合の柱及びはりの部分については、この限りではない。
イ　屋内側にあっては、厚さ9.5mm以上のせっこうボードを張るか、又は厚さ75mm以上のグラスウール若しくはロックウールを充填《てん》した上に厚さ4 mm以上の合板、構造用パネル、パーティクルボード若しくは木材を張ったもの
ロ　屋外側にあっては、次のいずれかに該当するもの
(1)　土塗壁（裏返塗りをしないもの及び下見板を張ったものを含む。）
(2)　下地を準不燃材料で造り、表面に亜鉛鉄板を張ったもの
(3)　せっこうボード又は木毛セメント板（準不燃材料であるもので、表面を防水処理したものに限る。）を表面に張ったもの
(4)　アルミニウム板張りペーパーハニカム芯（パネルハブ）パネル

第2　令第109条の9第二号に掲げる技術的基準に適合する非耐力壁である外壁の構造方法は、次に定めるものとする。
一　防火構造とすること。
二　第1第二号及び第三号に定める構造（前号に掲げる構造を除く。）とすること。

附　則（平成16年改正）

2　この告示の施行の日前に製造され、又は輸入された石綿スレートを用いる木造建築物等の外壁で、この告示による改正前の平成12年建設省告示第1362号の規定に適合するものは、改正後の平成12年建設省告示第1362号の規定に適合するものとみなす。

2．8　準耐火建築物（不燃構造）の床・天井の構造（旧防火構造の床・天井）

床又はその直下の天井の構造方法を定める件

（平成12年5月25日
建設省告示第1368号）

最終改正　平成16年9月29日国土国土交通省告示第1176号

建築基準法施行令第109条の3第二号ハ及び第115条の2第1項第四号の規定に基づき、床又はその直下の天井の構造方法を次のように定める。

第1　屋内において発生する通常の火災による火熱が加えられた場合に、加熱開始後30分間構造耐力上支障のある変形、溶融、き裂その他の損傷を生じず、かつ、加熱面以外の面

（屋内に面するものに限る。）の温度が可燃物燃焼温度以上に上昇しない床又はその直下の天井の構造方法は、次に定めるものとする。

一　準耐火構造とすること。

二　根太及び下地を不燃材料で造った床又はつり木、受け木その他これらに類するものを不燃材料で造った天井にあっては、次のイからハまでのいずれかに該当する構造とすること。

イ　鉄網モルタル塗で塗厚さが1.5cm以上のもの

ロ　木毛セメント板張又はせっこうボード張の上に厚さ1cm以上モルタル又はしっくいを塗ったもの

ハ　木毛セメント板の上にモルタル又はしっくいを塗り、その上に金属板を張ったもの

三　根太若しくは下地を不燃材料以外の材料で造った床にあっては、次のイからチまでのいずれかに該当するもの

イ　鉄網モルタル塗又は木ずりしっくい塗で塗厚さが2cm以上のもの

ロ　木毛セメント板張又はせっこうボード張の上に厚さ1.5cm以上モルタル又はしっくいを塗ったもの

ハ　モルタル塗の上にタイルを張ったものでその厚さの合計が2.5cm以上のもの

ニ　セメント板張又は瓦張の上にモルタルを塗ったものでその厚さの合計が2.5cm以上のもの

ホ　土蔵造

ヘ　土塗真壁造で裏返塗りをしたもの

ト　厚さが1.2cm以上のせっこうボード張の上に亜鉛鉄板を張ったもの

チ　厚さが2.5cm以上の岩綿保温板張の上に亜鉛鉄板を張ったもの

附　則（平成16年改正）

2　この告示の施行の日前に製造され、又は輸入された石綿スレート又は石綿パーライト板を用いる床で、この告示による改正前の平成12年建設省告示1368号の規定に適合するものは、改正後の平成12年建設省告示第1368号の規定に適合するものとみなす。

2.9　可燃物燃焼温度

可燃物燃焼温度を定める件

（平成12年5月31日
建設省告示第1432号）

建築基準法施行令第107条第二号の規定に基づき、可燃物燃焼温度を次のように定める。

建築基準法施行令第107条第二号に規定する可燃物燃焼温度は、次の各号に掲げる区分に応じ、それぞれ当該各号に定める温度のいずれか高い方の温度とする。

一　加熱面以外の面のうち最も温度が高い部分の温度　摂氏200度

二　加熱面以外の面の全体について平均した場合の温度　摂氏160度

3　建築物の主要構造部等の構造

3．1　防火地域又は準防火地域内の建築物の部分及び防火設備の構造

防火地域又は準防火地域内の建築物の部分及び防火設備の構造方法を定める件

（令和元年6月21日　国土交通省告示第194号）

最終改正　令和2年4月1日国土交通省告示第508号

建築基準法第61条の規定に基づき、防火地域又は準防火地域内の建築物の部分及び防火設備の構造方法を定める件を次のように定める。

第1　建築基準法施行令（以下「令」という。）第136条の2第一号イに掲げる基準に適合する建築物の部分及び外壁開口部設備（同号イに定める外壁開口部設備をいう。以下同じ。）の構造方法は、次に定めるものとする。

一　主要構造部は、耐火構造又は令第108条の3第1項第一号若しくは第二号に該当する構造とすること。

二　外壁開口部設備は、建築基準法（以下「法」という。）第2条第九号の二ロに規定する防火設備とすること。

第2　令第136条の2第一号ロに掲げる基準に適合する建築物の部分及び外壁開口部設備の構造方法は、次の各号に掲げる建築物の区分に応じ、それぞれ当該各号に定めるものとする。

一　次に掲げる基準に適合する建築物　次の表2に掲げる建築物の区分に応じ、それぞれ同表に定める構造方法

イ　地階を除く階数が3以下であること。

ロ　延べ面積が3,000m^2（一戸建ての住宅にあっては、200m^2）以下であること。

ハ　各階における外壁の開口部の面積の合計の当該外壁の面積に対する割合が、次の表1に掲げる場合の区分に応じ、それぞれ同表に定める数値以下であること。

1

s≦1の場合	0.05
1＜s≦3の場合	sを10で除して得た数値から0.05を減じて得た数値
3＜sの場合	0.25

この表において、sは、当該外壁の開口部から隣地境界線、当該建築物と同一敷地内の他の建築物（同一敷地内の建築物の延べ面積の合計が500m^{2}以内である場合における当該他の建築物を除く。第4第一号イ(1)(ii)(三)において同じ。）との外壁間の中心線（第4第一号において「隣地境界線等」という。）又は道路中心線までの水平距離（単位　m）を表すものとする。

ニ　次の表2の(1)から(3)までに掲げる建築物のうち延べ面積が500m^2（同表の(2)に掲げる建築物にあっては、100m^2）を超えるものにあっては、床面積の合計500m^2（同表の(2)に掲げる建築物にあっては、100m^2）以内ごとに1時間準耐火基準に適合する準耐火構造の床若しくは壁又は特定防火設備で区画され、かつ、当該区画された部分ごとにスプリンクラー設備（水源として、水道の用に供する水管を連結したものを除く。）、水噴霧消火設備、泡消火設備その他これらに類するもので自動式のものが設けられていること。

ホ　次の表2の(4)に掲げる建築物にあっては、令第112条第11項に規定する竪《たて》穴部分と当該竪《たて》穴部分以外の部分とが準耐火構造の床若しくは壁又は令第112条第12項ただし書に規定する10分間防火設備で区画されていること。

2

	建築物	主要構造部（外壁、屋根及び階段を除く。）の構造方法	外壁及び屋根の軒裏の構造方法	屋根（軒裏を除く。）及び階段の構造方法	外壁開口部設備の構造方法
(1)	別表第1(い)欄(1)項、(3)項若しくは(4)項に掲げる用途（物品販売業を営む店舗を除く。）又は事務所の用途に供する建築物	1時間準耐火基準に適合する準耐火構造とすること。	75分間準耐火構造とすること。	準耐火構造とすること。	法第2条第九号の二ロに規定する防火設備とすること。
(2)	法別表第1(い)欄(2)項に掲げる用途に供する建築物	1時間準耐火基準に適合する準耐火構造とすること。	90分間準耐火構造とすること。	準耐火構造とすること。	法第2条第九号の二ロに規定する防火設備とすること。
(3)	物品販売業を営む店舗の用途に供する建築物	1時間準耐火基準に適合する準耐火構造とすること。	90分間準耐火構造とすること。	準耐火構造とすること。	30分間防火設備とすること。
(4)	一戸建ての住宅	準耐火構造とすること。	75分間準耐火構造とすること。	準耐火構造とすること。	法第2条第九号の二ロに規定する防火設備とすること。

二　卸売市場の上家、機械製作工場その他これらと同等以上に火災の発生のおそれが少ない用途に供する建築物　次のイ及びロに掲げる構造方法

イ　主要構造部は、不燃材料で造られたものその他これに類する構造とすること。

ロ　外壁開口部設備は、20分間防火設備（令第137条の10第四号に規定する20分間防火設備をいう。以下同じ。）とすること。

2　前項第一号の「75分間準耐火構造」とは、令和元年国土交通省告示第193号第1第8項に規定する75分間準耐火構造をいう。

3　第1項第一号の「90分間準耐火構造」とは、次の各号に掲げる建築物の部分の区分に応じ、それぞれ当該各号に定める構造をいう。

（中略、122頁　2．5を参照。）

4　第1項第一号の「30分間防火設備」とは、次に掲げる防火設備（第二号又は第三号に掲げる防火設備にあっては、周囲の部分（当該防火設備から屋内側に15cm以内の間に設けられた建具がある場合には、当該建具を含む。）が不燃材料で造られた開口部に取り付けられたものであって、枠又は他の防火設備と接する部分を相じゃくりとし、又は定規縁若しくは戸当たりが設けられていることその他の閉鎖した際に隙間が生じない構造とし、かつ、取付金物を当該防火設備が閉鎖した際に露出しないように取り付けたものに限る。）をいう。

（中略、163頁　5．4を参照。）

第3　令第136条の2第二号イに掲げる基準に適合する建築物の部分及び外壁開口部設備の構造方法は、次に定めるものとする。

一　主要構造部は、準耐火構造又は令第109条の3第一号若しくは第二号に掲げる基準に適合する構造とすること。

二　外壁開口部設備は、法第2条第九号の二ロに規定する防火設備とすること。

第4　令第136条の2第二号ロに掲げる基準に適合する建築物の部分及び外壁開口部設備の構造方法は、次の各号に掲げる建築物の区分に応じ、それぞれ当該各号に定めるものとする。

一　準防火地域内にある建築物のうち地階を除く階数が3で延べ面積が500mm^{2}以下のもの（第三号に掲げる建築物で同号に定める構造方法を用いるものを除く。）　次のイ又はロのいずれかに掲げる構造方法

イ　次に掲げる構造とすること。

⑴　外壁は、次に掲げる基準に適合する構造とすること。

(i)　準耐火構造又は次に掲げる基準に適合する構造であること。

㈠　防火構造であること。

㈡　当該外壁（天井裏（直下の天井が⑸に定める構造であるものに限る。⑶において同じ。）又は床下にある部分を除く。）の屋内側の部分に次の(イ)から(ハ)までのいずれかに該当する防火被覆を設けた構造であること。

(イ)　厚さが12mm以上のせっこうボード

(ロ)　厚さが5.5mm以上の難燃合板又は厚さが9mm以上のせっこうボードの上に厚さが9mm以上のせっこうボードを張ったもの

(ハ)　厚さが7mm以上のせっこうラスボードの上に厚さが8mm以上のせっこうプラスターを塗ったもの

㈢　防火被覆の取合いの部分、目地の部分その他これらに類する部分（以下第4において「取合い等の部分」という。）が、当該取合い等の部分の裏面に当て木が設けられていることその他の外壁の内部への炎の侵入を有効に防止することができる構造であること。

(ii)　隣地境界線等又は道路中心線に面する外壁にあっては、その開口部（防火上有効な公園、広場、川その他の空地又は水面、耐火構造の壁その他これらに類するものに面するものを除く。以下同じ。）で、当該隣地境界線等又は道路中心線からの水平距離が5m以下のものについて、当該開口部の面積が、当該隣地境界線等又は道路中心線からの水平距離に応じて次に定める基準に適合するものであること。

㈠　張り間方向又は桁行方向と直交し、かつ、当該建築物に面する平面（以下この㈠及び㈡において「基準面」という。）のそれぞれについて、各開口部の当該基準面への張り間方向又は桁行方向の投影面積（単位　m^2）（以下この㈠において「投影面積」という。）を当該開口部に面する隣地境界線等又は道路中心線から当該開口部までの水平距離の区分に応じて次の表に掲げる数値で除して得た数値を合計したものが1を超えないものであること。この場合において、法第2条第九号の二ロに規定する防火設備で、令第112条第19項第一号イ及びニに掲げる要件を満たすもの又ははめごろし戸であるものを設けた開口部以外の開口部の投影面積は、当該投影面積の1.5倍であるものとみなす。

隣地境界線等又は道路中心線からの水平距離（単位　m）	投影面積を除する数値
1以下	9
1を超え、2以下	16
2を超え、3以下	25
3を超え、4以下	36
4を超え、5以下	49

㈡　外壁面の基準面への張り間方向又は桁行方向の投影長さが10mを超える場合においては、㈠の数値の合計は当該基準面の長さ10m以内ごとに区分された部分について算定する。この場合において、㈠の表の数値に当該区分された部分の長さのメートルの数値を10で除した数値を乗じて得た数値を同表の数値とする。

㈢　道路の幅員又は当該建築物と同一敷地内の他の

建築物の外壁との水平距離（以下この㈢において「道路の幅員等」という。）が6ｍを超える場合においては、㈠の適用に当たっては、道路中心線又は当該建築物と同一敷地内の他の建築物との外壁間の中心線（以下この㈢において「道路中心線等」という。）からの水平距離に道路の幅員等の2分の1を加えたもののメートルの数値から3を減じたものを道路中心線等からの水平距離のメートルの数値とみなす。

⑵ 構造耐力上主要な部分に枠組壁工法を用いた建築物（平成13年国土交通省告示第1540号第1から第12までに規定する技術的基準に適合する建築物をいう。⑸において同じ。）の耐力壁は、準耐火構造又は⑶(ii)㈠(イ)及び(ロ)に掲げる基準に適合する構造とすること。

⑶ 主要構造部である柱及びはりは、準耐火構造又は次に掲げる基準に適合する構造とすること。

(i) 全部又は一部に木材を用いたものであること。

(ii) 次の㈠から㈣までのいずれかに該当するものを除き、その小径が12cm以上であること。

㈠ 次に掲げる基準に適合する壁の内部にあるもの

(イ) 壁（準耐火構造であるもの及び天井裏又は床下にある部分を除く。）の屋内側の部分に⑴(i)㈡(イ)から(ハ)までのいずれかに該当する防火被覆が設けられた構造であること。

(ロ) 防火被覆の取合い等の部分が、当該取合い等の部分の裏面に当て木が設けられていることその他の壁の内部への炎の侵入を有効に防止することができる構造であること。

㈡ ⑷に規定する構造の床、準耐火構造の床又は令第109条の3第二号ハ若しくは第115条の2第1項第四号に規定する構造の床の内部にあるもの

㈢ ⑹に規定する構造の屋根の内部にあるもの

㈣ 天井裏にあるもの

⑷ 床（最下階の床を除く。）は、次の(i)に掲げる基準に適合する構造とすること。ただし、当該床の直下の天井を次の(ii)に掲げる基準に適合する構造とする場合においては、この限りではない。

(i) 令第109条の3第二号ハに掲げる構造又は次に掲げる基準に適合する構造とすること。

㈠ 床の裏側の部分に次の(イ)又は(ロ)のいずれかに該当する防火被覆が設けられた構造であること。

(イ) 厚さが12mm以上のせっこうボード

(ロ) 厚さが5.5mm以上の難燃合板又は厚さが9mm以上のせっこうボードの上に厚さが9mm以上のせっこうボード又は厚さが9mm以上のロックウール吸音板を張ったもの

㈡ 防火被覆の取合い等の部分が、当該取合い等の部分の裏面に当て木が設けられていることその他の床の内部への炎の侵入を有効に防止することができる構造であること。

(ii) 令第109条の3題二号ハに規定する構造又は次に掲げる基準に適合する構造であること。

㈠ (i)㈠(イ)又は(ロ)のいずれかに該当する防火被覆が設けられた構造であること。

㈡ 防火被覆の取合い等の部分が、当該取合い等の部分の裏面に当て木が設けられていることその他の天井裏の内部への炎の侵入を有効に防止することができる構造であること。

⑸ 構造耐力上主要な部分に枠組壁工法を用いた建築物のトラス（小屋組に用いる場合に限る。）の直下の天井は、⑷(ii)に掲げる基準に適合する構造とすること。

⑹ 屋根は、次の(i)に掲げる基準に適合する構造とすること。ただし、当該屋根の直下の天井を次の(ii)に掲げる基準に適合する構造とする場合は、この限りでない。。

(i) 令第109条の3第一号に規定する構造又は次に掲げる基準に適合する構造であること。

㈠ 屋根の屋内側の部分に次の(イ)又は(ロ)のいずれかに該当する防火被覆が設けられた構造であること。

(イ) 厚さが12mm以上のせっこうボードの上に厚さが9mm以上のせっこうボード又は厚さが9mm以上のロックウール吸音板を張ったもの

(ロ) 厚さが9mm以上のせっこうボードの上に厚さが12mm以上のせっこうボードを張ったもの

㈡ 防火被覆の取合い等の部分が、当該取合い等の部分の裏面に当て木が設けられていることその他の屋根の内部への炎の侵入を有効に防止することができる構造であること。

(ii) 次に掲げる基準に適合する構造とすること。

㈠ (i)㈠(イ)又は(ロ)のいずれかに該当する防火被覆が設けられた構造であること。

㈡ ⑷(ii)㈡に規定する構造であること。

⑺ 軒裏は、防火構造とすること。

⑻ 3階の室の部分は、それ以外の部分と間仕切壁又は戸（ふすま、障子その他これらに類するものを除く。）で区画すること。

⑼ 外壁開口部設備は、20分間防火設備とすること。ただし、隣地境界線等に面する外壁の開口部で、当該隣地境界線等からの水平距離が1ｍ以下のもの（換気孔又は居室以外の室（かまど、こんろその他火を使用する設備又は器具を設けたものを除く。）に設ける換気のための窓で、開口面積が各々0.2m^2以内のものを除く。）に設ける外壁開口部設備にあっては、法第2条第九号の二ロに規定する防火設備で、昭和48年建設省告示第2563号第3若しくは第4に規定する構造方法を用いるもの又ははめごろし戸であるものとすることとする。

ロ 次に掲げる基準に適合する構造とすること。

⑴　主要構造部は、令第108条の3第1項第一号又は第二号に該当する構造であること。

⑵　外壁開口部設備は、法第2条第九号の二ロに規定する防火設備であること。

二　延べ面積が50m^{2}以内の平家建ての附属建築物　次のイ又はロのいずれかに掲げる構造方法

イ　次に掲げる基準に適合する構造とすること。

⑴　外壁及び軒裏は、防火構造であること。

⑵　外壁開口部設備は、20分間防火設備であること。

ロ　次に掲げる基準に適合する構造とすること。

⑴　主要構造部は、令第108条の3第1項第一号又は第二号に該当する構造であること。

⑵　外壁開口部設備は、法第2条第九号の二ロに規定する防火設備であること。

三　卸売市場の上家、機械製作工場その他これらと同等以上に火災の発生のおそれが少ない用途に供する建築物　次のイ又はロに掲げる構造方法

イ　第2第1項第二号イ及びロに掲げる構造方法

ロ　次に掲げる基準に適合する構造とすること。

⑴　主要構造部は、令第108条の3第1項第一号又は第二号に該当する構造であること。

⑵　外壁開口部設備は、法第2条第九号の二ロに規定する防火設備であること。

四　前3号に掲げる建築物以外の建築物　次に掲げる基準に適合する構造とすること。

イ　主要構造部は、令第108条の3第一項第一号又は第二号に該当する構造であること。

ロ　外壁開口部設備は、法第2条第九号の二ロに規定する防火設備であること。

第5　令第136条の2第三号イに掲げる基準に適合する建築物の部分及び外壁開口部設備の構造方法は、次の各号のいずれかに定めるものとする。

一　次に掲げる基準に適合する構造とすること。

イ　外壁及び軒裏で延焼のおそれのある部分は、防火構造であること。

ロ　外壁開口部設備は、20分間防火設備であること。

二　次に掲げる基準に適合する構造とすること。

イ　主要構造部は、令第108条の3第1項第一号又は第二号に該当する構造であること。

ロ　外壁開口部設備は、法第2条第九号の二ロに規定する防火設備であること。

第6　令第136条の2第四号イに掲げる基準に適合する外壁開口部設備の構造方法は、20分間防火設備とすることとする。

第7　令第136条の2第五号に掲げる基準に適合する門又は塀（準防火地域内にある木造建築物等に附属するものにあっては、当該門又は塀が建築物の1階であるとした場合に延焼のおそれのある部分に限る。）の構造方法は、門にあっては第一号、塀にあっては第二号に定めるものとする。

一　次に掲げる構造方法

イ　不燃材料で造り、又は覆うこと。

ロ　道に面する部分を厚さ24mm以上の木材で造ること。

二　次に掲げる構造方法

イ　不燃材料で造り、又は覆うこと。

ロ　厚さ24mm以上の木材で造ること。

ハ　土塗真壁造で塗厚さが30mm以上のもの（表面に木材を張ったものを含む。）とすること。

第8　第1第二号、第3第二号及び第4第四号ロの規定は、準防火地域内にある建築物で法第86条の4各号のいずれかに該当するものの外壁開口部設備には適用しない。

2　第2第1項第二号ロ、第4第一号イ⑽及びロ⑵、第二号イ⑵及びロ⑵並びに第三号ロ⑵、第5第一号ロ及び第二号ロ並びに第6の規定は、法第86条の4各号のいずれかに該当する建築物の外壁開口部設備には適用しない。

附　則

2　外壁の開口部の面積に関する基準を定める件（昭和62年建設省告示第1903号）、建築物の部分を指定する件（昭和62年建設省告示第1904号）及び外壁、主要構造部である柱及びはり、床、床の直下の天井、屋根、屋根の直下の天井並びに国土交通大臣が指定する建築物の部分の構造方法を定める件（昭和62年建設省告示第1905号）は、廃止する。

3．2　特殊建築物の主要構造部の構造方法

建築基準法第27条第1項に規定する特殊建築物の主要構造部の構造方法等を定める件

（平成27年2月23日
国土交通省告示第255号）

最終改正　令和3年5月28日国土交通省告示第476号

建築基準法第27条第1項の規定に基づき、同項に規定する特殊建築物の主要構造部の構造方法を第1に、同項に規定する特殊建築物の延焼するおそれがある外壁の開口部に設ける防火設備の構造方法を第2に定め、及び建築基準法施行令第110条の2第二号の規定に基づき、他の外壁の開口部から通常の火災時における火炎が到達するおそれがあるものを第3に定める。

第1　建築基準法施行令（以下「令」という。）第110条第一号に掲げる基準に適合する建築基準法（以下「法」という。）第27条第1項に規定する特殊建築物の主要構造部の構造方法は、次の各号に掲げる建築物の区分に応じ、それぞれ当該各号に定めるもの（次の各号のうち2以上の号に掲げる建築物に該当するときは、当該2以上の号に定める構造方法のうちいずれかの構造方法）とする。

一　次に掲げる基準に適合する建築物　準耐火構造（主要構造部である壁、柱、床、はり及び屋根の軒裏にあっては、避難時倒壊防止構造）とすること。

イ　2階以上の階に居室を有するものにあっては、次に掲げる基準に適合する直通階段（傾斜路を含む。）が設けられていること。

⑴　令第123条第3項各号（同項第三号、第四号、第

十号及び第十二号を除く。）に掲げる基準に適合していること。

⑵　階段室、バルコニー及び付室は、令第123条第3項第六号の開口部、同項第八号の窓又は⑷の出入口の部分（令第129条の13の3第3項に規定する非常用エレベーターの乗降ロビーの用に供するバルコニー又は付室にあっては、当該エレベーターの昇降路の出入口の部分を含む。）を除き、次の(i)又(ii)はのいずれかに掲げる壁（防火被覆が設けられていないものを除く。）で囲むこと。

(i)　次の㈠から㈢までに掲げる固有特定避難時間に1.6を乗じた時間の区分に応じ、それぞれ当該㈠から㈢までに定める構造の壁（その全部又は一部に木材を用いた壁に限る。）

㈠　90分を超える場合　通常火災終了時間が固有特定避難時間に1.6を乗じた時間以上である建築物の壁（非耐力壁である外壁にあっては、延焼のおそれのある部分に限る。以下この㈠及び(ii)㈠において同じ。）（法第21条第1項に規定する構造方法を用いるもの又は同項の規定による認定を受けたものに限る。）又は特定避難時間が固有特定避難時間に1.6を乗じた時間以上である建築物の壁（法第27条第1項に規定する構造方法を用いるもの又は同項の規定による認定を受けたものに限る。）の構造方法を用いる構造

㈡　75分を超え、90分以下である場合　次の(イ)又は(ロ)のいずれかに掲げるもの

(イ)　㈠に定める構造

(ロ)　令和元年国土交通省告示第194号第2第3項第一号イ又はロのいずれかに該当する構造

㈢　75分以下である場合　次の(イ)又は(ロ)のいずれかに掲げるもの

(イ)　㈡に定める構造

(ロ)　75分間準耐火構造（令和元年国土交通省告示第193号第1第8項に規定する75分間準耐火構造をいう。以下同じ。）

(ii)　次の㈠から㈣までに掲げる固有特定避難時間に1.2を乗じた時間の区分に応じ、それぞれ当該㈠から㈣までに定める構造の壁（その全部又は一部に木材を用いた壁以外の壁に限る。）

㈠　90分を超える場合　通常火災終了時間が固有特定避難時間に1.2を乗じた時間以上である建築物の壁（法第21条第1項に規定する構造方法を用いるもの又は同項の規定による認定を受けたものに限る。）又は特定避難時間が固有特定避難時間に1.2を乗じた時間以上である建築物の壁（法第27条第1項に規定する構造方法を用いるもの又は同項の規定による認定を受けたものに限る。）の構造方法を用いる構造

㈡　75分を超え、90分以下である場合　次の(イ)又は(ロ)のいずれかに掲げるもの

(イ)　㈠に定める構造

(ロ)　令和元年国土交通省告示第194号第2第3項第一号イ又はロのいずれかに該当する構造

㈢　60分を超え、75分以下である場合　次の(イ)又は(ロ)のいずれかに掲げるもの

(イ)　㈡に定める構造

(ロ)　75分間準耐火構造

㈣　60分以下である場合　次の(イ)又は(ロ)のいずれかに掲げるもの

(イ)　㈢に定める構造

(ロ)　令和元年国土交通省告示第195号第1第一号イ若しくはニ又は第三号イ若しくはニのいずれかに定める構造方法を用いる構造

⑶　階段室及び付室の壁及び天井（天井がない場合にあっては、屋根。以下同じ。）の室内に面する部分の仕上げを不燃材料でしたものであること。

⑷　屋内からバルコニー又は付室に通ずる出入口には特定避難時間防火設備で令第112条第19項第二号に規定する構造であるものを、バルコニー又は付室から階段室に通ずる出入口には法第2条第九号の二ロに規定する防火設備で令第112条第19項第二号に規定する構造であるものを設けていること。

⑸　バルコニー又は付室の床面積（バルコニーで床面積がないものにあっては、床部分の面積。以下この⑸において同じ。）は10m^{2}以上とし、各階におけるバルコニー又は付室の床面積の合計は、当該階に設ける各居室の床面積に、100分の3を乗じたものの合計以上とすること。

ロ　外壁の開口部（次の⑴から⑷までのいずれにも該当しないものに限る。以下この項及び第7項において「他の外壁の開口部」という。）の下端の中心点を水平方向に、それぞれ表1に掲げる式によって計算した水平移動距離又は最大水平移動距離のいずれか短い距離だけ移動したときにできる軌跡上の各点を、垂直上方に表2に掲げる式によって計算した垂直移動距離又は最大垂直移動距離のいずれか短い距離だけ移動した時にできる軌跡の範囲内の部分（当該建築物が令第112条第1項、第4項又は第5項の規定により区画された建築物である場合にあっては、当該規定により区画された各部分のうち他の外壁の開口部が設けられた部分を除く。）である外壁に設けられた開口部に上階延焼抑制防火設備が設けられていること。

⑴　昇降機その他の建築設備の機械室、不燃性の物品を保管する室、便所その他これらに類する室で、壁及び天井の室内に面する部分の仕上げを準不燃材料でしたものに設けられたもの

⑵　⑴に規定する室のみに隣接する通路その他防火上支障のない通路に設けられたもの

⑶　開口部の高さが0.3m以下のもの

⑷　開口面積が $0.2m^2$ 以内のもの

表1

水平移動距離（単位　m）	$\frac{2}{3}$ Y（1－0.5 L）＋$\frac{1}{2}$B
最大水平移動距離（単位　m）	3＋$\frac{1}{2}$ B

一　この表において、Y、L及びBは、それぞれ次の数値を表すものとする。
　Y　表2に掲げる式により計算した垂直移動距離又は最大垂直移動距離のいずれか短い距離（単位　m）
　L　他の外壁の開口部の側部に袖壁等が防火上有効に設けられている場合における当該袖壁等が外壁面から突出している距離（単位　m）
　B　他の外壁の開口部の幅（単位　m）
二　他の外壁の開口部の周囲の外壁面の仕上げを木材その他の可燃材料による仕上げとした場合においては、当該外壁面の部分の幅を当該開口部の幅に含めるものとする。

表2

垂直移動距離（単位　m）	$\frac{B}{H}<2$	(H＋1.1 B)(1－0.5 L)＋H
	$\frac{B}{H}\geqq 2$	3.2 H(1－0.5 L)＋H
最大垂直移動距離（単位　m）	6.2＋H	

一　この表において、B、H及びLは、それぞれ次の数値を表すものとする。
　B　他の外壁の開口部の幅（単位　m）
　H　他の外壁の開口部の高さ（単位　m）
　L　他の外壁の開口部の上部にひさし等（ひさし、袖壁その他これらに類するもので、次のイからニまでのいずれかに掲げる構造方法を用いるものをいう。以下同じ。）が防火上有効に設けられている場合における当該ひさし等が外壁面から突出している距離（単位　m）
　　イ　準耐火構造の床又は壁に用いる構造とすること。
　　ロ　防火構造の外壁に用いる構造とすること。
　　ハ　令第109条の3第二号ハに規定する3階以上の階における床に用いる構造又は令第115条の2第1項第四号に規定する1階の床（直下に地階がある場合に限る。）及び2階の床（通路等の床を除く。）に用いる構造とすること。
　　ニ　不燃材料で造ること。
二　他の外壁の開口部の周囲の外壁面の仕上げを木材その他の可燃材料による仕上げとした場合においては、当該外壁面の部分の幅及び高さを当該開口部の幅及び高さに含めるものとする。

ハ　居室に避難上支障がないよう自動火災報知設備が設けられていること。

ニ　周囲（開口部（居室に設けられたものに限る。）がある外壁に面する部分に限り、道に接する部分を除く。第三号ロにおいて同じ。）に幅員が3m以上の通路（敷地の接する道まで達するものに限る。第三号ロにおいて同じ。）が設けられていること。

ホ　用途地域が定められていない土地の区域内にある建築物にあっては、当該建築物の各部分（昇降機その他の建築設備の機械室その他これに類する室及び便所その他これに類する室を除く。）にスプリンクラー設備（水源として、水道の用に供する水管を当該スプリンクラー設備に連結したものを除く。）、水噴霧消火設備、泡消火設備その他これらに類するもので自動式のもの（以下「スプリンクラー設備等」という。）が設けられていること。

二　法第27条第1項第二号に該当する建築物（同項各号（同項第二号にあっては、法別表第1⑴項に係る部分に限る。）に該当するものを除く。）　準耐火構造又は令第109条の3各号に掲げる基準に適合する構造とすること。

三　地階を除く階数が3で、3階を下宿、共同住宅又は寄宿舎の用途に供するもの（3階の一部を法別表第1(い)欄に掲げる用途（下宿、共同住宅及び寄宿舎を除く。）に供するもの及び法第27条第1項第二号（同表⑵項から⑷項までに係る部分を除く。）から第四号までに該当するものを除く。）のうち防火地域以外の区域内にあるものであって、次のイからハまでに掲げる基準（防火地域及び準防火地域以外の区域内にあるものにあっては、イ及びロに掲げる基準）に適合するもの　1時間準耐火基準に適合する準耐火構造とすること。

イ　下宿の各宿泊室、共同住宅の各住戸又は寄宿舎の各寝室（以下「各宿泊室等」という。）に避難上有効なバルコニーその他これに類するものが設けられていること。ただし、各宿泊室等から地上に通ずる主たる廊下、階段その他の通路が直接外気に開放されたものであり、かつ、各宿泊室等の当該通路に面する開口部に法第2条第九号の二ロに規定する防火設備が設けられている場合においては、この限りでない。

ロ　建築物の周囲に幅員が3m以上の通路が設けられていること。ただし、次に掲げる基準に適合しているものについては、この限りでない。

⑴　各宿泊室等に避難上有効なバルコニーその他これに類するものが設けられていること。

⑵　各宿泊室等から地上に通ずる主たる廊下、階段その他の通路が、直接外気に開放されたものであり、かつ、各宿泊室等の当該通路に面する開口部に法第2条第九号の二ロに規定する防火設備が設けられていること。

⑶　外壁の開口部から当該開口部のある階の上階の開口部へ延焼するおそれがある場合においては、当該外壁の開口部の上部にひさし等が防火上有効に設けられていること。

ハ　3階の各宿泊室等（各宿泊室等の階数が2以上であるものにあっては2階以下の階の部分を含む。）の外壁の開口部及び当該各宿泊室等以外の部分に面する開口部（外壁の開口部又は直接外気に開放された廊下、階段その他の通路に面する開口部にあっては、当該開口部から90cm未満の部分に当該各宿泊室等以外の部分の開口部がないもの又は当該各宿泊室等以外の部分の開口部と50cm以上突出したひさし等で防火上有効に遮られているものを除く。）に法第2条第九号の二ロに規定する防火設備が設けられていること。

四　地階を除く階数が３で、３階を法別表第１(い)欄(3)項に掲げる用途に供するもの（３階の一部を法別表第１(い)欄に掲げる用途（同欄(3)項に掲げるものを除く。）に供するもの及び法第27条第１項第二号（同表(2)項から(4)項までに係る部分を除く。）から第四号までに該当するものを除く。）であって、前号ロ（ただし書を除く。）に掲げる基準に適合するもの　１時間準耐火基準に適合する準耐火構造とすること。

２　前項及び第７項の「避難時倒壊防止構造」は、次の各号に掲げる建築物の部分の区分に応じ、それぞれ当該各号に定める基準に適合する構造をいう。

一　耐力壁　次に掲げる基準

イ　自重又は積載荷重（令第86条第２項ただし書の規定によって特定行政庁が指定する多雪区域における建築物にあっては、自重、積載荷重又は積雪荷重）を支える部分の全部又は一部に木材を用いた建築物（以下この項において「木造建築物」という。）の耐力壁（その全部又は一部に木材を用いたものでその全部又は一部に防火被覆を設けていないものに限る。）にあっては、次の(1)又は(2)のいずれかに掲げる基準に適合していること。

(1)　構造用集成材、構造用単板積層材又は直交集成板（それぞれ集成材の日本農林規格（平成19年農林水産省告示第1152号）第２条、単板積層材の日本農林規格（平成20年農林水産省告示第701号）第１部箇条３又は直交集成板の日本農林規格（平成25年農林水産省告示第3079号）箇条３に規定する使用環境Ａ又はＢの表示をしてあるものに限る。以下この項において同じ。）を使用するものであり、かつ、次に掲げる基準に適合する構造であるほか、取合いの部分、目地の部分その他これらに類する部分（以下この項において「取合い等の部分」という。）が、当該取合い等の部分の裏面に当て木を設ける等当該建築物の内部への炎の侵入を有効に防止することができる構造（以下この項において「炎侵入防止構造」という。）であること。

(i)　当該耐力壁の接合部の構造方法が、次に定める基準に従って、通常の火災時の加熱に対して耐力の低下を有効に防止することができる構造であること。

(一)　接合部のうち木材で造られた部分の片側（当該耐力壁が面する室内において発生する火災による火熱が当該耐力壁の両側に同時に加えられるおそれがある場合にあっては、両側。）の表面（木材その他の材料で防火上有効に被覆された部分を除く。）から内側に、次のイ又はロに掲げる場合の区分に応じ、それぞれ当該イ又はロに定める値の部分が除かれたときの残りの部分が、当該接合部の存在応力を伝えることができる構造であること。

(イ)　構造用集成材、構造用単板積層材又は直交集成板に使用する接着剤（以下単に「接着剤」という。）として、フェノール樹脂、レゾルシノール樹脂又はレゾルシノール・フェノール樹脂（以下「フェノール樹脂等」という。）を使用する場合（構造用集成材又は直交集成板を使用する場合にあっては、ラミナの厚さが12mm以上である場合に限る。）　次に掲げる式によって計算した値

$$D_1 = 8.25\times10^{-2}\, t_{r,eq(nc)}$$

この式において、D_1 及び $t_{r,eq(nc)}$ は、それぞれ次の数値を表すものとする。

D_1　燃えしろ深さ（単位　cm）

$t_{r,eq(nc)}$　補正固有特定避難時間（単位　分）

(ロ)　接着剤として、フェノール樹脂等以外のものを使用する場合（構造用集成材又は直交集成板を使用する場合にあっては、ラミナの厚さが21mm以上である場合に限る。）　次に掲げる式によって計算した値

$$D_2 = 7.5\times10^{-2}\, k_c\, t_{r,eq(nc)}$$

この式において、D_2、k_c 及び $t_{r,eq(nc)}$ は、それぞれ次の数値を表すものとする。

D_2　燃えしろ深さ（単位　cm）

k_c　次の表の左欄に掲げる補正固有特定避難時間の区分に応じ、それぞれ同表の右欄に定める炭化速度係数

75分以下である場合	1.45
75分を超え、90分以下である場合	1.6
90分を超え、120分以下である場合	1.8
120分を超え、180分以下である場合	2.0

$t_{r,eq(nc)}$　補正固有特定避難時間（単位　分）

(二)　接合部にボルト、ドリフトピン、釘、木ねじその他これらに類するものを用いる場合においては、これらが木材その他の材料で防火上有効に被覆されていること。

(三)　接合部に鉄材又は鋼材の添え板その他これに類するものを用いる場合においては、これらが埋め込まれ、又は挟み込まれていること。ただし、木材その他の材料で防火上有効に被覆されている場合においては、この限りでない。

(ii)　当該耐力壁を有する建築物全体が、次に定める基準に従った構造計算によって通常の火災により容易に倒壊するおそれのないことが確かめられた構造であること。

(一)　主要構造部である耐力壁のうち木材で造られた部分の表面（木材その他の材料で防火上有効に被覆された部分を除く。）から内側に、(i)(一)(イ)又は(ロ)に掲げる場合の区分に応じ、それぞれ当該(イ)又は(ロ)に定める値の部分が除かれたときの残りの断面（(二)及び(iii)において「残存断面」という。）に

ついて、令第82条第二号の表に掲げる長期の組合せによる各応力の合計により、長期応力度を計算すること。

㈡ ㈠によって計算した長期応力度が、残存断面について令第94条の規定に基づき計算した短期の許容応力度を超えないことを確かめること。

(iii) 残存断面の厚さが20cm以上であること。

(2) 次の(i)から(iii)までに掲げる補正固有特定避難時間の区分に応じ、それぞれ当該(i)から(iii)までに定める構造とするほか、取合い等の部分が炎侵入防止構造であること。

(i) 75分を超える場合　通常火災終了時間が補正固有特定避難時間以上である建築物の耐力壁（法第21条第1項に規定する構造方法を用いるもの又は同項の規定による認定を受けたものに限る。）又は特定避難時間が補正固有特定避難時間以上である建築物の耐力壁（法第27条第1項に規定する構造方法を用いるもの又は同項の規定による認定を受けたものに限る。）の構造方法を用いる構造

(ii) 60分を超え、75分以下である場合　次の㈠又は㈡のいずれかに掲げる構造

㈠ (i)に定める構造

㈡ 75分間準耐火構造

(iii) 60分以下である場合　次の㈠又は㈡のいずれかに掲げる構造

㈠ (ii)㈠又は㈡のいずれかに掲げる構造

㈡ 令和元年国土交通省告示第195号第1第一号ホに定める構造方法を用いる構造

ロ 木造建築物の耐力壁（イに規定するものを除く。）又は組積造、鉄骨造、鉄筋コンクリート造若しくは鉄骨鉄筋コンクリート造の建築物（以下「組積造の建築物等」という。）の耐力壁にあっては、次の(1)から(4)までに掲げる固有特定避難時間の区分に応じ、それぞれ当該(1)から(4)までに定める構造とするほか、取合い等の部分が炎侵入防止構造であること。

(1) 90分を超える場合　通常火災終了時間が固有特定避難時間以上である建築物の耐力壁（法第21条第1項に規定する構造方法を用いるもの又は同項の規定による認定を受けたものに限る。）又は特定避難時間が固有特定避難時間以上である建築物の耐力壁（法第27条第1項に規定する構造方法を用いるもの又は同項の規定による認定を受けたものに限る。）の構造方法を用いる構造

(2) 75分を超え、90分以下である場合　次の(i)又は(ii)のいずれかに掲げる構造

(i) (1)に定める構造

(ii) 令和元年国土交通省告示第194号第2第3項第一号イ又はロのいずれかに該当する構造

(3) 60分を超え、75分以下である場合　次の(i)又は(ii)のいずれかに掲げる構造

(i) (2)(i)又は(ii)のいずれかに掲げる構造

(ii) 75分間準耐火構造

(4) 60分以下である場合　次の(i)又は(ii)のいずれかに掲げる構造

(i) (3)(i)又は(ii)のいずれかに掲げる構造

(ii) 令和元年国土交通省告示第195号第1第一号イ、ハ若しくはニ又は第三号イ、ハ若しくはニのいずれかに定める構造方法を用いる構造

二 非耐力壁　次に掲げる基準

イ 木造建築物の非耐力壁（その全部又は一部に木材を用いたものでその全部又は一部に防火被覆を設けていないものに限る。）にあっては、次の(1)又は(2)のいずれかに掲げる基準に適合していること。

(1) 構造用集成材、構造用単板積層材又は直交集成板を使用するものであり、かつ、当該非耐力壁の厚さが次の(i)又は(ii)に掲げる場合の区分に応じ、それぞれ当該(i)又は(ii)に定める値以上であるほか、取合い等の部分が炎侵入防止構造であること。

(i) 接着剤として、フェノール樹脂等を使用する場合（構造用集成材を使用する場合にあってはラミナの厚さが12mm以上の場合に限り、直交集成板を使用する場合にあってはラミナの厚さが12mm以上で、かつ、加熱面の表面から前号イ(1)(i)㈠(イ)に定める値の部分が除かれたときに、互いに接着された平行層と直交層が存在する場合に限る。）次に掲げる式によって計算した値

$$D_{t1} = 8.25\times10^{-2}\, t_{r,eq(nc)} + 3$$

この式において、D_{t1} 及び $t_{r,eq(nc)}$ は、それぞれ次の数値を表すものとする。

D_{t1}　厚さ（単位　cm）

$t_{r,eq(nc)}$　補正固有特定避難時間（単位　分）

(ii) 接着剤として、フェノール樹脂等以外のものを使用する場合（構造用集成材を使用する場合にあってはラミナの厚さが21mm以上の場合に限り、直交集成板を使用する場合にあってはラミナの厚さが21mm以上で、かつ、加熱面の表面から前号イ(1)(i)㈠(ロ)に定める値の部分が除かれたときに、互いに接着された平行層と直交層が存在する場合に限る。）次に掲げる式によって計算した値

$$D_{t2} = 7.5\times10^{-2}\, k_c\, t_{r,eq(nc)} + 3$$

この式において、D_{t2}、k_c 及び $t_{r,eq(nc)}$ 次の数値を表すものとする。

D_{t2}　厚さ（単位　cm）

k_c　前号イ(1)(i)㈠(ロ)に規定する炭化速度係数

$t_{r,eq(nc)}$　補正固有特定避難時間（単位　分）

(2) 次の(i)から(iii)までに掲げる補正固有特定避難時間の区分に応じ、それぞれ当該(i)から(iii)までに定める構造とするほか、取合い等の部分が炎侵入防止構造であること。

(i) 75分を超える場合　通常火災終了時間が補正固

有特定避難時間以上である建築物の非耐力壁（外壁にあっては、延焼のおそれのある部分に限る。以下この(i)及びロ(1)において同じ。）（法第21条第1項に規定する構造方法を用いるもの又は同項の規定による認定を受けたものに限る。）又は特定避難時間が補正固有特定避難時間以上である建築物の非耐力壁（法第27条第1項に規定する構造方法を用いるもの又は同項の規定による認定を受けたものに限る。）の構造方法を用いる構造

(ii) 60分を超え、75分以下である場合　次の(一)又は(二)のいずれかに掲げる構造

(一) (i)に定める構造

(二) 75分間準耐火構造

(iii) 60分以下である場合　次の(一)又は(二)のいずれかに掲げる構造

(一) (ii)(一)又は(二)のいずれかに掲げる構造

(二) 令和元年国土交通省告示第195号第1第二号ニに定める構造方法を用いる構造

ロ　木造建築物の非耐力壁（イに規定するものを除く。）又は組積造の建築物等の非耐力壁にあっては、次の(1)から(4)までに掲げる固有特定避難時間の区分に応じ、それぞれ当該(1)から(4)までに定める構造とするほか、取合い等の部分が炎侵入防止構造であること。

(1) 90分を超える場合　通常火災終了時間が固有特定避難時間以上である建築物の非耐力壁（法第21条第1項に規定する構造方法を用いるもの又は同項の規定による認定を受けたものに限る。）又は特定避難時間が固有特定避難時間以上である建築物の非耐力壁（法第27条第1項に規定する構造方法を用いるもの又は同項の規定による認定を受けたものに限る。）の構造方法を用いる構造

(2) 75分を超え、90分以下である場合　次の(i)又は(ii)のいずれかに掲げる構造

(i) (1)に定める構造

(ii) 令和元年国土交通省告示第194号第2第3項第一号イ又はロのいずれかに該当する構造

(3) 60分を超え、75分以下である場合　次の(i)又は(ii)のいずれかに掲げる構造

(i) (2)(i)又は(ii)のいずれかに掲げる構造

(ii) 75分間準耐火構造

(4) 60分以下である場合　次の(i)又は(ii)のいずれかに掲げる構造

(i) (3)(i)又は(ii)のいずれかに掲げる構造

(ii) 令和元年国土交通省告示第195号第1第二号イ若しくはハ又は第四号イ若しくはハのいずれかに定める構造方法を用いる構造

三　柱　次に掲げる基準

イ　木造建築物の柱（その全部又は一部に木材を用いたものでその全部又は一部に防火被覆を設けていないものに限る。）にあっては、次の(1)又は(2)のいずれかに掲げる基準に適合していること。

(1) 構造用集成材又は構造用単板積層材を使用するものであり、かつ、次に掲げる基準に適合する構造であるほか、取合い等の部分が炎侵入防止構造であること。

(i) 令第46条第2項第一号イ及びロに掲げる基準に適合していること。

(ii) 当該柱を接合する継手又は仕口が、昭和62年建設省告示第1901号に定める基準に従って、通常の火災時の加熱に対して耐力の低下を有効に防止することができる構造であること。この場合において、同告示第一号イ中「2.5cm」とあるのは「平成27年国土交通省告示第255号第1第2項第一号イ(1)(i)(一)(イ)又は(ロ)に掲げる場合の区分に応じ、それぞれ当該(イ)又は(ロ)に定める値」と読み替えるものとする。

(iii) 当該柱を有する建築物全体が、昭和62年建設省告示第1902号に定める基準に従った構造計算によって通常の火災により容易に倒壊するおそれのないことが確かめられた構造であること。この場合において、同告示第二号イ中「2.5cm」とあるのは「平成27年国土交通省告示第255号第1第2項第一号イ(1)(i)(一)(イ)又は(ロ)に掲げる場合の区分に応じ、それぞれ当該(イ)又は(ロ)に定める値」と読み替えるものとする。

(iv) 主要構造部である柱のうち木材で造られた部分の表面（木材その他の材料で防火上有効に被覆された部分を除く。）から内側に、第一号イ(1)(i)(一)(イ)又は(ロ)に掲げる場合の区分に応じ、それぞれ当該(イ)又は(ロ)に定める値の部分が除かれたときの残りの断面の小径が、20cm以上であること。

(2) 次の(i)まで(iii)に掲げる補正固有特定避難時間の区分に応じ、それぞれ当該(i)から(iii)までに定める構造とするほか、取合い等の部分が炎侵入防止構造であること。

(i) 75分を超える場合　通常火災終了時間が補正固有特定避難時間以上である建築物の柱（法第21条第1項に規定する構造方法を用いるもの又は同項の規定による認定を受けたものに限る。）又は特定避難時間が補正固有特定避難時間以上である建築物の柱（法第27条第1項に規定する構造方法を用いるもの又は同項の規定による認定を受けたものに限る。）の構造方法を用いる構造

(ii) 60分を超え、75分以下である場合　次の(一)又は(二)のいずれかに掲げる構造

(一) (i)に定める構造

(二) 75分間準耐火構造

(iii) 60分以下である場合　次の(一)又は(二)のいずれかに掲げる構造に定める構造

(一) (ii)(一)又は(二)のいずれかに掲げる構造

(二) 令和元年国土交通省告示第195号第2第三号

イからニまでに掲げる基準に適合する構造

ロ　木造建築物の柱（イに規定するものを除く。）又は組積造の建築物等の柱にあっては、次の(1)から(5)までに掲げる固有特定避難時間の区分に応じ、それぞれ当該(1)から(5)までに定める構造とするほか、取合い等の部分が炎侵入防止構造であること。

(1)　180分を超える場合　通常火災終了時間が固有特定避難時間以上である建築物の柱（法第21条第1項に規定する構造方法を用いるもの又は同項の規定による認定を受けたものに限る。）又は特定避難時間が固有特定避難時間以上である建築物の柱（法第27条第1項に規定する構造方法を用いるもの又は同項の規定による認定を受けたものに限る。）の構造方法を用いる構造

(2)　120分を超え、180分以下である場合　次の(i)又は(ii)のいずれかに掲げる構造

(i)　(1)に定める構造

(ii)　耐火構造（3時間通常の火災による火熱が加えられた場合に、構造耐力上支障のある変形、溶融、破壊その他の損傷を生じないものに限る。）

(3)　75分を超え、120分以下である場合　次の(i)又は(ii)のいずれかに掲げる構造

(i)　(2)(i)又は(ii)のいずれかに掲げる構造

(ii)　耐火構造（2時間通常の火災による火熱が加えられた場合に、構造耐力上支障のある変形、溶融、破壊その他の損傷を生じないものに限る。）

(4)　60分を超え、75分以下である場合　次の(i)又は(ii)のいずれかに掲げる構造

(i)　(3)(i)又は(ii)はのいずれかに掲げる構造

(ii)　75分間準耐火構造

(5)　60分以下である場合　次の(i)又は(ii)のいずれかに掲げる構造

(i)　(4)(i)又は(ii)はのいずれかに掲げる構造

(ii)　令和元年国土交通省告示第195号第2第一号又は第三号のいずれかに定める構造方法（第三号イからニまでに掲げる基準に適合する構造とすることを除く。）を用いる構造

四　床　次に掲げる基準

イ　木造建築物の床（その全部又は一部に木材を用いたものでその全部又は一部に防火被覆を設けていないものに限る。）にあっては、次の(1)又は(2)のいずれかに掲げる基準に適合していること。

(1)　構造用集成材、構造用単板積層材又は直交集成板を使用するものであり、かつ、次に掲げる基準に適合する構造であるほか、取合い等の部分が炎侵入防止構造であること。

(i)　当該床の接合部の構造方法が、次に定める基準に従って、通常の火災時の加熱に対して耐力の低下を有効に防止することができる構造であること。

(一)　接合部のうち木材で造られた部分の表面（木材その他の材料で防火上有効に被覆された部分を除く。）から内側に、第一号イ(1)(i)(一)(イ)又は(ロ)に掲げる場合の区分に応じ、それぞれ当該(イ)又は(ロ)に定める値の部分が除かれたときの残りの部分が、当該接合部の存在応力を伝えることができる構造であること。

(二)　第一号イ(1)(i)(二)及び(三)に定める基準に適合していること。

(ii)　当該床を有する建築物全体が、次に定める基準に従った構造計算によって通常の火災により容易に倒壊するおそれのないことが確かめられた構造であること。

(一)　主要構造部である床のうち木材で造られた部分の表面（木材その他の材料で防火上有効に被覆された部分を除く。）から内側に、第一号イ(1)(i)(一)(イ)又は(ロ)に掲げる場合の区分に応じ、それぞれ当該(イ)又は(ロ)に定める値の部分が除かれたときの残りの断面（(二)及び(iii)において「残存断面」という。）について、令第82条第二号の表に掲げる長期の組合せによる各応力の合計により、長期応力度を計算すること。

(二)　(一)によって計算した長期応力度が、残存断面について令第94条の規定に基づき計算した短期の許容応力度を超えないことを確かめること。

(iii)　残存断面の厚さが20cm以上であること。

(2)　次の(i)から(iii)までに掲げる補正固有特定避難時間の区分に応じ、それぞれ当該(i)から(iii)までに定める構造とするほか、取合い等の部分が炎侵入防止構造であること。

(i)　75分を超える場合　通常火災終了時間が補正固有特定避難時間以上である建築物の床（法第21条第1項に規定する構造方法を用いるもの又は同項の規定による認定を受けたものに限る。）又は特定避難時間が補正固有特定避難時間以上である建築物の床（法第27条第1項に規定する構造方法を用いるもの又は同項の規定による認定を受けたものに限る。）の構造方法を用いる構造

(ii)　60分を超え、75分以下である場合　次の(一)又は(二)のいずれかに掲げる構造に定める構造

(一)　(i)に定める構造

(二)　75分間準耐火構造

(iii)　60分以下である場合　次の(一)又は(二)のいずれかに掲げる構造

(一)　(ii)(一)又は(二)のいずれかに掲げる構造

(二)　令和元年国土交通省告示第195号第3第四号に定める構造方法を用いる構造

ロ　木造建築物の床（イに規定するものを除く。）又は組積造の建築物等の床にあっては、次の(1)から(4)までに掲げる固有特定避難時間の区分に応じ、それぞれ当該(1)から(4)までに定める構造方法とするほか、取合い等の部分

が炎浸入防止構造であること。

(1) 90分を超える場合　通常火災終了時間が固有特定避難時間以上である建築物の床（法第21条第1項に規定する構造方法を用いるもの又は同項の規定による認定を受けたものに限る。）又は特定避難時間が固有特定避難時間以上である建築物の床（法第27条第1項に規定する構造方法を用いるもの又は同項の規定による認定を受けたものに限る。）の構造方法を用いる構造

(2) 75分を超え、90分以下である場合　次の(i)又は(ii)のいずれかに掲げる構造

(i) (1)に定める構造

(ii) 平成27年国土交通省告示第250号第2第一号イ(1)から(5)までのいずれかに該当する構造

(3) 60分を超え、75分以下である場合　次の(i)又は(ii)のいずれかに掲げる構造

(i) (2)(i)又は(ii)のいずれかに掲げる構造

(ii) 75分間準耐火構造

(4) 60分以下である場合　次の(i)又は(ii)のいずれかに掲げる構造

(i) (3)(i)又は(ii)のいずれかに掲げる基準

(ii) 令和元年国土交通省告示第195号第3第一号又は第三号のいずれかに定める構造方法を用いる構造

五　はり　次に掲げる基準

イ　木造建築物のはり（その全部又は一部に木材を用いたもので全部又は一部に防火被覆を設けていないものに限る。）にあっては、次の(1)又は(2)のいずれかに掲げる基準に適合していること。

(1) 構造用集成材又は構造用単板積層材を使用するものであり、かつ、次に掲げる基準に適合する構造であるほか、取合い等の部分が炎侵入防止構造であること。

(i) 令第46条第2項第一号イ及びロに掲げる基準に適合していること。

(ii) 当該はりを接合する継手又は仕口が、昭和62年建設省告示第1901号に定める基準に従って、通常の火災時の加熱に対して耐力の低下を有効に防止することができる構造であること。この場合において、同告示第一号イ中「2.5cm」とあるのは「平成27年国土交通省告示第255号第1第2項第一号イ(1)(i)(一)(イ)又は(ロ)に掲げる場合の区分に応じ、それぞれ当該(イ)又は(ロ)に定める値」と読み替えるものとする。

(iii) 当該はりを有する建築物全体が、昭和62年建設省告示第1902号に定める基準に従った構造計算によって、通常の火災により容易に倒壊するおそれのないことが確かめられた構造であること。この場合において、同告示第二号イ中「2.5cm」とあるのは「平成27年国土交通省告示第255号第1第2項第一号イ(1)(i)(一)(イ)又は(ロ)に掲げる場合の区分に応じ、それぞれ当該(イ)又は(ロ)に定める値」と読み替えるものとする。

(iv) 主要構造部であるはりのうち木材で造られた部分の表面（木材その他の材料で防火上有効に被覆された部分を除く。）から内側に、第一号イ(1)(i)(一)(イ)又は(ロ)に掲げる場合の区分に応じ、それぞれ当該(イ)又は(ロ)に定める値の部分が除かれたときの残りの断面の小径が、20cm以上であること。

(2) 次の(i)から(iii)までに掲げる補正固有特定避難時間の区分に応じ、それぞれ当該(i)から(iii)までに定める構造とするほか、取合い等の部分が炎侵入防止構造であること。

(i) 75分を超える場合　通常火災終了時間が補正固有特定避難時間以上である建築物のはり（法第21条第1項に規定する構造方法を用いるもの又は同項の規定による認定を受けたものに限る。）又は特定避難時間が補正固有特定避難時間以上である建築物のはり（法第27条第1項に規定する構造方法を用いるもの又は同項の規定による認定を受けたものに限る。）の構造方法を用いる構造

(ii) 60分を超え、75分以下である場合　次の(一)又は(二)のいずれかに掲げる構造

(一) (i)に定める構造

(二) 75分間準耐火構造

(iii) 60分以下である場合　次の(一)又は(二)のいずれかに掲げる構造

(一) (ii)(一)又は(二)はのいずれかに掲げる構造

(二) 令和元年国土交通省告示第195号第4第三号イからニまでに掲げる基準に適合する構造

ロ　木造建築物のはり（イに規定するものを除く。）又は組積造の建築物等のはりにあっては、次の(1)から(5)までに掲げる固有特定避難時間の区分に応じ、それぞれ当該(1)から(5)までに定める構造とするほか、取合い等の部分が炎侵入防止構造であること。

(1) 180分を超える場合　通常火災終了時間が固有特定避難時間以上である建築物のはり（法第21条第1項に規定する構造方法を用いるもの又は同項の規定による認定を受けたものに限る。）又は特定避難時間が固有特定避難時間以上である建築物のはり（法第27条第1項に規定する構造方法を用いるもの又は同項の規定による認定を受けたものに限る。）の構造方法を用いる構造

(2) 120分を超え、180分以下である場合　次の(i)又は(ii)のいずれかに掲げる構造

(i) (1)に定める構造

(ii) 耐火構造（3時間通常の火災による火熱が加えられた場合に、構造耐力上支障のある変形、溶融、破壊その他の損傷を生じないものに限る。）

(3) 75分を超え、120分以下である場合　次の(i)又は(ii)のいずれかに掲げる構造

(i) (2)(i)又は(ii)のいずれかに掲げる構造

(ii) 耐火構造（2時間通常の火災による火熱が加えられた場合に、構造耐力上支障のある変形、溶融、破壊その他の損傷を生じないものに限る。）

(4) 60分を超え、75分以下である場合　次の(i)又は(ii)のいずれかに掲げる構造

(i) (3)(i)又は(ii)のいずれかに掲げる構造

(ii) 75分間準耐火構造

(5) 60分以下である場合　次の(i)又は(ii)のいずれかに掲げる構造

(i) (4)(i)又は(ii)のいずれかに掲げる構造

(ii) 令和元年国土交通省告示第195号第4第一号又は第三号のいずれかに定める構造方法（第三号イからニまでに掲げる基準に適合する構造とすることを除く。）を用いる構造

六　軒裏　次に掲げる基準

イ　木造建築物の軒裏（その全部又は一部に木材を用いたものでその全部又は一部に防火被覆を設けていないものに限る。）にあっては、次の(1)又は(2)のいずれかに掲げる基準に適合していること。

(1) 構造用集成材、構造用単板積層材又は直交集成板を使用するものであり、かつ、当該軒裏の厚さが第二号イ(1)(i)又は(ii)に掲げる場合の区分に応じ、それぞれ当該(i)又は(ii)に定める値以上であるほか、取合い等の部分が炎侵入防止構造であること。

(2) 次の(i)又は(ii)に掲げる補正固有特定避難時間の区分に応じ、それぞれ当該(i)又は(ii)に定める構造とするほか、取合い等の部分が炎侵入防止構造であること。

(i) 75分を超える場合　通常火災終了時間が補正固有特定避難時間以上である建築物の軒裏（延焼のおそれがある部分に限る。以下この(i)及びロ(1)において同じ。）（法第21条第1項に規定する構造方法を用いるもの又は同項の規定による認定を受けたものに限る。）又は特定避難時間が補正固有特定避難時間以上である建築物の軒裏（法第27条第1項に規定する構造方法を用いるもの又は同項の規定による認定を受けたものに限る。）の構造方法を用いる構造

(ii) 75分以下である場合　次の(一)又は(二)のいずれかに掲げる構造

(一) (i)に定める構造

(二) 75分間準耐火構造

ロ　木造建築物の軒裏（イに規定するものを除く。）又は組積造の建築物等の軒裏にあっては、次の(1)から(4)までに掲げる固有特定避難時間の区分に応じ、それぞれ当該(1)から(4)までに定める構造とするほか、取合い等の部分が炎侵入防止構造であること。

(1) 90分を超える場合　通常火災終了時間が固有特定避難時間以上である建築物の軒裏（法第21条第1項に規定する構造方法を用いるもの又は同項の規定による認定を受けたものに限る。）又は特定避難時間が固有特定避難時間以上である建築物の軒裏（法第27条第1項に規定する構造方法を用いるもの又は同項の規定による認定を受けたものに限る。）の構造方法を用いる構造

(2) 75分を超え、90分以下である場合　次の(i)又は(ii)のいずれかに掲げる構造

(i) (1)に定める構造

(ii) 令和元年国土交通省告示第194号第2第3項第二号イ又はロのいずれかに該当する構造

(3) 60分を超え、75分以下である場合　次の(i)又は(ii)のいずれかに掲げる構造

(i) (2)(i)又は(ii)のいずれかに掲げる構造

(ii) 75分間準耐火構造

(4) 60分以下である場合　次の(i)又は(ii)のいずれかに掲げる構造

(i) (3)(i)又は(ii)のいずれかに掲げる構造

(ii) 令和元年国土交通省告示第195号第5第二号又は第三号のいずれかに定める構造方法を用いる構造

3　第1項の「特定避難時間防火設備」は、次の各号に掲げる当該建築物の固有特定避難時間の区分に応じ、それぞれ当該各号に定める防火設備（周囲の部分（防火設備から内側に15cm以内の間に設けられた建具がある場合においては、その建具を含む。）が不燃材料で造られた開口部に取り付けられたものであって、枠若しくは他の防火設備と接する部分を相じゃくりとし、又は定規縁若しくは戸当たりを設ける等閉鎖した際に隙間が生じない構造とし、かつ、取付金物が当該防火設備が閉鎖した際に露出しないように取り付けられたものに限る。）をいう。

一　90分を超える場合　通常の火災による火熱が加えられた場合に、加熱開始後固有特定避難時間当該加熱面以外の面に火炎を出さないものとして、法第61条の規定による国土交通大臣の認定を受けた防火設備

二　75分を超え、90分以下である場合　次のイからホまでのいずれかに該当する防火設備

イ　前号に定める防火設備

ロ　平成27年国土交通省告示第250号第2第一号ロに適合する構造方法を用いる防火設備

ハ　骨組を鉄材又は鋼材とし、両面にそれぞれ厚さが1mm以上の鉄板又は鋼板を張った防火設備

ニ　鉄材又は鋼材で造られたもので鉄板又は鋼板の厚さが1.8mm以上の防火設備

ホ　厚さ30mm以上の繊維強化セメント板で造られた防火設備

三　60分を超え、75分以下である場合　次のイ又はロのいずれかに該当する防火設備

イ　前号に定める防火設備

ロ　75分間防火設備（令和元年国土交通省告示第193号第1第9項に規定する75分間防火設備をいう。）

四　45分を超え、60分以下である場合　次のイ又はロのいずれかに該当する防火設備

イ　前号に定める防火設備
ロ　特定防火設備
五　45 分である場合　次のイ又はロのいずれかに該当する防火設備
イ　前号に定める防火設備
ロ　令第 114 条第 5 項において読み替えて準用する令第 112 条第 21 項に規定する構造方法を用いる防火設備又は同項の規定による国土交通大臣の認定を受けた防火設備

4　前各項の「固有特定避難時間」は、次の式によって計算した値とする。

$$t_{r,eq(c)} = \left(\frac{\alpha}{460} \right)^{2/3} t_r$$

この式において、$t_{r,eq(c)}$、α 及び t_r は、それぞれ次の数値を表すものとする。

$t_{r,eq(c)}$　固有特定避難時間（単位　分）

α　次の式によって計算した当該建築物の各室における火災温度上昇係数のうち最大のもの

$$\alpha_i = \max\left\{ 1280 \left(\frac{q_b}{\sqrt{\Sigma\,(A_i I_i)}\,\sqrt{f_{op}}} \right)^{2/3}, 460 \right\}$$

この式において、α_i、q_b、A_i、I_i 及び f_{op} は、それぞれ次の数値を表すものとする。

α_i　当該建築物の各室における火災温度上昇係数

q_b　平成 12 年建設省告示第 1433 号第 2 に規定する当該室内の可燃物の一秒間当たりの発熱量（単位　MW）

A_i　当該室の壁、床及び天井の各部分の表面積（単位　m^2）

I_i　次の式によって計算した当該室の壁、床及び天井の各部分の熱慣性（単位　kw・秒 $^{1/2}$ ／ m^2・K）

$$I_i = \sqrt{k \rho c}$$

この式において、I_i、k、ρ 及び c は、それぞれ次の数値を表すものとする。

I_i　当該室の壁、床及び天井の各部分の熱慣性（単位　kW・秒 $^{1/2}$ ／（m^2・K））

k　当該室の壁、床及び天井の各部分の熱伝導率（単位　kW ／（m・K））

ρ　当該室の壁、床及び天井の各部分の密度（単位　kg ／ m^3）

c　当該室の壁、床及び天井の各部分の比熱（単位　kJ ／（kg・K））

f_{op}　平成 12 年建設省告示第 1433 号第 3 第一号イ(2)に規定する有効開口因子（単位　$m^{5/2}$）

t_r　次の式によって計算した実特定避難時間（単位　分）

$$t_r = \max\,(t_{escape},\, t_{region}) + t_{search} + t_{retreat}$$

この式において、t_r、t_{escape}、t_{region}、t_{search} 及び $t_{retreat}$ は、それぞれ次の数値を表すものとする。

t_r　実特定避難時間（単位　分）

t_{escape}　次の式によって計算した在館者避難時間（単位　分）

$$t_{escape} = t_{escape(w)} + t_{escape(c)}$$

この式において、t_{escape}、$t_{escape(w)}$ 及び $t_{escape(c)}$ は、それぞれ次の数値を表すものとする。

t_{escape}　在館者避難時間（単位　分）

$t_{escape(w)}$　次の式によって計算した当該建築物の各部分から地上までの避難を終了するまでに要する歩行時間のうち最大のもの（単位　分）

$$t_{escape(wi)} = \frac{L}{v}$$

この式において、$t_{escape(wi)}$、L 及び v は、それぞれ次の数値を表すものとする。

$t_{escape(wi)}$　当該建築物の各部分から地上までの避難を終了するまでに要する歩行時間（単位　分）

L　当該部分から地上への出口の一に至る歩行距離（単位　m）

v　当該部分の用途、建築物の部分の種類及び避難の方向に応じ、次の表に定める歩行速度（単位　m／分）

当該部分の用途	建築物の部分の種類	避難の方向	歩行速度
劇場、映画館、演芸場、観覧場、公会堂、集会場その他これらに類する用途	階段	上り	9
		下り	12
	その他の部分	—	30

児童福祉施設等（115条の3第一号に規定する児童福祉施設等をいう。以下同じ。）（通所のみにより利用されるものに限る。）その他これに類する用途	乳児又は満2歳に満たない幼児を保育する場合（当該用途に供する階が3階以下の階である場合に限る。）	階段	下り	2.5
		保育室	―	12
		廊下	―	8
		その他の部分	―	30
	乳児又は満2歳に満たない幼児を保育する場合以外の場合（当該用途に供する階が5階以下の階である場合に限る。）	階段	上り	4.5
			下り	6
		その他の部分	―	15
百貨店、展示場その他これらに類する用途又は共同住宅、ホテルその他これらに類する用途（病院、診療所及び児童福祉施設等を除く）		階段	上り	9
			下り	12
		その他の部分	―	30
学校（幼保連携型認定こども園を除く。）、事務所その他これらの用途		階段	上り	12
			下り	16
		その他の部分	―	39

$t_{escape(c)}$　次の式によって計算した当該建築物の各部分から地上までの避難を終了するまでに要する各階段における滞留時間のうち最大のもの（単位　分）

$$t_{escape(ci)} = \frac{P}{R}$$

この式において、$t_{escape(ci)}$、P及びRは、それぞれ次の数値を表すものとする。

$t_{escape(ci)}$　当該建築物の各部分から地上までの避難を終了するまでに要する各階段における滞留時間（単位　分）

P　次の式によって計算した当該階段を経由して避難する者（以下「避難者」という。）の数（単位　人）

$$P = \Sigma\ pA_{area}$$

この式において、P、p及びA_{area}は、それぞれ次の数値を表すものとする。

P　在室者の数（単位　人）

p　次の表の左欄に掲げる避難者の存する居室の種類に応じ、それぞれ同表右欄に定める在館者密度（単位　人／m^2）

住宅の居室		0.06
住宅以外の建築物における寝室	固定ベッドの場合	ベッド数を床面積で除した数値
	その他の場合	0.16
事務室、会議室その他これらに類するもの		0.125
教室		0.7
百貨店又は物品販売業を営む店舗	売場の部分	0.5
	売場に附属する通路の部分	0.25
飲食室		0.7
劇場、映画館、演芸場、観覧場、公会堂、集会場その他これらに類する用途に供する居室	固定席の場合	座席数を床面積で除した数
	その他の場合	1.5
展示室その他これに類するもの		0.5
保育所又は幼保連携型認定こども園の用途に供す居室	乳児又は満2歳に満たない幼児を保育する用途に供する場合	0.6
	その他の場合	0.5
児童福祉施設等（保育所及び幼保連携型認定こども園を除き、通所のみにより利用されるものに限る。）の用途に供する居室		0.33

A_{area}　避難者の存する居室の床面積（単位　m^2）

R　次の式によって計算した当該階段における流動量（単位　人／分）

$$R = \min(90D_{co}, R_d, R_{st})$$

この式において、R、D_{co}、R_d 及び R_{st} は、それぞれ次の数値を表すものとする。

R　当該階段における流動量（単位　人／分）

D_{co}　当該階段から地上に通ずる廊下の幅のうち最小のもの（単位　m）

R_d　次の式によって計算した当該階段から地上に通ずる各出口の有効流動量のうち最小のもの（単位　人／分）

$R_{di} = B_d\ N_d$

この式において、R_{di}、B_d 及び N_d は、それぞれ次の値を表すものとする。

R_{di}　当該階段から地上に通ずる各出口の有効流動量（単位　人／分）

B_d　当該出口の幅（単位　m）

N_d　次の表の左欄に掲げる当該出口の区分に応じ、それぞれ同表の右欄に定める当該出口の流動係数（単位　人／m）

階段及び居室に設けられた出口	90
階段及び居室以外の部分に設けられた出口	min{max（150 − $60B_d/D_{co}$, 90）,120}
この表において、Bd 及び D_{co} は、それぞれ次の数値を表すものとする。 B_d　当該出口の幅（単位　m） D_{co}　当該階段から地上に通ずる廊下の幅のうち最小のもの（単位　m）	

R_{st}　次の式によって計算した当該階段の有効流動量（単位　人／分）

$R_{st} = D_{st}\ N_{st}$

この式において、R_{st}、D_{st} 及び N_{st} は、それぞれ次の数値を表すものとする。

R_{st}　当該階段における有効流動量（単位　人／分）

D_{st}　当該階段の幅（単位　m）

N_{st}　次の表の左欄及び中欄に掲げる場合の区分に応じ、それぞれ同表の右欄に定める当該階段の流動係数（単位　人／m）

下り	$D_{landing} < D_{st}$	min{72 − 48（1 − $D_{landing}/D_{st}$）, $90D_{landing}/D_{st}$}
	$D_{landing} \geqq D_{st}$	72
上り	$D_{landing} < D_{st}$	min{60 − 36（1 − $D_{landing}/D_{st}$）, $90D_{landing}/D_{st}$}
	$D_{landing} \geqq D_{st}$	60
この表において、$D_{landing}$ 及び D_{st} は、それぞれ次の数値を表すものとする。 $D_{landing}$　当該階段の踊り場の幅（単位　m） D_{st}　当該階段の幅（単位　m）		

t_{region}　次の表の左欄に掲げる建築物が立地する土地の区域の区分に応じ、それぞれ同表の右欄に定める常備消防機関の現地到着時間（単位　分）

用途地域が定められている土地の区域	20
用途地域が定められていない土地の区域のうち特定行政庁が指定する区域	30 以上であって特定行政庁が定める時間

t_{search}　次の式によって計算した当該建築物の各室（以下「火災室」という。）で火災が発生した場合における当該建築物の捜索時間のうち最大のもの（単位　分）

$$t_{search,i} = \frac{L_1}{60} + \frac{L_2}{v_{fd}} + \frac{A_1}{V_1} + \frac{A_2}{V_2} + \frac{A_3}{50}$$

この式において、$t_{searchi}$、L_1、L_2、v_{fb}、A_1、V_1、A_2 及び A_3 は、それぞれ次の数値を表すものとする。

$t_{search,i}$　火災室で火災が発生した場合における当該建築物の捜索時間（単位　分）

L_1　地上から当該建築物へ通ずる出入口から避難階の階段室（火災室で火災が発生した場合における当該火災室のある階（以下「出火階」という。）に通ずるものに限る。以下この項において同じ。）までの歩行距離（単位　m）

L_2　避難階の階段室から出火階の階段室までの歩行距離（単位　m）

v_{fb}　次の表の左欄に掲げる建築物の部分の種類に応じ、同表の右欄に定める避難階の階段室から出火階の階段室までの移動速度（単位　m／分）

建築物の部分の種類	移動速度
非常用の昇降機が設けられている部分	60

連結送水管が設けられている部分	15
その他の部分	10.8

A_1　出火階の床面積（単位　m^2）

V_1　次の表の左欄に掲げる建築物の部分の種類に応じ、同表の右欄に定める出火階における捜索速度（単位　m^2／分）

建築物の部分の種類	捜索速度
スプリンクラー設備等及び令第126条の3の規定に適合する排煙設備が設けられている部分（当該建築物が令第112条第1項、第4項又は第5項の規定により区画された建築物である場合にあっては、当該区画された各部分のうち火災室が存する部分が二以上の階にわたる場合を除く。）	50
令第126条の3の規定に適合する排煙設備が設けられている部分	25
その他の部分	5

A_2　出火階の直上階の床面積（単位　m^2）

V_2　次の表の左欄に掲げる建築物の部分の種類に応じ、同表の右欄に定める出火階の直上階における捜索速度（単位　m^2／分）

建築物の部分の種類	捜索速度
令第126条の3第1項に掲げる基準に適合する排煙設備が設けられている部分	50
その他の部分	25

A_3　出火階及び出火階の直上階以外の階の床面積（単位　m^2）

$t_{retreat}$　次の式によって計算した退避時間（単位　分）

$$t_{retreat} = \frac{L_1}{60} + \frac{L_2}{25}$$

この式において、$t_{retreat}$、L_1 及び L_2 は、それぞれ次の数値を表すものとする。

$t_{retreat}$　退避時間（単位　分）

L_1　地上から当該建築物へ通ずる出入口から避難階の階段室までの歩行距離（単位　m）

L_2　避難階の階段室から出火階の階段室までの歩行距離（単位　m）

5　第2項の「補正固有特定避難時間」は、次の式によって計算した値とする。

$$t_{r,eq(nc)} = \frac{CR_1}{0.75} t_r$$

この式において、$t_{r,eq(nc)}$、CR_1 及び t_r は、それぞれ次の数値を表すものとする。

$t_{r,eq(nc)}$　補正固有特定避難時間（単位　分）

CR_1　次の式によって計算した炭化速度（単位　mm／分）

$$CR_1 = \min(1.3,\ 0.0022\alpha - 0.262)$$

この式において、CR_1 及び α は、それぞれ次の数値を表すものとする。

CR_1　炭化速度（単位　mm／分）

α　前項に規定する当該建築物の各室における火災温度上昇係数のうち最大のもの

t_r　前項に規定する実特定避難時間（単位　分）

6　第1項の「上階延焼抑制防火設備」は、次の各号に掲げる当該外壁の開口部の必要遮炎時間の区分に応じ、それぞれ当該各号に定める防火設備をいう。

一　60分を超える場合　通常の火災による火熱が加えられた場合に、加熱開始後必要遮炎時間加熱面以外の面に火炎を出さないものとして、法第61条の規定による国土交通大臣の認定を受けた防火設備

二　45分を超え、60分以下である場合　次のイ又はロのいずれかに掲げる防火設備

イ　前号に定める防火設備

ロ　特定防火設備

三　30分を超え、45分以下である場合　次のイ又はロのいずれかに掲げる防火設備

イ　前号に定める防火設備

ロ　令第114条第5項において読み替えて準用する令第112条第21項に規定する構造方法を用いる防火設備又は同項の規定による国土交通大臣の認定を受けた防火設備

四　20分を超え、30分以下である場合　次のイ又はロのいずれかに掲げる防火設備

イ　前号に定める防火設備

ロ　令和元年国土交通省告示第194号第2第4項に規定する30分間防火設備

五　20分以下である場合次の　イ又はロのいずれかに掲げる防火設備

イ　前号に定める防火設備

ロ　法第２条第九号の二ロに規定する防火設備

7　前項の「必要遮炎時間」は、次の式によって計算した値とする。

$$t_{intg} = \left(\frac{\alpha}{460}\right)^{3/2} \frac{t_{spread} - t_{ceiling}}{1+\mu}$$

この式において、t_{intg}、α、t_{spread}、$t_{ceiling}$ 及び μ は、それぞれ次の数値を表すものとする。

t_{intg}　必要遮炎時間（単位　分）

α　第４項に規定する当該建築物の各室における火災温度上昇係数のうち最大のもの

t_{spread}　次の式によって計算した上階延焼抑制時間（単位　分）

$$t_{spread} = \max(t_{escape}, t_{region}) + t_{travel} + \max\{15(N-3), 0\}$$

この式において、t_{spread}、t_{escape}、t_{region}、t_{travel} 及び N は、それぞれ次の数値を表すものとする。

t_{spread}　上階延焼抑制時間（単位　分）

t_{escape}　第４項に規定する在館者避難時間（単位　分）

t_{region}　第４項に規定する常備消防機関の現地到着時間（単位　分）

t_{travel}　次の式によって計算した火災室で火災が発生した場合における地上から当該火災室までの移動時間のうち最大のもの（単位　分）

$$t_{travel,i} = \Sigma\left(\frac{L_1}{60} + \frac{L_2}{vfb}\right) + \frac{L_1 + L_2}{40} + \frac{Lf}{vf} + 6$$

この式において、$t_{travel,i}$、L_1、L_2、vfb、Lf 及び vf は、それぞれ次の数値を表すものとする。

$t_{travel,i}$ 火災室で火災が発生した場合における地上から当該火災室までの移動時間（単位　分）

L_1　地上から当該建築物へ通ずる出入口から避難階の階段室までの歩行距離（単位　m）

L_2　避難階の階段室から出火階の階段室までの歩行距離（単位　m）

vfb　第４項に規定する避難階の階段室から出火階の階段室までの歩行速度（単位　分／m）

Lf　出火階の階段のバルコニー又は付室から火災室までの歩行距離（単位　m）

vf　次の表の左欄に掲げる場合の区分に応じ、それぞれ同表の右欄に定める出火階における歩行速度（単位　m／分）

出火階の階段のバルコニー若しくは付室から火災室までの廊下その他の避難の用に供する部分に令第126条の３第１項に掲げる基準に適合する排煙設備が設けられ、又は当該部分が外気に有効に開放されている場合	15
その他の場合	3

N　当該建築物の階数

$t_{ceiling}$　次の表の左欄及び中欄に掲げる当該他の外壁の開口部が設けられた室の区分に応じ、それぞれ同表の右欄に定める天井燃焼抑制時間（単位　分）

スプリンクラー設備等が設けられている場合	天井の室内に面する部分（回り縁、窓台その他これらに類する部分を除く。以下この表において同じ。）の仕上げが準不燃材料でされている場合	22
	壁及び天井の室内に面する部分の仕上げが準不燃材料でされている場合	24
	その他の場合	0
その他の場合	天井の室内に面する部分の仕上げが準不燃材料でされている場合	2
	壁及び天井の室内に面する部分の仕上げが準不燃材料でされている場合	4
	その他の場合	0

μ　次の表の左欄に掲げる当該他の外壁の開口部に防火上有効に設けられているひさしその他これに類するもの（避難時倒壊防止構造の床の構造方法を用いるものに限る。）の長さに応じ、それぞれ同表右欄に定める数値

ひさしその他これに類するものの長さ（単位　m）	数値
0.9 未満	1
0.9 以上 1.5 未満	1.25
1.5 以上 2.0 未満	1.6
2.0 以上	2

8　令第110条第二号に掲げる基準に適合する法第27条第１項に規定する特殊建築物の主要構造部の構造方法は、耐火構造又は令第108条の３第１項第一号若しくは第二号に該当する構造とすることとする。

第２　令第110条の３に規定する技術的基準に適合する法第27条第１項の特殊建築物の延焼するおそれがある外壁の開口部に設ける防火設備の構造方法は、令第137条の10第四号に規定する20分間防火設備とすることとする。

第３　令第110条の２第二号に規定する他の外壁の開口部から通常の火災時における火炎が到達するおそれがあるものは、第１第１項第四号に掲げる建築物（１時間準耐火基準に適合する準耐火構造（耐火構造を除く。）としたものに限る。）及び法第27条第１項第一号に該当する特殊建築物で令第110条第一号に掲げる基準に適合するものとして同項の規定による認定を受けたものの外壁の開口部（次の各号のいずれにも該当しないものに限る。以下「他の外壁の開口部」という。）の下端の中心点を水平方向に、それぞれ第１第一号ロ表１に掲げる式により計算した水平移動距離又は最大水平移動距離のいずれか短い距離だけ移動したときにでき

る軌跡上の各点を、垂直上方に第1第一号ロ表2に掲げる式により計算した垂直移動距離又は最大垂直移動距離のいずれか短い距離だけ移動したときにできる軌跡の範囲内の部分である外壁の開口部（令第110条の2第一号に掲げるもの及び他の外壁の開口部が設けられた防火区画内に設けられたものを除く。）とする。

一　スプリンクラー設備、水噴霧消火設備、泡消火設備その他これらに類するもので自動式のものを設けた室（通路に該当する室を除く。以下同じ。）に設けられたもの

二　天井の室内に面する部分の仕上げを準不燃材料による仕上げとした室（床面積が40m^{2}以下であるものを除く。）に設けられたもの

三　昇降機その他の建築設備の機械室、不燃性の物品を保管する室、便所その他これらに類する室で、壁及び天井の室内に面する部分の仕上げを準不燃材料でしたものに設けられたもの

四　第一号から前号までに規定する室のみに隣接する通路その他防火上支障のない通路に設けられたもの

五　法第2条第九号の二ロに規定する防火設備を設けたもの

六　開口部の高さが0.3 m以下のもの

七　開口面積が0.2m^{2}以内のもの

3．3　建築基準法第21条第1項に規定する建築物の主要構造部の構造方法

建築基準法第21条第1項に規定する建築物の主要構造部の構造方法を定める件

（令和元年6月21日
国土交通省告示第193号）

最終改正　令和2年12月28日国土交通省告示第1593号

建築基準法第21条第1項の規定に基づき、建築基準法第21条第1項に規定する建築物の主要構造部の構造方法を定める件を次のとおり制定する。

第1　建築基準法施行令（以下「令」という。）第109条の5第一号に掲げる基準に適合する建築基準法（以下「法」という。）第21条第1項に規定する建築物の主要構造部の構造方法は、次の各号に掲げる建築物の区分に応じ、それぞれ当該各号に定めるもの（次の各号のうち2以上の号に掲げる建築物に該当するときは、当該2以上の号に定める構造方法のうちいずれかの構造方法）とする。

一　次に掲げる基準に適合する建築物　準耐火構造（主要構造部である壁、柱、床、はり及び屋根の軒裏にあっては、火災時倒壊防止構造）とすること。

イ　当該建築物（階段室及び付室を除く。）が、床面積の合計100m^{2}以内ごとに火災時倒壊防止構造の床若しくは壁又は通常火災終了時間防火設備で令第112条第19項第一号に規定する構造であるもので区画されていること。ただし、次の表の左欄に掲げる建築物の部分については、それぞれ同表右欄に定める床面積の合計以内ごとに区画されていれば足りる。

建築物の部分	床面積の合計（単位　m^2）
スプリンクラー設備（水源として、水道の用に供する水管を連結したものを除く。）、水噴霧消火設備、泡消火設備その他これらに類するもので自動式のもの（以下「スプリンクラー設備等」という。）を設け、天井（天井のない場合においては、屋根。以下同じ。）の室内に面する部分（回り縁、窓台その他これらに類する部分を除く。以下このイ、次号ト及び第四号ロにおいて同じ。）の仕上げを準不燃材料でした部分	200
スプリンクラー設備等を設け、天井の室内に面する部分の仕上げを準不燃材料でした部分（当該部分に設けられた通常火災終了時間防火設備が常時閉鎖又は作動をした状態にあるものである場合に限る。）	500
スプリンクラー設備等を設け、壁及び天井の室内に面する部分の仕上げを準不燃材料でした部分（当該部分に設けられた通常火災終了時間防火設備が常時閉鎖又は作動をした状態にあるものである場合に限る。）	600

ロ　給水管、配電管その他の管（以下「給水管等」という。）が、イに規定する火災時倒壊防止構造の床又は壁（以下このロ及びハにおいて「防火区画」という。）を貫通する場合においては、次に掲げる基準に適合するものであること。

(1)　次の(i)から(iv)までに掲げる固有通常火災終了時間の区分に応じ、それぞれ当該(i)から(iv)までに定める基準に適合する防火被覆を防火区画の貫通孔の内側に面する部分に設けていること。

(i)　75分以下である場合　強化せっこうボード（ボード用原紙を除いた部分のせっこうの含有率を95％以上、ガラス繊維の含有率を0.4％以上とし、かつ、ひる石の含有率を2.5％以上としたものに限る。以下同じ。）を2枚以上張ったもので、その厚さの合計が42mm以上であるもの

(ii)　75分を超え、90分以下である場合　強化せっこうボードを2枚以上張ったもので、その厚さの合計が50mm以上であるもの

(iii)　90分を超え、105分以下である場合　強化せっこうボードを2枚以上張ったもので、その厚さの合計が55mm以上であるもの

(iv)　105分を超え、120分以下である場合　強化せっこうボードを3枚以上張ったもので、その厚さの合計が61mm以上であるもの

(2)　給水管等と防火区画との隙間がモルタルその他の不燃材料で埋められており、かつ、当該不燃材料で埋められた部分及び(1)に規定する防火被覆の外面に次の(i)から(iv)までに掲げる固有通常火災終了時間の区分に応じ、それぞれ当該(i)から(iv)までに定める基準に適合する防火被覆を設けていること。

(i) 75分以下である場合　強化せっこうボードを張ったもので、その厚さの合計が21mm以上であるもの

(ii) 75分を超え、90分以下である場合　強化せっこうボードを張ったもので、その厚さの合計が25mm以上であるもの

(iii) 90分を超え、105分以下である場合　強化せっこうボードを張ったもので、その厚さの合計が28mm以上であるもの

(iv) 105分を超え、120分以下である場合　強化せっこうボードを張ったもので、その厚さの合計が31mm以上であるもの

(3) 給水管等の構造が次のいずれかに適合するものであること。

(i) 鉄管又は鋼管であること。

(ii) 給水管等が防火区画を貫通する部分及び当該貫通する部分から両側に1m以内の距離にある部分が不燃材料で造られていること。

(iii) 給水管等の外径が、給水管等の用途、覆いの有無、材質、肉厚及び固有通常火災終了時間に応じ、それぞれ次の表に定める数値未満であり、かつ、その内部に電線等を挿入していない予備配管にあっては、当該予備配管の先端を密閉したものであること。

給水管等の用途	覆いの有無	材質	肉厚（単位　mm）	給水管等の外径（単位　mm）	
				固有通常火災終了時間	
				60分以下である場合	60分を超え、120分以下である場合
給水管		難燃材料又は硬質塩化ビニル	5.5以上6.6未満	90	90
			6.6以上	115	90
配電管		難燃材料又は硬質塩化ビニル	5.5以上	90	90
排水管及び排水管に附属する通気管	厚さ0.5mm以上の鉄板又は鋼板で覆われている場合	難燃材料又は硬質塩化ビニル	5.5以上6.6未満	90	90
			6.6以上	115	90
	その他の場合	難燃材料又は硬質塩化ビニル	4.1以上5.5未満	61	61
			5.5以上	90	61

ハ　換気、暖房又は冷房の設備の風道（以下「換気等設備の風道」という。）が防火区画を貫通する場合においては、当該風道の当該防火区画を貫通する部分又はこれに近接する部分に、昭和48年建設省告示第2565号第三号に定める構造方法を用いる通常火災終了時間防火設備を次に掲げる方法により設けなければならない。

(1) 主要構造部に堅固に取り付けること。

(2) 換気等設備の風道の防火区画を貫通する部分に近接する部分に防火設備を設ける場合にあっては、当該防火設備と当該防火区画との間の風道は、次の(i)から(iii)までに掲げる固有通常火災終了時間の区分に応じ、それぞれ当該(i)から(iii)までに定める厚さ以上の鉄板又は鋼板で造ること。

(i) 60分以下である場合　1.5mm

(ii) 60分を超え、75分以下である場合　1.6mm

(iii) 75分を超え、90分以下である場合　1.8mm

(3) 天井、壁等に一辺の長さが45cm以上の保守点検が容易に行える点検口並びに防火設備の開閉及び作動状態を確認できる検査口を設けること。

ニ　2階以上の階に居室を有するものにあっては、次に掲げる基準に適合する直通階段（傾斜路を含む。）が設けられていること。

(1) 令第123条第3項各号（同項第三号、第四号、第十号及び第十二号を除く。）に掲げる基準に適合していること。

(2) 階段室、バルコニー及び付室は、令第123条第3項第六号の開口部、同項第八号の窓又は(4)の出入口の部分（令第129条の13の3第3項に規定する非常用エレベーターの乗降ロビーの用に供するバルコニー又は付室にあっては、当該エレベーターの昇降路の出入口の部分を含む。）を除き、次のi又はiiのいずれかに掲げる壁（防火被覆が設けられていないものを除く。）で囲むこと。

(i) 次の(一)から(三)までに掲げる固有通常火災終了時間に1.6を乗じた時間の区分に応じ、それぞれ当該(一)から(三)までに定める構造の壁（その全部又は一部に木材を用いた壁に限る。）

(一) 90分を超える場合　通常火災終了時間が固有通常火災終了時間に1.6を乗じた時間以上である建築物の壁（非耐力壁である外壁にあっては、延焼のおそれのある部分に限る。以下この(一)、(ii)(一)及び次号チ(2)(i)において同じ。）（法第21条第1項に規定する構造方法を用いるもの又は同項の規定による認定を受けたものに限る。）又は特定避難時間が固有通常火災終了時間に1.6を乗じた時間以上である建築物の壁（法第27条第1項に規定する構造方法を用いるもの又は同項の規定による認定を受けたものに限る。）の構造方法を用いる構造

(二) 75分を超え、90分以下である場合　次の(イ)又は(ロ)のいずれかに掲げるもの

(イ) (一)に定める構造

(ロ) 令和元年国土交通省告示第194号第2第3項第一号イ又はロのいずれかに該当する構造

(三) 75分以下である場合　次の(イ)又は(ロ)のいずれかに掲げるもの

(イ) (二)に定める構造

(ロ) 75 分間準耐火構造

(ii) 次の㈠から㈣までに掲げる固有通常火災終了時間に 1.2 を乗じた時間の区分に応じ、それぞれ当該㈠から㈣までに定める構造の壁（その全部又は一部に木材を用いた壁以外の壁に限る。）

㈠ 90 分を超える場合　通常火災終了時間が固有通常火災終了時間に 1.2 を乗じた時間以上である建築物の壁（法第 21 条第 1 項に規定する構造方法を用いるもの又は同項の規定による認定を受けたものに限る。）又は特定避難時間が固有通常火災終了時間に 1.2 を乗じた時間以上である建築物の壁（法第 27 条第 1 項に規定する構造方法を用いるもの又は同項の規定による認定を受けたものに限る。）の構造方法を用いる構造

㈡ 75 分を超え、90 分以下である場合　次の(イ)又は(ロ)のいずれかに掲げるもの

(イ) ㈠に定める構造

(ロ) 令和元年国土交通省告示第 194 号第 2 第 3 項第一号イ又はロのいずれかに該当する構造

㈢ 60 分を超え、75 分以下である場合　次の(イ)又は(ロ)のいずれかに掲げるもの

(イ) ㈡に定める構造

(ロ) 75 分間準耐火構造

㈣ 60 分以下である場合　次の(イ)又は(ロ)のいずれかに掲げるもの

(イ) ㈢に定める構造

(ロ) 令和元年国土交通省告示第 195 号第 1 第一号イ若しくはニ又は第三号イ若しくはニのいずれかに定める構造方法を用いる構造

(3) 階段室及び付室の壁及び天井の室内に面する部分の仕上げを不燃材料でしたものであること。

(4) 屋内からバルコニー又は付室に通ずる出入口には通常火災終了時間防火設備で令第 112 条第 19 項第二号に規定する構造であるものを、バルコニー又は付室から階段室に通ずる出入口には法第 2 条第九号の二ロに規定する防火設備で令第 112 条第 19 項第二号に規定する構造であるものを設けていること。

(5) バルコニー又は付室の床面積（バルコニーで床面積がないものにあっては、床部分の面積。以下この(5)において同じ。）は $10m^2$ 以上とし、各階におけるバルコニー又は付室の床面積の合計は、当該階に設ける各居室の床面積に、100 分の 3 を乗じたものの合計以上とすること。

ホ　外壁の開口部（次の(1)から(4)までのいずれにも該当しないものに限る。以下「他の外壁の開口部」という。）の下端の中心点を水平方向に、それぞれ平成 27 年国土交通省告示第 255 号第 1 第一号ロ表 1 に掲げる式によって計算した水平移動距離又は最大水平移動距離のいずれか短い距離だけ移動したときにできる軌跡上の各点を、垂直上方に同号ロ表 2 に掲げる式によって計算した垂直移動距離又は最大垂直移動距離のいずれか短い距離だけ移動した時にできる軌跡の範囲内の部分（イの規定により区画された各部分のうち他の外壁の開口部が設けられた部分を除く。）である外壁に設けられた開口部に上階延焼抑制防火設備が設けられていること。

(1) 昇降機その他の建築設備の機械室、不燃性の物品を保管する室、便所その他これらに類する室で、壁及び天井の室内に面する部分の仕上げを準不燃材料でしたものに設けられたもの

(2) (1)に規定する室のみに隣接する通路その他防火上支障のない通路に設けられたもの

(3) 開口部の高さが 0.3m 以下のもの

(4) 開口面積が $0.2m^2$ 以内のもの

へ　居室に避難上支障がないよう自動火災報知設備が設けられていること。

ト　周囲（開口部（居室に設けられたものに限る。）がある外壁に面する部分に限り、道に接する部分を除く。）に幅員が 3m 以上の通路（敷地の接する道まで達するものに限る。第三号ロにおいて同じ。）が設けられていること。

チ　用途地域が定められていない土地の区域内にある建築物にあっては、当該建築物の各部分（昇降機その他の建築設備の機械室その他これに類する室及び便所その他これに類する室を除く。）にスプリンクラー設備等が設けられていること。

二　次に掲げる基準に適合する建築物　準耐火構造（主要構造部である壁、柱、床、はり及び屋根の軒裏にあっては、75 分間準耐火構造）とすること。

イ　地階を除く階数が 4 以下であること。

ロ　法別表第 1(い)欄(5)項又は(6)項に掲げる用途に供するものでないこと。

ハ　当該建築物（階段室及び付室の部分を除く。）が、床面積の合計 $200m^2$ 以内ごとに 75 分間準耐火構造の床若しくは壁又は 75 分間防火設備で令第 112 条第 19 項第一号に規定する構造であるもので区画されていること。ただし、当該防火設備が常時閉鎖又は作動をした状態にあるものである場合にあっては、床面積の合計 $500m^2$ 以内ごとに区画されていれば足りる。

ニ　ハの規定により区画された部分ごとにスプリンクラー設備等が設けられていること。

ホ　給水管等がハに規定する 75 分間準耐火構造の床又は壁（以下このホ及びへにおいて「防火区画」という。）を貫通する場合においては、次に掲げる基準に適合するものであること。

(1) 前号ロ(1)(i)に定める基準に適合する防火被覆を防火区画の貫通孔の内側に面する部分に設けていること。

(2) 給水管等と防火区画との隙間がモルタルその他の不燃材料で埋められており、かつ、当該不燃材料で埋められた部分及び(1)に規定する防火被覆の外面に前号ロ(2)(i)に定める基準に適合する防火被覆を設けているこ

と。

(3) 給水管等の構造が次のいずれかに適合するものであること。

(i) 鉄管又は鋼管であること。

(ii) 給水管等が防火区画を貫通する部分及び当該貫通する部分から両側に1m以内の距離にある部分が不燃材料で造られていること。

(iii) 給水管等の外径が、給水管等の用途、覆いの有無、材質及び肉厚に応じ、次の表に定める数値未満であり、かつ、その内部に電線等を挿入していない予備配管にあっては、当該予備配管の先端を密閉したものであること。

給水管等の用途	覆いの有無	材質	肉厚（単位 mm）	給水管等の外径（単位 mm）
給水管		難燃材料又は硬質塩化ビニル	5.5以上	90
配電管		難燃材料又は硬質塩化ビニル	5.5以上	90
排水管及び排水管に附属する通気管	厚さ0.5mm以上の鉄板又は鋼板で覆われている場合	難燃材料又は硬質塩化ビニル	5.5以上	90
	その他の場合	難燃材料又は硬質塩化ビニル	4.1以上	61

ヘ 換気等設備の風道が防火区画を貫通する場合においては、当該風道の当該防火区画を貫通する部分又はこれに近接する部分に、昭和48年建設省告示第2565号第三号に定める構造方法を用いる75分間防火設備を次に掲げる方法により設けなければならない。

(1) 主要構造部に堅固に取り付けること。

(2) 換気等設備の風道の防火区画を貫通する部分に近接する部分に防火設備を設ける場合にあっては、当該防火設備と当該防火区画との間の風道は、厚さ1.6mm以上の鉄板又は鋼板で造ること。

(3) 天井、壁等に一辺の長さが45cm以上の保守点検が容易に行える点検口並びに防火設備の開閉及び作動状態を確認できる検査口を設けること。

ト 天井の室内に面する部分の仕上げが準不燃材料でされていること。

チ 2階以上の階に居室を有するものにあっては、次に掲げる基準に適合する直通階段（傾斜路を含む。）が設けられていること。

(1) 前号ニ(1)、(3)及び(5)に掲げる基準に適合していること。

(2) 階段室、バルコニー及び付室は、令第123条第3項第六号の開口部、同項第八号の窓又は(3)の出入口の部分（令第129条の13の3第3項に規定する非常用エレベーターの乗降ロビーの用に供するバルコニー又は付室にあっては、当該エレベーターの昇降路の出入口の部分を含む。）を除き、次の(i)又は(ii)のいずれかに掲げる壁（防火被覆が設けられていないものを除く。）で囲むこと。

(i) その全部又は一部に木材を用いた壁で通常火災終了時間が2時間以上である建築物の壁（法第21条第1項に規定する構造方法を用いるもの又は同項の規定による認定を受けたものに限る。）又は特定避難時間が2時間以上である建築物の壁（法第27条第1項に規定する構造方法を用いるもの又は同項の規定による認定を受けたものに限る。）の構造方法を用いるもの

(ii) 令和元年国土交通省告示第194号第2第3項第一号イ又はロのいずれかに該当する構造の壁（その全部又は一部に木材を用いたものを除く。）

(3) 屋内からバルコニー又は付室に通ずる出入口には75分間防火設備で令第112条第19項第二号に規定する構造であるものを、バルコニー又は付室から階段室に通ずる出入口には法第2条第九号の二ロに規定する防火設備で令第112条第19項第二号に規定する構造であるものを設けること。

リ 他の外壁の開口部の下端の中心点を水平方向に、それぞれ平成27年国土交通省告示第255号第1第一号ロ表1に掲げる式により計算した水平移動距離又は最大水平移動距離のいずれか短い距離だけ移動したときにできる軌跡上の各点を、垂直上方に同号ロ表2に掲げる式により計算した垂直移動距離又は最大垂直移動距離のいずれか短い距離だけ移動したときにできる軌跡の範囲内の部分（ハの規定により区画された各部分のうち他の外壁の開口部が設けられた部分を除く。）である外壁に設けられた開口部に法第2条第九号の二ロに規定する防火設備が設けられていること。

ヌ 前号へ及びトに掲げる基準に適合していること。

ル 廊下その他の避難の用に供する部分に令第126条の3第1項に掲げる基準に適合する排煙設備が設けられ、又は当該部分が外気に有効に開放されていること。

ヲ 用途地域が定められている土地の区域内にある建築物であること。

三 次に掲げる基準に適合する建築物（倉庫又は自動車車庫の用途に供するものを除く。）準耐火構造（主要構造部である壁、柱、床、はり及び屋根の軒裏にあっては、1時間準耐火基準に適合する準耐火構造）とすること。

イ 地階を除く階数が3以下であること。

ロ 周囲（道に接する部分を除く。）に幅員が3m以上の通路が設けられていること。ただし、次に掲げる基準に適合する建築物については、この限りでない。

(1) 延べ面積が200m^{2}を超えるものにあっては、床面積の合計200m^{2}以内ごとに1時間準耐火基準に適合する準耐火構造の床若しくは壁又は法第2条第九号の

二ロに規定する防火設備で区画されていること。

(2) 外壁の開口部から当該開口部のある階の上階の開口部へ延焼するおそれがある場合においては、当該外壁の開口部の上部にひさしその他これに類するもので、次の(i)から(iv)までのいずれかに掲げる構造方法を用いるものが、防火上有効に設けられていること。

(i) 準耐火構造の床又は壁に用いる構造とすること。

(ii) 防火構造の外壁に用いる構造とすること。

(iii) 令第109条の3第二号ハに規定する3階以上の階における床に用いる構造又は令第115条の2第1項第四号に規定する1階の床（直下に地階がある部分に限る。）及び2階の床（通路等の床を除く。）に用いる構造とすること。

(iv) 不燃材料で造ること。

四 次に掲げる基準に適合する建築物（倉庫又は自動車車庫の用途に供するものを除く。）令第115条の2第1項第四号から第六号まで、第八号及び第九号の規定に適合する構造とすること。

イ 地階を除く階数が2以下であること。

ロ 建築物の各室及び各通路について、壁（床面からの高さが1.2m以下の部分を除く。）及び天井の室内に面する部分の仕上げが難燃材料でされ、又はスプリンクラー設備、水噴霧消火設備、泡消火設備その他これらに類するもので自動式のもの及び令第126条の3の規定に適合する排煙設備が設けられていること。

ハ 令第46条第2項第一号イ及びロに掲げる基準に適合していること。

2 前項及び第7項の「火災時倒壊防止構造」は、次の各号に掲げる建築物の部分の区分に応じ、それぞれ当該各号に定める基準に適合する構造をいう。

一 耐力壁 次に掲げる基準

イ 自重又は積載荷重（令第86条第2項ただし書の規定によって特定行政庁が指定する多雪区域における建築物にあっては、自重、積載荷重又は積雪荷重）を支える部分の全部又は一部に木材を用いた建築物（以下この項及び第8項において「木造建築物」という。）の耐力壁（その全部又は一部に木材を用いたものでその全部又は一部に防火被覆を設けていないものに限る。）にあっては、次の(1)又は(2)のいずれかに掲げる基準に適合していること。

(1) 構造用集成材、構造用単板積層材又は直交集成板（それぞれ集成材の日本農林規格（平成19年農林水産省告示第1152号）第2条、単板積層材の日本農林規格（平成20年農林水産省告示第701号）第1部箇条3又は直交集成板の日本農林規格（平成25年農林水産省告示第3079号）箇条3に規定する使用環境A又はBの表示をしてあるものに限る。以下この項及び第8項において同じ。）を使用するものであり、かつ、次に掲げる基準に適合する構造であるほか、取合いの部分、目地の部分その他これらに類する部分（以下この項及び第8項において「取合い等の部分」という。）が、当該取合い等の部分の裏面に当て木を設ける等当該建築物の内部への炎の侵入を有効に防止することができる構造（以下この項及び第8項において「炎侵入防止構造」という。）であること。

(i) 当該耐力壁の接合部の構造方法が、次に定める基準に従って、通常の火災時の加熱に対して耐力の低下を有効に防止することができる構造であること。

(一) 接合部のうち木材で造られた部分の片側（当該耐力壁が面する室内において発生する火災による火熱が当該耐力壁の両側に同時に加えられるおそれがある場合にあっては、両側。第8項において同じ。）の表面（木材その他の材料で防火上有効に被覆された部分を除く。）から内側に、次の(イ)又は(ロ)に掲げる場合の区分に応じ、それぞれ当該(イ)又は(ロ)に定める値の部分が除かれたときの残りの部分が、当該接合部の存在応力を伝えることができる構造であること。

(イ) 構造用集成材、構造用単板積層材又は直交集成板に使用する接着剤（以下単に「接着剤」という。）として、フェノール樹脂、レゾルシノール樹脂又はレゾルシノール・フェノール樹脂（以下「フェノール樹脂等」という。）を使用する場合（構造用集成材又は直交集成板を使用する場合にあっては、ラミナの厚さが12mm以上である場合に限る。） 次に掲げる式によって計算した値

$$D_1 = 8.25 \times 10^{-2} \, t_{ff(nc)}$$

この式において、D_1及び$t_{ff(nc)}$は、それぞれ次の数値を表すものとする。

D_1 燃えしろ深さ（単位 cm）

$t_{ff(nc)}$ 補正固有通常火災終了時間（単位 分）

(ロ) 接着剤として、フェノール樹脂等以外のものを使用する場合（構造用集成材又は直交集成板を使用する場合にあっては、ラミナの厚さが21mm以上である場合に限る。） 次に掲げる式によって計算した値

$$D_2 = 7.5 \times 10^{-2} \, k_c \, t_{ff(nc)}$$

この式において、D_2、k_c及び$t_{ff(nc)}$は、それぞれ次の数値を表すものとする。

D_2 燃えしろ深さ（単位 cm）

k_c 次の表の左欄に掲げる補正固有通常火災終了時間の区分に応じ、それぞれ同表の右欄に定める炭化速度係数

75分以下である場合	1.45
75分を超え、90分以下である場合	1.6
90分を超え、120分以下である場合	1.8
120分を超え、180分以下である場合	2.0

$t_{ff(nc)}$ 補正固有通常火災終了時間（単位 分）

(二) 接合部にボルト、ドリフトピン、釘、木ねじその他これらに類するものを用いる場合においては、これらが木材その他の材料で防火上有効に被覆されていること。

(三) 接合部に鉄材又は鋼材の添え板その他これに類するものを用いる場合においては、これらが埋め込まれ、又は挟み込まれていること。ただし、木材その他の材料で防火上有効に被覆されている場合においては、この限りでない。

(ii) 当該耐力壁を有する建築物全体が、次に定める基準に従った構造計算によって通常の火災により容易に倒壊するおそれのないことが確かめられた構造であること。

(一) 主要構造部である耐力壁のうち木材で造られた部分の表面（木材その他の材料で防火上有効に被覆された部分を除く。）から内側に、(i)(一)(イ)又は(ロ)に掲げる場合の区分に応じ、それぞれ当該(イ)又は(ロ)に定める値の部分が除かれたときの残りの断面（(二)及び(iii)において「残存断面」という。）について、令第82条第二号の表に掲げる長期の組合せによる各応力の合計により、長期応力度を計算すること。

(二) (一)によって計算した長期応力度が、残存断面について令第94条の規定に基づき計算した短期の許容応力度を超えないことを確かめること。

(iii) 残存断面の厚さが20cm以上であること。

(2) 次の(i)から(iii)までに掲げる補正固有通常火災終了時間の区分に応じ、それぞれ当該(i)から(iii)までに定める構造とするほか、取合い等の部分が炎侵入防止構造であること。

(i) 75分を超える場合　通常火災終了時間が補正固有通常火災終了時間以上である建築物の耐力壁（法第21条第1項に規定する構造方法を用いるもの又は同項の規定による認定を受けたものに限る。）又は特定避難時間が補正固有通常火災終了時間以上である建築物の耐力壁（法第27条第1項に規定する構造方法を用いるもの又は同項の規定による認定を受けたものに限る。）の構造方法を用いる構造

(ii) 60分を超え、75分以下である場合　次の(一)又は(二)のいずれかに掲げる構造

(一) (i)に定める構造

(二) 75分間準耐火構造

(iii) 60分以下である場合　次の(一)又は(二)のいずれかに掲げる構造

(一) (ii)(一)又は(二)のいずれかに掲げる構造

(二) 令和元年国土交通省告示第195号第1第一号ホに定める構造方法を用いる構造

ロ　木造建築物の耐力壁（イに規定するものを除く。）にあっては、次の(1)から(4)までに掲げる固有通常火災終了時間の区分に応じ、それぞれ当該(1)から(4)までに定める構造とするほか、取合い等の部分が炎侵入防止構造であること。

(1) 90分を超える場合　通常火災終了時間が固有通常火災終了時間以上である建築物の耐力壁（法第21条第1項に規定する構造方法を用いるもの又は同項の規定による認定を受けたものに限る。）又は特定避難時間が固有通常火災終了時間以上である建築物の耐力壁（法第27条第1項に規定する構造方法を用いるもの又は同項の規定による認定を受けたものに限る。）の構造方法を用いる構造

(2) 75分を超え、90分以下である場合　次の(i)又は(ii)のいずれかに掲げる構造

(i) (1)に定める構造

(ii) 令和元年国土交通省告示第194号第2第3項第一号イ又はロのいずれかに該当する構造

(3) 60分を超え、75分以下である場合　次の(i)又は(ii)のいずれかに掲げる構造

(i) (2)(i)又は(ii)のいずれかに掲げる構造

(ii) 75分間準耐火構造

(4) 60分以下である場合　次の(i)又は(ii)のいずれかに掲げる構造

(i) (3)(i)又は(ii)のいずれかに掲げる構造

(ii) 令和元年国土交通省告示第195号第1第一号イ、ハ若しくはニ又は第三号イ、ハ若しくはニのいずれかに定める構造方法を用いる構造

二　非耐力壁　次に掲げる基準

イ　木造建築物の非耐力壁（その全部又は一部に木材を用いたものでその全部又は一部に防火被覆を設けていないものに限る。）にあっては、次の(1)又は(2)のいずれかに掲げる基準に適合していること。

(1) 構造用集成材、構造用単板積層材又は直交集成板を使用するものであり、かつ、当該非耐力壁の厚さが次の(i)又は(ii)に掲げる場合の区分に応じ、それぞれ当該(i)又は(ii)に定める値以上であるほか、取合い等の部分が炎侵入防止構造であること。

(i) 接着剤として、フェノール樹脂等を使用する場合（構造用集成材を使用する場合にあってはラミナの厚さが12mm以上の場合に限り、直交集成板を使用する場合にあってはラミナの厚さが12mm以上で、かつ、加熱面の表面から前号イ(1)(i)(一)(イ)に定める値の部分が除かれたときに、互いに接着された平行層と直交層が存在する場合に限る。）　次に掲げる式によって計算した値

$$D_{t1} = 8.25 \times 10^{-2} \, t_{ff(nc)} + 3$$

この式において、D_{t1} 及び $t_{ff(nc)}$ は、それぞれ次の数値を表すものとする。

D_{t1}　厚さ（単位　cm）

$t_{ff(nc)}$　補正固有通常火災終了時間（単位　分）

(ii) 接着剤として、フェノール樹脂等以外のものを使

用する場合（構造用集成材を使用する場合にあってはラミナの厚さが 21mm 以上の場合に限り、直交集成板を使用する場合にあってはラミナの厚さが 21mm 以上で、かつ、加熱面の表面から前号イ(1)(i)㈠(ロ)に定める値の部分が除かれたときに、互いに接着された平行層と直交層が存在する場合に限る。）次に掲げる式によって計算した値

$Dt_2 = 7.5\times10^{-2} kc\ t_{ff(nc)} + 3$

この式において、Dt_2、kc 及び $t_{ff(nc)}$ は、それぞれ次の数値を表すものとする。

Dt_2　厚さ（単位　cm）

kc　前号イ(1)(i)㈠(ロ)に規定する炭化速度係数

$t_{ff(nc)}$　補正固有通常火災終了時間（単位　分）

(2)　次の(i)から(iii)までに掲げる補正固有通常火災終了時間の区分に応じ、それぞれ当該(i)から(iii)までに定める構造とするほか、取合い等の部分が炎侵入防止構造であること。

(i)　75 分を超える場合　通常火災終了時間が補正固有通常火災終了時間以上である建築物の非耐力壁（外壁にあっては、延焼のおそれのある部分に限る。以下この(i)、ロ(1)及び第 8 項第二号イ(2)において同じ。）（法第 21 条第 1 項に規定する構造方法を用いるもの又は同項の規定による認定を受けたものに限る。）又は特定避難時間が補正固有通常火災終了時間以上である建築物の非耐力壁（法第 27 条第 1 項に規定する構造方法を用いるもの又は同項の規定による認定を受けたものに限る。）の構造方法を用いる構造

(ii)　60 分を超え、75 分以下である場合　次の㈠又は㈡のいずれかに掲げる構造

㈠　(i)に定める構造

㈡　75 分間準耐火構造

(iii)　60 分以下である場合　次の㈠又は㈡のいずれかに掲げる構造

㈠　(ii)㈠又は㈡のいずれかに掲げる構造

㈡　令和元年国土交通省告示第 195 号第 1 第二号ニに定める構造方法を用いる構造

ロ　木造建築物の非耐力壁（イに規定するものを除く。）にあっては、次の(1)から(4)までに掲げる固有通常火災終了時間の区分に応じ、それぞれ当該(1)から(4)までに定める構造とするほか、取合い等の部分が炎侵入防止構造であること。

(1)　90 分を超える場合　通常火災終了時間が固有通常火災終了時間以上である建築物の非耐力壁（法第 21 条第 1 項に規定する構造方法を用いるもの又は同項の規定による認定を受けたものに限る。）又は特定避難時間が固有通常火災終了時間以上である建築物の非耐力壁（法第 27 条第 1 項に規定する構造方法を用いるもの又は同項の規定による認定を受けたものに限る。）の構造方法を用いる構造

(2)　75 分を超え、90 分以下である場合　次の(i)又は(ii)のいずれかに掲げる構造

(i)　(1)に定める構造

(ii)　令和元年国土交通省告示第 194 号第 2 第 3 項第一号イ又はロのいずれかに該当する構造

(3)　60 分を超え、75 分以下である場合　次の(i)又は(ii)のいずれかに掲げる構造

(i)　(2)(i)又は(ii)のいずれかに掲げる構造

(ii)　75 分間準耐火構造

(4)　60 分以下である場合　次の(i)又は(ii)のいずれかに掲げる構造

(i)　(3)(i)又は(ii)のいずれかに掲げる構造

(ii)　令和元年国土交通省告示第 195 号第 1 第二号イ若しくはハ又は第四号イ若しくはハのいずれかに定める構造方法を用いる構造

三　柱　次に掲げる基準

イ　木造建築物の柱（その全部又は一部に木材を用いたものでその全部又は一部に防火被覆を設けていないものに限る。）にあっては、次の(1)又は(2)のいずれかに掲げる基準に適合していること。

(1)　構造用集成材又は構造用単板積層材を使用するものであり、かつ、次に掲げる基準に適合する構造であるほか、取合い等の部分が炎侵入防止構造であること。

(i)　令第 46 条第 2 項第一号イ及びロに掲げる基準に適合していること。

(ii)　当該柱を接合する継手又は仕口が、昭和 62 年建設省告示第 1901 号に定める基準に従って、通常の火災時の加熱に対して耐力の低下を有効に防止することができる構造であること。この場合において、同告示第一号イ中「2.5cm」とあるのは「令和元年国土交通省告示第 193 号第 1 第 2 項第一号イ(1)(i)㈠(イ)又は(ロ)に掲げる場合の区分に応じ、それぞれ当該(イ)又は(ロ)に定める値」と読み替えるものとする。

(iii)　当該柱を有する建築物全体が、昭和 62 年建設省告示第 1902 号に定める基準に従った構造計算によって通常の火災により容易に倒壊するおそれのないことが確かめられた構造であること。この場合において、同告示第二号イ中「2.5cm」とあるのは「令和元年国土交通省告示第 193 号第 1 第 2 項第一号イ(1)(i)㈠(イ)又は(ロ)に掲げる場合の区分に応じ、それぞれ当該(イ)又は(ロ)に定める値」と読み替えるものとする。

(iv)　主要構造部である柱のうち木材で造られた部分の表面（木材その他の材料で防火上有効に被覆された部分を除く。）から内側に、第一号イ(1)(i)㈠(イ)又は(ロ)に掲げる場合の区分に応じ、それぞれ当該(イ)又は(ロ)に定める値の部分が除かれたときの残りの断面の小径が、20cm以上であること。

(2)　次の(i)から(iii)までに掲げる補正固有通常火災終了時

間の区分に応じ、それぞれ当該(i)から(iii)までに定める構造とするほか、取合い等の部分が炎侵入防止構造であること。

(i) 75 分を超える場合　通常火災終了時間が補正固有通常火災終了時間以上である建築物の柱（法第 21 条第 1 項に規定する構造方法を用いるもの又は同項の規定による認定を受けたものに限る。）又は特定避難時間が補正固有通常火災終了時間以上である建築物の柱（法第 27 条第 1 項に規定する構造方法を用いるもの又は同項の規定による認定を受けたものに限る。）の構造方法を用いる構造

(ii) 60 分を超え、75 分以下である場合　次の㈠又は㈡のいずれかに掲げる構造

㈠ (i)に定める構造

㈡ 75 分間準耐火構造

(iii) 60 分以下である場合　次の㈠又は㈡のいずれかに掲げる構造

㈠ (ii)㈠又は㈡のいずれかに掲げる構造

㈡ 令和元年国土交通省告示第 195 号第 2 第三号イからニまでに掲げる基準に適合する構造

ロ　木造建築物の柱（イに規定するものを除く。）にあっては、次の⑴から⑸までに掲げる固有通常火災終了時間の区分に応じ、それぞれ当該⑴から⑸までに定める構造とするほか、取合い等の部分が炎侵入防止構造であること。

⑴ 180 分を超える場合　通常火災終了時間が固有通常火災終了時間以上である建築物の柱（法第 21 条第 1 項に規定する構造方法を用いるもの又は同項の規定による認定を受けたものに限る。）又は特定避難時間が固有通常火災終了時間以上である建築物の柱（法第 27 条第 1 項に規定する構造方法を用いるもの又は同項の規定による認定を受けたものに限る。）の構造方法を用いる構造

⑵ 120 分を超え、180 分以下である場合　次の(i)又は(ii)のいずれかに掲げる構造

(i) ⑴に定める構造

(ii) 耐火構造（3 時間通常の火災による火熱が加えられた場合に、構造耐力上支障のある変形、溶融、破壊その他の損傷を生じないものに限る。）

⑶ 75 分を超え、120 分以下である場合　次の(i)又は(ii)のいずれかに掲げる構造

(i) ⑵(i)又は(ii)のいずれかに掲げる構造

(ii) 耐火構造（2 時間通常の火災による火熱が加えられた場合に、構造耐力上支障のある変形、溶融、破壊その他の損傷を生じないものに限る。）

⑷ 60 分を超え、75 分以下である場合　次の(i)又は(ii)のいずれかに掲げる構造

(i) ⑶(i)又は(ii)のいずれかに掲げる構造

(ii) 75 分間準耐火構造

⑸ 60 分以下である場合　次の(i)又は(ii)のいずれかに掲げる構造

(i) ⑷(i)又は(ii)のいずれかに掲げる構造

(ii) 令和元年国土交通省告示第 195 号第 2 第一号又は第三号のいずれかに定める構造方法（第三号イからニまでに掲げる基準に適合する構造とすることを除く。）を用いる構造

四　床　次に掲げる基準

イ　木造建築物の床（その全部又は一部に木材を用いたものでその全部又は一部に防火被覆を設けていないものに限る。）にあっては、次の⑴又は⑵のいずれかに掲げる基準に適合していること。

⑴ 構造用集成材、構造用単板積層材又は直交集成板を使用するものであり、かつ、次に掲げる基準に適合する構造であるほか、取合い等の部分が炎侵入防止構造であること。

(i) 当該床の接合部の構造方法が、次に定める基準に従って、通常の火災時の加熱に対して耐力の低下を有効に防止することができる構造であること。

㈠ 接合部のうち木材で造られた部分の表面（木材その他の材料で防火上有効に被覆された部分を除く。）から内側に、第一号イ⑴(i)㈠(イ)又は(ロ)に掲げる場合の区分に応じ、それぞれ当該(イ)又は(ロ)に定める値の部分が除かれたときの残りの部分が、当該接合部の存在応力を伝えることができる構造であること。

㈡ 第一号イ⑴(i)㈡及び㈢に定める基準。

(ii) 当該床を有する建築物全体が、次に定める基準に従った構造計算によって通常の火災により容易に倒壊するおそれのないことが確かめられた構造であること。

㈠ 主要構造部である床のうち木材で造られた部分の表面（木材その他の材料で防火上有効に被覆された部分を除く。）から内側に、第一号イ⑴(i)㈠(イ)又は(ロ)に掲げる場合の区分に応じ、それぞれ当該(イ)又は(ロ)に定める値の部分が除かれたときの残りの断面（㈡及び(iii)において「残存断面」という。）について、令第 82 条第二号の表に掲げる長期の組合せによる各応力の合計により、長期応力度を計算すること。

㈡ ㈠によって計算した長期応力度が、残存断面について令第 94 条の規定に基づき計算した短期の許容応力度を超えないことを確かめること。

(iii) 残存断面の厚さが 20cm以上であること。

(iv) 床の上面に次の㈠から㈣までに掲げる固有通常火災終了時間の区分に応じ、それぞれ当該㈠から㈣までに定める基準に適合する防火被覆を設けていること。

㈠ 105 分を超え、120 分以下である場合　強化せっこうボードを 3 枚以上張ったもので、その厚さの合計が 61mm 以上であるもの

㈡　90分を超え、105分以下である場合　強化せっこうボードを2枚以上張ったもので、その厚さの合計が55mm以上であるもの

㈢　75分を超え、90分以下である場合　強化せっこうボードを2枚以上張ったもので、その厚さの合計が50mm以上であるもの

㈣　75分以下である場合　強化せっこうボードを2枚以上張ったもので、その厚さの合計が42mm以上であるもの

⑵　次の(i)から(iii)までに掲げる補正固有通常火災終了時間の区分に応じ、それぞれ当該(i)から(iii)までに定める構造とするほか、取合い等の部分が炎侵入防止構造であること。

(i)　75分を超える場合　通常火災終了時間が補正固有通常火災終了時間以上である建築物の床（法第21条第1項に規定する構造方法を用いるもの又は同項の規定による認定を受けたものに限る。）又は特定避難時間が補正固有通常火災終了時間以上である建築物の床（法第27条第1項に規定する構造方法を用いるもの又は同項の規定による認定を受けたものに限る。）の構造方法を用いる構造

(ii)　60分を超え、75分以下である場合　次の㈠又は㈡のいずれかに掲げる構造

㈠　(i)に定める構造

㈡　75分間準耐火構造

(iii)　60分以下である場合　次の㈠又は㈡のいずれかに掲げる構造

㈠　(ii)㈠又は㈡のいずれかに掲げる構造

㈡　令和元年国土交通省告示第195号第3第四号に定める構造方法を用いる構造

ロ　木造建築物の床（イに規定するものを除く。）にあっては、次の⑴から⑷までに掲げる固有通常火災終了時間の区分に応じ、それぞれ当該⑴から⑷までに定める構造とするほか、取合い等の部分が炎侵入防止構造であること。

⑴　90分を超える場合　通常火災終了時間が固有通常火災終了時間以上である建築物の床（法第21条第1項に規定する構造方法を用いるもの又は同項の規定による認定を受けたものに限る。）又は特定避難時間が固有通常火災終了時間以上である建築物の床（法第27条第1項に規定する構造方法を用いるもの又は同項の規定による認定を受けたものに限る。）の構造方法を用いる構造

⑵　75分を超え、90分以下である場合　次の(i)又は(ii)のいずれかに掲げる構造

(i)　⑴に定める構造

(ii)　平成27年国土交通省告示第250号第2第一号イ⑴から⑸までのいずれかに掲げる構造

⑶　60分を超え、75分以下である場合　次の(i)又は(ii)のいずれかに掲げる構造

(i)　⑵(i)又は(ii)のいずれかに該当する構造

(ii)　75分間準耐火構造

⑷　60分以下である場合　次の(i)又は(ii)のいずれかに掲げる構造

(i)　⑶(i)又は(ii)のいずれかに掲げる構造

(ii)　令和元年国土交通省告示第195号第3第一号又は第三号のいずれかに定める構造方法を用いる構造

五　はり　次に掲げる基準

イ　木造建築物のはり（その全部又は一部に木材を用いたものでその全部又は一部に防火被覆を設けていないものに限る。）にあっては、次の⑴又は⑵のいずれかに掲げる基準に適合していること。

⑴　構造用集成材又は構造用単板積層材を使用するものであり、かつ、次に掲げる基準に適合する構造であるほか、取合い等の部分が炎侵入防止構造であること。

(i)　令第46条第2項第一号イ及びロに掲げる基準に適合していること。

(ii)　当該はりを接合する継手又は仕口が、昭和62年建設省告示第1901号に定める基準に従って、通常の火災時の加熱に対して耐力の低下を有効に防止することができる構造であること。この場合において、同告示第一号イ中「2.5cm」とあるのは「令和元年国土交通省告示第193号第1第2項第一号イ⑴(i)㈠(イ)又は(ロ)に掲げる場合の区分に応じ、それぞれ当該(イ)又は(ロ)に定める値」と読み替えるものとする。

(iii)　当該はりを有する建築物全体が、昭和62年建設省告示第1902号に定める基準に従った構造計算によって、通常の火災により容易に倒壊するおそれのないことが確かめられた構造であること。この場合において、同告示第二号イ中「2.5cm」とあるのは「令和元年国土交通省告示第193号第1第2項第一号イ⑴(i)㈠(イ)又は(ロ)に掲げる場合の区分に応じ、それぞれ当該(イ)又は(ロ)に定める値」と読み替えるものとする。

(iv)　主要構造部であるはりのうち木材で造られた部分の表面（木材その他の材料で防火上有効に被覆された部分を除く。）から内側に、第一号イ⑴(i)㈠(イ)又は(ロ)に掲げる場合の区分に応じ、それぞれ当該(イ)又は(ロ)に定める値の部分が除かれたときの残りの断面の小径が、20cm以上であること。

⑵　次の(i)から(iii)までに掲げる補正固有通常火災終了時間の区分に応じ、それぞれ当該(i)から(iii)までに定める構造とするほか、取合い等の部分が炎侵入防止構造であること。

(i)　75分を超える場合　通常火災終了時間が補正固有通常火災終了時間以上である建築物のはり（法第21条第1項に規定する構造方法を用いるもの又は同項の規定による認定を受けたものに限る。）又は特定避難時間が補正固有通常火災終了時間以上である建築物のはり（法第27条第1項に規定する構造

方法を用いるもの又は同項の規定による認定を受けたものに限る。）の構造方法を用いる構造

(ii)　60 分を超え、75 分以下である場合　次の㈠又は㈡のいずれかに掲げる構造

㈠　(i)に定める構造

㈡　75 分間準耐火構造

(iii)　60 分以下である場合　次の㈠又は㈡のいずれかに掲げる構造

㈠　(ii)㈠又は㈡のいずれかに掲げる構造

㈡　令和元年国土交通省告示第 195 号第 4 第三号イからニまでに掲げる基準に適合する構造

ロ　木造建築物のはり（イに規定するものを除く。）にあっては、次の⑴から⑸までに掲げる固有通常火災終了時間の区分に応じ、それぞれ当該⑴から⑸までに定める構造とするほか、取合い等の部分が炎侵入防止構造であること。

⑴　180 分を超える場合　通常火災終了時間が固有通常火災終了時間以上である建築物のはり（法第 21 条第 1 項に規定する構造方法を用いるもの又は同項の規定による認定を受けたものに限る。）又は特定避難時間が固有通常火災終了時間以上である建築物のはり（法第 27 条第 1 項に規定する構造方法を用いるもの又は同項の規定による認定を受けたものに限る。）の構造方法を用いる構造

⑵　120 分を超え、180 分以下である場合　次の(i)又は(ii)のいずれかに掲げる構造

(i)　⑴に定める構造

(ii)　耐火構造（3 時間通常の火災による火熱が加えられた場合に、構造耐力上支障のある変形、溶融、破壊その他の損傷を生じないものに限る。）

⑶　75 分を超え、120 分以下である場合　次の(i)又は(ii)のいずれかに掲げる構造

(i)　⑵(i)又は(ii)のいずれかに掲げる構造

(ii)　耐火構造（2 時間通常の火災による火熱が加えられた場合に、構造耐力上支障のある変形、溶融、破壊その他の損傷を生じないものに限る。）

⑷　60 分を超え、75 分以下である場合　次の(i)又は(ii)のいずれかに掲げる構造

(i)　⑶(i)又は(ii)のいずれかに掲げる構造

(ii)　75 分間準耐火構造

⑸　60 分以下である場合　次の(i)又は(ii)のいずれかに掲げる構造

(i)　⑷(i)又は(ii)のいずれかに掲げる構造

(ii)　令和元年国土交通省告示第 195 号第 4 第一号又は第三号のいずれかに定める構造方法（第三号イからニまでに掲げる基準に適合する構造とすることを除く。）を用いる構造

六　軒裏　次に掲げる基準

イ　木造建築物の軒裏（その全部又は一部に木材を用いたものでその全部又は一部に防火被覆を設けていないものに限る。）にあっては、次の⑴又は⑵のいずれかに掲げる基準に適合していること。

⑴　構造用集成材、構造用単板積層材又は直交集成板を使用するものであり、かつ、当該軒裏の厚さが第二号イ⑴(i)又は(ii)に掲げる場合の区分に応じ、それぞれ当該(i)又は(ii)に定める値以上であるほか、取合い等の部分が炎侵入防止構造であること。

⑵　次の(i)又は(ii)に掲げる補正固有通常火災終了時間の区分に応じ、それぞれ当該(i)又は(ii)に定める構造とするほか、取合い等の部分が炎侵入防止構造であること。

(i)　75 分を超える場合　通常火災終了時間が補正固有通常火災終了時間以上である建築物の軒裏（延焼のおそれがある部分に限る。以下この(i)、ロ⑴及び第 8 項第六号イ⑵において同じ。）（法第 21 条第 1 項に規定する構造方法を用いるもの又は同項の規定による認定を受けたものに限る。）又は特定避難時間が補正固有通常火災終了時間以上である建築物の軒裏（法第 27 条第 1 項に規定する構造方法を用いるもの又は同項の規定による認定を受けたものに限る。）の構造方法を用いる構造

(ii)　75 分以下である場合　次の㈠又は㈡のいずれかに掲げる構造

㈠　(i)に定める構造

㈡　75 分間準耐火構造

ロ　木造建築物の軒裏（イに規定するものを除く。）にあっては、次の⑴から⑷までに掲げる固有通常火災終了時間の区分に応じ、それぞれ当該⑴から⑷までに定める構造とするほか、取合い等の部分が炎侵入防止構造であること。

⑴　90 分を超える場合　通常火災終了時間が固有通常火災終了時間以上である建築物の軒裏（法第 21 条第 1 項に規定する構造方法を用いるもの又は同項の規定による認定を受けたものに限る。）又は特定避難時間が固有通常火災終了時間以上である建築物の軒裏（法第 27 条第 1 項に規定する構造方法を用いるもの又は同項の規定による認定を受けたものに限る。）の構造方法を用いる構造

⑵　75 分を超え、90 分以下である場合　次の(i)又は(ii)のいずれかに掲げる構造

(i)　⑴に定める構造

(ii)　令和元年国土交通省告示第 194 号第 2 第 3 項第二号イ又はロのいずれかに該当する構造

⑶　60 分を超え、75 分以下である場合　次の(i)又は(ii)のいずれかに掲げる構造

(i)　⑵(i)又は(ii)のいずれかに掲げる構造

(ii)　75 分間準耐火構造

⑷　60 分以下である場合　次の(i)又は(ii)のいずれかに掲げる構造

(i)　⑶(i)又は(ii)のいずれかに掲げる構造

(ii) 令和元年国土交通省告示第195号第5第二号又は第三号のいずれかに定める構造方法を用いる構造

3 第1項の「通常火災終了時間防火設備」は、次の各号に掲げる当該建築物の固有通常火災終了時間の区分に応じ、それぞれ当該各号に定める防火設備（周囲の部分（防火設備から内側に15cm以内の間に設けられた建具がある場合においては、その建具を含む。）が不燃材料で造られた開口部に取り付けられたものであって、枠若しくは他の防火設備と接する部分を相じゃくりとし、又は定規縁若しくは戸当たりを設ける等閉鎖した際に隙間が生じない構造とし、かつ、取付金物が当該防火設備が閉鎖した際に露出しないように取り付けられたものに限る。第9項において同じ。）をいう。

一 90分を超える場合　通常の火災による火熱が加えられた場合に、加熱開始後固有通常火災終了時間当該加熱面以外の面に火炎を出さないものとして、法第61条の規定による国土交通大臣の認定を受けた防火設備

二 75分を超え、90分以下である場合　次のイからホまでのいずれかに該当する防火設備

イ 前号に定める防火設備

ロ 平成27年国土交通省告示第250号第2第一号ロに適合する構造方法を用いる防火設備

ハ 骨組を鉄材又は鋼材とし、両面にそれぞれ厚さが1mm以上の鉄板又は鋼板を張った防火設備

ニ 鉄材又は鋼材で造られたもので鉄板又は鋼板の厚さが1.8mm以上の防火設備

ホ 厚さ30mm以上の繊維強化セメント板で造られた防火設備

三 60分を超え、75分以下である場合　次のイ又はロのいずれかに該当する防火設備

イ 前号に定める防火設備

ロ 75分間防火設備

四 45分を超え、60分以下である場合　次のイ又はロのいずれかに該当する防火設備

イ 前号に定める防火設備

ロ 特定防火設備

五 45分である場合　次のイ又はロのいずれかに該当する防火設備

イ 前号に定める防火設備

ロ 令第114条第5項において読み替えて準用する令第112条第21項に規定する構造方法を用いる防火設備又は同項の規定による国土交通大臣の認定を受けた防火設備

4 前各項の「固有通常火災終了時間」は、次の式によって計算した値とする。

$$t_{ff(c)} = 1.3\left(\frac{\alpha}{460}\right)^{3/2}\left[\max\left(t_{escape}\ t_{region}\right) + t_{travel,f} + \max\{15(N-3),0\}\right]$$

この式において、$t_{ff(c)}$、α、t_{escape}、t_{region}、$t_{travel,f}$及びNは、それぞれ次の数値を表すものとする。

$t_{ff(c)}$　固有通常火災終了時間（単位　分）

α　平成27年国土交通省告示第255号第1第4項に規定する当該建築物の各室における火災温度上昇係数のうち最大のもの

t_{escape}　平成27年国土交通省告示第255号第1第4項に規定する在館者避難時間（単位　分）

t_{region}　平成27年国土交通省告示第255号第1第4項に規定する常備消防機関の現地到着時間（単位　分）

$t_{travel,f}$　次の式によって計算した当該建築物の各室（以下「火災室」という。）で火災が発生した場合における地上から当該火災室までの移動時間のうち最大のもの（単位　分）

$$t_{travel,fi} = t_{travel,i}$$

この式において、$t_{travel,fi}$及び$t_{travel,i}$は、それぞれ次の数値を表すものとする。

$t_{travel,fi}$　火災室で火災が発生した場合における地上から当該火災室までの移動時間（単位　分）

$t_{travel,i}$　平成27年国土交通省告示第255号第1第7項に規定する火災室で火災が発生した場合における地上から当該火災室までの移動時間（単位　分）

N　当該建築物の階数

5 第2項の「補正固有通常火災終了時間」は、次の式によって計算した値とする。

$$t_{ff(nc)} = \frac{C_{R1}\left[\max\left(t_{escape}\ t_{region}\right) + t_{travel,f} + \max\{15(N-3),0\}\right] + 12}{0.75}$$

この式において、$t_{ff(nc)}$、C_{R1}、t_{escape}、t_{region}、$t_{travel,f}$及びNは、それぞれ次の数値を表すものとする。

$t_{ff(nc)}$　補正固有通常火災終了時間（単位　分）

C_{R1}　次の式によって計算した放水開始以前の炭化速度（単位　mm／分）

$$C_{R1} = \min(1.3,\ 0.0022\alpha - 0.262)$$

この式において、C_{R1}及びαは、それぞれ次の数値を表すものとする。

C_{R1}　放水開始以前の炭化速度（単位　mm／分）

α　平成27年国土交通省告示第255号第1第4項に規定する当該建築物の各室における火災温度上昇係数のうち最大のもの

t_{escape}　平成27年国土交通省告示第255号第1第4項に規定する在館者避難時間（単位　分）

t_{region}　平成27年国土交通省告示第255号第1第4項に規定する常備消防機関の現地到着時間（単位　分）

$t_{travel,f}$　前項に規定する火災室で火災が発生した場合における地上から当該火災室までの移動時間のうち最大のもの（単位　分）

N　当該建築物の階数

6　第1項の「上階延焼抑制防火設備」は、次の各号に掲げる当該外壁の開口部の必要遮炎時間の区分に応じ、それぞれ当該各号に定める防火設備をいう。

一　60分を超える場合　通常の火災による火熱が加えられた場合に、加熱開始後必要遮炎時間加熱面以外の面に火炎を出さないものとして、法第61条の規定による国土交通大臣の認定を受けた防火設備

二　45分を超え、60分以下である場合　次のイ又はロのいずれかに掲げる防火設備

イ　前号に定める防火設備

ロ　特定防火設備

三　30分を超え、45分以下である場合　次のイ又はロのいずれかに掲げる防火設備

イ　前号に定める防火設備

ロ　令第114条第5項において読み替えて準用する令第112条第21項に規定する構造方法を用いる防火設備又は同項の規定による国土交通大臣の認定を受けた防火設備

四　20分を超え、30分以下である場合　次のイ又はロのいずれかに掲げる防火設備

イ　前号に定める防火設備

ロ　令和元年国土交通省告示第194号第2第4項に規定する30分間防火設備

五　20分以下である場合　次のイ又はロのいずれかに掲げる防火設備

イ　前号に定める防火設備

ロ　法第2条第九号の二ロに規定する防火設備

7　前項の「必要遮炎時間」は、次の式によって計算した値とする。

$$t_{intg} = \left(\frac{\alpha}{460}\right)^{3/2} \frac{t_{spread} - t_{ceiling}}{1 + \mu}$$

この式において、t_{intg}、α、t_{spread}、$t_{ceiling}$及びμは、それぞれ次の数値を表すものとする。

t_{intg}　必要遮炎時間（単位　分）

α　平成27年国土交通省告示第255号第1第4項に規定する当該建築物の各室における火災温度上昇係数のうち最大のもの

t_{spread}　次の式によって計算した上階延焼抑制時間（単位　分）

$$t_{spread} = \max(t_{escape}, t_{region}) + t_{travel,f} + \max\{15(N-3), 0\}$$

この式において、t_{spread}、t_{escape}、t_{region}、$t_{travel,f}$及びNは、それぞれ次の数値を表すものとする。

t_{spread}　上階延焼抑制時間（単位　分）

t_{escape}　平成27年国土交通省告示第255号第1第4項に規定する在館者避難時間（単位　分）

t_{region}　平成27年国土交通省告示第255号第1第4項に規定する常備消防機関の現地到着時間（単位　分）

$t_{travel,f}$　第4項に規定する火災室で火災が発生した場合における地上から当該火災室までの移動時間のうち最大のもの（単位　分）

N　当該建築物の階数

$t_{ceiling}$　平成27年国土交通省告示第255号第1第7項に規定する天井燃焼抑制時間（単位　分）

μ　次の表の左欄に掲げる当該他の外壁の開口部に防火上有効に設けられているひさしその他これに類するもの（火災時倒壊防止構造の床の構造方法を用いるものに限る。）の長さに応じ、それぞれ同表右欄に定める数値

ひさしその他これに類するものの長さ（単位　m）	数値
0.9未満	1
0.9以上1.5未満	1.25
1.5以上2.0未満	1.6
2.0以上	2

8　第1項及び第2項の「75分間準耐火構造」は、次の各号に掲げる建築物の部分の区分に応じ、それぞれ当該各号に定める基準に適合する構造をいう。

（中略、119頁　2.4参照。）

9　第1項及び第3項の「75分間防火設備」は、次の各号のいずれかに掲げる防火設備をいう。

（中略、163頁　5.5参照）

第2　令第109条の5第二号に掲げる基準に適合する法第21条第1項に規定する建築物の主要構造部の構造方法は、耐火構造又は令第108条の3第1項第一号若しくは第二号に該当する構造とすることとする。

附　則

2　ひさしその他これに類するものの構造を定める件（平成27年国土交通省告示第254号）は、廃止する。

3．4　大規模の建築物の壁等の構造方法

壁等の構造方法を定める件

（平成27年2月23日
国土交通省告示第250号）

最終改正　令和2年4月1日国土交通省告示第508号

建築基準法第21条第2項第二号の規定に基づき、壁等の構造方法を次のように定める。

建築基準法施行令（以下「令」という。）第109条の7に規定する技術的基準に適合する壁等の構造方法は、次に定めるものとする。

第1　この告示は、3階建て以下の建築物（倉庫その他の物品（不燃性の物品を除く。）を保管する用途に供する建築物を除く。）で、屋根の仕上げを不燃材料でしたものについて適用する。

第2　壁等を構成する建築物の部分及び防火設備の構造方法は、次の各号に掲げる区分に応じ、当該各号に定めるものとすること。

一　耐力壁である間仕切壁及び防火設備により区画する場合、次のイ及びロに適合するものであること。

イ　耐力壁である間仕切壁は、次の(1)から(5)までのいずれかに該当する構造であること。この場合において、かぶり厚さ又は厚さは、それぞれモルタル、プラスターその他これらに類する仕上材料の厚さを含むものとする。

(1)　鉄筋コンクリート造（鉄筋に対するコンクリートのかぶり厚さが平成13年国土交通省告示第1372号第2項の基準によるものにあっては、防火上支障のないものに限る。）、鉄骨鉄筋コンクリート造（鉄筋又は鉄骨に対するコンクリートのかぶり厚さが同項の基準によるものにあっては、防火上支障のないものに限る。）又は鉄骨コンクリート造（鉄骨に対するコンクリートのかぶり厚さが30mm未満のものを除く。）で厚さが85mm以上のもの

(2)　軸組を鉄骨造とし、その両面を塗厚さが4cm以上の鉄網モルタルで覆ったもの（塗下地が不燃材料で造られていないものを除く。）

(3)　軸組を鉄骨造とし、その両面を塗厚さが3.5cm以上の鉄網パーライトモルタルで覆ったもの（塗下地が不燃材料で造られていないものを除く。）

(4)　軸組を鉄骨造とし、その両面を厚さが5cm以上のコンクリートブロック、れんが又は石で覆ったもの

(5)　間柱及び下地を木材又は鉄材で造り、かつ、その両面を、強化せっこうボード（ボード用原紙を除いた部分のせっこうの含有率を95%以上、ガラス繊維の含有率を0.4%以上とし、かつ、ひる石の含有率を2.5%以上としたものに限る。）を3枚以上張ったもので、その厚さの合計が63mm以上のもので覆ったもの

ロ　防火設備は、次の(1)又は(2)に掲げる区分に応じ、当該(1)又は(2)に定めるものとすること。

(1)　平成27年国土交通省告示第249号第一号ロ(2)の防火設備からの水平距離を火災継続予測時間が90分間以下の場合の数値とした場合において、防火設備の両面が同号ロ(2)に該当する場合　次の(i)から(iii)までに適合するものであること。

(i)　平成27年国土交通省告示第249号第一号イ(2)に規定する特定防火設備又は骨組を鉄製とし、両面にそれぞれ厚さが1mm以上の鉄板及び厚さが30mm以上のケイ酸カルシウム板を張った防火戸（次の㈠及び㈡に適合するものに限る。）であること。

㈠　周囲の部分（防火設備から内側に15cm以内の間に設けられた建具がある場合においては、その建具を含む。）が不燃材料で造られた開口部に取り付けられていること。

㈡　防火設備が枠と接する部分は、相じゃくりとし、又は定規縁若しくは戸当りを設ける等閉鎖した際に隙間が生じない構造とし、かつ、防火設備の取付金物は、取付部分が閉鎖した際に露出しないように取り付けられていること。

(ii)　令第112条第19項第一号イからハまでに掲げる要件を満たし、かつ、防火上支障のない遮煙性能を有するとともに、常時閉鎖をした状態にあるもの以外のものにあっては、火災により煙が発生した場合に自動的に閉鎖をするものであること。

(iii)　ラッチその他の開放防止機構を設けること。ただし、ドアクローザーの閉鎖力が、次の式によって計算した数値以上である場合には、この限りではない。

$$F = \frac{\Delta P\ Hd\ Bd}{2}$$

この式において、F、ΔP、Hd及びBdは、それぞれ次の数値を表すものとする。

F　ドアクローザーの閉鎖力（単位　N）

ΔP　通常の火災時において防火設備に加わる平均圧力として建築物の階に応じて次の表に定める数値（単位　N/m^2）

	1階	2階	3階
地階を除く階数が3の建築物	30	25	50
地階を除く階数が2の建築物	20	25	—
Hd　床から防火設備の上端までの高さ（単位　m）			
Bd　防火設備の幅（単位　m）			

(2)　(1)に掲げる場合以外の場合　次に(i)及び(ii)に適合するものであること。

(i)　骨組を鉄製とし、両面にそれぞれ厚さが1mm以上の鉄板及び厚さが30mm以上のケイ酸カルシウム板を張った防火戸（(1)(i)の㈠及び㈡に適合するものに限る。）であること。

(ii)　(1)の(ii)及び(iii)に適合するものであること。

二　間仕切壁、柱及びはり並びに防火設備により区画する場合　次のイからニまでに適合するものであること。

イ　間仕切壁は、次の(1)から(3)までのいずれか（耐力壁に

あっては(1)に限る。）に該当する構造であること。

(1)　前号イに定める構造

(2)　間柱及び下地を鉄材で造り、かつ、その両面を、ケイ酸カルシウム板を２枚以上張ったもので、その厚さの合計が30mm以上のもので覆ったもの

(3)　軽量気泡コンクリートパネルで、厚さが75mm以上のもの

ロ　柱は、耐火構造（令第107条第一号に掲げる技術的基準（通常の火災による火熱が２時間又は３時間加えられた場合のものに限る。）に適合するものに限る。）であること。

ハ　はりは、耐火構造（令第107条第一号に掲げる技術的基準（通常の火災による火熱が２時間又は３時間加えられた場合のものに限る。）に適合するものに限る。）であること。

ニ　防火設備は、前号ロに適合するものであること。

三　令第129条第２項に規定する火災の発生のおそれの少ない室（開口部（床の開口部を除く。）に防火設備を設けたものに限る。）を構成する壁等により区画する場合　次のイからヌまでに適合し、かつ、壁等を構成する建築物の部分の接合部を防火上支障がない構造とすること。

イ　耐力壁である間仕切壁は、第一号イに定める構造であること。

ロ　非耐力壁である間仕切壁は、耐火構造であること。

ハ　外壁は、第一号イに定める構造であること。

ニ　柱は、前号ロに定める構造であること。

ホ　床（最下階の床を除く。）は、第一号イに定める構造（間仕切壁によって壁等で区画された部分（壁等により構成される室の部分を除く。第３において同じ。）と防火上有効に遮られている床にあっては、耐火構造）であること。

ヘ　最下階の床は、不燃材料（平成12年建設省告示第1400号に定めるものに限る。第３において同じ。）で造られたもの又は耐火構造であること。

ト　はりは、前号ハに定める構造であること。

チ　屋根は、耐火構造であること。

リ　間仕切壁の開口部に設ける防火設備は、次の(1)又は(2)に掲げる区分に応じ、当該(1)又は(2)に定めるものとすること。

(1)　平成27年国土交通省告示第249号第二号ロ(2)に該当する場合　次の(i)及び(ii)に適合するものであること。

(i)　特定防火設備であること。

(ii)　第一号ロ(1)の(ii)及び(iii)に適合するものであること。

(2)　(1)に掲げる場合以外の場合　次の(i)又は(ii)に適合するものであること。

(i)　次の㈠又は㈡に適合するものであること。

㈠　骨組を鉄製とし、両面にそれぞれ厚さが24mm以上のケイ酸カルシウム板を張ったもの（第一号ロ(1)(i)の㈠及び㈡に適合するものに限る。）であること。

㈡　第一号ロ(2)(i)に適合するものであること。

(ii)　第一号ロ(1)の(ii)及び(iii)に適合するものであること。

ヌ　外壁の開口部に設ける防火設備は、特定防火設備であること。

第３　第２第三号に掲げる場合には、壁等で区画された部分の一方と壁等により構成される室の部分の床面積の合計がそれぞれ3,000m^2を超えず、かつ、壁等の室内の建築物の部分（壁等を構成する建築物の部分を除く。第４において同じ。）（延焼防止上支障のない建築設備を除く。）が不燃材料で造られたもの又は耐火構造（被覆材に可燃性の材料を含まないものに限る。以下第３において同じ。）（構造耐力上主要な部分である壁、柱及びはりにあっては耐火構造）であること。

第４　壁等が、壁等以外の建築物の部分（第２第三号に掲げる場合には、壁等の室内の建築物の部分を除く。）とエキスパンションジョイントその他の相互に応力を伝えない構造方法（延焼防止上支障がないものに限る。）のみで接するものであること。

第５　次の各号に掲げる区分に応じ、当該各号に定める基準に適合するものであること。

一　第２第一号又は第二号に掲げる場合　壁等の両端及び上端は、建築物の外壁面及び屋根面から２m以上突出させること。ただし、壁等を設けた部分の外壁又は屋根が、壁等を含み、耐火構造（壁等の部分と接する外壁の一方のみを耐火構造とする場合その他延焼防止上支障がある場合には、第２第一号イに定める構造。以下「耐火構造等」という。）又は防火構造の別に応じて次の表に掲げる式によって計算した幅にわたってこれらの構造（防火構造の場合最下階を除く。）である場合（次のイ及びロに該当する場合に限る。）においては、その部分については、この限りでない。

イ　外壁にあっては、屋外側の仕上げが不燃材料（防火構造の部分にあっては準不燃材料）でされ、開口部に特定防火設備（防火構造の部分にあっては建築基準法（以下「法」という。）第２条第九号の二ロに規定する防火設備）が設けられていること。

ロ　耐火構造等の部分に接して軒裏、ひさしその他これらに類するものが設けられていないこと。

耐火構造等又は防火構造の別	幅（単位　m）
耐火構造等	4.6（１－L） （3を超える場合３）
防火構造	10（１－0.5 L） （6.5を超える場合6.5）
この表において、Lは壁等の両端又は上端を建築物の外壁面又は屋根面から突出させる幅（単位　m）を表すものとする。	

二　第２第三号に掲げる場合　次のイからニまでに適合するものであること。

イ　外壁が、壁等を構成する外壁の全てを含み幅3m以上にわたって耐火構造であること。

ロ　外壁（最下階を除く。）及び屋根が、壁等を構成する外壁及び屋根の全てを含みそれぞれ幅6.5m以上にわたって防火構造であること。

ハ　外壁（イ及びロに適合する耐火構造又は防火構造の部分に限る。）の屋外側の仕上げが不燃材料（防火構造の部分にあっては準不燃材料）でされ、開口部に特定防火設備（防火構造の部分にあっては法第2条第九号の二ロに規定する防火設備）が設けられていること。

ニ　イに適合する耐火構造の部分に接して軒裏、ひさしその他これらに類するものが設けられていないこと。

第6　壁等で区画された部分の外壁面が壁等で区画された他の部分の外壁面となす角度が90度以上であること。この場合において、135度以内の角度をなす外壁面が交差する部分からそれぞれ幅10m以内のこれらの外壁面に、壁等で区画された部分と壁等で区画された他の部分の外壁面（第2第三号に掲げる場合には、壁等を構成する外壁面を除く。）がある場合においては、次の各号に適合するものであること。

一　当該135度以内の角度をなす外壁面を有する外壁のうち、耐火構造である部分（屋外側の仕上げが不燃材料でされ、当該部分の外壁の開口部に特定防火設備が設けられている部分に限る。）以外の部分相互の水平距離が5m以上であること。

二　当該135度以内の角度をなす外壁面を有する外壁のうち、防火構造である部分（屋外側の仕上げが準不燃材料でされ、当該部分の外壁の開口部に法第2条第九号の二ロに規定する防火設備が設けられている部分に限る。）以外の部分相互の水平距離が10m以上であること。

第7　建築物に高さが異なる部分がある場合において、壁等を建築物の低い部分（以下「低い部分」という。）に設ける場合においては、当該壁等からの水平距離が5m以内で、かつ、低い部分の屋根面からの垂直距離が7m以下である建築物の高い部分（以下「高い部分」という。）の外壁（低い部分に面する部分に限る。）が耐火構造であり、かつ、屋外側の仕上げが不燃材料でされ、当該部分の外壁の開口部に特定防火設備が設けられていること。ただし、低い部分（当該壁等で区画された部分のうち高い部分を含まない部分に限る。）の屋根で、高い部分からの水平距離が5m以下である部分が耐火構造であり、かつ、この部分に開口部がない場合においては、この限りでない。

第8　令第112条第20項の規定は給水管、配電管その他の管が壁等を貫通する場合に、同条第21項の規定は換気、暖房又は冷房の設備の風道が壁等を貫通する場合に準用する。

3.5　加熱面以外の面で防火上支障のないもの

壁等の加熱面以外の面で防火上支障がないものを定める件

（平成27年2月23日
国土交通省告示第249号）

最終改正　令和元年6月27日国土国土交通省告示第200号

建築基準法施行令第109条の7第二号の規定に基づき、壁等の加熱面以外の面で防火上支障がないものを次のように定める。

建築基準法施行令（以下「令」という。）第109条の7第二号に規定する壁等の加熱面以外の面で防火上支障がないものは、次の各号に掲げる区分に応じ、当該各号に定めるものとする。

一　耐力壁である間仕切壁及び防火設備により区画する場合又は間仕切壁、柱及びはり並びに防火設備により区画する場合　壁等を構成する防火設備の面で、次のイ及びロに該当するもの

イ　防火設備が次の(1)又は(2)に該当するものであること。

(1)　通常の火災による火熱が加えられた場合に、加熱開始後火災継続予測時間当該加熱面以外の面に火炎を出さないものであること。

(2)　特定防火設備（平成12年建設省告示第1369号に定めるものに限る。）のうち、骨組を鉄材若しくは鋼材で造り、両面にそれぞれ厚さが1mm以上の鉄板若しくは鋼材を張ったもの又は鉄材若しくは鋼材で造られたもので、鉄板若しくは鋼材の厚さが1.8mm以上のものであること（火災継続予測時間が90分間以下である場合に限る。）。

ロ　次の(1)又は(2)に該当するものであること。

(1)　防火設備に通常の火災による火熱が火災継続予測時間加えられた場合に、防火設備の加熱面以外の面が面する室内の建築物の部分（壁等の部分を除く。）及び収納可燃物の温度が当該建築物の部分及び収納可燃物が燃焼する温度以上に上昇しないこと。

(2)　防火設備の加熱面以外の面が令第129条第2項に規定する火災の発生のおそれの少ない室（以下(2)において「室」という。）に面するものであり、かつ、当該室内の建築物の部分（壁等の部分を除く。）の室内に面する部分（防火設備からの水平距離が火災継続予測時間に応じて次の表1に掲げる式により計算した数値以下である部分に限る。）の仕上げが準不燃材料でされ、かつその下地が準不燃材料で造られたもの又は仕上げに厚さ2.5cm以上のせっこう若しくは厚さ4.5cm以上のモルタルを塗ったものであること。ただし、天井又は室の区画を構成する壁については、防火設備の上端から天井までの垂直距離又は防火設備の両端から当該壁までの水平距離が次の表2に掲げる式により計算した数値以上である場合には、この限りでな

い。

表1

防火設備からの水平距離（単位　m）	
火災継続予測時間が1時間以下	火災継続予測時間が90分間以下
$\sqrt{A}$	$1.2\sqrt{A}$
この表において、Aは防火設備の面積（単位　m^2）を表すものとする。	

表2

防火設備の上端から天井までの垂直距離又は防火設備の両端から室の区画を構成する壁までの水平距離（単位　m）	
火災継続予測時間が1時間以下	火災継続予測時間が90分間以下
$\frac{A}{25}+0.28$ (0.38aを超える場合は0.38a)	$\frac{A}{20}+0.36$ (0.54aを超える場合は0.54a)
この表において、A及びaは、それぞれ次の数値を表すものとする。 A　防火設備の面積（単位　m^2） a　防火設備の高さ（単位　m）	

二　令第129条第2項に規定する火災の発生のおそれの少ない室（開口部（床の開口部を除く。）に防火設備を設けたものに限る。）を構成する壁等により区画する場合　壁等の室内に面する面（次のイ及びロに該当する場合には、壁等の加熱面以外の防火設備の面（屋内に面するものに限り、かつ、壁等の室内に面するものを除く。）を含む。）

イ　壁等の加熱面以外の面（屋内に面するものに限り、かつ、壁等の室内に面するものを除く。）が面する室に面する防火設備が次の(1)又は(2)に該当するものであること。

(1)　壁等に通常の火災による火熱が加えられた場合に、加熱開始後火災継続予測時間当該加熱面以外の面に火炎を出さないものであること。

(2)　特定防火設備であること（火災継続予測時間が90分間以下である場合に限る。）。

ロ　次の(1)又は(2)に該当するものであること。

(1)　壁等に通常の火災による火熱が火災継続予測時間加えられた場合に、壁等の加熱面以外の面（屋内に面するものに限り、かつ、壁等の室内に面するものを除く。）が面する室内の建築物の部分（壁等の部分を除く。）及び収納可燃物の温度が当該建築物の部分及び収納可燃物が燃焼する温度以上に上昇しないこと。

(2)　第一号ロ(2)に該当すること（火災継続予測時間が90分間以下である場合に限る。）。この場合において、同号ロ(2)中、「防火設備の加熱面以外の面」とあるのは「壁等の加熱面以外の防火設備の面（屋内に面するものに限り、かつ、壁等の室内に面するものを除く。）」と読み替え、同号ロ(2)の防火設備からの水平距離は、火災継続予測時間が1時間以下の場合 の数値とする。

4　屋根の構造

4.1　防火・準防火地域内の屋根の構造

防火地域又は準防火地域内の建築物の屋根の構造方法を定める件

（平成12年5月25日
建設省告示第1365号）

建築基準法第62条の規定に基づき、防火地域又は準防火地域内の建築物の屋根の構造方法を次のように定める。

第1　建築基準法施行令（以下「令」という。）第136条の2の2各号に掲げる技術的基準に適合する屋根の構造方法は、次に定めるものとする。

一　不燃材料で造るか、又はふくこと。

二　屋根を準耐火構造（屋外に面する部分を準不燃材料で造ったものに限る。）とすること。

三　屋根を耐火構造（屋外に面する部分を準不燃材料で造ったもので、かつ、その勾《こう》配が水平面から30度以内のものに限る。）の屋外面に断熱材（ポリエチレンフォーム、ポリスチレンフォーム、硬質ポリウレタンフォームその他これらに類する材料を用いたもので、その厚さの合計が50mm以下のものに限る。）及び防水材（アスファルト防水工法、改質アスファルトシート防水工法、塩化ビニル樹脂系シート防水工法、ゴム系シート防水工法又は塗膜防水工法を用いたものに限る。）を張ったものとすること。

第2　令第136条の2の2第一号に掲げる技術的基準に適合する屋根の構造方法は、第1に定めるもののほか、難燃材料で造るか、又はふくこととする。

4.2　第22条区域内の屋根の構造

特定行政庁が防火地域及び準防火地域以外の市街地について指定する区域内における屋根の構造方法を定める件

（平成12年5月24日
建設省告示第1361号）

最終改正　令和元年6月21日国土国土交通省告示第200号

建築基準法第22条第1項の規定に基づき、特定行政庁が防火地域及び準防火地域以外の市街地について指定する区域内における屋根の構造方法を次のように定める。

第１　建築基準法施行令（以下「令」という。）第109条の８各号に掲げる技術的基準に適合する屋根の構造方法は、建築基準法第62条に規定する屋根の構造（令第136条の２の２各号に掲げる技術的基準に適合するものに限る。）とすることとする。

第２　令第109条の８第一号に掲げる技術的基準に適合する屋根の構造方法は、建築基準法第62条に規定する屋根の構造とすることとする。

４．３　準耐火建築物（外壁耐火構造）の屋根の構造（旧防火構造の屋根）

準耐火建築物と同等の性能を有する建築物等の屋根の構造方法を定める件

（平成12年５月25日
建設省告示第1367号）

最終改正　平成17年６月１日国土国土交通省告示第568号

建築基準法施行令第109条の３第一号及び第113条第１項第三号の規定に基づき、準耐火建築物と同等の性能を有する建築物等の屋根の構造方法を次のように定める。

第１　屋内において発生する通常の火災による火熱が加えられた場合に、加熱開始後20分間屋外に火炎を出す原因となるき裂その他の損傷を生じない屋根の構造方法は、次に定めるものとする。

一　準耐火構造とすること。

二　次のイからハまでのいずれかに該当する構造とすること。ただし、イ及びロに掲げるものにあっては、野地板及びたるきが準不燃材料で造られている場合又は軒裏が防火構造である場合に限り、ハに掲げるものにあっては、金属板に接するたるき（たるきがない場合においては、もや）が不燃材料で造られている場合に限る。

イ　瓦又は厚さが４mm以上の繊維強化板（スレート波板及びスレートボードに限る。）でふいたもの

ロ　木毛セメント板の上に金属板をふいたもの

ハ　金属板でふいたもの

附　則（平成16年改正）

２　この告示の施行の日前に製造され、又は輸入された石綿スレートを用いる屋根で、この告示による改正前の平成12年建設省告示第1367号の規定に適合するものは、改正後の平成12年建設省告示第1367号の規定に適合するものとみなす。

５　防火設備（特定防火設備・防火設備等）

５．１　特定防火設備（旧甲種防火戸…遮炎性能１時間）

特定防火設備の構造方法を定める件

（平成12年５月25日
建設省告示第1369号）

最終改正　令和２年２月27日国土国土交通省告示第198号

建築基準法施行令第112条第１項の規定に基づき、特定防火設備の構造方法を次のように定める。

第１　通常の火災による火熱が加えられた場合に、加熱開始後１時間加熱面以外の面に火炎を出さない防火設備の構造方法は、次に定めるものとする。

一　令和元年国土交通省告示第193号第１第９項に規定する75分間防火設備

二　建築基準法第21条第２項第二号に規定する構造方法を用いるもの又は同号の規定による認定を受けたもの（建築基準法施行令第109条の７第一号に規定する火災継続予測時間が１時間以上である場合に限り、同条第二号の国土交通大臣が定める面を有するものを除く。）とすること。

三　通常の火災による加熱が加えられた場合に、加熱開始後１時間加熱面以外の面に火炎を出さないものとして法第61条の規定による国土交通大臣の認定を受けたもの

四　平成27年国土交通省告示第250号第２第三号リ⑵(i)㈠に規定する構造とすること。

五　骨組を鉄板又は鋼材で造り、両面にそれぞれ厚さが0.5mm以上の鉄板又は鋼板を張ったもの

六　鉄材又は鋼材で造られたもので、鉄板又は製で鉄板の厚さが1.5mm以上のもの

七　鉄骨コンクリート又は鉄筋コンクリートで、造られたもので、厚さが3.5cm以上のもの

八　土蔵造で厚さが15cm以上のもの

九　建築基準法施行令第109条第２項に規定により同条第１項の防火設備とみなされる外壁、袖壁、塀その他これらに類するもので、防火構造としたもの

十　開口面積が100cm^2以内の換気孔に設ける鉄板、モルタル板その他これらに類する材料で造られた防火覆い又は地面からの高さが１m以下の換気孔に設ける網目２mm以下の金網

第２　第１第五号又第六号のいずれかに該当する防火設備は、周囲の部分（当該防火設備から屋内側に15cm以内の間に設けられた建具がある場合には、当該建具を含む。）が不燃材料で造られた開口部に取り付けなければならない。

第3　防火戸（第1第九号又は第十号のいずれかに該当するものを除く。）が枠又は他の防火設備と接する部分は、相じゃくりとし、又は定規縁若しくは戸当りを設ける等閉鎖した際にすき間が生じない構造とし、かつ、防火設備の取付金物は、取付部分が閉鎖した際に露出しないように取り付けなければならない。

5.2　防火設備（旧乙種防火戸…遮炎性能（両面）20分間）

防火設備の構造方法を定める件

（平成12年5月24日
建設省告示第1360号）

最終改正　令和2年2月27日国土交通省告示第198号

建築基準法第2条第九号の二ロの規定に基づき、防火設備の構造方法を次のように定める。

第1　建築基準法施行令第109条の2に定める技術的基準に適合する防火設備の構造方法は、次に定めるものとすることとする。

一　令和元年国土交通省告示第194号第2第4項に規定する30分間防火設備

二　通常の火災による加熱が加えられた場合に、加熱開始後20分間加熱面以外の面に火炎をださないものとして、建築基準法施行令第61条の規定による国土交通大臣の認定を受けたもの

三　鉄材又は鋼材で造られたもので、鉄板又は鋼板の厚さが0.8mm以上のもの（網入りガラス（網入りガラスを用いた複層ガラスを含む。第六号において同じ。）を用いたものを含む。）

四　鉄骨コンクリート又は鉄筋コンクリートで造られたもの

五　土蔵造のもの

六　枠を鉄材又は鋼材で造り、かつ、次のイ又はロのいずれかに該当する構造としたもの

イ　網入りガラスを用いたもの

ロ　次に掲げる基準に適合するもの

(1)　はめごろし戸であること。

(2)　次のいずれかに該当するガラスが用いられたものであること。

(i)　耐熱強化ガラス（厚さが6.5mm以上であり、かつ、エッジ強度が250Mpa以上であるものに限る。以下この号において同じ。）

(ii)　耐熱結晶化ガラス（主たる構成物質が二酸化けい素、酸化アルミニウム及び酸化リチウムであるガラスをいい、厚さが5mm以上であり、かつ、線膨張係数が摂氏30度から摂氏750度までの範囲において、1度につき0±0.0000005であるものに限る。以下同じ。）

(iii)　複層ガラス（屋外側のガラスが耐熱強化ガラス又は耐熱結晶化ガラスであり、かつ、屋内側のガラスが低放射ガラス（厚さが5mm以上であり、かつ、垂直放射率が0.03以上0.07以下であるものに限る。以下同じ。）であるものに限る。以下この号において同じ。）

(3)　次に掲げるガラスの種類（複層ガラスにあっては、屋外側のガラスの種類）に応じてそれぞれ次に定める開口部に取り付けられたものであること。

(i)　耐熱強化ガラス　幅が700mm以上1,200mm以下で高さが850mm以上2,400mm以下のもの

(ii)　耐熱結晶化ガラス　幅が1,000mm以上1,200mm以下で高さが1,600mm以上2,400mm以下のもの

(4)　火災時においてガラスが脱落しないよう、次に掲げる方法によりガラスが枠に取り付けられたものであること。

(i)　ガラスを鉄材又は鋼材で造られた厚さが3mm以上の取付部材（ガラスを枠に取り付けるために設置される部材をいう。以下同じ。）により枠に堅固に取り付けること。

(ii)　取付部材を鋼材で造られたねじにより枠に250mm以下の間隔で固定すること。

(iii)　ガラスの下にセッティングブロック（鋼材又はけい酸カルシウム板で造られたものに限る。以下同じ。）を設置すること。

(iv)　ガラスの取付部分に含まれる部分の長さ（以下「かかり代長さ」という。）を次に掲げるガラスの種類に応じてそれぞれ次に定める数値以上とすること。

(一)　耐熱強化ガラス又は耐熱結晶化ガラス　7mm

(二)　複層ガラス　13mm

(5)　火災時においてガラスの取付部分に隙間が生じないよう、取付部分に次に掲げる部材をガラスの全周にわたって設置すること。

(i)　シーリング材又はグレイジングガスケットで、難燃性を有するもの（シリコーン製であるものに限る。）

(ii)　加熱により膨張する部材（黒鉛を含有するエポキシ樹脂で造られたものに限る。以下「加熱膨張材」という。）

七　枠の屋外側の部分をアルミニウム合金材で、屋内側の部分をアルミニウム合金材又は樹脂（無可塑ポリ塩化ビニルに限る。次号において同じ。）で造り、かつ、次に掲げる基準に適合するもの

イ　はめごろし戸であること。

ロ　次のいずれかに該当するガラスが用いられたものであること。

(1)　網入りガラス

(2)　耐熱結晶化ガラス

(3)　複層ガラス（屋外側のガラスが網入りガラス又は耐熱結晶化ガラスであり、かつ、屋内側のガラスが低放射ガラスであるものに限る。以下この号において同じ。）

ハ　次に掲げるガラスの種類（複層ガラスにあっては、屋外側のガラスの種類）に応じてそれぞれ次に定める開口部に取り付けられたものであること。

(1)　網入りガラス　幅が800mm以下で高さが2,250mm以下のもの

(2)　耐熱結晶化ガラス　幅が780mm以上920mm以下で高さが1,100mm以上1,890mm以下のもの

ニ　火災時においてガラスが脱落しないよう、次に掲げる方法によりガラスが枠に取り付けられたものであること。

(1)　ガラスをアルミニウム合金材又は鋼材で造られた厚さが1mm以上の取付部材により枠に堅固に取り付けること。

(2)　取付部材が鋼材で造られたものである場合にあっては、取付部材を鋼材で造られたねじによりアルミニウム合金材で造られた縦枠に350mm以下の間隔で1,100mmにつき3箇所以上固定すること。

(3)　ガラスの下にセッティングブロックを設けること。

(4)　かかり代長さを、取付部材がアルミニウム合金材で造られたものである場合にあっては次に掲げるガラスの種類に応じてそれぞれ次に定める数値以上、鋼材で造られたものである場合にあっては2mm以上とすること。

(i)　網入りガラス又は耐熱結晶化ガラス　7mm

(ii)　複層ガラス　12mm

ホ　火災時においてガラスの取付部分に隙間が生じないよう、取付部分に次に掲げる部材をガラスの全周にわたって設置すること。

(1)　シーリング材（取付部材がアルミニウム合金材で造られたものである場合に限る。）又はグレイジングガスケットで、難燃性を有するもの（塩化ビニル製又はシリコーン製であるものに限る。）

(2)　加熱膨張材

八　枠を樹脂で造り、かつ、次に掲げる基準に適合するもの

イ　はめごろし戸であること。

ロ　複層ガラス（屋外側のガラスが網入りガラスであり、かつ、屋内側のガラスが低放射ガラスであるものに限る。次号において同じ。）が用いられたものであること。

ハ　幅が800mm以下で高さが1,400mm以下の開口部に取り付けられたものであること。

ニ　枠の内部に補強材（鉄材又は鋼材で造られたものであって、厚さが1.6mm以上であるものに限る。以下この号において同じ。）を設置し、かつ、枠及び補強材を開口部に固定すること。

ホ　火災時においてガラスが脱落しないよう、次に掲げる方法によりガラスが枠に取り付けられたものであること。

(1)　ガラスを鋼材で造られた厚さが1mm以上の取付部材により枠の内部の補強材に堅固に取り付けること。

(2)　取付部材を樹脂で造られた通し材で覆うこと。

(3)　取付部材を鋼材で造られたねじにより枠の内部の補強材に200mm以下の間隔で固定すること。

(4)　ガラスの下にセッティングブロックを設けること。

(5)　かかり代長さを11mm以上とすること。

ヘ　火災時においてガラスの取付部分に隙間が生じないよう、取付部分に次に掲げる部材をガラスの全周にわたって設置すること。

(1)　グレイジングガスケットで難燃性を有するもの（塩化ビニル製又はシリコーン製であるものに限る。）

(2)加熱膨張材

九　枠（見付寸法が40mm以上であり、かつ、見込寸法が70mm以上であるものに限る。）を木材（気乾比重が0.45以上であるものに限る。以下この号において同じ。）で造り、かつ、次に掲げる基準に適合するもの

イ　はめごろし戸であること。

ロ　複層ガラスが用いられたものであること。

ハ　幅が1,050mm以下で高さが1,550mm以下の開口部に取り付けられたものであること。

ニ　火災時においてガラスが脱落しないよう、次に掲げる方法によりガラスが枠に取り付けられたものであること。

(1)　ガラスを鋼材で造られた厚さが1mm以上の取付部材により枠に堅固に取り付けること。

(2)　取付部材を木材で造られた通し材で覆うこと。

(3)　取付部材を鋼材で造られた埋込長さが32mm以上のねじにより枠に150mm以下の間隔で固定すること。

(4)　ガラスの下にセッティングブロックを設けること。

(5)　かかり代長さを13mm以上とすること。

ホ　火災時においてガラスの取付部分に隙間が生じないよう、取付部分に次に掲げる部材をガラスの全周にわたって設置すること。

(1)　グレイジングガスケットで難燃性を有するもの（塩化ビニル製又はシリコーン製であるものに限る。）

(2)　加熱膨張材

十　骨組を防火塗料を塗布した木材で造り、かつ、屋内面に厚さが1.2cm以上の木毛セメント板又は厚さが0.9cm以上のせっこうボードを張り、屋外面に亜鉛鉄板を張ったもの

十一　開口面積が$0.5m^2$以内の開口部に設ける戸で、防火塗料を塗布した木材及び網入りガラスで造られたもの

第2　第1第三号、第六号又は第七号（枠の屋内側の部分をアルミニウム合金材で造ったものに限る。）のいずれかに該当する防火設備は、周囲の部分（当該防火設備から屋内側に15cm以内の間に設けられた建具（がある場合には、当該建具を含む。）が不燃材料で造られた開口部に取り付けなければならない。

第3　防火戸が枠又は他の防火設備と接する部分は、相じゃくりとし、又は定規縁若しくは戸当りを設ける等閉鎖した際に隙間が生じない構造とし、かつ、防火設備の取付金物は、当

該防火設備が閉鎖した際に露出しないように取り付けなければならない。

5．3　10分間防火設備

10分間防火設備の構造方法を定める件

（令和２年２月27日
国土交通省告示第198号）

最終改正　令和２年４月１日国土交通省告示第508号

建築基準法施行令第112条第12項ただし書の規定に基づき、10分間防火設備の構造方法を次のように定める。

第１　建築基準法施行令第112条第12項ただし書に規定する10分間防火設備の構造方法は、次に定めるものとする。

一　建築基準法第２条第九号の二ロに規定する防火設備とすること。

二　通常の火災による火熱が加えられた場合に、加熱開始後10分間当該加熱面以外の面に火炎を出さないものとして、法第61条の規定による国土交通大臣の認定を受けた防火設備とすること。

三　次に掲げる基準に適合するものとすること。

イ　補強材（鉄材又は鋼材で造られたものに限る。）の両面にそれぞれ厚さが0.5mm以上の鉄板又は鋼板（ハにおいて「表面材」という。）が堅固に取り付けられたものであること。

ロ　充填材を用いる場合にあっては、防火上支障のない性能を有するものが用いられたものであること。

ハ　ガラスを用いる場合にあっては、次に掲げる場合の区分に応じ、それぞれ次に定める基準に適合するものであること。

(1)　枠に鉄材若しくは鋼材を用いる場合又は枠を設けない場合　次の(i)又は(ii)のいずれかに該当する構造であること。

(i)　網入りガラス（網入りガラスを用いた複層ガラスを含む。）を用いたもの

(ii)　次に掲げる基準に適合するもの

(一)　はめごろし戸であること。

(二)　次のいずれかに該当するガラスが用いられたものであること。

(イ)　強化ガラス（厚さが５mm以上であり、かつ、表面圧縮応力が140Mpa以上であるものに限る。(2)において同じ。）

(ロ)　耐熱強化ガラス（厚さが５mm以上であり、かつ、エッジ強度が250Mpa以上であるものに限る。(2)において同じ。）

(ハ)　耐熱結晶化ガラス（主たる構成物質が二酸化けい素、酸化アルミニウム及び酸化リチウムであるガラスをいい、厚さが５mm以上であり、かつ、線膨張係数が30℃から750℃までの範囲において、１℃につき０±0.0000005であるものに限る。(2)において同じ。）

(三)　幅が700mm以下で高さが2,100mm以下の開口部に取り付けられたものであること。

(四)　火災時においてガラスが脱落しないよう、次に掲げる方法によりガラスが枠（枠を設けない場合にあっては、表面材。(イ)において同じ。）に取り付けられたものであること。

(イ)　ガラスを鉄材、鋼材又はアルミニウム合金材で造られた厚さが１mm以上の取付部材（ガラスを枠に取り付けるために設置される部材をいう。(2)において同じ。）により枠に堅固に取り付けること。

(ロ)　ガラスの下にセッティングブロックを設けること。

(ハ)　ガラスの取付部分に含まれる部分の長さを６mm以上とすること。

(五)　火災時においてガラスの取付部分に隙間が生じないよう、取付部分にシーリング材又はグレイジングガスケットで、難燃性を有するもの（シリコーン製であるものに限る。(2)において同じ。）がガラスの全周にわたって設置されたものであること。

(六)　枠に鉄材又は鋼材を用いる場合にあっては、表面材の枠に含まれる部分の長さが２mm以上であること。

(2)　枠にアルミニウム合金材を用いる場合　次に掲げる基準に適合するものであること。

(i)　はめごろし戸であること。

(ii)　次のいずれかに該当するガラスが用いられたものであること。

(一)　網入りガラス

(二)　強化ガラス

(三)　耐熱強化ガラス

(四)　耐熱結晶化ガラス

(iii)　幅が700mm以下で高さが2,100mm以下の開口部に取り付けられたものであること。

(iv)　火災時においてガラスが脱落しないよう、次に掲げる方法によりガラスが枠に取り付けられたものであること。

(一)　ガラスを鉄材、鋼材又はアルミニウム合金材で造られた厚さが１mm以上の取付部材により枠に堅固に取り付けること。

(二)　ガラスの下にセッティングブロックを設けること。

(三)　ガラスの取付部分に含まれる部分の長さを６mm以上とすること。

(v)　火災時においてガラスの取付部分に隙間が生じないよう、取付部分にシーリング材又はグレイジングガスケットで、難燃性を有するものがガラスの全周にわたって設置されたものであること。

(vi)　表面材の枠に含まれる部分の長さが２mm以上で

あること。

第2　第1第三号に該当する防火設備は、周囲の部分（当該防火設備から屋内側に15cm以内の間に設けられた建具がある場合には、当該建具を含む。）が準不燃材料で造られた開口部に取り付けなければならない。

第3　防火戸が枠又は他の防火設備と接する部分は、相じゃくりとし、又は定規縁若しくは戸当りを設ける等閉鎖した際に隙間が生じない構造とし、かつ、防火設備の取付金物は、当該防火設備が閉鎖した際に露出しないように取り付けなければならない。

5.4　30分間防火設備

防火地域又は準防火地域内の建築物の部分及び防火設備の構造方法を定める件

（令和元年6月21日
国土交通省告示第194号）

最終改正　令和2年4月1日国土交通省告示第508号

第2

4　第1項第一号の「30分間防火設備」とは、次に掲げる防火設備（第二号又は第三号に掲げる防火設備にあっては、周囲の部分（当該防火設備から屋内側に15cm以内の間に設けられた建具がある場合には、当該建具を含む。）が不燃材料で造られた開口部に取り付けられたものであって、枠又は他の防火設備と接する部分を相じゃくりとし、又は定規縁若しくは戸当たりが設けられていることその他の閉鎖した際に隙間が生じない構造とし、かつ、取付金物を当該防火設備が閉鎖した際に露出しないように取り付けたものに限る。）をいう。

一　令第114条第5項において読み替えて準用する令第112条第21項に規定する構造方法を用いる防火設備又は同項の規定による認定を受けた防火設備

二　鉄材又は鋼材で造られた防火設備で、鉄板又は鋼板の厚さが1.0mm以上のもの（耐熱結晶化ガラス（主たる構成物質が二酸化けい素、酸化アルミニウム及び酸化リチウムであるガラスをいい、厚さが5mm以上であり、かつ、線膨張係数が摂氏30度から750度までの範囲において、1度につき0±0.0000005であるものに限る。次号イにおいて同じ。）を用いたものを含む。）

三　枠を鉄材又は鋼材で造り、かつ、次のイからホまでに掲げる基準に適合する構造とした防火設備

イ　耐熱結晶化ガラスを用いたものであること。

ロ　はめごろし戸であること。

ハ　幅が1,000mm以上1,200mm以下で高さが1,600mm以上2,400mm以下の開口部に取り付けられたものであること。

ニ　火災時においてガラスが脱落しないよう、次に掲げる方法によりガラスが枠に取り付けられたものであること。

(i)　ガラスを鉄材又は鋼材で造られた厚さが3mm以上の取付部材（ガラスを枠に取り付けるために設置される部材をいう。(ii)において同じ。）により枠に堅固に取り付けること。

(ii)　取付部材を鋼材で造られたねじにより枠に250mm以下の間隔で固定すること。

(iii)　ガラスの下にセッティングブロック（鋼材又はけい酸カルシウム板で造られたものに限る。）を設置すること。

(iv)　ガラスの取付部分に含まれる部分の長さを7mm以上とすること。

ホ　火災時においてガラスの取付部分に隙間が生じないよう、取付部分に次に掲げる部材をガラスの全周にわたって設置すること。

(i)　シーリング材又はグレイジングガスケットで、難燃性を有するもの（シリコーン製であるものに限る。）

(ii)　加熱により膨張する部材（黒鉛を含有するエポキシ樹脂で造られたものに限る。）

5.5　75分間防火設備

建築基準法第21条第1項に規定する建築物の主要構造部の構造方法を定める件

（令和元年6月21日
国土交通省告示第193号）

最終改正　令和2年12月28日国土交通省告示第1593号

第1

9　第1項及び第3項の「75分間防火設備」は、次の各号のいずれかに掲げる防火設備をいう。

一　通常の火災による火熱が加えられた場合に、加熱開始後75分間当該加熱面以外の面に火炎を出さないものとして、法第61条の規定による国土交通大臣の認定を受けた防火設備

二　骨組を鉄材又は鋼材とし、両面にそれぞれ厚さが0.8mm以上の鉄板又は鋼板を張った防火設備

三　鉄材又は鋼材で造られたもので鉄板又は鋼板の厚さが1.6mm以上の防火設備

四　厚さ28mm以上の繊維強化セメント板で造られた防火設備

5.6　20分間防火設備（準遮炎性能）

20分間防火設備の構造方法を定める件

（令和元年6月21日
国土交通省告示第196号）

建築基準法施行令第137条の10第四号の規定に基づき、20分間防火設備の構造方法を次のように定める。

建築基準法施行令（以下「令」という。）第137条の10第四号に規定する20分間防火設備の構造方法は、次に定めるものとする。

一　建築基準法（以下「法」という。）第2条第九号の二ロに規定する防火設備とすること。

二　法第27条第1項の規定による国土交通大臣の認定を受けた防火設備とすること。

三　建築物の周囲において発生する通常の火災による火熱が加えられた場合に、加熱開始後20分間加熱面以外の面（屋内に面するものに限る。）に火炎を出さないものとして、法第61条の規定による国土交通大臣の認定を受けた防火設備とすること。

附　則

2　防火地域又は準防火地域内にある建築物の外壁の開口部の延焼のおそれのある部分に設ける防火設備の構造方法を定める件（平成27年国土交通省告示第257号）は、廃止する。

6　防火区画（防火設備の構造・貫通する配管類）

6.1　防火区画に用いる防火設備の構造

防火区画に用いる防火設備等の構造方法を定める件

（昭和48年12月28日
建設省告示第2563号）

最終改正　令和2年4月1日国土交通省告示第508号

建築基準法施行令第112条第19項第一号、第129条の13の2及び第136条の2第一号の規定に基づき、防火区画に用いる防火設備等の構造方法を次のように定める。

第1　建築基準法施行令（以下「令」という。）第112条第19項第一号に規定する同号イからニまでに掲げる要件（ニに掲げる要件にあつては、火災により煙が発生した場合に、自動的に閉鎖又は作動をするものであることに限る。）を満たす防火設備の構造方法は、次の各号のいずれかに定めるものとする。

一　次に掲げる基準に適合する常時閉鎖状態を保持する構造の防火設備とすること。

イ　次の⑴又は⑵のいずれかに適合するものであること。

⑴　面積が3 m^2以内の防火戸で、直接手で開くことができ、かつ、自動的に閉鎖するもの（以下「常時閉鎖式防火戸」という。）であること。

⑵　面積が3 m^2以内の防火戸で、昇降路の出入口に設けられ、かつ、人の出入りの後20秒以内に閉鎖するものであること。

ロ　当該防火設備が開いた後に再び閉鎖するに際して、次に掲げる基準に適合するものであること。ただし、人の通行の用に供する部分以外の部分に設ける防火設備にあつては、この限りでない。

⑴　当該防火設備の質量（単位　kg）に当該防火設備の閉鎖時の速度（単位　m／s）の2乗を乗じて得た値が20以下となるものであること。

⑵　当該防火設備の質量が15kg以下であること。ただし、水平方向に閉鎖をするものであつてその閉鎖する力が150 N以下であるもの又は周囲の人と接触することにより停止するもの（人との接触を検知してから停止するまでの移動距離が5 cm以下であり、かつ、接触した人が当該防火設備から離れた後に再び閉鎖又は作動をする構造であるものに限る。）にあつては、この限りでない。

二　次に掲げる基準に適合する随時閉鎖することができる構造の防火設備とすること。

イ　当該防火設備が閉鎖するに際して、前号ロ⑴及び⑵に掲げる基準に適合するものであること。ただし、人の通行の用に供する部分以外の部分に設ける防火設備にあつては、この限りでない。

ロ　居室から地上に通ずる主たる廊下、階段その他の通路に設けるものにあつては、当該防火設備に近接して当該通路に常時閉鎖式防火戸が設けられている場合を除き、直接手で開くことができ、かつ、自動的に閉鎖する部分を有し、その部分の幅、高さ及び下端の床面からの高さが、それぞれ、75cm以上、1.8 m以上および15cm以下である構造の防火設備とすること。

ハ　煙感知器又は熱煙複合式感知器、連動制御器、自動閉鎖装置及び予備電源を備えたものであること。

ニ　煙感知器又は熱煙複合式感知器は、次に掲げる基準に適合するものであること。

⑴　消防法第21条の2第1項の規定による検定に合格したものであること。

⑵　次に掲げる場所に設けるものであること。

(i)　防火設備からの水平距離が10 m以内で、かつ、防火設備と煙感知器又は熱煙複合式感知器との間に間仕切壁等がない場所

(ii)　壁（天井から50cm以上下方に突出したたれ壁等を含む。）から60cm以上離れた天井等の室内に面

する部分（廊下等狭い場所であるために 60cm以上離すことができない場合にあつては、当該廊下等の天井等の室内に面する部分の中央の部分）

(iii) 次に掲げる場所以外の場所

(イ) 換気口等の空気吹出口に近接する場所

(ロ) じんあい、微粉又は水蒸気が多量に滞留する場所

(ハ) 腐食性ガスの発生するおそれのある場所

(ニ) 厨《ちゅう》房等正常時において煙等が滞留する場所

(ホ) 排気ガスが多量に滞留する場所

(ヘ) 煙が多量に流入するおそれのある場所

(ト) 結露が発生する場所

(3) 倉庫の用途に供する建築物で、その用途に供する床面積の合計が 5 万m^2以上のものの当該用途に供する部分に設ける火災情報信号（火災によって生じる熱又は煙の程度その他火災の程度に係る信号をいう。）を発信する煙感知器又は熱煙複合式感知器（スプリンクラー設備、水噴霧消火設備、泡消火設備その他のこれらに類するもので自動式のものを設けた部分に設けたものを除く。）にあつては、煙感知器又は熱煙複合式感知器に用いる電気配線が、次の(i)又は(ii)のいずれかに定めるものであること。

(i) 煙感知器又は熱煙複合式感知器に接続する部分に、耐熱性を有する材料で被覆することその他の短絡を有効に防止する措置を講じたもの

(ii) 短絡した場合にあつては、その影響が準耐火構造の床若しくは壁又は建築基準法第 2 条第九号の二ロに規定する防火設備で区画された建築物の部分でその床面積が 3,000 m 2 以内のもの以外の部分に及ばないように断路器その他これに類するものを設けたもの

ホ 連動制御器は、次に定めるものであること。

(1) 煙感知器又は熱煙複合式感知器から信号を受けた場合に自動閉鎖装置に起動指示を与えるもので、随時、制御の監視ができるもの

(2) 火災による熱により機能に支障をきたすおそれがなく、かつ、維持管理が容易に行えるもの

(3) 連動制御器に用いる電気配線及び電線が、次に定めるものであるもの

(i) 昭和 45 年建設省告示第 1829 号第二号及び第三号に定める基準によるもの

(ii) 常用の電源の電気配線は、他の電気回路（電源に接続する部分及び消防法施行令第 7 条第 3 項第一号に規定する自動火災報知設備の中継器又は受信機に接続する部分を除く。）に接続しないもので、かつ、配電盤又は分電盤の階別主開閉器の電源側で分岐しているもの

ヘ 自動閉鎖装置は、次に定めるものであること。

(1) 連動制御器から起動指示を受けた場合に防火設備を自動的に閉鎖させるもの

(2) 自動閉鎖装置に用いる電気配線及び電線が、ホの(3)に定めるものであるもの

ト 予備電源は、昭和 45 年建設省告示第 1829 号第四号に定める基準によるものであること。

第2 令第 112 条第 19 項第一号に規定する同号イからニまでに掲げる要件（ニに掲げる要件にあつては、火災により温度が急激に上昇した場合に、自動的に閉鎖又は作動をするものであることに限る。）を満たす防火設備の構造方法は、次の各号のいずれかに定めるものとする。

一 第 1 第一号に定める構造の防火設備とすること。

二 次に掲げる基準に適合する随時閉鎖することができる構造の防火設備とすること。

イ 第 1 第二号イ及びロに掲げる基準に適合すること。

ロ 熱感知器又は熱煙複合式感知器と連動して自動的に閉鎖する構造のものにあつては、次に掲げる基準に適合すること。

(1) 熱感知器又は熱煙複合式感知器、連動制御器、自動閉鎖装置及び予備電源を備えたものであること。

(2) 熱感知器は、次に定めるものであること。

(i) 消防法第 21 条の 2 第 1 項の規定による検定に合格した熱複合式若しくは定温式のもので特種の公称作動温度（補償式（熱複合式のもののうち多信号機能を有しないものをいう。）のものにあつては公称定温点、以下同じ。）が 60 度から 70 度までのもの（ボイラー室、厨《ちゅう》房等最高周囲温度が 50 度を超える場所にあつては、当該最高周囲温度より 20 度高い公称作動温度のもの）

(ii) 第 1 第二号ニ(2)(i)及び(ii)に掲げる場所に設けるもの

(iii) 第 1 第二号ニ(3)に定めるもの

(3) 熱煙複合式感知器は、次に定めるものであること。

(i) 消防法第 21 条の 2 第 1 項の規定による検定に合格したもののうち、定温式の性能を有するもので特種の公称作動温度が 60 度から 70 度までのもの（ボイラー室等最高周囲温度が 50 度を超える場所にあつては、当該最高周囲温度より 20 度高い公称作動温度のもの）

(ii) 第 1 第二号ニ(2)に掲げる場所に設けられたもの

(iii) 第 1 第二号ニ(3)に定めるもの

(4) 連動制御器、自動閉鎖装置及び予備電源は、第 1 第二号ホからトまでに定めるものであること。

ハ 温度ヒューズと連動して自動的に閉鎖する構造のものにあつては、次に掲げる基準に適合すること。

(1) 温度ヒューズ、連動閉鎖装置及びこれらの取付部分を備えたもので、別記に規定する試験に合格したものであること。

(2) 温度ヒューズが、天井の室内に面する部分又は防火戸若しくは防火戸の枠の上部で熱を有効に感知できる場所において、断熱性を有する不燃材料に露出して堅固に取り付けられたものであること。

⑶　連動閉鎖装置の可動部部材が、腐食しにくい材料を用いたものであること。

第３　令第129条の13の２第三号に規定する令第112条第19項第一号イ、ロ及びニに掲げる要件（ニに掲げる要件にあつては、火災により煙が発生した場合に、自動的に閉鎖又は作動をするものであることに限る。）を満たす防火設備の構造方法は、次の各号のいずれかに定めるものとする。

一　第１第一号に定める構造の防火設備とすること。

二　第１第二号イ及びハからトまでに掲げる基準に適合する随時閉鎖することができる構造の防火設備とすること。

第４　令第129条の13の２第三号に規定する令第112条第19項第一号イ、ロ及びニに掲げる要件（ニに掲げる要件にあつては、火災により温度が急激に上昇した場合に、自動的に閉鎖又は作動をするものであることに限る。）を満たす防火設備の構造方法は、次の各号のいずれかに定めるものとする。

一　第１第一号に定める構造の防火設備とすること。

二　第１第二号イ並びに第２第二号ロ及びハに掲げる基準に適合する随時閉鎖することができる構造の防火設備とすること。

別記（略）
別図（略）

６．２　遮煙性能を有する防火設備

防火区画に用いる遮煙性能を有する防火設備の構造方法を定める件

（昭和48年12月28日
建設省告示第2564号）

最終改正　令和２年４月１日国土交通省告示第508号

建築基準法施行令第112条第19項第二号、第126条の２第２項第一号及び第145条第１項第二号の規定に基づき、防火区画に用いる遮煙性能を有する防火設備の構造方法を次のように定める。

一　建築基準法施行令（以下「令」という。）第112条第19項第二号に規定する同号イ及びロに掲げる要件を満たす防火設備又は令第145条第１項第二号に規定する同号イ及びロに掲げる要件を満たす防火設備の構造方法は、次に定めるものとする。

イ　昭和48年建設省告示第2563号第１第一号又は第二号に定める構造とすること。

ロ　防火戸が枠又は他の防火設備と接する部分が相じゃくり、又は定規縁若しくは戸当りを設けたもの等閉鎖した際にすき間が生じない構造とし、かつ、防火設備の取付金物を当該防火設備が閉鎖した際に露出しないように取り付けられたもの（シャッターにあつては、内のり幅が５m以下で、別記に規定する遮煙性能試験に合格したもの又はシャッターに近接する位置に網入りガラスその他建築基準法第２条第九号の二ロに規定する防火設備を固定して併設したもので、内のり幅が８m以下のものに限る。）とすること。

二　令第112条第19項第二号に規定する同号イ及びロに掲げる要件を満たす戸の構造方法は、次に定めるものとする。

イ　昭和48年建設省告示第2563号第１第一号又は第二号に定める構造とすること。この場合において、同告示第１第一号又は第二号中「防火設備」及び「防火戸」とあるのは、「戸」と読み替えることとする。

ロ　戸の開閉する部分が当該戸の枠又は他の戸と接する部分を相じゃくり、又は定規縁若しくは戸当りを設けたもの等閉鎖した際に隙間が生じない構造とし、かつ、戸の取付金物を当該戸が閉鎖した際に露出しないように取付けられたものとすること。

三　令第126条の２第２項第一号に規定する令第112条第19項第一号イ及びロ並びに第二号ロに掲げる要件を満たす防火設備の構造方法は、次に定めるものとする。

イ　昭和48年建設省告示第2563号第３第一号又は第二号ニ定める構造とすること。

ロ　第一号ロに定める構造とすること。

別記（略）
別図（略）

６．３　防火区画を貫通する風道に設ける防火ダンパー…１時間遮炎

防火区画を貫通する風道に設ける防火設備の構造方法を定める件

（昭和48年12月28日
建設省告示第2565号）

最終改正　令和２年４月１日国土交通省告示第508号

建築基準法施行令第112条第21項の規定に基づき、防火区画を貫通する風道に設ける防火設備の構造方法を次のように定める。

建築基準法施行令第112条第21項に掲げる要件を満たす防火設備の構造方法は、次の各号に定める場合に応じ、それぞれ当該各号に定めるものとする。

一　風道が、建築基準法施行令第112条第１項第二号、第６項、第10項から第13項まで又は第18項の規定による防火区画を貫通する場合（２以上の階にわたり煙が流出するおそれのない場合その他避難上及び防火上支障がないと認められる場合を除く。）次に掲げる基準に適合し、かつ、別記に規定する漏煙試験に合格した構造の防火ダンパーとすること。

イ　鉄製であること。

ロ　昭和48年建設省告示第2563号第１第二号ハ、同号ニ⑴及び同号ホからトまでに掲げる基準に適合すること。この場合において、同号ヘ⑴中「防火戸」とあるのは、「防火ダンパー」と読み替えるものとする。

ハ　煙感知器は、次に掲げる場所に設けるものであること。

⑴　間仕切壁等で区画された場所で、当該防火ダンパーに係る風道の換気口等がある場所

⑵　昭和48年建設省告示第2563号第1第二号ニ⑵(ii)及び(iii)に掲げる場所

二　主要構造部を準耐火構造とし、かつ、地階又は3階以上の階に居室を有する建築物において、2以上の階に換気口等（空気吹出口又は空気吹込口をいう。以下同じ。）を有する同一系統の風道が、換気口等を有する階の直上の耐火構造等の防火区画である床を貫通する場合（2以上の階にわたり煙が流出するおそれのない場合その他避難上及び防火上支障がないと認められる場合を除く。）　前号に定める構造方法

三　前2号以外の場合　次のいずれかに定める構造の防火ダンパーとすること。

イ　鉄製で、昭和48年建設省告示第2563号第1第二号ハからトまでに掲げる基準（同号ニ⑵(i)及びヘ⑴に掲げる基準にあつては、「防火戸」とあるのは、「防火ダンパー」と読み替えるものとする。）に適合する構造で、かつ、別記に規定する漏煙試験に合格したもの

ロ　次のいずれかに該当する構造で、かつ、別記に規定する漏煙試験に合格したもの

⑴　鉄製で、昭和48年建設省告示第2563号第2第二号ロに掲げる基準に適合するもの

⑵　鉄製で、昭和48年建設省告示第2563号第2第三号ハ⑴及び⑶に掲げる基準に適合する構造であり、かつ、温度ヒューズが、当該温度ヒューズに連動して閉鎖するダンパーに近接した場所で風道の内部に設けられたもの

別記（略）

6.4　防火区画を貫通する風道に防火ダンパーを設ける方法

防火区画を貫通する風道に防火設備を設ける方法を定める件

（平成12年5月26日
建設省告示第1376号）

最終改正　令和2年4月1日国土交通省告示第508号

建築基準法施行令第112条第21項の規定に基づき、防火区画を貫通する風道に防火設備を設ける方法を次のように定める。

第1　主要構造部に堅固に取り付けること。

第2　換気、暖房又は冷房の設備の風道が建築基準法施行令第112条第20項に規定する準耐火構造の防火区画を貫通する部分に近接する部分に防火設備を設ける場合にあっては、当該防火設備と当該防火区画との間の風道は、厚さ1.5mm以上の鉄板で造り、又は鉄網モルタル塗その他の不燃材料で被覆すること。

第3　天井、壁等に一辺の長さが45ｃｍ以上の保守点検が容易に行える点検口並びに防火設備の開閉及び作動状態を確認できる検査口を設けること。

6.5　耐火構造の床・壁を貫通する給水管等

耐火構造の床又は壁を貫通する給水管、配電管その他の管の部分及びその周囲の部分の構造方法を定める件

（昭和62年11月10日
建設省告示第1900号）

最終改正　令和2年4月1日国土交通省告示第508号

建築基準法施行令第115条の2第1項第六号の規定に基づき、耐火構造の床又は壁を貫通する給水管、配電管その他の管の部分及びその周囲の部分の構造方法を次のように定める。

耐火構造の床又は壁を貫通する給水管、配電管その他の管の部分及びその周囲の部分の構造方法は、次の各号に定めるものとする。

一　給水管、配電管その他の管と耐火構造の床又は壁とのすき間がモルタルその他の不燃材料で埋められていること。

二　給水管、配電管その他の管の構造を建築基準法施行令第129条の2の4第1項第七号イからハまでのいずれかに適合するものとすること。ただし、耐火構造の床若しくは壁又は特定防火設備で建築物の他の部分と区画されたパイプシャフト、パイプダクトその他これらに類するものの中にある部分については、この限りでない。

三　換気、暖房又は冷房の設備の風道の耐火構造の床又は壁を貫通する部分又はこれに近接する部分に令第112条第21項に規定する構造の特定防火設備が同項に規定する防火設備を設ける方法により設けられていること。

6.6　準耐火構造の隔壁等を貫通する風道に設ける防火ダンパー…遮炎時間45分

建築物の界壁、間仕切壁又は隔壁を貫通する風道に設ける防火設備の構造方法を定める件

（平成12年5月26日
建設省告示第1377号）

最終改正　令和2年4月1日国土交通省告示第508号

建築基準法施行令第114条第5項において準用する同令第112条第21項の規定に基づき、建築物の界壁、間仕切壁又は隔壁を貫通する風道に設ける防火設備の構造方法を次のように定める。

建築基準法施行令第114条第5項において読み替えて準用する同令第112条第21項に規定する通常の火災による火熱が加えられた場合に、加熱開始後45分間加熱面以外の面に火炎を出さない防火設備の構造方法は、特定防火設備とすることとする。

6.7　準耐火構造の壁を貫通する給水管等

準耐火構造の壁を貫通する給水管、配電管その他の管の部分及びその周囲の部分の構造方法を定める件

（平成５年６月22日
建設省告示第1426号）

最終改正　令和２年４月１日国土交通省告示第508号

建築基準法施行令（以下「令」という。）第136条の９の規定に基づき、準耐火構造の壁を貫通する給水管、配電管その他の管の部分及びその周囲の部分の構造方法を次のように定める。

準耐火構造の壁を貫通する給水管、配電管その他の管の部分及びその周囲の部分の構造方法は、次に定めるものとする。

一　給水管、配電管その他の管と準耐火構造の壁との隙間がモルタルその他の不燃材料で埋められていること。

二　給水管、配電管その他の管の構造を建築基準法施行令第129条の２の４第１項第七号イからハまでのいずれかに適合するものとすること。ただし、１時間準耐火基準に適合する準耐火構造の壁又は特定防火設備で建築物の他の部分と区画されたパイプシャフト、パイプダクトその他これらに類するものの中にある部分については、この限りでない。

三　換気、暖房又は冷房の設備の風道の準耐火構造の壁を貫通する部分又はこれに近接する部分に令第112条第21項に規定する構造の防火設備（令第114条第５項の規定において準用する令第112条第21項に規定する構造の防火設備に限る。）が同項に規定する防火設備を設ける方法により設けられていること。

6.8　準防火構造の防火区画を貫通する管の外径

準耐火構造の防火区画等を貫通する給水管、配電管その他の管の外径を定める件

（平成12年５月31日
建設省告示第1422号）

最終改正　令和２年４月１日国土交通省告示第508号

建築基準法施行令（以下「令」という。）第129条の２の４第１項第七号ロの規定に基づき、準耐火構造の防火区画等を貫通する給水管、配電管その他の管の外径を次のように定める。

建築基準法施行令第129条の２の４第１項第七号ロの規定に基づき国土交通大臣が定める準耐火構造の防火区画等を貫通する給水管、配電管その他の管（以下「給水管等」という。）の外径は、給水管等の用途、覆いの有無、材質、肉厚及び当該給水管が貫通する床、壁、柱又ははり等の構造区分に応じ、それぞれ次の表に掲げる数値とする。

給水管等の用途	覆いの有無	材料	肉厚	給水管等の外径 給水管等が貫通する床、壁、柱又ははり等の構造区分 防火構造	30分耐火構造	１時間耐火構造	２時間耐火構造
給水管		難燃材料又は硬質塩化ビニル	5.5㎜以上	90㎜	90㎜	90㎜	90㎜
			6.6㎜以上	115㎜	115㎜	115㎜	90㎜
配電管		難燃材料又は硬質塩化ビニル	5.5㎜以上	90㎜	90㎜	90㎜	90㎜
排水管及び排水管に附属する通気管	覆いのない場合	難燃材料又は硬質塩化ビニル	4.1㎜以上	61㎜	61㎜	61㎜	61㎜
			5.5㎜以上	90㎜	90㎜	90㎜	61㎜
			6.6㎜以上	115㎜	115㎜	90㎜	61㎜
	厚さ0.5㎜以上の鉄板で覆われている場合	難燃材料又は硬質塩化ビニル	5.5㎜以上	90㎜	90㎜	90㎜	90㎜
			6.6㎜以上	115㎜	115㎜	115㎜	90㎜
			7.0㎜以上	141㎜	141㎜	115㎜	90㎜

一　この表において、30分耐火構造、１時間耐火構造及び２時間耐火構造とは、通常の火災時の加熱にそれぞれ30分、１時間及び２時間耐える性能を有する構造をいう。

二　給水管等が貫通する令第112条第16項ただし書の場合における同項ただし書きのひさし、床、袖壁その他これらに類するものは、30分耐火構造とみなす。

三　内部に電線等を挿入していない予備配管にあっては、当該管の先端を密閉してあること。

6.9　防火壁及び防火床の構造

防火壁及び防火床の構造方法を定める件

（令和元年6月21日 国土交通省告示第197号）

最終改正　令和2年4月1日　国土交通省告示第508号

建築基準法施行令第113条第1項第二号及び第三号の規定に基づき、防火壁及び防火床の構造方法を次のように定める。

第1　建築基準法施行令（以下「令」という。）第113条第1項第二号に規定する通常の火災による防火壁又は防火床以外の建築物の部分の倒壊によって生ずる応力が伝えられた場合に倒壊しない防火壁及び防火床の構造方法は、次に定めるものとする。

一　木造の建築物においては、無筋コンクリート造又は組積造としないこと。

二　防火壁にあっては、自立する構造とすること。

三　防火床にあっては、これを支持する壁（耐力壁に限る。）、柱及びはりを耐火構造とすること。

第2　令第113条第1項第三号に規定する通常の火災時において防火壁又は防火床で区画された部分から屋外に出た火炎による当該防火壁又は防火床で区画された他の部分への延焼を有効に防止できる防火壁及び防火床の構造方法は、次に定めるものとする。

一　防火壁にあっては、その両端及び上端を、建築物の外壁面及び屋根面から50cm（防火壁の中心線から水平距離1.8m以内の部分において、外壁が防火構造であり、かつ、屋根の構造が平成12年建設省告示第1367号の規定に適合するもの又は令第109条の3第一号の規定による認定を受けたものである場合において、これらの部分に開口部がないときにあっては、10cm）以上突出させること。ただし、防火壁を設けた部分の外壁又は屋根が防火壁を含み桁行方向に幅3.6m以上にわたって耐火構造であり、かつ、これらの部分に開口部がない場合又は開口部があって、これに建築基準法（以下「法」という。）第2条第九号の二ロに規定する防火設備が設けられている場合においては、その部分については、この限りでない。

二　防火床にあっては、次に掲げる基準に適合する構造とすること。

イ　次に掲げる基準のいずれかに適合するものであること。

(1)　防火床（屋外にある部分の裏側の部分の仕上げを不燃材料でしたものに限る。）が建築物の外壁面から1.5m以上突出したものであるほか、防火床の上方で、防火床の中心線から垂直距離5m以内の部分において、外壁及び軒裏が防火構造であり、かつ、外壁及び軒裏の屋外側の部分の仕上げが準不燃材料でされ、外壁の開口部に法第2条第九号の二ロに規定する防火設備が設けられていること。

(2)　防火床の下方で、防火床の中心線から垂直距離5m以内の部分において、外壁が耐火構造であり、かつ、外壁の屋外側の部分の仕上げが不燃材料でされ、外壁の開口部に法第2条第九号の二ロに規定する防火設備が設けられていること。

(3)　防火床の上方及び下方で、防火床の中心線から垂直距離5m以内の部分において、外壁及び軒裏が準耐火構造であり、かつ、外壁及び軒裏の屋外側の部分の仕上げが準不燃材料でされ、外壁の開口部に法第2条第九号の二ロに規定する防火設備が設けられていること。

ロ　防火床を貫通する竪《たて》穴部分（令第112条第11項に規定する竪《たて》穴部分をいう。以下同じ。）と当該竪《たて》穴部分以外の部分とが耐火構造の床若しくは壁又は特定防火設備で同条第19項第一号に規定する構造であるもので区画されていること。

7　排煙設備他

7．1　建築基準法施行令第23条の階段と同等以上に安全な階段

建築基準法施行令第23条第1項の規定に適合する階段と同等以上に昇降を安全に行うことができる階段の構造方法を定める件

（平成26年6月27日
国土交通省告示第709号）

最終改正　令和元年6月24日国土交通省告示第202号

建築基準法施行令第23条第4項の規定に基づき、同条第1項の規定に適合する階段と同等以上に昇降を安全に行うことができる階段の構造方法を次のように定める。

第1　建築基準法施行令（以下「令」という。）第23条第4項に規定する同条第1項の規定に適合する階段と同等以上に昇降を安全に行うことができる階段の構造方法は、次に掲げる基準に適合するものとする。

一　階段及びその踊場の幅並びに階段の蹴上げ及び踏面の寸法が、次の表の各項に掲げる階段の種別の区分に応じ、それぞれ当該各項に定める寸法（次の表の各項のうち2以上の項に掲げる階段の種別に該当するときは、当該2以上の項に定める寸法のうちいずれかの寸法）であること。ただし、屋外階段の幅は、令第120条又は令第121条の規定による直通階段にあっては90cm以上、その他のものにあっては60cm以上とすることができる。

階段の種別		階段及びその踊場の幅（単位　cm）	蹴上げの寸法（単位　cm）	踏面の寸法（単位　cm）
(1)	令第23条第1項の表の(1)に掲げるもの	140以上	18以下	26以上
(2)	令第23条第1項の表の(2)に掲げるもの	140以上	20以下	24以上
(3)	令第23条第1項の表の(4)に掲げるもの	75以上	23以下	19以上
(4)	階数が2以下で延べ面積が200 m^2 未満の建築物におけるもの	75以上	23以下	15以上

二　階段の両側に、手すりを設けたものであること。

三　階段の踏面の表面を、粗面とし、又は滑りにくい材料で仕上げたものであること。

四　第一号の表(4)の項に掲げる階段の種別に該当する階段で同項に定める寸法に適合するもの（同表(1)から(3)までの各項のいずれかに掲げる階段の種別に該当する階段でそれぞれ当該各項に定める寸法に適合するものを除く。）にあっては、当該階段又はその近くに、見やすい方法で、十分に注意して昇降を行う必要がある旨を表示したものであること。

第2　令第23条第2項の規定は第1第一号の踏面の寸法について、同条第3項の規定は同号の階段及びその踊場の幅について準用する。

7．2　特別避難階段の付室等に設ける窓及び排煙設備

特別避難階段の階段室又は付室の構造方法を定める件

（平成28年4月22日
国土交通省告示第696号）

最終改正　令和4年5月31日国土交通省告示第599号

建築基準法施行令第123条第3項第二号の規定に基づき、特別避難階段の階段室又は付室の構造方法を次のように定める。

建築基準法施行令（以下「令」という。）第123条第3項第二号に規定する特別避難階段の付室の構造方法は、次の各号に定めるものとする。

一　通常の火災時に生ずる煙を付室から有効に排出できるものとして、外気に向かって開くことのできる窓（常時開放されている部分を含む。以下同じ。）（次に掲げる基準に適合するものに限る。）を設けたものであること。

イ　排煙時に煙に接する部分は、不燃材料で造ること。

ロ　付室の天井（天井のない場合においては、屋根。以下同じ。）又は壁の上部（床面からの高さが天井の高さの2分の1以上の部分をいう。）に設けること。

ハ　開口面積は、2 m^2（付室を令第129条の13の3第3項に規定する非常用エレベーターの乗降ロビーの用に供する場合（以下「兼用する場合」という。）にあっては、3 m^2）以上とすること。

ニ　常時閉鎖されている部分の開放は、手動開放装置により行なうものとすること。

ホ　ニの手動開放装置のうち手で操作する部分は、付室内の壁面の床面から0.8 m以上1.5 m以下の高さの位置に設け、かつ、見やすい方法でその使用方法を示す標識を設けること。

二　通常の火災時に生ずる煙を付室から有効に排出できるものとして、最上部を直接外気に開放する排煙風道による排煙設備（次に掲げる基準に適合するものに限る。）を設けたものであること。

イ　排煙設備の排煙口、排煙風道、給気口、給気風道その

他排煙時に煙に接する排煙設備の部分は、不燃材料で造ること。

ロ　排煙口は、開口面積を4m^2（兼用する場合にあっては、6m^2）以上とし、前号ロの例により設け、かつ、排煙風道に直結すること。

ハ　排煙口には、前号ホの例により手動開放装置を設けること。

ニ　排煙口は、ハの手動開放装置、煙感知器と連動する自動開放装置又は遠隔操作方式による開放装置により開放された場合を除き、閉鎖状態を保持し、かつ、開放時に排煙に伴い生ずる気流により閉鎖されるおそれのない構造の戸その他これに類するものを有すること。

ホ　排煙風道は、内部の断面積を6m^2（兼用する場合にあっては、9m^2）以上とし、鉛直に設けること。

へ　給気口は、開口面積を1m^2（兼用する場合にあっては、1.5m^2）以上とし、付室の床又は壁の下部（床面からの高さが天井の高さの2分の1未満の部分をいう。）に設け、かつ、内部の断面積が2m^2（兼用する場合にあっては、3m^2）以上で直接外気に通ずる給気風道に直結すること。

ト　電源を必要とする排煙設備には、予備電源を設けること。

チ　電源、電気配線及び電線については、昭和45年建設省告示第1829号の規定に適合するものであること。

三　通常の火災時に生ずる煙を付室から有効に排出できるものとして、排煙機による排煙設備（次に掲げる基準に適合するものに限る。）を設けたものであること。

イ　排煙口は、第一号ロの例により設け、かつ、排煙風道に直結すること。

ロ　排煙機は、1秒間につき4m^3（兼用する場合にあっては、6m^3）以上の空気を排出する能力を有し、かつ、排煙口の一の開放に伴い、自動的に作動するものとすること。

ハ　前号イ、ハ、ニ及びヘからチまでに掲げる基準に適合すること。

四　通常の火災時に生ずる煙を付室から有効に排出できるものとして、令第126条の3第2項に規定する送風機を設けた排煙設備その他の特殊な構造の排煙設備（平成12年建設省告示第1437号第一号又は第二号に掲げる基準に適合するものに限る。）を設けたものであること。

五　通常の火災時に生ずる煙が付室に流入することを有効に防止することができるものとして、加圧防排煙設備（次に掲げる基準に適合するものに限る。）を設けたものであること。

イ　付室に設ける給気口その他の排煙設備の部分にあつては、次に掲げる基準に適合する構造であること。

⑴　給気口その他の排煙設備の煙に接する部分は、不燃材料で造ること。

⑵　給気口は、次に掲げる基準に適合する構造であること。

(i)　第一号ホの例により手動開放装置を設けること。

(ii)　給気風道に直結すること。

(iii)　開放時に給気に伴い生ずる気流により閉鎖されるおそれのない構造の戸その他これに類するものを有するものであること。

⑶　給気風道は、煙を屋内に取り込まない構造であること。

⑷　⑵の給気口には、送風機が設けられていること。

⑸　送風機の構造は、給気口の開放に伴い、自動的に作動するものであること。

ロ　付室は、次の⑴から⑸までに該当する空気逃し口を設けている隣接室（付室と連絡する室のうち階段室以外の室をいう。以下同じ。）又は当該空気逃し口を設けている一般室（隣接室と連絡する室のうち付室以外の室をいう。以下同じ。）と連絡する隣接室と連絡しているものであること。

⑴　イ⑵の給気口の開放に伴つて開放されるものであること。

⑵　次の(i)又は(ii)のいずれかに該当するものであること。

(i)　直接外気に接するものであること。

(ii)　厚さが0.15 cm以上の鉄板及び厚さが2.5 cm以上の金属以外の不燃材料で造られており、かつ、常時開放されている排煙風道と直結するものであること。

⑶　次の(i)及び(ii)に該当する構造の戸その他これに類するものを設けること。

(i)　⑴の規定により開放された場合を除き、閉鎖状態を保持すること。ただし、当該空気逃し口に直結する排煙風道が、他の排煙口その他これに類するものに直結する風道と接続しない場合は、この限りでない。

(ii)　開放時に生ずる気流により閉鎖されるおそれのない構造であること。

⑷　不燃材料で造られていること。

⑸　開口面積（m^2で表した面積とする。ハ⑵(i)(ロ)において同じ。）が、次の式で定める必要開口面積以上であること。ただし、必要開口面積の値が0以下となる場合は、この限りでない。

$$Ap = \frac{(VH - Ve)}{7}$$

この式において、Ap、V、H及びVeは、それぞれ次の数値を表すものとする。

Ap　必要開口面積（単位　m^2）

V　付室と隣接室を連絡する開口部（以下「遮煙開口部」という。）を通過する排出風速（単位　m／s）

H　遮煙開口部の開口高さ（単位　m）

Ve　当該隣接室又は一般室において当該空気逃し口からの水平距離が30 m以下となるように

設けられた排煙口のうち、令第126条の3第1項第七号の規定に適合する排煙風道で、かつ、開放されているものに直結する排煙口（不燃材料で造られ、かつ、付室の給気口の開放に伴い自動的に開放されるものに限る。）の排煙機（当該排煙口の開放に伴い自動的に作動するものに限る。）による排出能力（単位　m^3/s）

ハ　遮煙開口部にあっては、次の(1)及び(2)に定める基準に適合する構造であること。

(1)　遮煙開口部における排出風速（m／sで表した数値とする。）が、当該遮煙開口部の開口幅を40cmとしたときに、次の(i)から(iii)までに掲げる場合に応じ、それぞれ(i)から(iii)までの式によって計算した必要排出風速以上であること。

(i)　隣接室が、1時間準耐火基準に適合する準耐火構造の壁（小屋裏又は天井裏に達したもので、かつ、給水管、配電管その他の管が当該壁を貫通する場合においては、当該管と当該壁との隙間をモルタルその他の不燃材料で埋めたものに限る。）又は特定防火設備（当該特定防火設備を設ける開口部の幅の総和を当該壁の長さの4分の1以下とする場合に限る。）で区画され、かつ、令第129条第2項に規定する火災の発生のおそれの少ない室（以下単に「火災の発生のおそれの少ない室」という。）である場合

$$V = 2.7\sqrt{H}$$

(ii)　隣接室が、平成12年建設省告示第1400号第一六号に規定する不燃材料の壁（小屋裏又は天井裏に達したもので、かつ、給水管、配電管その他の管が当該壁を貫通する場合においては、当該管と当該壁との隙間をモルタルその他の不燃材料で埋めたものに限る。）又は建築基準法（以下「法」という。）第2条第九号の二ロに規定する防火設備で区画され、かつ、火災の発生のおそれの少ない室である場合

$$V = 3.3\sqrt{H}$$

(iii)　(i)又は(ii)に掲げる場合以外の場合

$$V = 3.8\sqrt{H}$$

(i)から(iii)までの式において、V及びHは、それぞれ次の数値を表すものとする。

V　必要排出風速（単位　m/s）

H　遮煙開口部の開口高さ（単位　m）

(2)　次に掲げる基準のいずれかに適合するものであること。

(i)　次の(イ)及び(ロ)に適合するものであること。

(イ)　遮煙開口部に設けられている戸の部分のうち、天井から80cmを超える距離にある部分にガラリその他の圧力調整装置が設けられていること。ただし、遮煙開口部に近接する部分（当該遮煙開口部が設けられている壁の部分のうち、天井から80cmを超える距離にある部分に限る。）に(ロ)に規定する必要開口面積以上の開口面積を有する圧力調整ダンパーその他これに類するものが設けられている場合においては、この限りでない。

(ロ)　(イ)の圧力調整装置の開口部の開口面積が、次の式で定める必要開口面積以上であること。

$$Admp = 0.04\ VH$$

この式において、Admp、V及びHは、それぞれ次の数値を表すものとする。

Admp　必要開口面積（単位　m^2）

V　遮煙開口部を通過する排出風速（単位　m/s）

H　遮煙開口部の開口高さ（単位　m）

(ii)　遮煙開口部に設けられた戸が、イ(4)の送風機を作動させた状態で、100N以下の力で開放することができるものであること。

ニ　第二号ト及びチに掲げる基準に適合すること。

ホ　法第34条第2項に規定する建築物に設ける加圧防排煙設備の制御及び作動状態の監視は、中央管理室において行うことができるものとすること。

7.3　排煙設備を設けなくても差支えない部分

火災が発生した場合に避難上支障のある高さまで煙又はガスの降下が生じない建築物の部分を定める件

（平成12年5月31日
建設省告示第1436号）

最終改正　令和2年4月1日国土交通省告示第508号

建築基準法施行令第126条の2第1項第五号の規定に基づき、火災が発生した場合に避難上支障のある高さまで煙又はガスの降下が生じない建築物の部分を次のように定める。

建築基準法施行令（以下「令」という。）第126条の2第1項第五号に規定する火災が発生した場合に避難上支障のある高さまで煙又はガスの降下が生じない建築物の部分は、次に掲げるものとする。

一　次に掲げる基準に適合する排煙設備を設けた建築物の部分

イ　令第126条の3第1項第一号から第三号まで、第七号から第十号まで及び第十二号に定める基準

ロ　当該排煙設備は、一の防煙区画部分（令第126条の3第1項第三号に規定する防煙区画部分をいう。以下同じ。）にのみ設置されるものであること。

ハ　排煙口は、常時開放状態を保持する構造のものであること。

ニ　排煙機を用いた排煙設備にあっては、手動始動装置を設け、当該装置のうち手で操作する部分は、壁に設ける場合においては床面から80cm以上1.5m以下の高さの位置に、天井からつり下げて設ける場合においては床面からおおむね1.8mの高さの位置に設け、かつ、見やす

い方法でその使用する方法を表示すること。

二　令第112条第1項第一号に掲げる建築物の部分（令第126条の2第1項第二号及び第四号に該当するものを除く。）で、次に掲げる基準に適合するもの

イ　令第126条の3第1項第二号から第八号まで及び第十号から第十二号までに掲げる基準

ロ　防煙壁（令第126条の2第1項に規定する防煙壁をいう。以下同じ。）によって区画されていること。

ハ　天井（天井のない場合においては、屋根。以下同じ。）の高さが3m以上であること。

ニ　壁及び天井の室内に面する部分の仕上げを準不燃材料でしてあること。

ホ　排煙機を設けた排煙設備にあっては、当該排煙機は、1分間に500m^3以上で、かつ、防煙区画部分の床面積（2以上の防煙区画部分に係る場合にあっては、それらの床面積の合計）1m^2につき1m^3以上の空気を排出する能力を有するものであること。

三　次に掲げる基準に適合する排煙設備を設けた建築物の部分（天井の高さが3m以上のものに限る。）

イ　令第126条の3第1項各号（第三号中排煙口の壁における位置に関する規定を除く。）に掲げる基準

ロ　排煙口が、床面からの高さが、2.1m以上で、かつ、天井（天井のない場合においては、屋根）の高さの2分の1以上の壁の部分に設けられていること。

ハ　排煙口が、当該排煙口に係る防煙区画部分に設けられた防煙壁の下端より上方に設けられていること。

ニ　排煙口が、排煙上、有効な構造のものであること。

四　次のイからホまでのいずれかに該当する建築物の部分

イ　階数が2以下で、延べ面積が200m^2以下の住宅又は床面積の合計が200m^2以下の長屋の住戸の居室で、当該居室の床面積の20分の1以上の換気上有効な窓その他の開口部を有するもの

ロ　避難階又は避難階の直上階で、次に掲げる基準に適合する部分（当該基準に適合する当該階の部分（以下「適合部分」という。）以外の建築物の部分の全てが令第126条の2第1項第一号から第三号までのいずれか、前各号に掲げるもののいずれか若しくはイ及びハからホまでのいずれかに該当する場合又は適合部分と適合部分以外の建築物の部分とが準耐火構造の床若しくは壁若しくは同条第2項に規定する防火設備で区画されている場合に限る。）

(1)　建築基準法（以下「法」という。）別表第1(い)欄に掲げる用途以外の用途又は児童福祉施設等（令第115条の3第1項第一号に規定する児童福祉施設等をいい、入所する者の使用するものを除く。）、博物館、美術館若しくは図書館の用途に供するものであること。

(2)　(1)に規定する用途に供する部分における主たる用途に供する各居室に屋外への出口等（屋外への出口、バルコニー又は屋外への出口に近接した出口をいう。以下同じ。）（当該各居室の各部分から当該屋外への出口等及び当該屋外への出口等から道までの避難上支障がないものに限る。）その他当該居室に存する者が容易に道に避難することができる出口が設けられていること。

ハ　法第27条第3項第二号の危険物の貯蔵場又は処理場、自動車車庫、通信機械室、繊維工場その他これらに類する建築物の部分で、法令の規定に基づき、不燃性ガス消火設備又は粉末消火設備を設けたもの

ニ　高さ31m以下の建築物の部分（法別表第1(い)欄に掲げる用途に供する特殊建築物の主たる用途に供する部分で、地階に存するものを除く。）で、室（居室を除く。）にあっては(1)又は(2)に、居室にあっては(3)又は(4)に該当するもの

(1)　壁及び天井の室内に面する部分の仕上げを準不燃材料でし、かつ、屋外に面する開口部以外の開口部のうち、居室又は避難の用に供する部分に面するものに法第2条第九号の二ロに規定する防火設備で令第112条第19項第一号に規定する構造であるものを、それ以外のものに戸又は扉を、それぞれ設けたもの

(2)　床面積が100m^2以下で、令第126条の2第1項に掲げる防煙壁により区画されたもの

(3)　床面積100m^2以内ごとに準耐火構造の床若しくは壁又は法第2条第九号の二ロに規定する防火設備で令第112条第19項第一号に規定する構造であるものによって区画され、かつ、壁及び天井の室内に面する部分の仕上げを準不燃材料でしたもの

(4)　床面積が100m^2以下で、壁及び天井の室内に面する部分の仕上げを不燃材料でし、かつ、その下地を不燃材料で造ったもの

ホ　高さ31mを超える建築物の床面積100m^2以下の室で、耐火構造の床若しくは壁又は法第2条第九号の二に規定する防火設備で令第112条第19項第一号に規定する構造であるもので区画され、かつ、壁及び天井の室内に面する部分の仕上げを準不燃材料でしたもの

7.4　排煙設備の構造

火災時に生ずる煙を有効に排出することができる排煙設備の構造方法を定める件

（昭和45年12月28日
建設省告示第1829号）

最終改正　平成12年5月26日国土交通省告示第1382号

建築基準法施行令第126条の3第1項第十二号の規定に基づき、火災時に生ずる煙を有効に排出することができる排煙設備の構造方法を次のように定める。

一　排煙設備の電気配線は、他の電気回路（電源に接続する部分を除く。）に接続しないものとし、かつ、その途中に一般の者が容易に電源を遮《しゃ》断することのできる開閉器を設けないこと。

二　排煙設備の電気配線は、耐火構造の主要構造部に埋設し

た配線、次のイからニまでの一に該当する配線又はこれらと同等以上の防火措置を講じたものとすること。

イ　下地を不燃材料で造り、かつ、仕上げを不燃材料でした天井の裏面に鋼製電線管を用いて行う配線

ロ　準耐火構造の床若しくは壁又は建築基準法第２条第九号の二ロに規定する防火設備で区画されたダクトスペースその他これに類する部分に行う配線

ハ　裸導体バスダクト又は耐火バスダクトを用いて行う配線

ニ　ＭＩケーブルを用いて行う配線

三　排煙設備に用いる電線は、600 V二種ビニル絶縁電線又はこれと同等以上の耐熱性を有するものとすること。

四　電源を必要とする排煙設備の予備電源は、自動充電装置又は時限充電装置を有する蓄電池（充電を行なうことなく30分間継続して排煙設備を作動させることができる容量以上で、かつ、開放型の蓄電池にあつては、減液警報装置を有するものに限る。）、自家用発電装置その他これらに類するもので、かつ、常用の電源が断たれた場合に自動的に切り替えられて接続されるものとすること。

７．５　特殊な排煙設備（給気方式によるもの）

通常の火災時に生ずる煙を有効に排出することができる特殊な構造の排煙設備の構造方法を定める件

（平成12年５月31日
建設省告示第1437号）

最終改正　令和２年４月１日国土交通省告示第508号

建築基準法施行令第126条の３第２項の規定に基づき、通常の火災時に生ずる煙を有効に排出することができる特殊な構造の排煙設備の構造方法を次のように定める。

建築基準法施行令（以下「令」という。）第126条の３第２項に規定する通常の火災時に生ずる煙を有効に排出することができる特殊な構造の排煙設備の構造方法は、次のとおりとする。

一　各室において給気及び排煙を行う排煙設備の構造方法にあっては、次に定めるものとする。

イ　当該排煙設備は、次に定める基準に適合する建築物の部分に設けられるものであること。

(1)　床面積が1,500 m^2以内の室（準耐火構造の壁若しくは床又は建築基準法（以下「法」という。）第２条第九号の二ロに規定する防火設備で令第112条第19項第二号に規定する構造のものでその他の部分と区画されたものに限る。）であること。

(2)　当該排煙設備を設ける室以外の建築物の部分が令第126条の２及び令第126条の３第１項の規定に適合していること。

ロ　次に定める基準に適合する構造の排煙口を設けること。

(1)　当該室の各部分から排煙口の一に至る水平距離が30 m以下となること。

(2)　天井又は壁の上部（天井から80 cm以内の距離にある部分をいう。以下同じ。）に設けること。

(3)　直接外気に接すること。

(4)　開口面積が、当該室の床面積の数値を550で除した数値以上で、かつ、当該室の床面積の数値を60で除した数値以下であること。

ハ　次に定める基準に適合する構造の給気口を設けること。

(1)　当該室の壁の下部（床面からの高さが天井の高さの２分の１未満の部分をいう。以下同じ。）に設けること。

(2)　次に定める基準に適合する構造の風道に直結すること。

(i)　屋内に面する部分を不燃材料で造ること。

(ii)　風道が令第126条の２第１項に規定する防煙壁（以下単に「防煙壁」という。）を貫通する場合には、当該風道と防煙壁との隙間をモルタルその他の不燃材料で埋めること。

(3)　次に定める基準に適合する構造の送風機が風道を通じて設けられていること。

(i)　一の排煙口の開放に伴い自動的に作動すること。

(ii)　１分間に、当該室の床面積1 m^2につき1 m^3以上で、かつ、排煙口の開口面積の合計値に550を乗じた数値（単位　m^3/min）以下の空気を排出することができる能力を有するものであること。

ニ　令第126条の３第１項第二号、第四号から第六号まで及び第十号から第十二号までの規定に適合する構造とすること。

二　複数の室を統合した給気及び各室ごとに排煙を行う排煙設備の構造方法にあっては、次に定めるものとする。

イ　当該排煙設備は、次に定める基準に適合する建築物の部分に設けられるものであること。

(1)　準耐火構造の壁若しくは床又は法第２条第九号の二ロに規定する防火設備で令第112条第19項第二号に規定する構造のものでその他の部分と区画されていること。

(2)　当該排煙設備を設ける建築物の部分には、準耐火構造の壁若しくは床又は法第２条第九号の二ロに規定する防火設備で令第112条第19項第二号に規定する構造のもの（ハ(2)(iii)(ロ)の規定によりガラリその他の圧力調整装置を設けた場合にあっては、法第２条第九号の二ロに規定する防火設備）で区画され、ハ(1)に定める給気口を設けた付室（以下「給気室」という。）を設け、当該給気室を通じて直通階段に通じていること。

(3)　床面積500 m^2以内ごとに防煙壁（間仕切壁であるものに限る。）が設けられていること。

(4)　当該排煙設備を設ける建築物の部分以外の部分が令第126条の２及び第126条の３第１項の規定に適合していること。

ロ　次に定める基準に適合する構造の排煙口を設けるこ

と。

(1) イ(2)又は(3)の規定により区画された部分（以下「防煙区画室」という。）のそれぞれについて、当該防煙区画室の各部分から排煙口の一に至る水平距離が30m以下となること。

(2) 天井又は壁の上部に設けること。

(3) 直接外気に接すること。

(4) 開口面積が、当該排煙口に係る防煙区画室の床面積の数値を550で除した数値以上で、かつ、当該防煙区画室の床面積の数値を60で除した数値以下であること。

(5) 煙感知器と連動する自動開放装置又は遠隔操作方式による開放装置により開放された場合を除き、閉鎖状態を保持し、開放時に排煙に伴い生ずる気流により閉鎖されるおそれのない構造の戸その他これに類するものが設けられていること。

ハ 次の(1)又は(2)に掲げる防煙区画室の区分に応じ、それぞれ(1)又は(2)に定める構造の給気口を設けること。

(1) 給気室 次に定める基準に適合する構造

(i) 前号ハ(1)及び(2)に掲げる基準

(ii) 次に定める基準に適合する構造の送風機が風道を通じて設けられていること。

(イ) 一の排煙口の開放に伴い自動的に作動すること。

(ロ) 1分間に、防煙区画室のうち床面積が最大のものについて、その床面積1 m^2につき1 m^3以上の空気を排出することができ、かつ、防煙区画室（給気室を除く。）のうち排煙口の開口面積の合計が最小のものの当該排煙口の開口面積の合計値に550を乗じた数値（単位 m^3／min）以下の空気を排出することができる能力を有するものであること。

(2) 給気室以外の室 次に定める基準に適合する構造

(i) 当該室の壁の下部（排煙口の高さ未満の部分に限る。）に設けられていること。

(ii) 当該給気口から給気室に通ずる建築物の部分（以下「連絡経路」という。）が次に定める基準に適合すること。

(イ) 吹抜きの部分でないこと。

(ロ) 吹抜きとなっている部分、昇降機の昇降路の部分その他これらに類する部分に面する開口部（法第2条第九号の二ロに規定する防火設備で令第112条第19項第二号に規定する構造のものが設けられたものを除く。）が設けられていないこと。

(iii) 連絡経路に開口部（排煙口を除く。）を設ける場合には、次に定める基準に適合する構造の戸を設けること。

(イ) 常時閉鎖状態を保持し、直接手で開くことができ、かつ、自動的に閉鎖する構造又は煙感知器と連動する自動閉鎖装置を設けた随時閉鎖することができる構造であること。

(ロ) 給気室に通ずる開口部である場合は、ガラリその他の圧力調整装置を有すること。ただし、当該防火設備に近接する部分に圧力調整ダンパーその他これに類するものが設けられている場合においては、この限りでない。

(iv) 開口面積が、給気室の開口部（当該給気口に通ずるものに限る。）の開口面積以上であること。

ニ 令第126条の3第1項第二号及び第十号から第十二号までの規定に適合する構造とすること。

7.6 地下街に設ける非常用の照明設備・排煙設備・排水設備

地下街の各構えの接する地下道に設ける非常用の照明設備、排煙設備及び排水設備の構造方法を定める件

（昭和44年5月1日
建設省告示第1730号）

最終改正 平成12年12月26日国土交通省告示第2465号

建築基準法施行令第128条の3第1項第六号の規定に基づき、地下街の各構えの接する地下道に設ける非常用の照明設備、排煙設備及び排水設備の構造方法を次のように定める。ただし、国土交通大臣がこの基準の一部又は全部と同等以上の効力を有すると認めるものについては、当該部分の規定によらないことができる。

第1 非常用の照明設備の構造方法

一 地下道の床面において10ルクス以上の照度を確保しうるものとすること。

二 照明設備には、常用の電源が断たれた場合に自動的に切り替えられて接続される予備電源（自動充電装置又は時限充電装置を有する蓄電池（充電を行なうことなく30分間継続して照明設備を作動させることのできる容量を有し、かつ、開放型の蓄電池にあつては、減液警報装置を有するものに限る。）、自家用発電装置その他これらに類するもの）を設けること。

三 照明器具（照明カバーその他照明器具に附属するものを含む。）は、絶縁材料で軽微なものを除き、不燃材料で造り、又はおおい、かつ、その光源（光の拡散のためのカバーその他これに類するものがある場合には、当該部分）の最下部は、天井（天井のない場合においては、床版。以下同じ。）面から50cm以上下方の位置に設けること。

四 照明設備の電気配線は、他の電気回路（電源に接続する部分を除く。）に接続しないものとし、かつ、その途中に地下道の一般歩行者が、容易に電源を遮断することのできる開閉器を設けないこと。

五 照明設備に用いる電線は、600 V二種ビニル絶縁電線又はこれと同等以上の耐熱性を有するものを用い、かつ、地下道の耐火構造の主要構造部に埋設した配線、次のイからこまでの一に該当する配線又はこれらと同等以上の防火措

置を講じたものとすること。

イ　下地を不燃材料で造り、かつ、仕上げを不燃材料でした天井の裏面に鋼製電線管を用いて行なう配線

ロ　耐火構造の床若しくは壁又は建築基準法第２条第九号の二ロに規定する防火設備で区画されたダクトスペースその他これに類する部分に行なう配線

ハ　裸導体バスダクト又は耐火バスダクトを用いて行なう配線

ニ　ＭＩケーブルを用いて行なう配線

六　前各号に定めるほか、非常用の照明設備として有効な構造のものとすること。

第２　非常用の排煙設備の構造方法

一　地下道は、その床面積 $300m^2$ 以内ごとに、天井面から80cm以上下方に突出した垂れ壁その他これと同等以上の煙の流動を妨げる効力のあるもので、不燃材料で造り、又はおおわれたもので区画すること。

二　排煙設備の排煙口、排煙風道その他排煙時に煙に接する排煙設備の部分は、不燃材料で造ること。

三　排煙口は、第一号により区画された部分（以下「防煙区画部分」という。）のそれぞれ１以上を、天井又は「壁の上部」（天井から 80cm以内の距離にある部分をいう。）に設け、かつ、排煙風道に直結すること。

四　排煙口には、手動開放装置を設けること。

五　前号の手動開放装置のうち手で操作する部分は、壁面に設ける場合においては、床面から 0.8 m以上 1.5 m以下の高さの位置に、天井から吊り下げて設ける場合においては床面からおおむね 1.8 mの高さの位置に、それぞれ設け、かつ、見やすい方法でその使用方法を示す標識を設けること。

六　排煙口は、第四号の手動開放装置、煙感知器と連動する自動開放装置又は遠隔操作方法による開放装置により開放された場合を除き、閉鎖状態を保持し、かつ、開放時に排煙に伴い生ずる気流により閉鎖されるおそれのない構造の戸その他これに類するものを有すること。

七　排煙風道が防煙区画部分を区画する壁等を貫通する場合においては、当該風道と防煙区画部分を区画する壁等とのすき間をモルタルその他の不燃材料で埋めること。

八　排煙は、排煙口の一の開放に伴い、自動的に作動を開始する構造を有し、かつ、１秒間に $5\,m^3$（一の排煙機が２以上の防煙区画部分に係る場合にあつては $10m^3$）以上の室内空気を排出する能力を有する排煙機により行なうこと。ただし、排煙口が当該排煙口の設けられた防煙区画部分の床面積の 50 分の１以上の開口面積を有し、かつ、直接外気に接する場合においては、この限りでない。

九　電源を必要とする排煙設備には、第１第二号の例により予備電源を設けること。

十　排煙設備の電気配線は、第１第四号の例によること。

十一　排煙設備に用いる電線には、第１第五号の例により防火措置を講ずること。

十二　排煙設備は、前各号に定めるほか、火災時に生ずる煙を地下道内から地上に有効に排出することができるものとすること。

第３　非常用の排水設備の構造方法

一　排水設備の下水管、下水溝、ためますその他汚水に接する部分は、耐水材料で、かつ、不燃材料であるもので造ること。

二　排水設備の下水管、下水溝等の末端は、公共下水道、都市下水路その他これらに類する施設に、排水上有効に連結すること。

三　排水設備（排水ポンプを含む。以下同じ。）の処理能力は、当該排水設備に係る地下道及びこれに接する地下街の各構えの汚水排出量の合計（地下水の湧出又は地表水の浸出がある場合においては、これを含む。）の２倍の水量を排出し得るものとすること。

四　電源を必要とする排水設備には、第１第二号の例により予備電源を設けること。

五　排水設備の電気配線は、第１第四号の例によること。

六　排水設備に用いる電線には、第１第五号の例により防火措置を講ずること。

七　排水設備は、前各号に定めるほか、非常用の排水設備として有効な構造とすること。

７．７　非常用の進入口を設けなくても差支えない部分

屋外からの進入を防止する必要がある特別の理由を定める件

（平成 12 年５月 31 日
建設省告示第 1438 号）

建築基準法施行令第 126 条の６の規定に基づき、屋外からの進入を防止する必要がある特別な理由を次のように定める。

建築基準法施行令（以下「令」という。）第 126 条の６の屋外からの進入を防止する必要がある特別の理由は、次に掲げるものとする。

一　次のいずれかに該当する建築物について、当該階に進入口を設けることにより周囲に著しい危害を及ぼすおそれがあること。

イ　放射性物質、有害ガスその他の有害物質を取り扱う建築物

ロ　細菌、病原菌その他これらに類するものを取り扱う建築物

ハ　爆発物を取り扱う建築物

ニ　変電所

二　次に掲げる用途に供する階（階の一部を当該用途に供するものにあっては、当該用途に供する部分以外の部分を一の階とみなした場合に令第 126 条の６及び第 126 条の７の規定に適合するものに限る。）に進入口を設けることによりその目的の実現が図られないこと。

イ　冷蔵倉庫

ロ　留置所、拘置所その他人を拘禁することを目的とする

用途

ハ　美術品収蔵庫、金庫室その他これらに類する用途

ニ　無響室、電磁しゃへい室、無菌室その他これらに類する用途

7．8　非常用進入口の構造

非常用の進入口の機能を確保するために必要な構造の基準を定める件

（昭和45年12月28日
建設省告示第1831号）

建築基準法施行令第126条の7第七号の規定に基づき、非常用の進入口の機能を確保するために必要な構造の基準を次のように定める。

第1　非常用の進入口又はその近くに掲示する赤色燈は、次の各号に適合しなければならない。

一　常時点燈（フリッカー状態を含む。以下同じ。）している構造とし、かつ、一般の者が容易に電源を遮《しゃ》断することができる開閉器を設けないこと。

二　自動充電装置又は時限充電装置を有する蓄電池（充電を行なうことなく30分間継続して点燈させることができる容量以上のものに限る。）その他これに類するものを用い、かつ、常用の電源が断たれた場合に自動的に切り替えられて接続される予備電源を設けること。

三　赤色燈の明るさ及び取り付け位置は、非常用の進入口の前面の道又は通路その他の空地の幅員の中心から点燈していることが夜間において明らかに識別できるものとすること。

四　赤色燈の大きさは、直径10cm以上の半球が内接する大きさとすること。

第2　非常用の進入口である旨の表示は、赤色反射塗料による一辺が20cmの正三角形によらなければならない。

7．9　非常用エレベータの規格

非常用エレベーターの籠及びその出入口の寸法並びに籠の積載荷重の数値を定める日本産業規格

（昭和46年1月29日
建設省告示第112号）

最終改正　令和元年6月25日国土交通省告示第203号

建築基準法施行令第129条の13の3第6項の規定に基づき、非常用エレベーターの籠及びその出入口の寸法並びに籠の積載荷重の数値を定める日本産業規格を次のように指定する。

日本産業規格A 4301（エレベーターのかご及び昇降路の寸法）（昭和45年改正）のうちE－17－COに関する部分

7．10　非常用照明装置の構造

非常用の照明装置の構造方法を定める件

（昭和45年12月28日
建設省告示第1830号）

最終改正　令和元年6月25日国土交通省告示第203号

建築基準法施行令第126条の5第一号ロ及びニの規定に基づき、非常用の照明器具及び非常用の照明装置の構造方法を次のように定める。

第1　照明器具

一　照明器具は、耐熱性及び即時点灯性を有するものとして、次のイからハまでのいずれかに掲げるものとしなければならない。

イ　白熱灯（そのソケットの材料がセラミックス、、フェノール樹脂、不飽和ポリエステル樹脂、芳香族ポリエステル樹脂、ポリフェニレンサルファイド樹脂又はポリブチレンテレフタレート樹脂であるものに限る。）

ロ　蛍光灯（即時点灯回路に接続していないスターター型蛍光ランプを除き、そのソケットの材料がフェノール樹脂、ポリアミド樹脂、ポリカーボネイト樹脂、ポリフェニレンサルファイド樹脂、ポリブチレンテレフタレート樹脂、ポリプロピレン樹脂、メラミン樹脂、メラミンフェノール樹脂又はユリア樹脂であるものに限る。）

ハ　ＬＥＤランプ（次の⑴又は⑵に掲げるものに限る。）

⑴　日本産業規格C 8159- 1（一般照明用ＧＸ 16t- 5口金付直管ＬＥＤランプ－第一部：安全仕様）-2013に規定するＧＸ 16t- 5口金付直管ＬＥＤランプを用いるもの（そのソケットの材料がフェノール樹脂、ポリアミド樹脂、ポリカーボネート樹脂、ポリフェニレンサルファイド樹脂、ポリブチレンテレフタレート樹脂、ポリプロピレン樹脂、メラミン樹脂、メラミンフェノール樹脂又はユリア樹脂であるものに限る。）

⑵　日本産業規格C 8154（一般照明用LEDモジュール－安全仕様）-2015に規定するLEDモジュールで難燃材料で覆われたものを用い、かつ、口金を有しないもの（その接続端子部（当該LEDモジュールの受け口をいう。第三号ロにおいて同じ。）の材料がセラミックス、銅、銅合金、フェノール樹脂、不飽和ポリエステル樹脂、芳香族ポリエステル樹脂、ポリアミド樹脂、ポリカーボネート樹脂、ポリフェニレンサルファイド樹脂、ポリフタルアミド樹脂、ポリブチレンテレフタレート樹脂、ポリプロピレン樹脂、メラミン樹脂、メラミンフェノール樹脂又はユリア樹脂であるものに限る。）

二　照明器具内の電線（次号ロに掲げる電線を除く。）は、二種ビニル絶縁電線、架橋ポリエチレン絶縁電線、けい素ゴム絶縁電線又はふっ素樹脂絶縁電線としなければならない。

三　照明器具内に予備電源を有し、かつ、差込みプラグにより常用の電源に接続するもの（ハにおいて「予備電源内蔵コンセント型照明器具」という。）である場合は、次のイ

からハまでに掲げるものとしなければならない。

イ　差込みプラグを壁等に固定されたコンセントに直接接続し、かつ、コンセントから容易に抜けない措置を講ずること。

ロ　ソケット（第一号ハ(2)に掲げるLEDランプにあっては、接続端子部）から差込みプラグまでの電線は、前号に規定する電線その他これらと同等以上の耐熱性を有するものとすること。

ハ　予備電源内蔵コンセント型照明器具である旨を表示すること。

四　照明器具（照明カバーその他照明器具に付属するものを含む。）のうち主要な部分は、難燃材料で造り、又は覆うこと。

第２　電気配線

一　電気配線は、他の電気回路（電源又は消防法施行令第７条第４項第二号に規定する誘導灯に接続する部分を除く。）に接続しないものとし、かつ、その途中に一般の者が、容易に電源を遮《しゃ》断することのできる開閉器を設けてはならない。

二　照明器具の口出線と電気配線は、直接接続するものとし、その途中にコンセント、スイッチその他これらに類するものを設けてはならない。

三　電気配線は、耐火構造の主要構造部に埋設した配線、次のイからニまでの一に該当する配線又はこれらと同等以上の防火措置を講じたものとしなければならない。

イ　下地を不燃材料で造り、かつ、仕上げを不燃材料でした天井の裏面に鋼製電線管を用いて行う配線

ロ　準耐火構造の床若しくは壁又は建築基準法第２条第９号の二ロに規定する防火設備で区画されたダクトスペースその他これに類する部分に行う配線

ハ　裸導体バスダクト又は耐火バスダクトを用いて行う配線

ニ　ＭＩケーブルを用いて行う配線

四　電線は、600Ｖ二種ビニル絶縁電線その他これと同等以上の耐熱性を有するものとしなければならない。

五　照明器具内に予備電源を有する場合は、電気配線の途中にスイッチを設けてはならない。この場合において、前号の規定は適用しない。

第３　電源

一　常用の電源は、蓄電池又は交流低圧屋内幹線によるものとし、その開閉器には非常用の照明装置用である旨を表示しなければならない。ただし、照明器具内に予備電源を有する場合には、この限りでない。

二　予備電源は、常用の電源が断たれた場合に自動的に切り替えられて接続され、かつ、常用の電源が復旧した場合に自動的に切り替えられて復帰するものとしなければならない。

三　予備電源は、自動充電装置又は時限充電装置を有する蓄電池（開放型のものにあつては、予備電源室その他これに類する場所に定置されたもので、かつ、減液警報装置を有するものに限る。以下この号において同じ。）又は蓄電池と自家用発電装置を組み合わせたもの（常用の電源が断たれた場合に直ちに蓄電池により非常用の照明装置を点灯させるものに限る。）で、充電を行うことなく30分間継続して非常用の照明装置を点灯させることができるものその他これに類するものによるものとし、その開閉器には非常用の照明装置用である旨を表示しなければならない。

第４　その他

一　非常用の照明装置は、常温下で床面において水平面照度で１ルクス（蛍光灯又はLEDランプを用いる場合にあつては２ルクス）以上を確保することができるものとしなければならない。

二　前号の水平面照度は、十分に補正された低照度測定用照度計を用いた物理測定方法によつて測定されたものとする。

７．11　非常用の照明装置の不要部分

非常用の照明装置を設けることを要しない避難階又は避難階の直上階若しくは直下階の居室で避難上支障がないものその他これらに類するものを定める件

（平成12年５月31日
建設省告示第1411号）

最終改正　平成30年３月29日国土交通省告示第516号

建築基準法施行令第126条の４第四号の規定に基づき、非常用の照明装置を設けることを要しない避難階又は避難階の直上階若しくは直下階の居室で避難上支障がないものその他これらに類するものを次のように定める。

建築基準法施行令（以下「令」という。）第126条の４第四号の規定する避難階又は避難階の直上階若しくは直下階の居室で避難上支障がないものその他これらに類するものは、次の各号のいずれかに該当するものとする。

一　令第116条の２第１項第一号に該当する窓その他の開口部を有する居室及びこれに類する建築物の部分（以下「居室等」という。）で、次のイ又はロのいずれかに該当するもの

イ　避難階に存する居室等にあっては、当該居室等の各部分から屋外への出口の一に至る歩行距離が30ｍ以下であり、かつ、避難上支障がないもの

ロ　避難階の直下階又は直上階に存する居室等にあつては、当該居室等から避難階における屋外への出口又は令第123条第２項に規定する屋外に設ける避難階段に通ずる出入口に至る歩行距離が20ｍ以下であり、かつ、避難上支障がないもの

二　床面積が30m^2以下の居室（ふすま、障子その他随時開放することで仕切られた２室は、１室とみなす。）で、地上への出口を有するもの又は当該居室から地上に通ずる建築物が次のイ又はロに該当するもの

イ　令第126条の５に規定する構造の非常用の照明装置を設けた部分

ロ　採光上有効に直接外気に開放された部分